世界近现代
超级工程排行榜

胡文瑞 王基铭 刘 合 唐立新 等 著

科学出版社
北 京

内 容 简 介

  本书是一部全面深入地剖析世界近现代超级工程的鸿篇巨制。本书涵盖了自1640年英国资产阶级革命以来，世界各地具有划时代意义的134项超级工程，横跨欧洲、北美洲、亚洲、南美洲、大洋洲及非洲，详尽展现了这些工程的历史渊源、建设历程、科技成就、社会影响、工程哲学以及未来发展趋势。通过对这些超级工程的深入研究，本书挖掘了它们在社会、经济、技术、文化等多方面的深远影响，探讨了科技发展对超级工程的推动作用，以及超级工程在未来可能的创新方向。

  本书适合关注世界近现代工业发展及工程技术进步的学者和工程技术人员阅读。

图书在版编目（CIP）数据

世界近现代超级工程排行榜. 下 / 胡文瑞等著. --北京 : 科学出版社, 2025.6. -- ISBN 978-7-03-082039-6

Ⅰ. F282

中国国家版本馆 CIP 数据核字第 2025Y6N845 号

责任编辑：吴凡洁　吴春花　王楠楠 / 责任校对：王萌萌
责任印制：师艳茹 / 封面设计：有道文化

科学出版社 出版
北京东黄城根北街16号
邮政编码：100717
http://www.sciencep.com

北京汇瑞嘉合文化发展有限公司印刷
科学出版社发行　各地新华书店经销

*

2025年6月第　一　版　　开本：787×1092　1/16
2025年6月第一次印刷　　印张：26 1/2
印数：1—1000　　　　　字数：482 000

定价：**200.00元**
（如有印装质量问题，我社负责调换）

作者简介 //

胡文瑞

毕业于东北石油大学，中国工程院院士，教授级高级工程师，博士生导师，国务院有突出贡献专家，第十届全国人民代表大会代表，中国共产党第十六次全国代表大会代表。曾任长庆石油勘探局局长、长庆油田公司总经理、中国石油专业公司总经理、中国石油天然气股份有限公司副总裁、中国石油企业协会会长、中国矿业联合会副会长、中国石油和化学工业联合会副会长、中国企业技术创新委员会副主任委员、中国工程院工程管理学部第七届主任。全国企业现代化管理创新成果审定委员会主任。全国五一劳动奖章获得者。主要研究方向是非常规油气勘探开发、新能源、工程管理与造物实践。

王基铭

毕业于华东化工学院，中国工程院院士，教授级高级工程师，博士生导师，炼油、石油化工及工程管理专家。曾任上海石化董事长，上海赛科石油化工有限责任公司董事长，中国石油化工集团有限公司副总经理，中国石油化工股份有限公司副董事长、总裁，中国可持续发展工商理事会执行理事长，中国工程院工程管理学部第五届主任，第十届、第十一届全国政协委员。现任华东理工大学理事会名誉理事长、中国石油化工集团有限公司科学技术委员会顾问、中国企业联合会特邀副会长、中国可持续发展工商理事会会长。中国石化大型装备国产化的杰出推动者和重大贡献者。主要研究方向是炼油化工产业智能化和煤化工产业化。

刘合

毕业于大庆石油学院，中国工程院院士，教授级高级工程师，博士生导师，能源与矿业工程管理专家。曾任大庆油田副总工程师和中国石油勘探开发研究院副总工程师。现任国家油气战略研究中心副主任、国际燃气联盟（IGU）执委。国家科学技术进步奖特等奖（1项）、二等奖（4项），国家技术发明奖二等奖（1项）获得者；光华工程科技奖、孙越崎能源大奖获得者。主要研究方向是采油工程技术及装备研发、工程管理创新与实践。

唐立新

毕业于东北大学，中国工程院院士，IEEE Fellow，教授，博士生导师。现为东北大学副校长（科技规划、国际合作）、第十四届全国人民代表大会代表、辽宁省第十四届人民代表大会常务委员会委员。东北大学控制科学与工程（自动化）国家一级重点学科负责人、控制科学与工程国家"双一流"学科建设领导小组组长、人工智能与大数据研究院院长、智能工业数据解析与优化教育部重点实验室主任、工业智能与系统优化国家级前沿科学中心主任和首席科学家。现任国务院学位委员会第八届控制科学与工程学科评议组成员、教育部科学技术委员会人工智能与区块链技术专业委员会副主任、国家工业互联网战略咨询专家委员会委员。兼任中国金属学会副理事长、中国运筹学会副理事长兼智能工业数据解析与优化专业委员会主任、清华大学自动化系咨询委员会委员、北京大学大数据分析与应用技术国家工程实验室技术委员会委员。2017年获全国五一劳动奖章。主要研究方向是工业智能与系统优化理论方法。

"超级工程丛书"编委会

顾问： 徐匡迪　朱高峰　何华武　殷瑞钰　翟光明　何继善　袁晴棠
　　　　傅志寰　王玉普　汪应洛　陆佑楣　王礼恒　孙永福　许庆瑞

主编： 胡文瑞

副主编： 王基铭　刘　合　唐立新

秘书长： 唐立新（兼）

副秘书长： 王俊仁（执行）　聂淑琴　鲍敬伟　许　特

主要撰写人员：

胡文瑞	王基铭	刘　合	唐立新	卢春房	黄其励	黄维和
丁烈云	戴厚良	孙丽丽	曹建国	杨善林	谢玉洪	陈晓红
范国滨	金智新	凌　文	向　巧	林　鸣	王自力	李贤玉
王俊仁	许　特	方东平	宋　洁	郎　劲	赵国栋	赵　任
聂淑琴	鲍敬伟	王新东	钟　晟	刘清友	梁　樑	祝　磊
罗平平	邵安林	李家彪	黄殿中	孙友宏	张来斌	赵文智
聂建国	杨　宏	王　坚	王金南	杨长风	郭庆新	孟　盈
王显鹏	汪恭书	苏丽杰	吴　剑	宋　光	刘　畅	杜金铭
高　振	许美玲	陈宏志	李开孟	张秀东	张颜颜	宋相满
魏一鸣	贾枝桦	李新创	王慧敏	张家宁	郭振飞	董志明
白　敏	王佳惠	王　尧	马琳瑶	曹思涵	王丽颖	何冠楠
赵伟华	王剑晓	张　磊	杨钟毓	常军乾	吕建中	杨　虹
徐文伟	张建勇	林　枫	曲天威	王　军	李　青	王京峰
何江川	王建华	王安建	王荣阳	李　达	徐宿东	刘泽洪
张来勇	傅　强	王道军	李晓雪	陈晓明	袁红良	邵　茂
王定洪	关中原	何　欣	徐立坤	范体军	李妍峰	罗　彪
翁修震	陈佳仪	张　勇	李　治	王宗宪	钟金红	王　凡
任　羿	冯　强	田京芬	贾光智			

说明：1. 主要撰写人员按参与先后时间及任务权重排序
　　　2. 主要撰写人员 123 位 + 顾问 14 位，合计 137 位
　　　3. 总参与人员 751 人

本书编委会

主 编：胡文瑞 王基铭 刘 合 唐立新

副主编：王新东

编 委：钟金红 许 特 郎 劲 杨 楠
　　　　赵 任 王 凡 赵国栋 张 倩
　　　　刘金哲 侯长江 郝良元 李国涛
　　　　马 成 曹宏玮 刘帅峰 侯环宇
　　　　王雪琦

MEGAPROJECTS

总序

工程是人类改造自然的伟大创造，而超级工程就是人类改造自然伟大创造的巅峰之作，是人类社会文明进步的旗帜性标志，堪称皇冠上一颗颗璀璨夺目的明珠。

超级工程历史，可以追溯到人类新石器时期，在那个洪荒世界就诞生了超级工程，标志着人类文明的开启，代表着人类从自然物理世界走向了人工物理世界。

新中国成立以来，中国经济持续七十多年中高速发展，其中改革开放以来的四十多年，GDP增长了225倍。2010年，中国经济总量超过日本，仅次于美国跃居世界第二位。巨大的经济实力为超级工程建造奠定了坚实基础。同年，中国制造业产值1.98万亿美元，占世界制造业总产值的19.8%（美国占19.4%），超过美国成为世界第一，截至2022年的制造业产值比美国、日本、德国的总和还多。强大的制造业为超级工程建造提供了工程装备和工程技术支撑。旺盛的需求为超级工程建造提供了强劲的动力。

这期间中国人民不屈不挠地进行了人类历史上史无前例、声势浩大、波澜壮阔的工程建设造物活动，中国城乡处处成为热火朝天的"大工地"，成为全球为数不多的蓬勃发展的工程建造"大市场"，诞生了数以万计的社会和民生需要的各类工程，催生了一大批史诗级的令人激动的超级工程和超级工程群。中国城乡到处欣欣向荣、日新月异，祖国大地发生了翻天覆地的变化，国家面貌焕然一新。为此，中国被誉为"基建狂魔"。

2017年，中国工程院工程管理学部一批关注和热心超级工程研究的院士，提出系统研究超级工程的设想，得到了工程管理学部的全力支持。研究的目标以中国超级工程建造为重点，覆盖国内外超级工程建造，涵盖中国古代、近现代和世界古代、近现代超级工程，时间跨度从人类新石器时期到现代。可谓研究设想宏伟，内容浩大而繁复，学术性、理论性和专业性极强，没有强大的跨学科、跨领域的专业团队，难以完成如此重要的具有现实意义的超级工程研究工作。

2019年，在两年多的咨询和组织准备的基础上，在中国工程院工程管理学部"工程哲学理论体系"和"工程管理理论"研究取得重大学术成果的鼓舞下，经工程管理学部七届18次常委会通过立项，正式设立"超级工程研究"课题，架构为"1+4"，即一个总研究课题为"超级工程研究"课题，四个专题研究课题为"中国古代超级工程研究""中国近现代超级工程研究""世界古代超级工程研究"和"世界近现代超级工程研究"课题，分别于2019年、2020年、2021年、2022年立项。

2023年，为了提升超级工程研究的层次，结合国家战略发展目标，"超级工程研究"由中国工程院"一般项目"升格为中国工程院"重大项目"，项目名为"中国式现代化建设中超级工程发展战略研究"，目的是为建设中国式现代化强国提供重要的科学决策支撑。

为了完成重大的理论性、学术性和战略性研究课题，"超级工程研究"项目组，遵循"友情合作"的原则，先后组建了研究顾问团队、3个骨干研究团队、43个"超级工程排行榜"案例撰写团队、10个研究报告和系列丛书撰写编辑编审团队。参与研究的跨领域、跨专业、跨学科的专家学者751人，其中院士49位，参与研究的大学19所，企业105家（其中世界500强企业15家），堪称学术研究领域里的"超级研究"团队。

"超级工程研究"课题遵循"科学、权威、真实、可用"四项基本原则。一是坚持研究的科学性。对超级工程进行科学的定义、分类，依据、论据充分，数据、知识真实可靠，结果经得起考验和社会评判。二是坚持资料的权威性。资料选自权威文献，由专业机构提供和合法认可，结合现场考察，工程资料信息完整可信，经得起时间的考验。三是坚持案例的真实性。尊重合乎客观实际的工程情况，确保工程数据、人文资料真实，经得起追溯、查证。四是研究成果的可用性。将浩繁的历史资料转变成超级工程研究的工具，从研究中获得认识和启示，从实践中获得宝贵经验，升华到理论，指导超级工程建造实践。

总 序

研究目的是，"超级工程研究"为人类工程造物活动提供有价值、有意义、可借鉴的工作指南。

"超级工程研究"课题总体逻辑关系：一是定义。定性分析中国古代、近现代和世界古代、近现代超级工程的共性要素，形成中国古代、近现代和世界古代、近现代超级工程公认的定义。二是特征。挖掘各个历史时期、各个领域中国古代、近现代和世界古代、近现代超级工程普遍存在的价值，获得超级工程的共性特征。三是分类。按"时空四象限方法"分为"古、今、中、外"四大板块；依据工程属性和自然属性分为七大类，从中又分别细化二级分类。四是标准。总体研究设计"定性＋定量化"，制定中国古代、近现代和世界古代、近现代超级工程选取评价指标，最终形成系统的评价体系，选取或筛选超级工程经典案例。

什么是超级工程？"超级工程研究"给出的定义是：特定团体（国家、政府、财阀、企业），为了人类生存和发展，实现特定的目的，运用科学与技术，投入超大规模的人力、物力、财力，有计划、有组织地利用资源，将人类的思考、发明和实践经验，通过人工和自然的选择，采用集成和交叉的方法，建造的具有超大规模的、超复杂技术的、超高风险的、超大影响力的、极具誉谤性和唯一性特征的改变事物性状的实体人造物理工程，称之为"超级工程"。

"超级工程研究"根据超级工程特性所表现的抽象结果，把超级工程的特征分为主体特征（事物的主要部分）、次主体特征和一般特征。一般来讲，特征为表象（外在）的（物质的）东西，而特性为本质（内在）的东西。超级工程的代表性特征主要有：目的性、社会性、规模性、集成性、系统性、复杂性、科学性、文化性、地域性、民族性、誉谤性和唯一性等。如果概括其特征就是"超大"。

"超级工程研究"参考"林奈的生物学分类法"，以"同规则、内相似、外差异、全覆盖、无重叠"为依据，按照工程属性和自然属性，依据功能结构、科技领域、建设性质、投资规模、投资效益、投资来源等，分为"土木工程、水利工程、能源矿业工程、制造工程、运载工程、信息通信工程和其他工程"七大类，在此分类基础上，进一步细化分类，例如"土木工程"，又分为"建筑工程、桥梁工程、公路工程、隧道工程、地铁工程、机场工程"等。

"超级工程研究"采用"定量标准和定性标准相结合的方法"选取超级工程。具体有两种方法：一是采用"比较分析法"，根据工程规模、科技成果等可量化指标，设置超级工程筛选的定量标准；二是采用"专家打分法"，对科技影响、经济影响和社会影响等不可量化的指标，设置超级工程筛选的定性标准，最终依据"工程规模、工程成果、管理创新、科技价值、经济价值、社会价值"等若干方面进行综合评价。在此基础上，进一步细化定性和定量指标，例如"工程规模"，包括"建筑面积、投资金额、设计与建设周期、资源消耗"等；又例如"社会价值"，包括"民生与就业价值效应、生态与环境价值效应、军事战略价值效应、交通辐射价值效应"等。

"超级工程研究"以历史年代时间轴划线。中国古代超级工程和中国近现代超级工程，时间跨度 12000 年，以公元 1840 年第一次鸦片战争为节点，之前为中国古代超级工程，可以追溯到新石器时期，之后为中国近现代超级工程。世界古代超级工程和世界近现代超级工程，时间跨度 4300～5300 年，以公元 1640 年英国资产阶级革命为节点，之前为世界古代超级工程，可追溯到公元前 3300～前 2300 年之前，之后为世界近现代超级工程。

"超级工程研究"课题，技术含金量较高的是对超级工程进行"投资折算"。众所周知，发生在不同时期的超级工程，其投资不可能是一个恒定的数字。把不同时期建造的超级工程投资折算成现在的价值（投资），需采用不同的折算方法。

一是投资占 GDP 比重相对计算方法。主要表明古代某一超级工程在当时的相对投资规模。用某一超级工程的总投资，占该项超级工程建造期间的 GDP 年均值的比重来表明该超级工程对当时经济增长的贡献。

二是米价的折算方法。对于建设年代久远的古代超级工程，考虑历朝、历代的衡制和币制不同，难以通过一种货币衡量其投资额度。为了对超级工程的投资进行归一化处理，采用两千年来一直存在记录的米价，折算超级工程的投资金额。主要是针对有历史记载建造用工总量的超级工程进行折算。

三是重置成本法。对某一时期建造的有明确工程量记载的超级工程，可用同类型单位工程的现行造价进行折算，测算出该超级工程现在所需要的投资额，例如给万里长城作价。对于现代超级工程，也可用"折现法"折算为现在的造价。

投资折算的目的是更清晰地对比判断超级工程的规模。近现代部分超级工程，难以准确折算真实的超级工程投资，则保留在建时期原始投资数据供参考。古代超级工程中的部

总　　序

分超级工程，特别是新石器时期的超级工程，很难准确折算投资，则采用定量估算和定性描述其工程价值作为参考。

"超级工程研究"课题，特别注重超级工程案例的研究。从人类新石器时期到现代（截至2022年），在浩如烟海、数以万计的世界重大工程中，严格按照定义、标准和分类要求，共筛选出了具有代表性的643项超级工程入选超级工程排行榜，其中110项具有标志性的超级工程入选《中国古代超级工程排行榜》，299项具有地标性的超级工程入选《中国近现代超级工程排行榜》，100项具有标志性的超级工程入选《世界古代超级工程排行榜》，134项具有地标性的超级工程入选《世界近现代超级工程排行榜》。

"超级工程研究"课题组在完成研究总报告、专题报告、结题报告的基础上，进一步组织专家、学者深化研究，从理论和实践出发，研究超级工程的规律，创新超级工程理论，指导超级工程实践，组织撰写"超级工程丛书"，陆续向社会公开发行具有理论性、学术性和科普性的"超级工程丛书"。出版物主要包括如下三类：第一类是理论和学术著作，包括《超级工程概论》《中国古代超级工程概览》《中国近现代超级工程概览》《世界古代超级工程概览》《世界近现代超级工程概览》《超级工程排行榜名录》；第二类是超级工程排行榜，包括《中国古代超级工程排行榜》（共二册）、《中国近现代超级工程排行榜》（共六册）、《世界古代超级工程排行榜》（共二册）、《世界近现代超级工程排行榜》（共三册）；第三类是超级工程图册，包括《中国古代、近现代超级工程地理分布图》《世界古代、近现代超级工程地理分布图》《中国古代、近现代超级工程历史年代时间轴图》《世界古代、近现代超级工程历史年代时间轴图》等。

马克思主义者认为，决定生产力高低的要素有三个：一是劳动者；二是劳动资料；三是劳动对象。"超级工程研究"筛选入列的人类代表性超级工程，不论是中国古代、近现代超级工程，还是世界古代、近现代超级工程，均与当时人类生产力发展水平和文明发展程度息息相关，与当时王朝兴衰、经济发展和技术水平密不可分。例如，世界四大文明古国、中国三大盛世、欧洲文艺复兴时期、英国工业革命、美国罗斯福新政、社会革命、新中国成立和改革开放、民族复兴、世界全球化等，催生了一大批彪炳史册、可歌可泣的超级工程。

不论是中国古代、近现代超级工程，还是世界古代、近现代超级工程，均具有"先进、先行、先导、先锋"四大作用；具有"文明迁徙、需求拉动、演化渐进、经济基础

（国家或王朝兴盛、物质财富、社会稳定）、科技进步、自然力影响"六大规律；具有"决策者青睐、统治者喜好、时代大势选择、同道模仿与竞争（超高层建造）、民间创造与积累（坎儿井）、贪大求奇"六大特点。

超级工程的作用、规律和特点充分体现了超级工程建造的民族文化特征、时代印记和地域特色，成为人们认可、学习、推崇的不朽经典，成为人们永远的记忆，虽被历史时间长河洗刷而不褪色，朝代更替而不倒，这就是超级工程的真正价值所在。

著名冶金学家、中国工程院院士殷瑞钰说："工程是现实的生产力"。那么超级工程也是"现实的生产力"。人们常讲：将科学技术转化为现实的生产力，将知识和技术转化为现实的生产力，将实践产生的宝贵经验转化为现实的生产力，恰恰是超级工程建造最科学的结论。

超级工程集中体现了现实的生产力，体现了知识和技术，体现了宝贵的实践经验。可以说任何一项超级工程，都是知识、技术和实践经验的集大成者，都是那个时代现实生产力的集中表现，都为那个时代留下不可磨灭的痕迹和永久的记忆，都为那个时代刻上了历史的烙印。

"超级工程研究"在中国乃至世界，被誉为是填补空白的一项学术研究，具有重大的现实意义和学术价值。为此，作为超级工程研究团队成员，心情激动，浮想联翩，通过系统的超级工程研究，书写人类社会建造超级工程的辉煌历史，讴歌建造超级工程的伟大时代，歌颂劳动人民建造超级工程的丰功伟绩，赞颂工程技术人员建造超级工程的聪明才智，指导未来超级工程的科学建造。

衷心感谢"超级工程研究"团队和"超级工程丛书"撰写团队的全体专家学者！

特别感谢东北大学工业智能与系统优化国家级前沿科学中心、中国石油天然气集团有限公司、清华大学等骨干研究团队的全体专家学者！

胡文瑞

2022年3月8日于北京丰和园第一稿

2022年11月11日于北京六铺炕第二稿

2023年2月25日于三亚鹿回头终稿

前言

在人类波澜壮阔的发展历程中，超级工程犹如一座座不朽的丰碑，屹立于历史的浪潮之巅，闪耀着人类智慧与勇气的光芒。它们是人类对自然规律的探索与挑战，是科技实力的集中展现，更是社会、经济、文化发展的强大引擎。自 1640 年英国资产阶级革命以来，世界近现代超级工程在政府和民间资本的主导下，秉持着创新精神，实践着新技术、新材料、新工艺，以超大规模投资、超复杂技术融合、超高风险、超大影响力和超强争议性为特征，深刻地改变了人类的物质文化生活，推动了文明的不断进步。

这些超级工程不仅是技术的奇迹，更是人类智慧、勇气与创造力的结晶。它们在近现代的发展中，继承了古代工程的宏伟愿景，并融入了科技创新与可持续发展的理念。从圣保罗大教堂的庄严神圣到白金汉宫的威严壮丽，从圆明园的辉煌壮丽到埃菲尔铁塔的优雅身姿，从西伯利亚大铁路的横贯大陆到巴拿马运河的沟通海洋，这些工程不仅改变了地理地貌，更深刻影响了人类社会的运行方式和价值体系。它们在解决诸如环境、能源、效率、安全、持续性等新挑战和难题的过程中，成为了推动文明进步的催化剂。

《世界近现代超级工程排行榜》这部著作，秉持着科普性与可读性相结合的原则，力求以通俗易懂的语言、生动翔实的案例，深入研究世界各国代表性超级工程的历史发展、科技成就、社会影响、工程哲学以及未来发展。书中从学术的角度阐述了不同国家和地区超级工程的发展状况和特点，详细介绍了各个超级工程的历史渊源、建设历程和发展趋势，深入挖掘了超级工程对社会、经济、技术、文化等方面的价值，探讨了科技发展对超级工程的推动力，研究了超级工程的未来趋势和创新方向。我们期望通过这样的方式，让广大读者能够更加全面、深入地了解世界近现代超级工程，从中汲取知识与智慧，感受人类在科技探索与创新道路上的不懈精神。

本书的入选标准按照《超级工程概论》中"定量标准和定性标准相结合"的方法，综合考虑了世界各国超级工程发展的时间轴和典型特点。经过严谨的筛选和评估，最终确定了134项具有划时代意义的超级工程案例。这些案例按洲的分布为：欧洲45项，北美洲25项，亚洲55项，南美洲3项，大洋洲2项，非洲4项。《世界近现代超级工程排行榜》共分为3册。这些超级工程跨越洲际，涵盖欧洲、亚洲、北美洲等各大洲，它们的影响力超越了地域的界限，成为全人类共同的财富与文化遗产。它们背后的故事，不仅仅是建筑、技术的故事，更是人类社会发展、文化交融、历史变迁的故事。

在创作过程中，我们深刻体会到，每一项超级工程的背后，都凝聚着无数人的辛勤付出和无私奉献。工程师、建筑工人、科研人员，他们用智慧和汗水攻克了一个又一个技术难题，让这些宏伟构想从图纸变为现实。没有他们的努力，就没有这些改变世界的伟大创造。同时，这些超级工程也让我们看到了人类在面对自然挑战时的无限潜力，以及在科技探索与创新道路上的坚定决心。

本书的出版离不开众多参与人员的辛勤付出。在此，我们要向所有为本书提供资料、支持与帮助的专家学者、研究人员、编辑出版团队以及相关机构致以衷心的感谢！正是因为你们的专业知识、严谨态度和无私奉献，这部作品才得以顺利完成。

《世界近现代超级工程排行榜》不仅是对人类工程技术成就的一次精彩回顾，更是对未来发展的深刻启示。它带领读者领略那些改变世界的伟大创造，感受人类文明的辉煌与奇迹，为人类更好地利用科技力量、推动可持续发展和促进文化交流提供了宝贵的借鉴和启示。希望本书能够成为广大读者了解世界近现代超级工程的窗口，激发更多人对科技、工程和人类文明的探索热情。

超级工程覆盖领域广、建设周期长，涉及的工程数据、技术资料浩如烟海。受数据采集渠道多元、信息整合难度大等客观因素影响，书中数据难免存在偏差与疏漏，恳请广大读者海涵指正。

《世界近现代超级工程排行榜》编撰工作组

2023年11月2日

目 录 CONTENTS

总序

前言

88	空客 A380	3
89	本田 ASIMO 机器人	11
90	东方超环	17
91	布什号航空母舰	27
92	青藏铁路	35
93	北京夏季奥运工程	45
94	南水北调	53
95	杭州湾跨海大桥	63
96	神舟五号	71
97	哈利法塔	79
98	神华煤直接液化工程	85
99	洋山深水港	93
100	"福特"号航空母舰	101
101	特高压交流输电工程	109
102	±800 千伏特高压直流输电工程群	117

103	上海中心大厦	127
104	大型强子对撞机	135
105	京沪高铁	143
106	"大鹏昊"运输船	151
107	港珠澳大桥	159
108	"三北"风电工程	167
109	中亚天然气管道	175
110	西北风光储输工程	183
111	中国空间站	191
112	伦敦阵列	199
113	Sadara 项目	205
114	重型猎鹰火箭	213
115	萨尔马特导弹	221
116	FAST 工程	229
117	Bertha 盾构机	237
118	青海光伏电站工程	243
119	沙特延布炼油	250
120	复兴号	257
121	22000 吨龙门吊	263
122	北盘江第一桥	271
123	布兹奥斯油田	277
124	蓝鲸 1 号	285

目 录

125	大兴国际机场	293
126	苹果飞船总部大楼	301
127	5G 移动通信	309
128	Hornsea One 海上风电场	315
129	北溪二号	322
130	海洋奇迹号	329
131	24000 标准箱超大型集装箱船	337
132	SCC98000TM 履带起重机	345
133	W12000-450 超大型平头塔机	353
134	SWDM1280 旋挖钻机	359
总后记		365

MEGAPROJECTS

世界近现代
超级工程排行榜（下）

空客 A380

88 空客 A380

全　　称 空中客车 A380，简称空客 A380
外文名称 Airbus A380

空客 A380，是欧洲空中客车公司（以下简称空客公司）制造的全球最大的宽体客机，同时也是目前全球载客量最大的客机，打破波音 747 近 37 年的世界载客量最高的客机纪录[1]。空客 A380 不同于波音 747 客机，是航空界首架真正意义上的双层客机，即从头至尾均为双层客舱。

空客 A380 的研究过程可以追溯到 1988 年，当时空客公司开始秘密研发超高载客量飞机（UHCA）计划，目标是填补空客产品线的空缺以及打破波音 747 自 1970 年以来在这一市场的垄断。1990 年，空客公司高层批准了 UHCA 计划，代号为"Megaproject"。1994 年，空客公司宣布将独立研发这一巨型客机，机型代号为 A3XX，并于 2000 年 12 月启动 A380 计划。空客 A380 的第一架原型机于 2005 年 1 月在法国图卢兹首次公开，并于 2005 年 4 月完成首飞。该机型在 2006 年 12 月获得欧洲航空安全局（EASA）和美国联邦航空管理局（FAA）的型号许可证[2]。2007 年 10 月，该机型首次交付新加坡航空有限公司，并于 10 月投入运营。2019 年 2 月，空客公司与阿联酋航空公司达成削减空客 A380 订单协议后宣布，在 2021 年停止交付空客 A380。

空客 A380，机身长度为 72.75 米，翼展 79.75 米，高度 24.09 米，航程可达 14800 千米，在三级舱布置下（头等舱 - 商务舱 - 经济舱）可载客 555 人，当采用最高密度座位安排时，可承载多达 893 名乘客，是目前载客量最大的客机。截止到2016年，空客A380项目在15年间的研发费用高达250亿美元。

空客A380，设计和制造单位是空客公司，总设计师是让·勒德（Jean Roeder）。空客A380整架飞机由超过400万个零件组成，涉及20多个国家和20多家机载设备供应商，其主要部件在法国、德国、西班牙和英国等地制造。例如，机身后部和垂尾等较大组件在德国汉堡工厂生产，而机身头部和主体等较大组件则在法国南特的圣纳泽尔工厂生产，同时，水平尾翼在西班牙的加的斯工厂生产。最后，所有这些部件再统一运到法国的图卢兹进行总装[3]。

空客A380，工程影响力非常广泛，不仅对航空工业和民航市场产生了重要影响，还给环境的可持续发展以及空客公司的发展带来了积极的作用。空客A380的出现打破了波音747在远程航空客运市场的主导地位，为民航市场带来了新的竞争格局。同时，空客A380的巨大载客量和航程也为航空公司提供了更高效的运营模式和更广阔的市场前景。空客A380采用了先进的发动机技术和高效的空气动力学设计，使得它的油耗和排放量比其他大型客机更低，有利于减少对环境的影响，符合可持续发展的要求。

一、工程背景

20世纪80年代末，Jean Roeder带领空客公司的工程师开始秘密进行超大型客机的研发工作，意图打破自20世纪70年代初期以来波音公司依靠波音747在远程航空客运市场上建立的主导地位[4]。

在1990年的范堡罗国际航空航天展览会上，空客公司宣布了这一大型客机计划，并宣称要实现比波音747-400的运营成本低15%。空客公司组织了四个设计师团队（这些团队分别来自空客公司的合作者，即法国国家航空宇航公司、英国航空航天公司、德国航空太空中心和西班牙航空制造有限公司），来为这个项目提供新技术。1994年6月，空客公司宣布自己的大型客机研发计划，命名为A3XX。A3XX将与波音公司的超大型商用飞机（VLCT）计划中波音747后继者——波音747X竞争，波音747X是将波音747上层客舱加长以容纳更多乘客。空客公司考虑了很多设计方案，包括将两架当时空客公司最大喷气式客机A340的机身并排的双机身设计。

后来波音公司放弃了VLCT的联合研究计划，因为研究发现这一产品无法覆盖高达150亿美元的研发成本。尽管只有两家航空公司对购买A3XX有兴趣，但是空客公司依然坚持研发自己的大型客机项目。

1997～2000年发生的亚洲金融危机导致市场前景不明朗，空客公司重新修改了设计，致力于比波音747-400的运营成本降低15%～20%。A3XX采用双层布局来提供更大的乘客空间。空客公司的做法与传统的中心－辐射运输方式相一致，A3XX与采用点到点运输方式的波音777相竞争。尽管空客公司在早期营销时宣传了超大的机身截面空间提供了机上免税店、酒店式餐厅、健身房、赌场和美容院的可能性，但是需要航空公司的经济实力来让这些梦想实现。

20世纪初，新组建的空客监事会宣布向A3XX投资107亿美元，并将该计划名称更改为A380，并取得了来自6家航空公司的50架订单。空客A380的设计是之前空客家族系列的一个突破。之所以选择数字8来命名，是因为数字8和双层机身的横截面形状十分相似，并且该数字在一些亚洲国家是吉祥数字。飞机的外形在2001年早期完成，第一个空客A380的翼盒部件的加工制造开始于2002年1月。当第一架样机完成的时候，A380的研发费用已经增长到了110亿～140亿美元。

2007年10月，空客A380机型的首架飞机交付新加坡航空有限公司，并投入运营。空客A380在2012年和2014年达到了年产量的峰值，每年可产30架。但是，空客公司承认该项目是亏损的，收益并不能补偿该项目250亿美元的研发费用。

2019年2月，空客公司与阿联酋航空公司达成削减空客A380订单协议后宣布，在2021年停止交付空客A380，并在完成订单交付后停止生产该款客机。至此，空客公司共交付了240架该型号飞机，其中113架交付给阿联酋航空公司；剩余11架待交付，其中属于阿联酋航空公司的有10架，其余1架属于全日空航空公司。2021年12月16日，最后一架空客A380交付给阿联酋航空公司，该型号飞机也彻底停产。

二、工程价值

1. 工程主要成果

空客A380减轻了飞机的整体结构重量，每公里油耗及二氧化碳排放更低，是首架每乘客百公里油耗不到3升的远程飞机，比当时效率最高的飞机还低15%～20%。在空客A380的研发过程中，空客公司为这一全新双层客机申请了超过380项技术专利[5]。空客A380起飞时的噪声比当时国际民航组织噪声控制标准规定的值要低得多，具有更好的环境友好度，在2012年，空客A380获得了英国噪声消减协会颁发的奖项。

2. 工程主要技术

空客A380的研发设计集中了当时世界上最先进的材料技术、系统技术和工业流程技术，项目研发、测试和应用了有关材料、工艺、系统和发动机等一系列新技术[6]。

一是空客 A380 采用了复合材料制造主要大结构件，其中碳纤维增强塑料占 22%，还使用了新型的激光可焊接铝合金等新工艺、新材料，并消除了铆钉，使得结构质量更轻、强度更高，从而大幅降低了飞机重量，提高了安全性和经济性，降低了运营成本，这些技术在以后的飞机项目中都获得了继续应用。

二是空客 A380 机身采用了更为先进的结构和空气动力设计技术，机体形状使用计算流体力学（CFD）进行了优化设计，使得飞机的总体阻力减少了 2% 以上。

三是空客 A380 使用了四台 150 千伏安变频发动机，消除了恒速驱动，提高了可靠性。

四是空客 A380 应用自动刹车脱离跑道功能，在飞机着陆时，自动刹车脱离跑道功能可以最优化地使用能源，减少占用跑道的时间。

3. 工程管理创新

空客 A380 的工程管理创新体现在多个方面[7]：

一是空客 A380 采用了分层管理的方式，将整个项目按照不同的层次进行划分，每个层次都有不同的管理和技术团队，各层次之间的职责和权限非常明确。这种分层管理的方式使得整个项目更加协同和高效。

二是空客 A380 采用了模块化的设计方式，将整个飞机拆分成不同的模块，每个模块都有专门的团队负责设计和制造。这种设计方式不仅提高了生产效率，还有利于进行维护和升级。

三是空客 A380 的制造过程中涉及大量的供应商和承包商，因此空客公司非常注重供应链管理。通过优化供应链、降低成本、提高效率，确保整个项目能够按时交付。

四是空客 A380 的质量管理非常严格，采用了全面质量管理的方法。从原材料到最终产品，每个环节都进行了严格的质量控制和检测，确保整个项目能够达到最高的质量标准。

4. 工程社会价值

空客 A380 不仅是一架巨型飞机，更是航空工业发展历史上的一个重要里程碑[8]。作为人类迄今为止建造的最大的民用航空飞行器，它凝聚了人类科学技术发展的最高智慧，给无数人带来了美好的飞行体验和享受，也带来了无比的自豪和光荣。

从商业角度来看，空客 A380 对航空业的发展起到了重要的推动作用。空客 A380 的生产和运营为制造商、航空公司、机场提供了相当数量的就业岗位，为全世界的乘客提供了无与伦比的航空旅行体验。

三、工程启示

空客 A380 是空客公司研制生产的四引擎、550 座级超大型远程宽体客机，投产时是世界上载客量最大的宽体客机，重 575 吨，有空中巨无霸之称。空客 A380 在技术上是成功的，但是作为一个超级工程项目，其商业运营却是失败的[9]。

1. 影响工程成功的关键因素

1）市场预测出现偏差

空客公司从 1996 年开始研制空客 A380，当时规划者设想，航空公司会继续青睐使用大型四引擎飞机来执行长距离航线飞行。但是，市场并没有按照他们所预期的发展。21 世纪前十年，航空公司越来越关注成本和回报，对利润的关注超过了对市场份额的关注。从 21 世纪 10 年代中期开始，大于 400 座的大型客机的订单不断减少，因为宽体双引擎飞机在相同的航程范围内拥有更高的燃油效率，并且航空公司初期投入成本更低，进而获得更大的灵活性。

空客 A380 被淘汰的另一个原因在于空客公司为了为中心辐射运输方式提供最大载客量，在制定研发计划时，曾预测该运输方式不断发展。然而，航空公司经历了向点对点直达运输方式的根本性转变，这种运输方式能够让乘客乘坐一次航班直接到达目的地。空客 A380 的设计能够使每客运里程的成本达到一个很低的水平，但是它的效率比不上点对点直达运输方式。因此，随着新型飞机的效率越来越高，航空公司倾向于提供更多的"点对点"服务和"中心加辐射"的运营模式。

2）工程组织架构不科学

空客 A380 的制造面向全球招标，零部件生产遍布全球 40 多个国家的数百家生产厂商，各生产环节独立却又彼此有联系，若其中某一环节出现差错，便会出现连锁反应影响整个项目的交货期。空客公司特有的组织架构又使流程管理具有多重复杂性。机身各部分的生产主要分布在四个国家的 16 个工厂，其中飞机机翼在英国设计制造，尾翼在西班牙设计制造，机身的前段、后段及飞机内部装饰在德国完成，驾驶舱、机身中部以及机身和机翼的连接工作在法国完成，最后的组装一般在法国进行。而且四国都有着自己独立的供应商、技术人员、会计、法律顾问。这种组织架构导致了同一项目下的不同项目成员之间难以开展有效的沟通。一方面，这种低效率的沟通导致了项目的整个开发周期延长；另一方面，各项目成员之间沟通的缺乏也埋下了发生技术风险的隐患，以至于不同国家的工程师竟然使用了不兼容的软件。另外，空客公司实际上是一个巨大的法德双控组合，两国各自拥有 22.5% 的股份以维持一种微妙的权力平衡。空客公司设立两个董事长、两位首席执行官职位，法、德双方各居其一，各自享有平等的管理权利，这也是阻碍项目沟通的原因之一。

3）项目风险评估不足

空客公司低估了整个项目的风险，在风险暴露之前没有做好应急计划。空客 A380 作为一个总投资超百亿美元的庞大项目，四年的开发周期其实是相当紧张的，空客公司在立项之初就低估了整个项目的难度。前两次延迟交付都是由于技术原因，可见空客公司并没有对项目中的技术风险做出正确评估和应对准备。第三次延迟是因为线路重装问题所需时间估计不足，空客公司再一次低估了风险。从管理层的频繁更换可以看出，空客公司并没有做好应急计划，在风险暴露的时候只是简单地采取"换帅"的做法，不仅解决不好问题，反而使得整个项目管理更加混乱。

另外，空客公司曾在设计机翼时考虑未来推出更庞大的 A380-1000 型号，即最大载客量为 1000 人的 A380 巨型版本。而载客量巨大所带来的风险亦是巨大的，其中最主要的部分体现在保险公司方面，如果空客公司推出载客量 1000 人版本的 A380 飞机，一次失事的巨大风险甚至超出了保险公司计算保费的数学模型范围。

2. 工程哲学启示

从工程价值论角度分析空客 A380 工程在技术上的成功及商业运营上的失败，表明工程活动的本质是自然因素、技术因素和多种社会因素的复杂统一。空客 A380 工程不仅是单纯的技术应用或者技术集成的过程和结果，也是对工程进行社会选择或者构建的过程和结果。在空客 A380 工程的规划、决策、设计、运行、改建、效益评价等每一个环节中，都不只是涉及一些工程技术问题以及管理问题，还涉及社会、经济、效益、市场等诸多因素，其中运输方式的发展及飞行效率的提升对空客 A380 的影响最为突出。影响空客 A380 成功的技术因素和非技术因素都可以是该工程的内在有机组成部分，说明工程实际是在技术提供的可能性基础上进行社会建构的过程和结果。

3. 未来发展指导

飞机制造企业在推出新产品时，不要盲目追求规模和速度，要注重经济效益，并充分考虑市场需求和客户反馈，实现可持续发展[10]。虽然空客A380是全球最大的客机，但在实际运营中，其经济效益不佳。这是因为航空公司在购买这款豪华客机时过于追求规模和速度，而忽略了其高昂的运营成本和市场需求。空客A380飞行成本比现有的双引擎客机高出一倍，大部分航线根本没有足够的客流量让空客A380满载运行。即使在客流量高的主航线，多批次多航班小规模运营模式也更适合。对于货运市场来说，空客A380的空间虽大，但装载的重量却已经超过了飞机最大起飞重量的许可，多批次多航班小规模运营模式更适合当前的市场需要。

参考文献

[1] Norris G, Wagner M. Airbus A380: Superjumbo of the 21st Century. Minneapolis: Zenith Press, 2005.
[2] 刘晓庆. 空客A380项目经济性研究. 大飞机, 2017(4): 52-55.
[3] 李永锋. 宽体客机飞控电作动系统设计. 航空学报, 2017, 38(S1): 148-156.
[4] 朱国顺. A380的10年. 新民周刊, 2017(48): 3.
[5] 罗松松. 空客A380停产："巨无霸"飞机沉浮录. 企业观察家, 2019(3): 60-63.
[6] 姜浩峰. A380对国产大飞机的启示. 大飞机, 2019(4): 42-45.
[7] 夏陆. 空中巨无霸折戟. 创新世界周刊, 2019(5): 86-88.
[8] 李韵. 从低微的起点到舞台的中央——50年, 成就空客的那些人和事. 大飞机, 2019(6): 30-35.
[9] 朱武祥, 高庆一, 王子阳. 从A380、737MAX看项目安全. 大飞机, 2020(1): 39-41.
[10] 刘玢妤. 超大型远程宽体客机命运几何. 中国交通报, 2023-02-17(3).

世界近现代
超级工程排行榜（下）

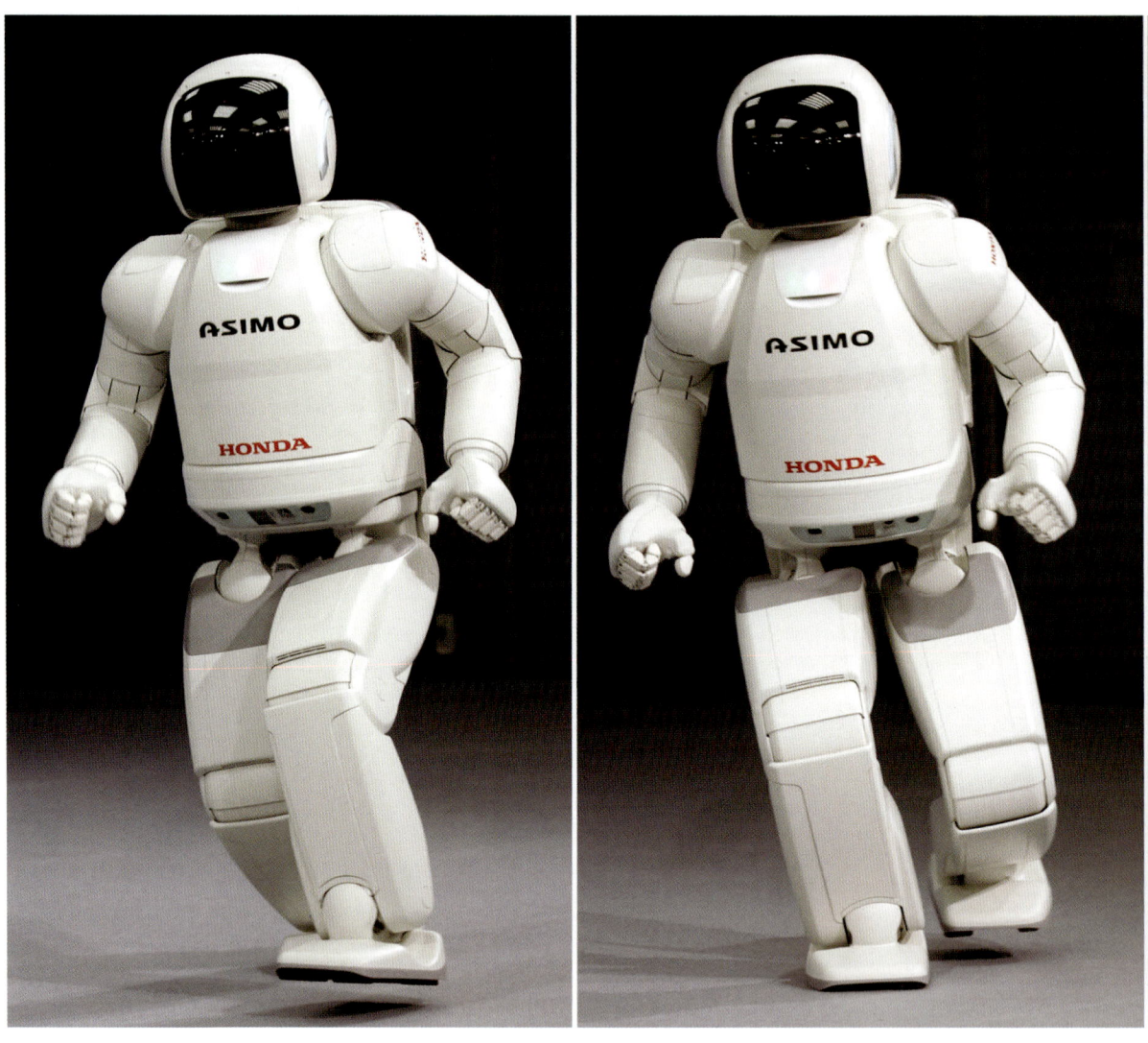

本田 ASIMO 机器人

89 本田 ASIMO 机器人

全 称 本田 ASIMO 机器人
外文名称 Honda ASIMO Robot

本田 ASIMO 机器人[1,2]，是日本本田技研工业株式会社（以下简称本田公司）研制的仿人机器人，也是全球最早具备人类双足行走能力的类人型机器人。

本田 ASIMO 机器人，起源于 1986 年本田公司打造的行走机器人 E_0，但 E_0 只有"下半身"，行走非常缓慢。经过多次研究，后来将机器人升级到 E_2，提高了行走能力，步行速度达到 1.2 千米/小时。又过了一年，E_3 诞生，其走路速度达到 3 千米/小时。后来，本田公司工程师又给其加入了平衡控制技术，这也是后来亮相的 E_4、E_5、E_6 原型。1993 年，类人型机器人 P_1 诞生，可以模拟人类全身运动。1996～1997 年，P_2、P_3 接连问世，把主机、控制马达、电池、无线通信等必要的机器全部藏起来，身高更"接近"人类，行走速度更快。2000 年，取名为 ASIMO 的机器人首次公开亮相。2005 年的本田 ASIMO 机器人增加了奔跑技能，速度可达 6 千米/小时。2007 年、2011 年和 2014 年又进行了几次升级，最终，最新版本的本田 ASIMO 机器人已经具备了类似人类的步行方式[3-5]。

本田 ASIMO 机器人，是日本汽车厂商本田公司投入无数科技研究心血的结晶，花费资金数十亿美元。本田 ASIMO 机器人身高 1.3 米，体重 48 千克。它的行走速度是 0～9 千米/小时。这款机器人模仿人类的动作时更精准，以达到帮助人类，特别是行动不便者的目的。现在的本田 ASIMO 机器人不但能跑能走、上下阶梯，还会踢足球和开瓶倒茶倒水，动作十分灵巧。

截至 2013 年，ASIMO 是最先进的仿人行走机器人。

本田 ASIMO 机器人，是本田公司工程师 20 年人形机器人研究的巅峰之作。本田 ASIMO 机器人可以跑步、在不平坦的斜坡和表面上行走、平稳转弯、爬楼梯以及伸手抓住物体。本田 ASIMO 机器人还可以握手、挥手，甚至可以随着音乐翩翩起舞。本田 ASIMO 机器人还可以理解并响应简单的语音命令，识别特定群体的面部，使用相机眼睛绘制环境图并记录静止物体，以及在环境中移动时避开移动障碍物。

本田 ASIMO 机器人，在某种程度上代表了日本人形机器人的最高水平，是机器人历史上重要的里程碑之一[6]。随着本田 ASIMO 机器人的不断发展，今天本田公司在世界各地展示本田 ASIMO 机器人，以鼓励和启发年轻学生学习科学。而在未来，本田 ASIMO 机器人的目标是帮助人们更轻松地生活，帮助老年人或只能坐在床上或轮椅上的人，成为他们的眼睛、耳朵、手和腿，还可执行救火、清理有毒泄漏物等危险任务。

一、工程背景

仿人和高仿真是机器人发展的主要方向。从技术发展来看，人是地球上最高级的动物，以人为背景的研究就是最高的目标，并且能够带动相关学科的发展；而从感情层面来说，人喜欢与人相近的东西。目前各国科学家都正在积极进行仿人形机器人的研发。

研制与人类外观特征类似，具有人类智能、灵活性，并能够与人交流，不断适应环境的仿人形机器人一直是人类的梦想之一。世界上最早的仿人形机器人研究组织诞生于日本，日本人对机器人的研究似乎有着与生俱来的执着，尤其是仿人机器人。继 1967 年日本早稻田大学仿人机器人之父加藤一郎研发出橡胶人造肌肉机器人之后，1973 年，以加藤一郎教授为首，组成了大学和企业之间的联合研究组织，其目的就是研究仿人形机器人。加藤一郎教授突破了仿人形机器人研究中最关键的一步——两足步行。1996 年 11 月，本田公司研制出了自己的第一台仿人步行机器人样机 P_2。

由于仿人机器人集机、电、材料、计算机、传感器、控制技术等多门学科于一体，是一个国家高科技实力和发展水平的重要标志，因此，世界发达国家都不惜投入巨资进行开发研究。日、美、英等国都在研制仿人形机器人方面做了大量的工作，并已取得突破性的进展。本田公司于 1997 年 10 月推出了仿人形机器人 P_3，美国麻省理工学院研制出了仿人形机器人科戈（COG），德国和澳大利亚 1997 年共同研制出了装有 52 个汽缸、身高 2 米、体重 150 千克的大型机器人。2000 年 11 月，本田公司推出了最新一代的新型仿人形机器人——本田 ASIMO 机器人，它的走路方式更加接近人。在仿人机器人领域，日本和美国的研究最为深入。日本侧重于外形仿真，美国则侧重用计算机模拟人脑的研究。

二、工程价值

1. 工程主要成果

本田 ASIMO 机器人共获得了 100 多项发明专利，这些专利涉及机器人技术、人工智能、机器学习、传感器技术等多个领域。本田 ASIMO 机器人曾获得国际机器人展览会最高荣誉大奖、2006 年日本机器人大奖、国际机器人展览会最佳娱乐机器人奖等。这些奖项和荣誉展示了本田公司在机器人技术和人工智能领域的领先地位和创新能力。

2. 工程主要技术

1）应用精确控制机器人运动的计算机技术

本田 ASIMO 机器人有一个三维计算机处理器，该处理器由本田公司制造，由三层堆叠的芯片、处理器、信号转换器和存储器组成，可以实现快速的数据处理和复杂算法的运算。控制本田 ASIMO 机器人行动的计算机位于机器人的腰部，可通过个人计算机、无线控制器或语音命令进行控制。

2）应用与人类互动的人工智能技术

本田 ASIMO 机器人能够识别移动物体、姿势、周围环境、声音和面孔，从而能够与人类互动。该机器人可以利用其头部的两个摄像头"眼睛"捕获的视觉信息来检测多个物体的运动，并确定距离和方向。该机器人可以解释语音命令和人类手势，使其能够识别何时提出握手或何时有人挥手，然后做出相应的响应。本田 ASIMO 机器人区分自身声音和其他声音的能力使其能够识别其同伴。本田 ASIMO 机器人能够对其名称做出反应，并识别与掉落物体或碰撞相关的声音，这使得机器人在与人说话时能够面对人。本田 ASIMO 机器人通过点头或以不同语言提供口头回答来回答问题，并且可以识别大约 10 种不同的面孔并称呼他们的名字。

3）采用协助自主导航的传感器技术

本田 ASIMO 机器人头部内的两个摄像头用作视觉传感器来检测障碍物。躯干下部设有地面传感器，包括 1 个激光传感器和 1 个红外传感器。激光传感器用于检测地面。红外传感器可根据亮度自动调节快门，用于检测成对的地板标记，以确认规划地图的可导航路径。预加载的地图和地板标记的检测帮助机器人精确识别其当前位置并不断调整其位置。本田 ASIMO 机器人前后都有超声波传感器来感知障碍物。前超声波传感器与地面传感器一起位于躯干下部，后超声波传感器位于背包底部。

3. 工程科学价值

本田 ASIMO 机器人是多门基础学科和多项高科技的集成，代表了机器人技术的最高水平。仿人形机器人不仅是一个国家高科技综合水平的重要标志，也在人类生产、生活中有着广泛的用途。仿人形机器人由于具有人类的外观特征，因而可以适应人类的生活和工作环境，代替人类完成各种作业。它不仅可以在有辐射、粉尘、有毒的环境中代替人们作业，而且可以在康复医学上形成动力型假肢，协助瘫痪病人实现行走的梦想。将来它可以在医疗、生物技术、教育、救灾、海洋开发、机器维修、交通运输、农林水产等多个领域得到广泛应用。

4. 工程社会价值

本田 ASIMO 机器人具有广泛的社会价值，主要体现在以下两个方面。

（1）促进科技进步，提高生活质量。本田 ASIMO 机器人的设计和生产涉及多个领域的技术和知识，包括机械、电子、计算机、人工智能等，机器人的应用也是对新技术和新方法的验证和应用。此外，本田 ASIMO 机器人在医疗、助老、家政等领域的应用，可以减轻人们的工作负担，提高生活质量。

（2）助力步幅管理和体重支撑辅助产业发展。2017 年国际消费类电子产品展览会（CES2017）上，本田公司发布了一台平衡力极强的"不倒翁"电单车，车上载有的 Honda Riding Assist 系统，正是源自本田 ASIMO 机器人的科技。本田公司还曾推出 U3-X 单轮车，其同样是以本田 ASIMO 机器人优秀的人工智能（AI）和平衡系统延伸出来的个人交通工具。

5. 工程文化价值

在公众眼中，仿人形机器人跟终结者、高达、变形金刚一样属于科幻产物，而本田 ASIMO 机器人的诞生在那个年代是相当超前的，时至今日都对机器人领域有着很大影响，涉及教育、娱乐等多个应用场景。

2003～2004 年，本田 ASIMO 机器人参加北美教育之旅，参观了北美各地的顶级科技博物馆和学术机构，此次巡演的目的是通过现场表演突出本田 ASIMO 机器人的能力，鼓励学生学习科学。

2008 年，本田 ASIMO 机器人指挥底特律交响乐团演出了《不可能的梦》，以引起人们对底特律交响乐团的关注，并支持底特律的表演艺术。除了各种演出，2012 年，本田 ASIMO 机器人还成为电影《机器人与弗兰克》中机器人角色的灵感来源，影片中机器人帮助一位老人完成了他最后的工作"猫窃贼"，机器人由一位穿着戏服的演员扮演，具有本田 ASIMO 机器人的外观。

三、工程启示

1. 成功关键因素

（1）机械设计技术先进。本田公司在机器人设计方面具有深厚的积累和经验，其采用了高精度的伺服电机、可靠的传动系统、灵活的关节结构等，使得本田 ASIMO 机器人能够实现精确的运动和稳定的操作。

（2）众多先进技术的集成是本田 ASIMO 机器人成功的重要支撑，如高效的算法和传感器技术、人工智能技术的应用等。

2. 工程哲学启示

1）本田 ASIMO 机器人体现了工程哲学方法论中创新性、系统性和综合性的思想

首先，由于技术的不断发展和用户需求的不断变化，本田 ASIMO 机器人的设计和制造需要不断地研究和开发新的技术、新的材料、新的工艺等，以提高机器人的性能和功能；其次，本田 ASIMO 机器人是一个高度复杂的工程系统，涉及机械、电子、计算机、人工智能等多个领域的知识，需要系统考虑机器人功能实现、稳定性、安全性等各种因素之间的相互影响；最后，本田 ASIMO 机器人具有家庭服务、医疗护理、公共服务等多种功能和应用，需要综合考虑各种应用场景和使用环境，以便能够满足不同用户的需求。

2）本田 ASIMO 机器人体现了工程哲学世界观中人本主义和设计与美学的思想

首先，本田 ASIMO 机器人被设计为与人类一起工作和生活，这需要机器人具有高度的交互性和适应性，如帮助人类行走、传递物品、提供服务等，实现人与技术的和谐共生；其次，本田 ASIMO 机器人的设计需要考虑到外观和美学，使机器人成为一种艺术品，达到设计与美学的统一。

3. 工程立国思考

技术创新和应用价值是推动机器人技术发展的关键因素，只有通过不断的研究和探索，推动机器人技术的发展，才能为人类带来更多的便利和服务。本田 ASIMO 机器人是全球领先的仿人机器人之一，它具有高精度的动作模拟、智能感知和自主行走能力，在服务行业、医疗保健等许多领域都有广泛的应用价值。

4. 未来发展指导

本田 ASIMO 机器人对未来机器人发展具有重要的指导意义，它告诉我们需要在技术、应用领域等多个方面进行创新和升级，以适应不断变化的需求和挑战，具体包括以下两个方面。

（1）未来机器人需要在技术方面进行持续的研发和创新。随着人工智能、物联网、云计算等技术的不断发展，机器人将更加智能化、自主化和协同化。未来，机器人将更加注重感知和理解环境的能力，以便更好地适应不同的应用场景。

（2）未来的机器人需要继续拓展应用领域。未来机器人将会在更多领域得到应用，如医疗、农业、物流、制造、服务等领域。未来，随着应用场景的不断扩大，机器人将会发挥更大的作用，提高生产效率、改善生活质量。

参考文献

[1] 本田推出新一代"Asimo"智能机器人. 多媒体世界, 2005, 1: 15.
[2] ASIMO technical information. Tokyo: Honda Motor Co., Ltd., 2007.
[3] 陈伟. 丰田 VS 本田：机器人对决. 东方企业家, 2008, 2: 18-19.
[4] 时隔四年本田公司再度发布新型 ASIMO 机器人. 传感器世界, 2011, 11: 38-39.
[5] 赵洁. Hello! 阿莫西 Honda robotics ASIMO. 世界汽车, 2011, 12: 120-123.
[6] Kupperberg P. Careers in Robotics. New York: Rosen Publishing, 2007.

90 东方超环

全　　称 全超导托卡马克核聚变实验装置，又称"人造太阳""东方超环"
外文名称 Experimental Advanced Superconducting Tokamak，**外文缩写：** EAST

东方超环是中国科学院等离子体物理研究所（以下简称中国科学院等离子体所）在中国安徽省合肥市建设的世界上第一个全超导非圆截面托卡马克核聚变实验装置。

东方超环于1998年被批准立项，2002年正式命名为"EAST"，既包含"先进实验超导托卡马克"，也具有"东方"的含义。主要建筑物与设施于2003年开始建造，2003~2005年组装托卡马克，主机和分系统的研制安装工作于2005年底基本完成，2006年2月1日到3月17日进行首次工程调试，2010年实现一百秒的长脉冲等离子体放电，2012年获得超过400秒的2000万摄氏度高参数偏滤器等离子体，获得稳定重复超过30秒的高约束等离子体放电，2014年首次实现重复的完全抑制边界局域模稳态长脉冲高约束等离子体，2016年实现电子温度超过5000万摄氏度、持续时间达102秒的超高温长脉冲等离子体放电，2019年实现高约束、高密度、高比压的完全非感应先进稳态运行模式和1亿摄氏度等离子体运行。

东方超环总投资约2亿元，装置主机高度为11米，直径为8米，重400吨，由超高真空室、纵场线圈、极向场线圈、内外冷屏、外真空杜瓦、支持系统等部件组成，从立项到建成验收历时10年。

东方超环是由中国科学院等离子体所提出并主导建设的，第一期于1997年由中央科技领导小组批准，1998年国家计委正式立项，先后近40个单位数百人直接参加设计、预研和建设，2007年3月通过国家验收，完成了国家发展改革委批复文件规定的各项研制任务，装置主机及其各子系统均达到或超过设计指标。二期工程"EAST辅助加热项目"，于2008年7月由国家发展改革委正式批准立项，项目建设目标是在已建成的EAST主机的基础上，研制成功4兆瓦/4.6吉赫兹低杂波电流驱动系统和50000~80000电子伏的4兆瓦中性束注入加热系统，并结合其他资源，使等离子体物理参数达到放电约束时间100秒、等离子体温度5000万摄氏度，综合稳态等离子体参数达到国际先进水平。2015年11月14日，顺利通过国家验收。

东方超环，是我国设计建造的国际上第一个建成并投入运行的全超导托卡马克核聚变实验装置，填补了从短脉冲中型常规托卡马克向长脉冲大型超导托卡马克过渡过程中"中

世界近现代
超级工程排行榜（下）

型超导托卡马克"的空缺，致力于解决国际热核聚变实验堆及未来聚变堆高性能稳态运行相关的关键物理和工程问题，是未来10年国际上极少数有能力在高参数条件下开展长脉冲聚变等离子体物理和工程技术研究的实验平台。这些研究将为中国未来聚变实验堆的设计和运行提供重要的依据，并为未来建造稳态、高效、安全的托卡马克类型的聚变反应堆提供重要的工程技术和物理基础[1]，将对中国核聚变研究产生重大推动作用[2]。

东方超环

一、工程背景

20世纪50年代初，苏联科学家建成了世界上第一个托卡马克装置。该装置是一个由封闭磁场组成的"容器"，可以把炙热的等离子体托举到半空中持续加热。这个办法被视为探索、解决未来稳态聚变反应堆工程及物理问题的最有效途径。早在20世纪70年代，位于合肥的中国科学院等离子体所就开始了核聚变相关研究，90年代，开始了超导托卡马克的研究。1990年2月，苏联库尔恰托夫所副所长卡多姆采夫院士给中国科学院等离子体所发来一封信，提出愿意将已停机的T-7托卡马克装置赠送给中国科学院等离子体所，以便更好地开展合作研究。

中国科学院等离子体所决定接受T-7，并不惜一切代价在3年内对其进行改造，为中国的核聚变做一番拼搏。1991年3月，T-7设备运抵国内，相关改造和建设工作也在中国科学院等离子体所全面铺开。1994年12月，由T-7改造成的超导托卡马克装置HT-7首次获得等离子体，成为中国第一个超导托卡马克。在此基础上，中国科学院等离子体所的科学家又提出了对HT-7进行升级改造的新计划——"HT-7U全超导非圆截面托卡马克装置建设"计划，以便在近堆芯的高参数条件下研究等离子体的稳态和先进运行，深入探索实现核聚变能源的工程、物理问题。为使国内外专家易于发音、便于记忆同时又有确切的科学含义，项目于2003年10月更名为EAST，中文名为"东方超环"。

二、工程价值

1. 工程主要成果

东方超环是世界上首台使用全超导磁场线圈的托卡马克装置，凭借其尖端的技术和创新设计，成功在地球上模拟了太阳的核聚变过程。与传统的托卡马克不同，全超导设计允许在一个持续、稳定的状态下进行长时间的实验，为等离子体物理的研究和未来核聚变反应堆的发展提供了巨大的优势。在多次实验中，成功地达到了100秒以上的高性能稳态高约束模（H模）等离子体约束。该装置能够在相对长时间内保持高密度、高温的等离子体状态，为模拟真正的核聚变环境提供了有力的验证。该项目研发团队攻克了68项核心技术，构建了20个大型系统，且工程调试在首次尝试中便达到预期效果。

2. 工程技术价值

1）技术模拟太阳核聚变

核聚变是太阳能量的基础，长久以来一直是科学家研究的焦点。中国的东方超环装置，凭借其前沿的技术革新与独到的设计理念，实现了在地球上对太阳核聚变过程的模拟。与其他国际类似项目相比，东方超环不仅投资更为经济，建设速度也更快，并且完全拥有自主知识产权。现如今，研究者已成功实现持续超过100秒的H模等离子体约束，这在核聚变领域是一个巨大突破，为高温高压下的等离子体物理提供了宝贵的研究数据。

2）东方超环的"全超导"特点

不同于传统的托卡马克装置，东方超环使用超导磁场线圈，使其在产生巨大、持久的磁场时几乎没有电阻损耗。这一创新不仅显著降低了运行成本，还为长时间、高稳定性的核聚变实验创造了条件。此外，东方超环的建设和优化不仅加速了核聚变技术的发展，还促进了众多相关技术的进步，如高效的等离子体加热、尖端的诊断技术和超导材料技术等，这些技术的更新将服务于更广泛的领域，如物理学和材料科学。

3) 深入探索核聚变等离子体

东方超环装备了多种先进的加热和电流驱动系统，包括微波加热、中性束注入以及电子回旋共振加热技术。这些技术的结合不仅极大地增强了加热等离子体的能力，而且为等离子体电流的非感应驱动提供了多种选择。此外，东方超环为科研人员提供了一个宝贵的平台以便深入探索核聚变等离子体的众多关键问题。从等离子体的稳定性、湍流输运，到边界层物理，再到壁材料与等离子体的相互作用，研究团队已经在这些领域取得了丰硕的研究成果。这些研究为理解聚变等离子体的行为，以及如何更好地控制它，提供了理论基础。

3. 工程管理创新

东方超环不仅代表着中国在核聚变领域的先进大科学装置，更是领先全球的全超导托卡马克实验设备。对于如此高技术和复杂的项目，高效的工程管理尤显关键。项目团队在实施过程中，展现了一系列工程管理的创新策略，确保了项目的流畅推进。

1) 精细划分

考虑到东方超环的技术深度及其跨学科的挑战，项目团队采用精细化的项目组织与任务划分策略。整个工程被细致地分为众多子模块和任务，而且每一个部分都配备了清晰的责任人、时间线和预算。这种细致入微的管理方式确保了项目的每一个环节都能得到充分的关注与指导。此外，鉴于核聚变项目的技术风险和不确定性，项目团队制定了一套全面的风险管理流程。他们不仅对潜在的技术、经济、环境和社会风险进行了深入的鉴定和评估，还为每种风险制定了相应的应对策略。这种前瞻性的风险管理方法让团队能够迅速发现并解决问题，确保项目的连续性和稳定性。

2) 坚持开放原则

项目团队始终坚持开放合作的原则，积极寻求国际交流与合作。与多个国际研究机构建立了合作伙伴关系，携手攻克技术难关。为保证多国团队的无缝合作，团队引入了最新的项目管理软件和沟通平台，保障了信息的实时交流和团队之间的高效配合。随着项目的深入，团队逐渐积累了丰富的技术数据、经验和专业知识。

3) 构建系统的知识管理框架

为了最大化这些知识的价值，项目团队构建了一套系统的知识管理框架。这不仅加强了团队内部的知识共享，更为今后的技术进一步创新打下了坚实基础。最后，对于人才的培养和管理，项目团队更是给予高度重视。他们为团队成员提供了多样化的培训与发展机会，制定了一套公正而透明的绩效评估和激励制度，确保团队始终保持高效和富有活力的工作状态。

4. 工程社会价值

东方超环作为中国核聚变研究的重要平台，已成为全球核聚变领域的一个关键组成部分。其存在和发展不仅在科学界引起了技术革命，更为社会的可持续发展注入了巨大的潜在价值。

1）推动科技进步与技术创新

东方超环项目汇聚了众多世界顶尖的科学家和工程师，他们的研究和探索不断推进核聚变技术的发展，同时在超导技术、材料科学等多个领域催生了创新。2006年，东方超环加入了影响深远的"人造太阳"计划，即国际热核聚变实验堆（ITER）计划，并在超导导体、校正场线圈、超导馈线、电源等关键部件的研发中取得卓越成就。东方超环的所有部件100%达标、100%国产化，品质和进度在ITER计划的30多个参与国中遥遥领先。凭借其领先的研发工艺和高标准，中国团队还赢得了国际竞标，接手欧盟难以完成的超大型超导磁体任务。面对直径超过10米、总重达400吨的超级线圈，中国团队凭借百余项行业标准和数千个控制节点，实现了绝缘质量的零缺陷。这种硬实力的展现，使中国团队不仅修正了法国和日本在ITER计划项目中的设计缺陷，还实现了向西方发达国家的技术输出，将"中国设计"应用于全球大型科学项目中。

2）促进经济发展与产业升级

东方超环不仅仅是一个科研平台，它所蕴含的高端技术意义远超其科学目标。在这座大型科学设施的引领下，衍生出超导技术、低温技术、等离子体技术、生物技术、材料技术、机器人技术等多个创新产业板块，推动了一系列高新技术成果的实际应用和产业化，实现了在科研道路上的多点突破。例如，利用大科学装置的超导技术，中国积极开发了首套具有自主知识产权的医用超导质子癌症治疗系统，显著降低了患者的治疗成本。此外，将等离子体技术应用于皮肤疾病治疗，展现了广谱抗菌、加速凝血、促进细胞增殖等多种优势。在生物学领域，等离子体技术也被用于微生物新菌种的创制和生物产品的研究及产业化转化，展现出广泛的应用前景。

三、工程启示

1. 成功关键因素

　　东方超环的建设历经坎坷，充满了未知的挑战。项目之初，研究团队面对的是一系列前所未有的技术难题，包括超大电流、超强磁场、超高真空等。更为棘手的是，许多关键技术被发达国家所垄断，形成了技术"卡脖子"的封锁。使东方超环跻身为世界首个全超导装置的重要因素之一，是其使用的超导材料。因为要确保千米级长度且只有 0.8 毫米粗细的超导线毫无折断或细微裂缝，难度之大不可估量，国外专家对此问题也感到无所适从。但经过不懈努力和无数次的尝试，项目团队最终实现了每根上千米长的超导线 100% 无断裂。项目建设过程中，有 20 个主要子系统和数百名工作人员同时投入工作，许多团队成员选择在实验室中日夜工作。尽管面临着科研经费有限和实验室设备简陋的困境，团队依然成功研发出 68 项关键技术，构建了 20 个主要子系统，使得整体装置的建设和工程调试在首次尝试时就取得了成功。

　　东方超环项目在设计哲学、技术突破和管理策略等方面都实现了独特的创新。这种从无到有，再从有到精的创新策略不仅代表了我国在大科学装置设计、研发和管理方面的前沿地位，其众多创新成果也为我国未来大科学装置的建设与发展提供了宝贵的经验和启示。

2. 工程哲学启示

　　东方超环的成功研制不仅体现了工程技术的卓越成就，更在深层次上展现了工程活动的多重价值。

1）为核聚变开发奠定基础

　　从工程价值论视角来看，东方超环的研发和应用，为未来的核聚变能源开发奠定了坚实的基础，预示着一种清洁、高效、可持续的新能源时代的到来，对于缓解能源危机、推动经济发展具有深远的意义。东方超环的研发过程汇聚了全球顶尖的科研力量，促进了国际技术交流与合作，展现了人类共同应对挑战的决心和能力。此外，它的成功也为后来的科研工作者树立了榜样，激励着一代又一代人为探索未知、实现梦想而不懈努力。核聚变反应作为一种清洁的能源生产方式，几乎不产生放射性废物，对环境的影响极小。东方超环的成功研制，在能源开发与环境保护之间找到了一个平衡点，为实现人与自然的和谐共生提供了可能。

2）拟合各种领域的知识和技术

从东方超环的研制过程中，不仅可以看到精细化的项目组织与任务划分、全面的风险管理流程等传统的工程管理方法，还可以从工程方法论的角度发现一些新的、具有创新性的观点。东方超环作为一个复杂的科学装置，其研制涉及物理学、材料科学、工程学等多个领域的知识和技术。项目团队通过跨学科整合的方法，将这些不同领域的知识和技术有机地结合在一起，形成了完整的工程解决方案。这种跨学科整合的方法对于解决现代工程中的复杂问题具有重要的指导意义。

3）坚持创新驱动的发展理念与国际合作

在东方超环的研制过程中，项目团队始终坚持创新驱动的发展理念，不断探索新的技术路线和解决方案。他们敢于尝试、敢于失败、敢于从失败中吸取教训并不断改进，最终实现了全超导托卡马克装置的成功研制。这种创新驱动的方法鼓励工程团队在工程实践中不断挑战自我、追求卓越。东方超环的研制过程中，项目团队积极寻求国际交流与合作，与多个国际研究机构建立了合作伙伴关系。他们通过开放合作的方式，共同攻克技术难关、分享研究成果、推动科技进步。这种开放合作的方式不仅有助于解决工程实践中的技术难题，还有助于推动国际科技交流与合作。

3. 未来发展指导

1）人工智能的融合

随着科技的飞速发展，未来的大科学装置不仅要深入某一领域，更需聚焦在于跨学科的融合，如物理与生物、化学与人工智能的结合，催生新的研究与应用。人工智能和机器学习的崛起将推动这些装置向智能化和自动化转型，得到高效、准确的实验结果，并具有自我调整能力。考虑到其高额的投资和复杂性，开放性和共享变得至关重要，其不仅能减少重复的资源浪费，还能吸引全球的科研团队共同努力。在环保日益受到重视的今天，大科学装置的设计和运行亦应强调绿色和可持续性，同时为了适应技术的迅速演进，装置的设计需要具有弹性，且应当模块化，以确保其灵活性和可维护性。

2）人才是核心，安全是第一位

背后的人才和团队是东方超环研发的核心，与高校和研究机构的合作以及国际科研交流是关键。为了让研究成果更快地服务于社会，与产业的连接也非常关键，同时，应更加注重社会的参与和科普教育，让公众了解并支持科学。在所有这些因素中，安全永远是第一位的，大科学装置应建立完备的风险管理体系，并培养深厚的安全文化[3]。

3）资金的灵活运用与国际合作

面对科研资金的波动，灵活的资金筹措和管理策略将确保项目的稳定进行。东方超环这一类大科学装置往往凝聚了多国、跨学科的智慧与合作。这样的合作模式，使得单打独斗的策略不再与时俱进。在今日科研的舞台上，集体协同、多方贡献及学科间的融通变得尤为关键。

参考文献

[1] 何聪. 中国"人造太阳"八月放电实验. 人民日报, 2006-07-21(11).

[2] 万宝年, 徐国盛. EAST超导托卡马克. 科学通报, 2015(23): 2157-2168.

[3] 邓泉, 尹红星, 刘志宏, 等. 国家重大科技基础设施运行管理的改进方法与实践——以EAST全超导托卡马克核聚变实验装置为例. 科技管理研究, 2024, 44(10): 170-177. DOI: 10.3969/j.issn.1000-7695.2024.10.020

世界近现代
超级工程排行榜（下）

布什号航空母舰

91 布什号航空母舰

全称 布什号航空母舰
外文名称 USS George H.W. Bush

布什号航空母舰[1]，是尼米兹级核动力航空母舰的10号舰，被称为世界上现役攻击力最强的航空母舰。

布什号航空母舰，于1997年提出建造设想，1998年美国国会通过逐年拨款计划，2000年美国海军提出建造方案，2001年1月26日美国军方签署布什号航空母舰订单，由诺斯罗普·格鲁曼公司纽波特纽斯造船厂负责建造。2003年9月6日完成前期设计并举行龙骨铺设仪式，2005年3月安置船首，2006年7月8日安置舰岛。2006年10月9日在诺斯罗普·格鲁曼纽波特纽斯造船厂举行命名典礼后下水舾装，2008年1月25日在该舰飞行甲板上进行弹射系统测试，完成海试后，2009年1月10日在诺福克海军基地举行了服役典礼，2009年3月正式交付美国海军，隶属美国大西洋舰队，以弗吉尼亚州诺福克为母港。

布什号航空母舰，造价62亿美元，船厂投入4000名工人耗时8年建造完成，是当时下一代航空母舰的试验舰，一些新技术试用成熟后已用于"福特"号航空母舰。该舰是美国海军前77艘航空母舰中第一艘使用模块化造船技术建造的航空母舰，由160块巨型模块拼接而成，应用了大量自动化技术使舰员编制减少到此前航空母舰的近一半（3000余人）。该舰舰长332米，由两个核反应堆提供动力，无须补充燃料即可连续运行20年以上，最高航速超过30节，满载排水量达到10.4万吨，运载将近6000名水兵和海军陆战队员，最多搭载100架各型舰载机，飞机弹射速度为8架/分钟。

海湾战争后，美国海军认识到需要用航空母舰来实现其军事和外交目标，于是在20世纪90年代中期决定启动布什号航空母舰的研制和建造计划，由诺斯罗普·格鲁曼公司拥有的维吉尼亚州纽波特纽斯造船厂负责建造。

布什号航空母舰，是目前世界上最先进、造价最贵、攻击力最强的一艘航空母舰，是美国海军近几十年来海上冲锋陷阵的急先锋，被誉为尼米兹级航空母舰的终结者和"福特"号航空母舰的奠基者[2,3]。

一、工程背景

航空母舰是一种具有高度机动性、远程打击能力和战略威慑能力的武器系统，可以为国家提供安全保障和战略优势。尼米兹级航空母舰是美国海上钢铁屏障和冲锋陷阵的急先锋，在20世纪90年代初的海湾战争后，美国军方认为必须继续依靠航空母舰来实现其军事和外交目标，提高美国的军事力量和战略威慑力。

20世纪90年代中期美国启动了对新一代航空母舰的研制和建造计划。首先开发尼米兹级的最后一艘舰——布什号航空母舰，配用新型雷达、全新的武器系统及若干新技术；然后开发新一代航空母舰的首制舰CVNX，配用新型推进系统、电力系统和电磁弹射系统；最后开发新一代航空母舰，采用全新的舰体设计和经过CVN-77和CVNX验证的一系列新技术、新系统和新工艺。

美国海军的"三舰"战略旨在确保在不冒太大风险的条件下对新一代航空母舰的技术战术和舰载系统进行逐步改进，使得布什号航空母舰无论是在动力系统还是在武装设备上，都有相当程度的改进，成为新一代航空母舰积累经验的实验平台型航空母舰。

二、工程价值

1. 工程主要技术

布什号航空母舰，作为一艘过渡型航空母舰和引领美国未来航空母舰技术的实验平台，在建造技术和舰上系统方面有极大的变化，主要表现在以下几个方面。

1) 舰体应用多层船体结构提升了航空母舰的防护能力

布什号航空母舰在自身防护方面尤为重视，无论是水下防护还是反舰导弹防护都采取一些特殊措施，如舰体两舷、舰体底部、机库甲板等部位均采用双层体结构，舰内有数十道水密横舱壁，水下部分加装厚装甲板，还设置了多层防鱼雷隔舱等，这些措施提高了航空母舰的抗打击能力。

2）全舰应用了舰载设备隐形技术

布什号航空母舰在降低红外辐射、消除舰体磁场和电子设备的电磁辐射等方面也采取了相应的隐形措施，如采用新型动力推进系统，大大降低舰艇的自身噪声；舰岛建筑外形由四边形改为多边形，尺寸较小，外壁向内倾斜，大量使用复合材料，以降低航空母舰的雷达信号特征；舰桥顶部众多的各型雷达与通信天线，由主动式相控阵多功能天线取代，全部实现内置化，安装于舰桥的平板内壁，外表整洁光滑，具有明显的隐形特征；另外，航空母舰的飞行甲板外缘设计为曲面形式，飞机升降机改为内置式，更进一步提升了全舰的隐形性能。

3）指挥系统应用了网络中心战核心技术

布什号航空母舰设计、装备全新的指挥、通信、计算机和控制系统，以光纤缆线联结全舰16个"通信节点"，构成一个系统与系统、装备与装备间大容量、高速度的通信网路。将以往各个分散的作战平台整合成一个分布式的探测和攻击系统，经过整合能将音频的资讯与视频的图像，以及各种侦察器材获得的数据资讯，在各个作战平台之间瞬间传递和展现，显著提高舰队的作战效能，不但使航空母舰作战群能够攻击自海岸至内陆数千千米纵深的目标，而且还能为内陆纵深的地面部队提供空中保护。

4）全舰应用了新的空中运营技术

采用了新的航空燃料储存和分配系统、半自动化加油和服务系统，改进甲板布局，大幅降低舰载机降落难度。可以提供更快、更高效的飞机维修站，减少所需的人员。

5）海洋污水处理使用了真空收集技术

真空收集/海洋卫生装置（VC/MSD）管道安装具有更大的灵活性，整体管道尺寸更小，可用淡水代替海水。布什号航空母舰是美国海军唯一一艘结合了这两种技术的航空母舰。

2. 工程管理创新

布什号航空母舰在工程管理阶段的创新体现在风险管理、质量管理等多个方面，这些创新措施有助于确保项目的顺利实施和成功交付。

（1）布什号航空母舰采用了全面的风险管理策略，对项目过程中可能出现的风险进行预测、评估和控制。这包括对技术风险、进度风险、成本风险等进行全面的分析和控制，确保项目顺利进行。

（2）布什号航空母舰在质量管理方面采用了严格的质量控制标准和流程，确保项目的各个阶段都符合相关规定和标准。这包括对材料、设备、工艺等进行质量检查和控制,以及在项目实施过程中进行质量管理和监督。

3. 工程社会价值

布什号航空母舰是美国军事实力的重要组成部分,不但承担着多种全新技术和实验平台任务,而且还继续承载着美国维护全球海洋和平与安全的理念。布什号航空母舰的军事价值体现在以下几个方面。

(1)布什号航空母舰拥有强大的打击能力。它搭载了大量的舰载机,可以执行多种任务,如海上打击、侦察、反潜等,此外,布什号航空母舰还装备了先进的雷达、导弹防御系统和火炮,能够有效地保护自己和舰队的安全。

(2)布什号航空母舰拥有强大的威慑力。作为一艘核动力航空母舰,它具有远程打击能力,可以在远离本土的地方执行任务,对敌人造成巨大的心理压力。

(3)布什号航空母舰具有重大的战略意义。作为美国海军目前最先进的航空母舰之一,布什号航空母舰可以承担起重要的战略任务,如打击海盗、维护海上安全等。

三、工程启示

1. 成功关键因素

1)先进的舰船设计技术是航空母舰作战能力提升的关键

布什号航空母舰建造过程得到了美国海军和工业界的大力支持,采用了综合电力推进系统、先进的航空燃油分配系统、真空海上卫生系统等全新的设计理念和技术手段,以及网络中心战、多任务作战等创新的作战理念和战术,使得航空母舰具有更强的作战能力和适应性。

2)高效的工程管理是航空母舰顺利建造和交付的保障

布什号航空母舰使用模块化建造,加快了总建造进度,采用了项目管理、风险管理、质量管理等高效的管理模式和方法,确保了航空母舰的顺利建造和交付。

2. 工程哲学启示

1)布什号航空母舰体现了工程哲学方法论中延续性和渐进性、优化和效率、严谨和规范的思想

首先,布什号航空母舰是 21 世纪初美国建造的最后一艘尼米兹级航空母舰,飞行甲

板未做大的修改，延续了里根号航空母舰的舰型，但对舰载机、推进系统等进行了改进和优化，为"福特"号航空母舰的渐改设计做了探索；其次，布什号航空母舰是尼米兹级航空母舰中造价最高、技术最先进的，也是世界上现役攻击力最强的航空母舰，这体现了工程哲学中的优化和效率原则；最后，布什号航空母舰需要经过详细的设计、严格的施工和有效的测试，以确保最终产品的质量和性能达到预期要求。

2）布什号航空母舰体现了工程哲学世界观中的系统性和复杂性、实用主义的思想

首先，布什号航空母舰是一种极其复杂的系统工程，涉及舰载机、防空等众多武器系统和组件的协调与配合，需要用系统性的思维方式，把整个航空母舰看作一个整体，从全局的角度来考虑问题；其次，布什号航空母舰是为了满足特定的军事需求而设计和建造的，把解决实际问题放在首位，具有很强的实用价值。

3. 工程立国思考

布什号航空母舰作为美国海军的重要武器平台，具有强大的军事价值，可以执行空中攻击、空中防御、海上补给等多种任务，对于一个国家的全球地位和影响力至关重要。

4. 未来发展指导

1）续航力是未来航空母舰发展的关键战力指标

当前世界局势日益复杂，在各国海防武备力量水平与日俱增的背景下，航空母舰依然有其不可替代的技术优势，其对巩固国防安全、提升国家地位均有着显著的促进功效。国际上充分掌握核动力航空母舰技术的国家极少，对相关技术领域开展科学研究有着重大战略意义。航空母舰是为了满足其搭载的舰载机的要求而存在的，如作战中航空母舰为了起飞飞机和回收飞机需要随时寻找最佳风向，或者为了规避敌人的潜艇，需要时刻进行各种高速的机动，因此航空母舰的续航力是航空母舰的关键战力指标，有了澎湃不绝的核动力，航空母舰编队如果以30节的速度快速机动，一昼夜可以行驶1300千米，这种机动速度使常规潜艇很难持续跟踪监视。

2）核动力是航空母舰动力系统发展的主要方向

航空母舰动力系统未来可能存在多种动力形式，但核动力仍将是其中主要的动力形式，美国海军现役航空母舰已步入全核动力时代[4]。布什号航空母舰反应堆主要基于20世纪60年代的核技术，受当时的计算能力、测试数据以及所使用的设计规则限制，其建模能力十分有限，因此为了保证安全性，只能执行保守的工艺和程序。"福特"号航空母

舰的 A116 反应堆在保证安全的前提下降低了设计保守性，通过计算模型的精确化，在保证核安全的基础上，有效提高了核动力系统的使用性能。

3）无人舰载机是航空母舰舰载机系统未来的发展方向

舰载机的打击能力决定着航空母舰的效用和安全，舰载机的航程越远，就可以在更远离陆地的地方发起突击，从而让对方发现和攻击己方航空母舰的可能性更低。航空母舰使用的有人作战飞机的最佳打击半径是 400～800 千米，以美军为代表的远洋海军都很着力提高舰载机的攻击性和航程载荷能力，而 X-47B 无人机无空中加油时作战半径达到 2750 千米，航空母舰的控制范围扩大到原来的 12 倍。美国国防部还测试了一种新技术（最初的创意可以追溯到 1917 年）：改造一架合适的飞机，如 C-130 运输机，将其变成一艘可以在天空发射并回收无人机的航空母机，以增加航空母舰作战半径，使航空母舰远离危险。

参考文献

[1] 海天. 美国航空母舰之六十五 CVN-77 "乔治·布什"号. 舰载武器, 2008(1): 46-49.
[2] 李军平. 航空母舰一飞冲天. 世界科学, 2021(5): 39-40.
[3] 影舞者. 被误读的武器（二）航空母舰. 坦克装甲车辆, 2016(16): 33-37.
[4] 伍赛特. 航空母舰核动力系统技术特点研究及未来发展趋势展望. 机电信息, 2020(18): 147-148.

世界近现代
超级工程排行榜（下）

青藏铁路

92 青藏铁路

全　　称 青藏铁路
外文名称 Qinghai-Xizang Railway

青藏铁路，是通往西藏腹地的第一条铁路，是世界上线路海拔最高、穿越冻土区最长的高原铁路。青藏铁路是实施西部大开发战略的标志性工程，也是当今世界高原最具挑战性、最富创造性的宏伟工程。在青藏铁路建设过程中，研究人员攻克了多年冻土、高寒缺氧、生态脆弱等世界性工程建设难题，不仅是中国铁路建设史上的伟大壮举，也是世界铁路建设史上的一大奇迹。

青藏铁路，分两期建成：一期工程于1958年9月开工建设，1984年5月建成通车；二期工程于2001年6月29日开工，2006年7月1日全线通车[1]。

青藏铁路，全长1956千米，一期工程西格段东起青海省西宁市，西至格尔木市，全长814千米；二期工程格拉段东起青海省格尔木市，西至西藏自治区拉萨市，全长1142千米。格拉段工程总投资330.9亿元，线下工程按照国家Ⅰ级干线铁路标准设计，全线最小曲线半径大于1200米的路段超过曲线总长的70%。全线设计的运行速度为冻土地段100千米/时，非冻土地段120千米/时。全线海拔4000米以上的线路长达960千米，连续多年冻土地段长达550千米。唐古拉车站海拔5072米，是世界铁路海拔最高点[2]。

青藏铁路，一期工程由中国人民解放军铁道兵第七师和第十师负责承担建设任务。而二期工程的建设单位则是青藏铁路公司，建设总指挥部是其派出机构，总经理兼指挥长是卢春房。总体设计单位为中铁第一勘察设计院，设计总负责人为李金城；单项工程设计单位包括原铁道第三勘察设计院和中国建筑设计研究院等。在施工单位方面，共有23家单位参与了青藏铁路的建设，包括中国铁路工程总公司所属的10个工程集团公司、中国铁道建筑总公司所属的11个工程集团公司，以及原武警水电部队等地方单位。此外，还有包括中国铁道科学研究院在内的多个科研单位以及西南交通大学等高校参与了青藏铁路的建设。在监理单位方面，共有包括北京铁城工程咨询有限公司、西安铁一院工程咨询管理有限公司等在内的10个单位负责青藏铁路的监理工作[3]。

青藏铁路，不仅结束了西藏不通火车的历史，还对加快实施西部大开发战略、促进青藏两省区经济社会发展、增进民族团结以及巩固祖国西南国防具有十分重大的意义。这条铁路不仅是一条交通线，更是一条经济线、文化线、民族线，它在促进地区经济发展、推动人民生活水平提高、增进民族团结等方面发挥了重要作用。

一、工程背景

青藏铁路是几代中国人的梦想，也是历届中央领导非常关心并着力解决的重大问题。自新中国成立以来，中央领导集体一直十分关心和重视修建进藏铁路。按照中央要求，1955年，铁道部首次对修建青藏铁路可行性进行实地调研，1956年，铁道部开始组织开展线路勘测设计工作。1958年9月，青藏铁路西宁至格尔木段开工建设，1961年3月，因工程技术水平和经济原因停工缓建。1973年，毛泽东在会见尼泊尔国王比兰德拉时提到要修建青藏铁路。1974年青藏铁路恢复建设，1979年西宁至格尔木段铺通，1984年正式通车运营。

根据中共中央第三次西藏工作座谈会关于加快进藏铁路建设前期工作的要求，1994年7月，铁道部积极响应，并立即组织勘测设计人员进行大面积选线，提出了青藏、甘藏、川藏、滇藏铁路四个进藏铁路方案，经过专家多次论证，铁道部最终提出了首先修建青藏铁路格尔木至拉萨段的建议[4,5]。

在21世纪，党中央从推进西部大开发、实现各民族共同发展繁荣的大局出发，作出了修建青藏铁路格尔木至拉萨段的重大决策。2000年12月，国家计委召开了青藏铁路汇报论证会，随后向国务院提交了青藏铁路项目建议书。2001年2月，国务院总理办公会议审议了青藏铁路建设方案，并批准了青藏铁路的建设立项。2001年6月，举世瞩目的青藏铁路二期正式开工建设，国务院总理朱镕基在格尔木宣布青藏铁路全线开工[6]。

二、工程价值

1. 工程主要成果

青藏铁路在行业标准化、省部级和国家级的工法制定方面取得了多项重要成果，共获得专利 770 项，其中 453 项为发明专利。此外，青藏铁路的研究成果还体现在发表的近 3700 篇学术论文和出版的 79 本专著中。此外，青藏铁路还荣获了 2008 年度国家科学技术进步奖特等奖、中国铁道学会科学技术奖（120 余项）等多个奖项，充分体现了青藏铁路在科技创新和工程建设方面的卓越成就。同时，青藏铁路是中国建设工程鲁班奖（国家优质工程）和第二届"国家环境友好工程"称号的得主，进一步印证了其在工程建设和环保领域的杰出表现[7]。

2. 工程主要技术

通过自主创新，青藏铁路先后攻克了多年冻土、高寒缺氧、生态脆弱等世界性工程建设难题，形成具有自主知识产权的系统创新成果，总体技术达到国际领先水平。

一是在深化多年冻土分区标准、查明沿线多年冻土分布规律的基础上，通过大量试验研究和理论分析，突破传统冻土工程的设计理念，确立了"主动降温、冷却地基、保护冻土"的设计思想，实现了对冻土环境由静态分析转变为动态分析，对冻土保护由被动保温转变为主动降温，对冻土治理由单一措施转变为多管齐下、综合施治的"三大转变"。对于特别复杂的高温高含冰量冻土地段采取"以桥代路"措施，即采用桥梁通过，有效确保了冻土工程的稳定可靠。

二是在建立完善高原卫生保障制度、保障体系和保障机制基础上，针对性地研制了防治急、慢性高原病的关键技术及装备。在世界上首次进行海拔 4905 米以上地区人工制氧科学研究，研制出每小时生产 24 立方米高纯度氧气的高原医用制氧设备，创造性地实现了风火山隧道掌子面弥漫供氧和工地氧吧车供氧，有效改善了作业环境。在海拔 4500～5100 米的高度创造性地运用高压氧舱，填补了国内外医学空白。研究应用高原病早期预防、早期发现、早期治疗和综合救治技术，推广使用一氧化氮治疗仪、高氧液体等新技术。生活上推行低海拔区加工面食上送、职工宿舍集中供暖等措施，为职工健康提供保障。

三是大力创新保护高原植被、保护野生动物自由迁徙、遏制沿线水土流失、防治江河湖泊污染的有效措施。通过研究，系统地提出青藏高原海拔 4000 米以上高寒草原、高寒草甸区取土场及路基边坡等裸地植被恢复的成套技术，填补了该领域的空白。系统开展藏羚羊、藏野驴、藏原羚等野生动物迁徙习性研究，首创了我国重大工程设置野生动物通道的先例，建立长期的观测系统，确保野生动物迁徙和列车运营"双安全"。提出了一套集成创新的污水处理工艺技术，处理后能达到生活饮用水水源水质标准，有效保护了铁路沿线江河源水环境，填补了我国高寒缺氧地区低温污水深度处理技术空白。通过在宜于植草地段的路基边坡大量采用草皮防护，不宜于植草地段采用干砌片石或混凝土预制块方格型骨架护坡进行防护，或采用挂网喷射混凝土防护等措施，实现了对铁路沿线水土的有效保护。

四是青藏铁路采用了世界一流的高原铁路技术装备。研制了适应海拔 4000 米以上高原、进行长距离铺架施工的 JQ140G 型架桥机。研制了高原型客车，实现车内供氧和适应高原特殊环境的电气系统等多项技术创新。首次在高海拔地区研究采用了 SF_6 气体绝缘开关柜和 SF_6 负荷开关，研制了高原型环氧树脂浇注式干式电力变压器，成功采用了先进的电力远动设备。全线采用铁路数字移动通信系统（GSM-R）、光传输系统，实现了我国首个全数字化铁路通信系统；首次实现车站无人值守，首次与铁路综合业务移动网实现无缝结合，完成无线车次号校核、机车联控，实现了调度命令车－地双向通信功能。

3. 工程管理创新

一是首次在公益性铁路工程项目中实行法人负责制。青藏铁路是典型的公益性工程项目，原铁道部没有采用传统的由政府成立指挥部的管理模式，而是首次在青藏铁路工程实行法人负责制。经报请国务院批准，成立了既管建设又管运营的国有独资企业，为建设运营一体化管理进行了有益探索。

二是建立"五大控制"目标管理体系。围绕实现"建设世界一流高原铁路"的总目标，建立了以工程质量、环境保护、职业健康安全、工期、投资为主要内容的"五大控制"目标管理体系，从总体上体现了新的建设理念。特别是把职业健康安全列为建设管理目标，纳入管理体系，改变了传统工程建设中忽视职业健康安全的状况。按照施工年度、工程类别、施工单位进行目标分解、责任分解，自上而下层层展开，实现了全员化参与、全方位落实、全过程控制。提前在安多建设铺架基地，通过公路运输机车和铺架设备，即汽车驮着火车跑，实现三个铺架作业面同时施工的局面，创新了施工组织方法，对提前建成青藏铁路起到了决定性作用。

4. 工程科学价值

青藏铁路的科学探索成果为后续国家重大工程建设提供了宝贵的经验和借鉴。

青藏铁路的建设探索形成了高原极端环境下工程与自然相互协调的规律。在工程建设中，研究人员深入研究了青藏高原的自然规律、环境特点、生态特征，通过技术攻关和科学管理，实现防治污染、保护环境与生态再造、美化环境相结合，形成了环境保护不影响工程建设、工程建设促进环境保护的科学规律。

此外，青藏铁路的建设还解析了冻土演化机理。根据青藏高原冻土形成条件和全球气温变化趋势，研究人员分析预测了未来冻土发展变化的趋势以及其对冻土工程的影响，形成了数学模型，为"主动降温、冷却地基、保护冻土"的设计思路提供了理论依据。

5. 工程社会价值

一是显著改善了青藏高原地区的交通条件。长期以来，西藏的运输主要依靠公路，后来修建了拉萨贡嘎机场，并建设了格尔木至拉萨的输油管道。但由于多种因素的制约，进出藏的公路、航空、管道三种运输方式的能力有限，造成了"出国容易进藏难"的局面，严重影响了西藏的经济社会发展。青藏铁路的建成通车，结束了西藏没有铁路的历史，使西藏形成了"以铁路为骨干，航空、公路、管道等多种运输方式并存、相互促进发展、补充完善"的综合交通运输体系，缓解了运输瓶颈制约状况，大大降低了进出藏物资运输成本，使青藏两省区的投资环境得到改善，人民生活成本降低，生活物资大为丰富。

二是加强了青藏高原的生态保护。青藏高原煤炭资源匮乏，相当一部分城镇居民和农牧民主要依靠砍伐对生态平衡具有重大影响的植物根茎作为燃料，对原本脆弱的生态环境产生了不可低估的破坏作用。青藏铁路通车后，大量煤炭、石油等能源运进西藏，减轻了各族群众对生物能源的依赖，改变了能源消费的结构。此外，过去西藏城镇居民和农牧民基本生活主要依赖于牛羊肉，导致要扩大牛羊饲养规模，而人口的增多和牛羊饲养规模的扩大，又使草场负荷超过承载能力，出现草场退化，形成恶性循环。青藏铁路通车后，粮食、蔬菜等大量日用物品通过铁路运输到沿线城镇和农牧区，使城镇居民和农牧民的食物消费方式多样化，减轻了过重依赖牛羊肉造成的生态压力，有效保护了生态环境。

三是促进了地区间的文化交流。青藏高原自然景观原始奇特，人文景观特色鲜明，宗教文化形态神秘，旅游资源得天独厚、极其丰富，对国内外游客具有很强的吸引力。然而，交通落后严重阻碍了外界对藏文化的了解和认识。青藏铁路的通车，为拓展藏文化交流渠道、扩大藏文化认知范围、促进藏文化弘扬光大提供了有力支持，起到了推动作用。同时，众多藏族群众乘坐火车外出参观学习和相互交流，把各种文化产品带到祖国各地，加速了藏族传统文化与现代文明的有机融合。

6. 工程文化价值

经过几万名建设者、运营管理者的艰辛努力和无私奉献，形成了"挑战极限、勇创一流"的青藏铁路精神。这一精神的内涵包括：不辱使命的责任意识、以人为本的建设理念、顽强拼搏的奉献情操、务实创新的科学态度、勇攀高峰的攻坚品格。"挑战极限"，不仅挑战地理、气候和生存方面的极限，而且也挑战技术和基础理论方面的极限；"勇创一流"，不仅建设一流工程，而且在装备制造、运营管理、人才培养上同样要创世界一流。青藏铁路精神被纳入第一批中国共产党人的精神谱系。青藏铁路精神是中华民族的一笔宝贵财富，不仅适用于青藏铁路，在其他铁路工程乃至国家重大工程建设项目上也均可适用，已经产生了巨大的精神力量，其文化价值在历史长河中将得到充分体现。

三、工程启示

1. 成功关键因素

青藏铁路能够建设成功，主要是由于具备以下关键因素。

第一，坚持走自主创新道路。青藏铁路的建成是中国铁路自主创新的重大成果，也是中华民族富于创新精神的又一例证。面对高原铁路建设的多项世界性难题，青藏铁路建设者从工程客观要求出发，发扬尊重客观规律、认识客观规律的科学探索精神，加强基础理论研究，依靠大量工程试验，成功总结并创新出成套冻土工程措施，创新高原人工制氧技术和设备，创新高原环保管理模式和生态保护技术，开创了铁路建设项目管理新模式，取得了巨大的成功。

第二，充分发挥集中力量办大事的制度优势。青藏铁路的建成，是国家各有关部门和青藏两省区大力支持的结果，是原铁道部精心组织的结果，更是全体建设者团结奋战的结果。青藏铁路建设工程，凝聚了来自全国各科研院所数千名科研和工程技术人员、各施工单位数以万计的建设者，乃至全国亿万人民的智慧和力量。原铁道部加强顶层设计、统筹管理，全体工程技术和管理人员上下一心、团结协作，攻克了一个个工程技术难关，解决了一系列建设管理难题。可以说，发挥制度优势，集中力量办大事，是实现技术和管理创新，建成青藏铁路的关键所在。

2. 工程哲学启示

首先，青藏铁路的建设要求工程师充分了解高原环境、气候和地质特点，这强调了工程认识论中经验知识和实践知识的重要性。青藏铁路的建设对中国的交通和经济发展产生了积极影响，它连接了西藏与内地，为西藏提供了更多的商业机会。这体现了工程项目中社会、经济和环境价值的重要性。

其次，青藏铁路是一个复杂的工程系统，涉及大规模的土木工程、桥梁、隧道、铁轨和供电系统。工程本体论强调了工程实体的存在和特性。工程师必须深入了解铁路系统的本质和互联关系，以确保其顺利运行。

最后，青藏铁路的建设历经多个阶段，克服了高原严苛的气候和地质条件，进行了多次改进和调整。这突显了工程项目的演化性质。

3. 工程立国思考

青藏铁路的通车，为更好落实中央援藏重大决策、安全可靠运送援藏物资和人员等，提供了便利的交通运输条件，使西藏更加完整地与祖国大家庭融为一体，极大地增强了藏族人民的凝聚力和向心力，对于维护国家主权和领土完整具有重大作用。

青藏铁路的建成，改变了青藏两省区交通落后状况，在青藏两省区综合交通体系中发挥了骨干作用，加速了青藏两省区旅游产业的发展，使青藏两省区能够发挥铁路沿线中心城市及城镇的聚集功能和扩散、辐射作用，加强了城市间协作与联合，实现了经济互补，推动了青藏两省区经济社会的全面发展和人民生活水平的不断提高，进一步缩小了与内地在经济社会发展等方面的差距，促使青藏两省区的经济增长方式由外延、粗放型向内涵、集约型发展。

青藏铁路对巩固祖国边防起到了重要的战略作用。青藏铁路建成通车，填补了我国在西藏自治区的铁路军事运输空白，使我国西藏自治区的军事运输网络更加完备健全、军用物资运输更加安全可靠、后勤保障供给更加快捷迅速、军事组织调度更加便利及时。

4. 未来发展指导

青藏铁路这一重大的超级工程为未来的超级工程提供了许多宝贵的经验教训和指导。同时，结合信息技术和人工智能等先进技术，未来的超级工程可以更高效、更安全地实现。

借鉴青藏铁路的经验，研究人员可以开展全面的风险评估和管理，以降低工程建设和运营阶段的不确定性。在综合考虑环境影响的情况下，未来的超级工程应在规划和设计阶段更加注重环境保护和可持续性，采用现代环境科学和可持续性原则，以减少对自然生态系统的干扰。

未来的超级工程将更加依赖信息技术和人工智能，以提高效率、降低成本、增加安全性，并为客户提供更好的服务。这些技术将在规划、设计、实施和运营的各个阶段都发挥重要作用，使未来的超级工程更具可持续性和竞争力。

参考文献

[1] 贾国春. 青藏铁路第一期工程. 铁道建筑, 1984(4): 40.
[2] 石怀德, 赵景森. 青藏铁路察尔汗盐湖路基工程. 路基工程, 1989(2): 59-67.
[3] 刘桐韵, 许振帆. 青藏铁路. 铁道学报, 1980(4): 83.
[4] 程国栋. 局地因素对多年冻土分布的影响及其对青藏铁路设计的启示. 中国科学: D 辑, 2003, 33(6): 6.
[5] 程国栋. 青藏铁路工程与多年冻土相互作用及环境效应. 中国科学院院刊, 2002, 17(1): 5.
[6] 马立勋. 青藏铁路基础设施建设取得成效. 铁道运输与经济, 1995(3): 21.
[7] 朱竑, 谢涤湘, 刘迎华. 青藏铁路对西藏旅游业可持续发展的影响及其对策. 经济地理, 2005, 25(6): 5.

世界近现代
超级工程排行榜（下）

北京奥林匹克核心区中轴线景观

93 北京夏季奥运工程

全　　称 北京夏季奥运工程
外文名称 Beijing Summer Olympic Projects

北京夏季奥运工程，是为确保第29届奥运会的顺利举办而实施的一系列工程建设活动，包括奥运场馆建设工程、体育设施及场地工程、环境保护工程、交通基础设施工程、通信信息系统工程、市政基础设施工程等。北京夏季奥运工程，全面实践"绿色奥运、科技奥运、人文奥运"三大理念，为奥运场馆及设施赢得了盛誉。国家体育场被称为"鸟巢"，是世界上跨度最大的钢结构工程，其厚钢板焊接技术及应用研究是北京夏季奥运工程中一项重大的自主创新突破；被称为"水立方"的国家游泳中心，是国内首个采用乙烯－四氟乙烯共聚物（ETFE）气枕结构的封闭室内场馆，这两个运动场馆已成为享誉世界的标志性工程；国家体育馆、北京射击馆、北京奥林匹克篮球馆、老山自行车馆等场馆及设施，也在工程建设的各个方面赢得了良好口碑，成为体育建筑的典范[1]。可以说，北京夏季奥运工程是建筑业与国际经济规则接轨的大演练。北京获得第29届奥运会主办权之后，外媒特别关注中国申奥代表团所描述的宏伟工程，称这是自"古代万里长城之后，中国将要修建的最大的工程"。

北京夏季奥运工程，选址规划始于1998年，由北京市政府负责。2001年7月13日，在莫斯科国际奥委会第112次全会上，北京赢得了2008年奥运会的举办权。同年12月13日，第29届奥林匹克运动会组织委员会（北京奥运会组委会）成立，北京夏季奥运工程正式启动。2003年12月24日，中国国家体育场和国家游泳中心开工奠基,拉开了奥运会体育场馆建设的序幕,其余奥运场馆相继开工。2006年7月,丰台体育中心率先竣工,成为首个竣工的北京奥运会场馆。在北京夏季奥运工程建设的1800个日日夜夜,26万名建设者组成了一个有机整体,攻克了一个个施工难关,向世人展现了"中国速度"与"中国质量"。

北京夏季奥运工程,场馆建设工程共37个,其中北京区域31个(新建场馆12个、改扩建场馆11个、临时性场馆8个),其余6个在北京以外(青岛的帆船赛场,香港的马术赛场以及天津、上海、沈阳、秦皇岛4个足球赛场);还包括国家会议中心、数字北京大厦、奥运村、媒体村和奥林匹克森林公园等5个新建相关设施,以及45个修缮改造的独立训练场馆。当时确定的奥运场馆及相关设施建设规模为总建筑面积近200万平方米,总投资约280亿元。同时,北京夏季奥运工程也对北京的城市基础设施进行同步建设与改造。2005~2008年,北京市地铁线路新开工23条线路,总长超过300千米,其中,4号线、5号线、10号线和13号线直接服务于奥运会场馆和主要交通枢纽;新修建了北京首都国际机场第三期工程,涵盖了一条长达3.8千米的跑道、4个交通滑行道和27个停机位,于2008年2月27日投入使用;道路交通也是重点改善的项目,推进了包括主干道拓展、环路建设、出租车调度中心建设以及智能交通管理系统等在内的一系列工程建设,一定程度上减轻了道路交通压力。除此之外,环境保护工程也十分庞大:节水项目121项,主要体现在节水设备与水资源综合利用两方面;建筑节能项目225项,其中可再生能源利用35项,先进空气处理技术61项,绿色照明技术48项,先进能源利用技术22项,建筑围护结构38项,新能源系统及高效智能管理技术21项;环保项目191项,包括环境与生态保护、中水处理技术及设备、绿色建材等八个方面;新能源项目69项,包括可再生能源利用34项,先进空气处理技术13项,先进能源利用技术22项[2,3]。

北京夏季奥运工程,不仅是实现百年中华奥运梦想,充分展现中华民族悠久历史文明,促进国际交流与合作,让北京走向世界,让中国融入世界的"窗口"工程,也是为发展奥林匹克运动贡献中国智慧、提供中国办会理念和方案的形象工程,为加快北京城市基础设施建设、促进首都经济社会全面跨越式发展发挥了重要作用。

一、工程背景

1999年3月,首都规划建设委员会办公室、北京市城市规划管理局、北京市城市规划设计研究院和国家体育总局、北京市体育局共同组成"北京申办2008年奥运会规划工作协调小组",开始研究奥运会主中心及场馆和相关设施的布局。

2000年2月至2001年1月，国家主管部门提交奥运"申请报告"和"申办报告"，完成了奥运总体布局、场馆规划、奥运村规划等相关规划工作。2001年7月13日，北京获得了2008年第29届奥运会的举办权，从此拉开了筹办奥运的序幕。2002年7月13日我国正式公布实施《北京奥运行动规划》，提出了"新奥运、新北京"两大主题和"绿色奥运、科技奥运、人文奥运"三大理念，明确了奥运比赛场馆及相关设施建设的基本原则、建设内容和布局方案。

根据最终方案，第29届奥运会共设28个比赛项目，其中26个项目的预决赛在北京进行，需要新建和改扩建比赛场馆31座。比赛场馆主要分布在四个地区：一是奥林匹克公园，集中新建和改扩建包括国家体育场、国家游泳中心和国家体育馆在内的10座奥运场馆；二是大学区，在北京大学、北京科技大学和中国农业大学等4所高校内各建1座场馆，同时改扩建首都体育馆；三是西部社区，以五棵松文化体育中心为主建设7座场馆；四是北部旅游风景区，建设水上比赛、赛马等3个赛场。

从2002年10月25日北京市举行国际竞赛开始，到2008年9月17日北京残奥会闭幕，历经了筹备组织、规划选址、方案设计与优化、先期开工、大规模建设、临时设施搭建、承担测试赛、承担奥运会和残奥会比赛等八个阶段。在北京市委、市政府和北京奥运会组委会的领导下，通过数十万建设者的辛勤劳动，如期圆满完成了第29届奥运会（残奥会）场馆及相关设施的建设和赛时工程保障工作，为成功举办第29届奥运会提供了世界一流的场馆设施，为奥林匹克运动发展作出了卓越贡献。

二、工程价值

1. 工程主要成果

以国家体育场（鸟巢）、北京奥林匹克篮球馆、国家体育馆、奥运村等为代表的北京夏季奥运工程荣获8项2008年度中国建设工程鲁班奖（国家优质工程）。

自主创新贯穿了北京夏季奥运工程建设的全过程，突出表现为"四个新"。一是施工技术新：最有代表性的就是钢结构施工技术，5个方面达到了国际领先水平，填补了国内外的空白；15个方面以上达到了国内领先和国际先进水平，填补了国内空白。二是施工工法新：各参建单位以创新技术为核心，编制了46项施工工法，提高施工效率和质量，其中19项工法已经被批准为2005~2006年北京市市级工法，13项工法已被批准为2005~2006年国家级工法。三是标准新：国家体育场采用的ETFE、聚四氟乙烯（PTFE）膜结构、国家游泳中心采用的多面体空间钢架结构以及奥林匹克公园采用的雨洪利用技术等均体现了科技创新，但给质量控制和验收提出了新的难题，为此，各参建单位根据工程建设的需要，编制了 56 项奥运工程专项技术标准。四是材料新：据不完全统计，北京夏季奥运工程建设过程中新材料和产品的应用多达几百种。经过科研人员的技术攻关，北京夏季奥运工程所使用的钢材全部实现了国产化。

2. 工程主要技术

1）广泛应用绿色能源及高效节能技术，推进北京夏季奥运工程节能减排

采用太阳能、风能、地热为奥运场馆提供绿色能源约 6450 万千瓦时/年，在 7 个奥运场馆及其他奥运工程建成太阳能光伏并网发电系统，总装机容量 600 多千瓦，年发电量 70 万千瓦时，相当于节约标准煤 170 吨，减少二氧化碳排放 570 吨；采用北京市最新设计标准，包括公共建筑 188.8 万平方米，住宅建筑 112.3 万平方米，可节约标准煤共计 7.5 万吨/年，奥运村采用再生水源热泵系统提供冬季供暖和夏季制冷，可节约标准煤约 3600 吨/年。

2）集成应用经济适用节水技术，提高奥运场馆水资源综合利用效率

奥运场馆实现多年平均雨水综合利用率超过 80%，可回收利用雨、洪水 105 万吨/年；所有场馆都采用了中水回用系统，奥运场馆采用集中与分散结合的污水处理方式，污水处理再生利用率达到 100%。

3）大量采用先进的奥运场馆设计与施工新技术、新工艺和新产品，为实现北京夏季奥运工程独特的设计和安全施工提供重要技术支持

鸟巢施工中采用的灌注桩基础工程施工技术、超长结构混凝土裂缝控制技术、双斜柱综合施工技术、厚钢板焊接技术以及巨型马鞍型空间钢结构卸载技术等，保证了场馆的顺利完成，并成功塑造了具有国际一流水平的奥运精品工程；我国自主研制的 Q460E 高强度钢满足了鸟巢设计、施工的特殊需要，打破了依赖国外进口的历史，大大节约了建设成本，成为中国建筑行业技术创新的亮点工程。

3. 工程管理创新

1）建立科学系统的过程控制体系，加强建设工程项目集成化管理

奥运场馆设施建设充分运用项目管理的系统方法、模型、工具等，对工程项目共享资源和利益群体进行整合，实行集成化管理，达到工程项目设定的相关具体目标和投资效益最大化，充分体现了工程项目管理过程系统集成和内在规律的本质要求。

2）充分运用信息和网络技术，实现建设工程项目数字化管理

建立奥运场馆设施建设项目管理信息平台，解决了北京夏季奥运工程建设中成本、进度和质量目标控制难度大、组织协调工作量巨大等困难。开发应用工程施工实时监控系统，实现了施工现场可视化，有利于监督管理部门对施工现场的全方位、全过程监控。

4. 工程社会价值

1）推动了中国体育事业的发展

第 29 届奥运会是中国历史上第一次举办的奥运会，中国代表团拿到了 48 枚金牌，位列当届奥运会金牌榜首，让中国的体育实力受到了肯定。此次奥运会还加强了全民健身的意识，让更多的人参与到体育运动中来。第 29 届奥运会的成功举办为中国体育产业的发展提供了重要的机遇与平台。

2）支撑起了中国经济的发展

北京夏季奥运工程建设过程中，中国投入数以亿计的资金进行了基础设施建设，不仅随着奥运会的举行而展现出了它们的价值，还给中国经济发展提供了重要支撑。奥运会带动了众多相关产业的发展，如餐饮、住宿、旅游、电子商务等，为中国经济的发展注入了新的活力。

3）提升了中国的国家形象与国际地位

北京夏季奥运工程建造过程中采取了一系列措施，包括改善城市基础设施、提高城市管理水平、加强环境保护等，来提高城市的品质与形象，向全世界展示了中国人民积极向上的精神风貌，以及经济、文化和社会发展的辉煌成就，成功地实现了中国从体育大国向体育强国的转变。

5. 工程文化价值

北京夏季奥运工程的建造历史孕育了伟大的北京奥运精神。北京奥运精神发轫于中华民族对奥运的百年企盼，形成和发展于艰苦卓绝的申奥、办奥的伟大实践，经过百折不挠的艰难求索，彰显了中国人的精气神，集中体现为"爱国拼搏、团结友谊、文明和谐、创新超越"的精神内涵。现如今，北京奥运精神早已超出体育范畴，成为新时代中国不可或缺的文化软实力。

三、工程启示

1. 成功关键因素

1) 建立工程技术及资源保障体系,是建设高水平北京夏季奥运工程的有力支撑

北京夏季奥运工程建设集中了国家相关部委资源、全社会科研与专家的智慧,特别是得到科技部的立项与资金支持,建设部(现为住房和城乡建设部)节能示范项目的支持,以及中国钢铁工业协会、中国钢结构协会、国内钢铁企业、国内科研院所及大专院校等产、学、研一体化科技攻关,成为国内跨行业成功合作的典范。

2) 建立有特色的政府指导管理机制,是在有限时间内高水平建设北京夏季奥运工程的重要保证

北京夏季奥运工程已经形成了"政府支持引导、项目主体落实、专家咨询把关、社会广泛参与"的建设体制和运行机制。针对北京夏季奥运工程建设自主创新,国家和北京市政府有关行业主管部门先后出台了专项法规文件,率先实施新标准以及国家新技术示范项目支持政策等。

3) 坚持业主负责制下的参建主体责任制,是保证北京夏季奥运工程各实施环节有机协调的关键

北京夏季奥运工程的各参建主体,是决定各个场馆设施建设成败的内因,强化调动各业主及参建主体的责任意识,增强积极性和创造性是加快奥运场馆建设的动力。各参建企业的自主创新是场馆设施整体有特色高水平的核心保证。因为有这个内因起作用,政府及社会外力的支持才真正起到了事半功倍的效果。

2. 工程哲学启示

"绿色奥运、科技奥运、人文奥运"三大理念,是北京夏季奥运工程项目管理的"灵魂",三者之间既相互独立,又相互交叉、不可分割。

(1) 绿色奥运体现了可持续发展的工程哲学思想,强调人与自然的和谐统一,在奥运会筹备和举办过程中,注重环境保护和资源的可持续利用,强调对自然和环境的尊重、保护和利用,以实现经济、社会和环境的协调发展,为未来的发展留下良好的环境和资源基础,体现了一种具有长远眼光的工程决策和行动。

(2) 科技奥运体现了工程哲学中科技是第一生产力的思想,在奥运会筹备和举办过程中,注重科技创新和应用,采用了先进建筑技术和材料,提高了场馆的科技含量,使得场馆更加智能化、绿色化、人文化，从而提高了场馆的舒适性、安全性和环保性，体现了工程哲学中科技进步和创新对于社会和经济发展的重要性。

（3）人文奥运强调注重人的需求和感受，弘扬奥林匹克精神和文化，促进国际交流和友谊，为社会的和谐与发展作出贡献，同时，人文奥运也强调对于文化和精神价值的追求，体现了工程哲学中对于人的主体地位和价值的认识。

3. 工程立国思考

奥林匹克运动经历了一百多年的发展历史，已远远超越了体育范畴，成为一个综合性的全球盛事。申办和主办奥运会的竞争，实际上是一场综合国力、科技实力、文化魅力、经济实力的竞争，因为这需要强大的国家基础来保障赛事的顺利进行，同时也是展现国家良好形象的重要机遇。第29届奥运会的成功举办为中国赢得了良好的声誉，向世界展示了中国在经济实力、科技水平、文化底蕴和国民素质等各方面的优势，提高了中国的国际地位和影响力，也进一步促进了中国与世界各国的交流与合作。

4. 未来发展指导

创新人才培养机制是实现可持续发展的关键。人文奥运的核心内涵是"以人为本"，科技要创新，人才是第一要素。在竞争日益激烈的新形势下，人才是确保企业获得竞争优势实现可持续发展的"第一资源"和"第一资本"。只有切实遵循人才资源开发规律，大力实施"人才强企"战略，努力做到用事业造就人才，用环境凝聚人才，用机制激励人才，让想干事的人有机会、能干事的人有平台、干成事的人有地位，才能实现可持续发展。

参考文献

[1] 张静. 北京奥运场馆建设带来的启示. 四川建筑, 2008(4): 1.
[2] 隋振江. 高质量完成奥运工程建设 创建世界一流精品工程. 求是, 2008(15): 36-37.
[3] 满孝新, 毛红卫, 李炳华, 等. 奥运工程"三大理念"的实施. 智能建筑电气技术, 2008(1): 7-10.

世界近现代
超级工程排行榜（下）

南水北调工程

94 南水北调

全　　称 南水北调
外文名称 South-to-North Water Transfer Project

　　南水北调，旨在将中国南部的丰富水资源转移至北方干旱地区，以缓解北方水资源的短缺问题。作为世界上规模最大、距离最长、受益人口最多、受益范围最广的调水工程，它横穿长江、淮河、黄河、海河四大流域，涉及十余个省、自治区、直辖市，是中国当代规模最大的水利工程，也是1949年以来中国投资额最大、涉及面最广的战略性工程，事关中华民族长远发展[1]。

　　南水北调，从长江水系向北方调水，分东、中、西三条线路，东线工程起点位于江苏扬州江都水利枢纽，中线工程起点位于汉江中上游丹江口水库，受水区域为河南、河北、北京和天津。2002年12月27日，南水北调工程在北京人民大会堂和江苏省施工现场（三阳河、潼河、宝应站工程施工现场）、山东省施工现场（济平干渠工程施工现场）同时举行开工典礼，中国南水北调工程进入全面实施阶段。2013年11月15日，南水北调东线一期工程率先建成通水，输水干线水质全面达标；2014年12月12日，南水北调中线一期工程正式通水运行。运行多年来，南水北调东中线工程累计调水量超700多亿立方米。西线工程计划于2025年完成一期工程可研报告，没有开工建设[2]。

　　2014年，国务院批复核定南水北调东、中线一期工程加上沿线各省市配套工程总投资额超过5000亿元。工程规划区涉及人口4.38亿人，调水规模448亿立方米。工程规划的东、中、西线干线总长度达4350千米。

世界近现代
超级工程排行榜（下）

东、中线一期工程干线总长为 2899 千米，沿线六省市一级配套支渠约 2700 千米。另外，预计投资 4892 亿元的西线工程，至今尚未动工，一旦建成将彻底解决黄河流域缺水问题，甚至改写西北的地理格局。

南水北调，初衷决策的核心人物是毛泽东主席，他在 20 世纪 50 年代就提出了南水北调的伟大构想。2003 年 12 月 28 日，国务院南水北调工程建设委员会办公室正式挂牌。南水北调工程主要由中国水利水电科学研究院、中国电力工程顾问集团公司、水利部综合事业局、中国水利水电建设集团公司等 24 个国家科研设计单位，沿线 44 个地方跨学科、跨部门、跨地区联合研究，水利、农业、地质、环保、生态、工业、工程、经济等各学科和专业专家 6000 多人次参加论证，其中有中国科学院、中国工程院院士 30 多人 110 多人次。中国水利水电第十四工程局有限公司、中国葛洲坝集团第一工程有限公司、中铁十二局集团有限公司、中铁三局集团有限公司等均参与了南水北调工程的施工。

南水北调是中国现代工程中具有里程碑意义的工程，它涉及 4.38 亿中国人口的饮水安全和生活质量，促进了中国环境资源的均衡发展和人口的安居乐业，推动了中国的宏观经济基础建设和经济实力的同步提升，对缓解中国北方地区水资源严重短缺局面、促进经济社会可持续发展、改善生态环境、保障国家重大发展战略实施，具有十分重大而深远的意义[3]。

一、工程背景

中国大部分地区属于季风气候区，特殊的地理和气候条件，决定了中国南方水多、北方水少的基本特征，旱涝灾害频发，深深困扰着中华民族的生存与发展。为了解决这一难题，1952 年，毛泽东在视察黄河时提出："南方水多，北方水少，如有可能，借点水来也是可以的。"这也是南水北调宏伟构想的首次提出[2]。1958 年 8 月，中共中央发布《关于水利工作的指示》，第一次正式提出南水北调，这是一个将南方富余的水资源输送到北方缺水地区的巨型工程。历经多年的勘测、论证、规划设计，以及深入研究、反复论证，科学比选了 50 多个方案，2002 年 12 月 23 日，国务院正式批复《南水北调工程总体规划》。工程总体格局定为东、中、西三条线路，分别从长江流域上、中、下游调水。通过三条调水线路与长江、黄河、淮河和海河四大江河的联系，构成以"四横三纵"为主体的总体布局，以利于实现中国水资源南北调配、东西互济的合理配置格局。

2002 年 12 月 27 日，南水北调工程正式开工。江苏段三阳河、潼河、宝应站工程和山东段济平干渠工程成为南水北调东线首批开工工程。2003 年 12 月 30 日，南水北调中线京石段应急供水工程动工，标志着南水北调中线一期工程正式启动。2013年11月15日，东线一期工程正式通水运行。2014年12月12日，中线工程一期正式通水运行。目前西线工程仍在规划论证中。

据统计，截至2023年9月，南水北调东、中线一期工程累计向北方调水超650亿立方米，成为沿线40多座大中城市280多个县市区不可或缺的供水生命线，直接受益人口1.76亿人，累计实施生态补水近100亿立方米，发挥了显著的经济、社会、生态等综合效益。

二、工程价值

南水北调是一项关系到国计民生的宏伟工程，工程在设计、建设、协调等多方面解决了诸多世界级难题，其规模及难度国内外均无先例，具有重要的技术和社会价值。

1. 工程主要成果

南水北调工程规模宏大、输水过程状况复杂、控制节点多、技术要求高，是一项非常复杂的巨型系统水利工程。工程从"十一五"到"十三五"部署实施了"南水北调工程若干关键技术研究与应用"等系列项目，及时解决了工程建设的重大技术难题；在大型基础设施建设、环境保护和节水技术等方面先后取得80余项科技研究成果，获得国际咨询工程师联合会（FIDIC）颁发的重大奖项［东线一期工程（江苏段）于2014年获"百年重大土木工程项目优秀奖"，中线一期工程于2016年获"杰出工程奖"］，获得国家科学技术进步奖5项，水力发电科学技术奖、大禹水利科学技术奖、省部级科学技术进步奖等多项荣誉；制定专用技术标准13项；申请并获得专利110项。

2. 工程主要技术

南水北调工程是迄今为止世界上最大的调水工程，在设计、建设、运行过程中面临诸多世界级难题，通过开展多项目、多层次、多专业的科学研究和技术攻关，解决了大型工程建筑物的设计、施工与设备制造等技术难题，形成了具有中国特色的调水工程技术体系。

1）混凝土重力坝加高设计成套技术

水源地工程丹江口大坝需由162米增加到176.6米，增加库容116亿立方米，面临着新老混凝土结合的主要技术问题。工程研发了重力坝加高新老坝体结合面的成套处理技术，提出了老坝体闸墩空间均衡整体加固方法，保障南水北调中线干线水源工程的安全运行。

2）膨胀土处理技术

膨胀土问题历来被公认为土木工程界的"癌症""世界性难题"。南水北调中线一期工程总干渠的膨胀土渠段长 387 米，距离之长、挖深之大、问题之复杂国内外前所未有。工程提出了护－截－排－固的膨胀土渠坡综合处理关键技术，建立了膨胀土渠道施工处理成套技术和工艺，取得输水工程膨胀土边坡治理设计理论和实践重大突破[4]。

3）超大型预应力渡槽

南水北调中线工程总干渠沿线共布置渡槽 27 座，最大流量 420 米^3/秒，工程规模巨大，提出了超大型渡槽设计理论和方法，研发出 40 米跨 1600 吨超大 U 型渡槽造槽机安装运行、浇筑施工等机械化施工成套技术，填补了大型现浇预应力渡槽槽身机械化施工技术空白[4]。

4）穿黄隧洞工程

南水北调穿黄隧洞工程是人类历史上最宏大的穿越大江大河的隧洞工程。该工程的任务是将中线调水从黄河南岸输送到黄河北岸，之后向黄河以北地区供水。工程采用了盾构隧洞施工法，是水利工程领域的一项创新技术，研发了饱和砂土地层大型超深竖井设计关键技术，提出了"结构联合、功能独立"的输水隧洞复合结构设计理论与分析方法，构建了地基土体仿真非线性本构模型，解决了饱和砂土地层结构安全和防渗难题。

南水北调工程还解决了多个技术难题，包括大型渠道工程机械化衬砌施工技术、水污染防治技术、超大口径预应力钢筒混凝土管（PCCP）关键技术等，这些关键技术研究取得的创新成果，在工程设计和施工中得到推广应用，保证了工程建设进度和质量，多项技术达到了国内国际领先水平[4-6]。

3. 工程社会价值

1）支撑国家重大战略实施

南水北调工程东、中、西三线全面实施后，将在全国范围内形成"四横三纵、南北调配、东西互济"的中华水网大格局，与已经或将要建成的道路网、电力网、信息网一道，构成中国经济社会可持续发展的基本保障体系，工程正在为京津冀协同发展、雄安新区建设、长江经济带发展、黄河流域生态保护和高质量发展等国家重大战略实施及城市化进程推进提供可靠的水资源保障，是一项具有重要意义的伟大工程。

2）促进了经济发展格局的优化协调

南水北调工程极大地促进了水资源优化配置与节约，通过将南方地区富余的水资源输送至北方干旱地区,对缓解中国南北水资源的差异和不平衡起到了明显的作用,尤其提升了华北地区的水资源承载力,促进了北方地区劳动力、资本、科技等要素的集聚,显著推进了北方经济可持续发展和南北经济的协调发展。沿线省市紧紧抓住南水北调工程建成通水的机遇,有计划地整体实施农村生活水源置换,推动了乡村产业发展,实现了城乡供水一体化,缩小了城乡收入差距。在天津市,南水北调工程为滨海新区等重点区域提供了充足的水资源,为高新技术产业的发展创造了有利条件;在山东省,南水北调工程为黄河三角洲地区提供了清洁水源,为石化、能源、港口等产业的发展提供了保障;在陕西省,南水北调工程为关中平原地区提供了优质水源,为农业现代化和城镇化的发展提供了支撑[3]。

3)满足了人民群众对宜居水环境的美好生活需要

工程沿线的城乡水环境得到了极大改善,多条输水干线、支线河道,被打造成城市景观河道。城市生态环境改善、土地增值、受水区投资环境的改善,城市工业及第三产业发展,必然带来城市就业规模的扩大,为各省市居民创造大量就业岗位,促进了社会稳定和群众收入的增长,刺激了消费需求;同时城市化水平加速,加快了农业剩余劳动力向城市转移的速度,有利于增加农民收入;受水区人民群众的获得感、幸福感、安全感进一步提升。

4. 工程管理创新

南水北调工程充分考虑客观现实,以政府宏观调控为核心,在资源配置中探索"准市场"模式,并通过企业化运营提升效率,按照"政府宏观调控、准市场机制运作、企业化管理、用水户参与"的思路进行规划,充分发挥各方面的积极性。工程建设中,实行项目法人制,全面招投标、建设监理制,并进行了代建制、施工总承包制、设计招标制等多种探索、实践,对于交错复杂的新老工程则采取统一调度、联合运行的方法;采取站点质量监督、稽查、飞检和有奖举报的"三查一举"监管机制,确保工程建设质量可控可靠。

5. 工程生态价值

1)促进了地下水水位的回升

南水北调缓解了当地水源的供水压力,遏制了受水区城市生产生活用水对农业和生态环境用水的挤占,有助于地表径流和地下水的恢复,减少了当地水资源尤其是当地地下水资源的过度开发,对受水区生态环境和地下水环境的恢复和改善产生积极影响,有效缓解地面沉降;水资源相对丰富及地下水水位回升后,有利于地面植被的生长和城市植被环境的改善，使人居环境舒适宜人。其中，东线工程实施后，将成为沿线城市的重要补给水源，可替代部分引黄水量，减少深层地下水的开采量，有助于解决黄河断流问题，补充地下水水源，对地面沉降等环境地质问题的缓解起到积极作用；中线工程助力沿线生态文明建设和华北地区地下水超采综合治理，部分地区地下水水位止跌回升，沿线河湖生态得到有效恢复，实现了河清岸绿水畅景美。

2）促进了受水区域的绿色发展

南水北调工程提升了华北地区地下水水位、扩大了受水区域水域面积、基本恢复了受水区域河湖等水体的自然生态。工程遵循"先节水后调水、先治污后通水、先环保后用水"的要求，倒逼沿线地区产业绿色转型，走上了产业生态化发展道路，有效保障了沿线湖泊生态安全，河湖水质明显改善，有力推动了生态文明建设。

3）改善了受水区域的生态环境

水资源短缺造成北方地区生态环境不断恶化，南水北调工程引长江流域水资源补给北方地区，犹如后者的输血工程，有助于大大改善受水区域的生态环境状况。工程的建设和运营维持和改善了各种自然生态系统，沿线城市河湖、湿地等水面面积明显扩大，区域生物种群数量和多样性明显恢复，为统筹人与自然和谐发展、实现生态环境可持续发展创造了条件。2018～2019年，中线一期工程实施华北地区地下水超采综合治理河湖地下水回补试点工作，先后向滹沱河、滏阳河、南拒马河试点河段补水，区域水生态环境显著改善[4]。

4）加强了水源保护与污染防治

南水北调对水源区和沿线地区投资数百亿元进行水污染治理和生态环境建设。水源地的生物多样性得到保护和恢复，世界濒危物种中华秋沙鸭，已连续多年在十堰黄龙滩国家湿地公园越冬。号称"水中大熊猫"的桃花水母，频频现身水库。淅川县马蹬镇的白渡滩，因吸引来上万只白鹭，变成了远近闻名的"白鹭滩"。截至2019年底，陕西等省先后实施了两期丹江口库区及上游水污染防治和水土保持工程，累计完成小流域综合治理562条，治理水土流失面积12574平方千米。

6. 工程文化价值

1）黄淮治水文化的发展与改进

南水北调东线工程即利用已有的江苏省江水北调工程，黄淮传统治水侧重黄河、淮河流域的防洪减灾和农业灌溉，而南水北调从单一防灾转向跨流域资源调配，以解决北方水资源短缺问题、支撑经济发展和生态修复为根本目标。继承了黄淮传统治水中"全局统筹""顺势而为"的思维基因，也是中国治水理念从传统到现代的跨越式升级，融合了现代水利工程、数字化调度系统和生态保护技术等，突破了地理限制，实现长江、淮河、黄河、海河四大流域的联通，延续了中华文明"统筹治水"的智慧。

2）大运河文化的承继与延伸

千百年来，京杭大运河一直是中国古代重要的"漕运通道"和经济命脉，这条沟通南北的古老水运通道，对国家的统一、经济的繁荣、文化的融合以及对外开放和国际交往都发挥了非常重要的作用。运河复航既可以看作民族复兴的标志，同时有利于突出以运河为纽带的城市形象与文化内涵。南水北调东线工程围绕京杭大运河开始擘画，让古老的大运河重获新生，工程的实施给大运河增加了水量、输进了新的血液，是大运河整治的一次机遇。东线治污工程将逐渐改变大运河的水质和水貌，使大运河成为清水廊道；工程建设对文物进行保护和抢救，再现古运河历史文化遗产；对航道进行了整治，恢复断流区域的通航；北运河复航是对运河文化实际意义上的继承，这种继承不是简单地以运河为景观和文化的载体，而是运河文化的复活，并将使运河文化不断地融入新的内容。北运河复航，实行河道整治与沿河开发相结合，挖掘大运河文化底蕴，部分恢复古运河风貌，其将承接传统与未来，体现融合与传播的发展主题，并使其本身成为独立的经济产业链，其产业效益可以用于运河两岸的文物保护、景观开发，将北运河建设成一条绿色生态文化走廊，从而开辟京津两地新的旅游项目，使北运河的文化产业走上可持续发展之路。南水北调工程将使千年古运河重新焕发青春，为大运河的保护和发展创造条件。

三、工程启示

1. 成功关键因素

1）管理创新，催生南水北调建设管理新体制

传统观念和原有的公益性水利工程建设管理模式与南水北调工程公益性与经营性相结合的特点及国家经济体制改革的要求不相适应。经过充分酝酿、认真讨论，结合社会主义经济体制改革的要求和南水北调工程的实际，南水北调工程建设实行"准市场"机制、委托制、代建制和项目法人直接管理相结合的建设管理模式，新的管理机制为南水北调的成功建设奠定了基础。

2）投资创新，建立多元化投入新机制

南水北调具有公益性和经营性双重功能，必须多渠道筹集建设资金。规划的南水北调主体工程的建设资金主要通过中央预算内拨款、南水北调基金和银行贷款三个渠道筹集。在此基础上，也积极探索其他的融资方式，逐步尝试与本地实际相适应的建设－经营－转让（BOT）或公司托管等方式，以解决建设资金来源和运行机制等问题。

3）科技创新，攻克了诸多技术难题

南水北调工程是规模最大的跨流域调水工程，通过科技创新举措，加强关键核心技术攻关和成果转化，攻克了诸多世界级工程技术难题。对于中线工程，通过物联网、数字视频、通信和计算机技术构建起的南水北调中线安防系统，实时监控工程运行，自动捕捉异常和报警，联动语音进行警告。此外，北斗自动化变形监测技术应用试点、渠道边坡变形监测研究等一系列新技术，打造了一个南水北调中线干线工程"空天地"全方位的安全监测系统网络，各类问题的快速判断与解决为工程的顺利实施提供了有力的技术支撑。

2. 工程哲学启示

南水北调是人类遵循"人水和谐"理念的系统工程实践。通过这样一个工程来使广大北方地区的发展顺应自然规律，推动形成了以"水资源可持续利用，经济社会和谐发展，生态系统良性循环"为主体的伦理形态，是工程系统观的具体体现。作为一项系统工程，南水北调的成功建设始终坚持将系统观放在首位，统筹好增量与存量的关系，统筹好调水与节水的关系、时间与空间的关系、保护与发展的关系，其建设与运营充分体现了工程系统观的思想，以全局的视角看待问题，从整体出发制定方案，考虑自然环境、社会经济、技术水平、政策法规等，综合运用各种资源，协调各方面的利益关系，确保工程的顺利实施，并达到最优的工程效果。多年来，缺水给北方地区造成了巨大的社会经济损失，其生态环境也逐步恶化，地下水超采严重，被迫以牺牲环境为代价换取社会的发展，这种发展模式是不可持续的，违背了自然规律。南水北调工程，两害相权取其轻、两利相权取其重，中线以丹江口水库为源，以地势自流输水为主，东线则利用既有河湖与梯级泵站实现跨流域调水，都反映了中华文明对于生态水利、和谐水利的哲学与系统观，反映了对自然的尊重、顺应与利用。

3. 工程立国思考

南水北调是中国水资源优化配置、促进经济社会可持续发展、保障和改善民生、推进生态文明建设的重大战略性基础设施，是重要的民生工程、生态工程、战略工程，构成

了"四横三纵、南北调配、东西互济"的中华大水网，事关战略全局、事关长远发展、事关人民福祉，这是中华民族史上的千秋伟业。在南北相距数千千米的广袤大地上，南水北调把长江水引向北方，改善了北方水资源条件，促进了中国南北方协调发展，有力支撑了中国统一大市场，畅通了南北经济循环的生命线。这样一项伟大的工程是中国共产党的大手笔，是社会主义制度优越性的生动体现，也是人民创造历史的又一证明。没有中华民族的振兴，没有当今社会的和谐，没有人民群众的凝聚力和创造力，没有科学技术的日新月异，南水北调工程是不可能实现的。多年的接续奋斗和安全运行表明，南水北调对整个国家和中国人民的生命财产安全、可持续发展产生了深远的影响。这一壮举标志着中华民族在治水历程中再次书写了辉煌篇章，必将载入千秋史册。

4. 未来发展指导

工程的建设意义与目的符合国家发展的大背景和社会需求，符合大众意愿，解决了社会民生问题；工程的实施运行充分考虑对生态的影响，不仅不能造成生态环境破坏，而且应该有利于工程区域的生态环境保护；超级工程资金需求量巨大，为保证工作顺利开展，需保证资金及时到位，应根据工程特点采用合适的投资制度；超级工程涉及项目、人员众多，应结合自身工程特点采取合适的管理制度和运行机制以保证项目的顺利开展。

参考文献

[1] 央视新闻客户端.创下多个世界之"最"的南水北调工程 中国为何能完成. (2021-12-13)[2024-10-13]. http://ysxw.cctv.cn/article.html?item_id=9955799610086170785.

[2] 中国水事.这个伟大构想提出 72 年了. (2024-10-31)[2025-01-05]. https://baijiahao.baidu.com/s?id=1814412271212491965&wfr=spider&for=pc.

[3] 百晓通全科.南水北调逆天风水大局的意义和影响. (2023-05-26)[2024-10-31]. https://baijiahao.baidu.com/s?id=1766917805008509838&wfr=spider&for=pc.

[4] 水利部南水北调工程管理司.中国南水北调工程.北京：中国水利水电出版社, 2021.

[5] 华北水利水电大学水利学院"思源南水北调，关注生态民生"社会实践队.南水北调工程伟大战略地位及其价值. (2022-08-18)[2024-10-13]. https://www.sohu.com/a/577766074_121429193.

[6] 中国南水北调集团有限公司.牢记嘱托 聚焦主责主业 为推进南水北调后续工程高质量发展砥砺前行. (2022-10-13)[2024-10-13]. http://www.sasac.gov.cn/n4470048/n29955503/n30994949/n30995017/c26229330/content.html.

世界近现代
超级工程排行榜（下）

杭州湾跨海大桥

95 杭州湾跨海大桥

全　　称 杭州湾跨海大桥
外文名称 Hangzhou Bay Bridge

杭州湾跨海大桥，是当时中国自主设计建造的国内最长的跨海大桥，也是世界最长的海上公路大桥之一，全长36千米，位于杭州湾海域之上，有限速100千米/时的六车道双向高速公路，是中国浙江省境内连接嘉兴市和宁波市的跨海大桥，横跨整个杭州湾，是沈阳—海口高速公路的组成部分之一。

宁波市政府早在1992年就开始了杭州湾跨海大桥的建设筹备工作，提出要筹建杭州湾交通通道，并进行了前期的可行性研究。2003年6月，杭州湾跨海大桥工程举行奠基仪式正式开工，2007年6月完成全桥段合龙工程，全线贯通。在开放通车之前，还谨慎地进行了大约一年的测试和评估，以确认大桥的稳定性和安全性，2008年5月1日，杭州湾跨海大桥正式通车运营[1]。

杭州湾跨海大桥，设计使用寿命100年，工程总投资约118亿元。大桥设南、北两个航道，其中北航道桥为主跨448米的钻石型双塔双索面钢箱梁斜拉桥，通航标准3.5万吨；南航道桥为主跨318米的A型单塔双索面钢箱梁斜拉桥，通航标准3000吨。除南、北航道桥外，其余引桥采用30～80米的预应力混凝土连续箱梁结构。杭州湾跨海大桥长达36千米，桥面宽达33米，全桥总计使用混凝土240余万吨，各类钢材76.9万吨，水泥129.1万吨，石油沥青1.16万吨，木材1.91万立方米。建设各类桩基数量超过7000根、钢管桩5513根、钻孔桩3550根、承台1272个、墩身1428个[2]。

世界近现代
超级工程排行榜（下）

杭州湾跨海大桥，由中铁大桥勘测设计院、交通部第三航务工程勘察设计院和中交公路规划设计院联合设计。施工单位包括宁波交通工程建设集团有限公司、浙江省交通工程建设集团有限公司等13家单位。监理单位包括厦门市路桥建设监理有限公司、东北林业大学工程监理部等9家单位。

杭州湾跨海大桥的建成通车对浙江省的经济发展、交通运输和旅游业等方面产生了积极的影响，成为促进区域经济发展的重要基础设施。杭州湾跨海大桥连接了浙江北部和南部的经济中心，大大缩短了嘉兴市和宁波市之间的行车时间（从原来的几个小时缩短到几十分钟），使得两个地区的联系更加紧密，提高了交通运输效率，推动两地的人员、物资和信息的快速流通，促进了两地资源、科技、文化等方面的交流与合作，推动了整个浙江省的经济发展。杭州湾跨海大桥的建成使得杭州湾地区的交通更加便捷，同时杭州湾地区的旅游景点吸引了更多的游客前来参观，有力地推动了当地旅游业的发展。

一、工程背景

随着中国沿海地区经济的快速发展和人口的增加，杭州湾地区交通需求巨大，为了满足日益增长的物流、旅游和人口流动的需要，加强嘉兴、宁波、绍兴、台州等城市的联系，促进杭州湾城市连绵带和沿海对外开放扇面的形成，从而将这一区域提升为以上海为龙头、具有国际竞争力的都市群的最重要组成部分，优化浙江省以及整个华东地区的发展环境，吸引和利用外资，为经济发展创造更为优越的条件，杭州湾跨海大桥的建设提上了日程。

早在20世纪80年代，著名经济学家于光远等就提出了打通杭州湾这条海上通道的建议，以促进上海与长江三角洲南翼城市宁波的交流。1993年6月，浙江省宁波市第一次正式在市人民代表大会上提出修建杭州湾大通道。面对成百上千个难题，浙江省、宁波市两级领导依靠科学，借助"外脑"，先后五易桥址，近千人参与了126个专题研究、设计和讨论。全国40多位院士、100多家科研单位参与了大桥的前期工作。

2000年6月21日，浙江省政府决定建设跨越杭州湾的大桥。2001年12月，杭州湾跨海大桥举行招标会议。2002年4月30日，国务院通过了立项问题，5月29日，国家计委正式下达立项批文。2003年1月，浙江省计委、交通厅联合主持对《杭州湾跨海大桥初步设计》进行预审。6月8日，杭州湾跨海大桥工程举行奠基仪式。10月28日，杭州湾跨海大桥北岸引桥工程动工建设。11月14日，杭州湾跨海大桥主体工程动工兴建，同月28日，杭州湾跨海大桥南岸引桥工程开工。2004年3月16日，杭州湾跨海大桥工程进入全面开工建设阶段[3]。从 1993 年 6 月第一次提出杭州湾跨海大桥设想到 2003 年 6 月 8 日正式奠基足足经历了 10 年。

二、工程价值

杭州湾跨海大桥建成后,缩短了宁波、舟山与杭州湾北岸城市的距离,节约了运输时间,降低了交通运输成本,减少了交通事故,提高了交通运输效率,从而形成了杭州湾跨海大桥的通道效益。同时,杭州湾跨海大桥改变了周边区域的交通网络布局,促进了区域交通运输一体化,完善了周边区域的物流网络,给公路、港口、航空、铁路等都带来不同程度的利好。

1. 工程主要成果

杭州湾跨海大桥的建设过程中获得了 250 多项技术革新,取得了以 9 大核心技术为代表的自主创新成果,有 6 项关键技术达到国际领先水平,5 项创新成果填补了世界建桥史的空白。强潮海域跨海大桥建设关键技术获得 2011 年国家科学技术进步奖二等奖,杭州湾跨海大桥混凝土结构耐久性成套技术研究与应用获得 2008 年度中国公路学会科学技术奖特等奖,杭州湾跨海大桥工程施工测量控制项目获 2011 年优秀测绘工程奖金奖。此外,大桥建设过程中应用的关键技术还获得了 2003 年度浙江省科学技术奖二等奖、2005 年安徽省科学技术奖一等奖、2006 年四川省科学技术奖二等奖、2007 年中国公路学会科学技术奖一等奖、2007 年度中国公路学会科学技术奖特等奖、2008 年度浙江省科学技术奖一等奖、2009 年度中国公路学会科学技术奖一等奖等多个奖项。杭州湾跨海大桥获得 2010~2011 年度中国建设工程鲁班奖(国家优质工程)、第十届(2011 年度)中国土木工程詹天佑奖。

2. 工程主要技术

1)开发了波浪力与往复流下的桥墩局部冲刷计算模式

杭州湾海域属于强潮海域,经常会遇到天文大潮、台风与风浪"三碰头"的情况,对于桥梁结构在复杂水文环境下的受力计算尚无规范可依。杭州湾跨海大桥借助海港水文规范和波浪力试验结果,通过物理数学的理论推导,建立了合理的计算模式,填补了我国建桥史上的空白,为今后跨海大桥的建设打下了扎实的基础。杭州湾跨海大桥处于往复流海域,与长江、黄河等内河环境不同,水流日均变化两次,其桥墩局部冲刷规律不能简单按规范计算。根据桥墩局部冲刷试验的成果进行修正,获得了比较理想的结果。经过两年多施工实践和实测，证明计算结果与实际符合性较好。

2）实现了钢管桩的设计技术突破

杭州湾跨海大桥共有钢管桩5000多根，经济高效地解决了杭州湾跨海大桥数量庞大的基础施工困难。但由于钢管桩直径达到150～160厘米，按规范需伸入承台1倍桩径，这样一来，3米厚的承台就不够了，导致基础规模恶性增大。通过建立桩基与承台详细的空间受力分析，并根据受力情况进行构造处理，决定突破规范采用钢管桩伸入承台1米，实践证明这一决策是经济合理的，也是完全可行的。

3）实现了70米箱梁的设计技术突破

水中区引桥采用70米斜腹板预应力混凝土箱梁结构，共有540片梁，采用整孔预制吊装方案。单片箱梁吊装重达2180吨，要保证宽16米、长70米、高4米的大型混凝土箱梁从预制、移梁、运梁、架梁、由简支到连续和日后运营使用等各阶段均不出现裂缝，是一个十分艰难的技术难题。70米箱梁设计过程中，经历了几十次修改完善，实现了无短束预应力配置、各阶段上下缘应力均匀适度、不需要设置预拱度等最优目标，并配合施工单位确定了旨在防止箱梁早期开裂的二次张拉工艺。至2005年底，累计完成70米箱梁预制185片，安装165片，效果非常理想[4]。

3. 工程管理创新

杭州湾跨海大桥在工程管理方面有一些显著的创新，主要包括以下几个方面[5]。

1）信息化管理技术的创新应用

在建设杭州湾跨海大桥的过程中，采用了结构分解的方式，形成了22949个结构构件，并使用625张表进行数据采集，提供了一个完整的数据结构化检索方式。此外，还集成了统一的工程通信和网络组建，降低了基础网络建设成本，实现了长距离的多点无线视频图像传输及回送。

2）科学的施工组织设计

在杭州湾跨海大桥建设中，为保证海上施工的安全和质量，对设计和施工进行了综合考虑。经过多次调研和专家咨询，制定了尽量减少海上作业时间，变海上施工为陆上施工，并采用工厂化、大型化、机械化的设计和施工原则。为了优化施工组织，提高施工效率，采用了"双标管理"和"工序、工艺控制"等科学施工组织设计。同时，还开发了集数据传输、数据处理、信息发布等功能的计算机软件。

3）创新监测技术

为了确保大桥施工期间的安全和稳定，以及有效掌控风险，开发了基于建筑信息模型（BIM）等技术的资产养护管理系统，实现了数据记录的标准化、养管流程的规范化、养护作业的专业化以及养管数据的可视化。

这些创新在工程管理方面起到了积极的作用，提高了工作效率，降低了成本，并确保了项目的安全性和稳定性。

4. 工程社会价值

杭州湾跨海大桥在推动区域经济发展、提高综合竞争力、推进城市化发展战略、优化交通布局以及提升旅游发展等多个方面，具有十分重要的意义。

杭州湾跨海大桥的建设优化了国道主干线的路网布局，突破杭州湾的瓶颈，改变宁波交通末端状况，大大提升了宁波这一极具发展潜力的经济中心城市的竞争力。杭州湾跨海大桥的建设也对全省乃至长江三角洲南翼地区的整体发展产生积极影响，直接促进宁波、嘉兴经济社会的发展，并带动周边地区杭州、绍兴、台州、舟山、温州等地的发展，促进浙江省杭州湾城市连绵带和沿海对外开放扇面的形成，使其更好地融入国际大都市经济圈，并优化提升产业结构，改善投资和发展环境，吸引外资，从而将这一区域提升为具有国际竞争力的都市群。同时，杭州湾跨海大桥的建设极具美学价值，吸引了大量游客，给江、浙、沪创造了更好的旅游环境，为旅游业的发展提供了新的机遇。

5. 工程文化价值

杭州湾跨海大桥达到了桥型与桥位区地理环境的协调、与当地历史文化的吻合。南、北通航桥是杭州湾跨海大桥的两个设计重点，为使杭州湾跨海大桥具有较强的景观性，从符号关系、构成关系、体量关系及综合类比等四个方面进行深入比较，决定北通航桥采用钻石型双塔的组合方式，南通航桥采用 A 型单塔的组合方式。航孔桥的设计主题为"金三角"，杭州湾跨海大桥的建成，将使上海、杭州、宁波三地成为长江三角洲的经济中心，而杭州湾跨海大桥本身将成为杭州湾三角网络的"金边"，形成具有本土特色的"金三角"文化区；南北通航桥的组合方式较理想地结合了"金三角"的文化涵义[6]。

三、工程启示

1. 成功关键因素

1) 方案设计与建设环境、施工工艺的有机结合

杭州湾跨海大桥自然条件复杂,年有效作业时间不到 180 天,海况给大桥建设带来严重挑战。为了最大限度地减少海上作业的工作量,提高工效和工程质量,降低工程实施的风险和工程造价,有针对性地提出了大型化、工厂化、机械化、标准化的总体设计理念。对南岸长达 10 千米似水非水的浅滩区,施工团队创新采用栈桥辅助施工大桥基础和下部结构,借助大型架桥机和大型梁上运梁设备实现"梁上运梁",有效地解决了大桥建设的瓶颈;对于海上近 20 千米的 70 米跨径引桥,提出了钢管打入桩基础、预制墩身和 70 米整孔预制吊装箱梁方案,最大限度地减少海上现场工作量,化海上施工为陆上施工。总体贯彻了施工决定设计的理念,将恶劣环境下结构的可实施性放到了结构设计之上,确保大桥建设得以安全顺利开展。

2) 结构设计与结构耐久性设计的有机结合

杭州湾海洋环境属于桥梁结构所处的腐蚀最严峻的环境条件之一。不管是钢结构还是钢筋混凝土结构,在海洋环境中都极易遭受风浪、水质等多种天然因素的作用,造成结构损伤而缩短其有效使用寿命。结构耐久性设计是杭州湾跨海大桥的重要设计内容之一。杭州湾跨海大桥混凝土结构耐久性设计从材质本身的性能出发,以提高混凝土材料抗氯离子渗透为根本,并辅以外加涂层等辅助措施。提出"结构设计是结构耐久性的灵魂""结构设计要做到可检、可换、可强、可补、可控""结构施工是结构耐久性的基础,运营养护是结构耐久性的保障"等理念。由于大桥长达 36 千米,这对大桥的运营养护、交通组织、抢险救灾、紧急救援、桥梁监控等都提出了新的要求,在全桥均匀设置了掉头区和具有互通立交功能的综合性海中平台,为日后的运营管理创造了良好的条件。

2. 工程哲学启示

杭州湾跨海大桥处处体现了工程哲学中追求美、弘扬美的工程思维,这种美是通过工程活动创造出的"工程产品"中可以感受到的"工程美",既有工程价值,又有艺术价值。与科学思维和艺术思维一样,工程思维中也渗透着价值追求,但工程思维所追求的价值目标更加具有综合性,往往是知识价值与经济价值、社会价值、环境价值、人文价值等的融合,这也是杭州湾跨海大桥能够成为一道亮丽风景的关键所在[7]。

3. 未来发展指导

大型桥梁的建设和维护都至关重要，而维护是决定大桥长寿运营的关键。杭州湾跨海大桥养护管理系统的开发始终贯彻"预防为主，防治结合"的方针，以桥梁的维护管理工作为中心，以提高维护技术和维护管理水平，加强桥梁的日常性、周期性检查和养护维修工作，建立、健全桥梁技术档案，制定符合实际的养护维修措施，使杭州湾跨海大桥及其附属设施处于良好的技术状态为目的。桥梁的运维管理应具备可操作性和规范性、具有前瞻性与科学性、倡导以预防为主的控制性养护策略、注重由养护经验反馈到设计与施工的指导性、实现数字化养护等要点。规范并加强杭州湾跨海大桥养护管理工作，提高维护技术和养护管理水平，同时预防安全事故发生，是保障杭州湾跨海大桥在生命周期内安全运营的重要手段。

参考文献

[1] 王仁贵. 杭州湾跨海大桥总体设计. 公路, 2009(5): 11-18.
[2] 王仁贵. 杭州湾跨海大桥的总体设计与重点工程. 建筑, 2004(8): 64-66.
[3] 杭州湾跨海大桥胜利合龙全线贯通. 公路, 2007(7): 75.
[4] 孙德科, 孟庆鹏, 唐寿岭. 杭州湾跨海大桥海上深孔勘探新技术应用. 工程勘察, 2022, 50(4): 31-35.
[5] 章勇. 杭州湾跨海大桥运营管理模式的经验与启示. 交通企业管理, 2019, 34(1): 23-25.
[6] 张曦. 浅谈重大历史题材的美术创作——以《杭州湾跨海大桥》为例. 浙江工商职业技术学院学报, 2020, 19(4): 27-29.
[7] 殷瑞钰, 汪应洛, 李伯聪. 工程哲学. 2版. 北京: 高等教育出版社, 2013.

世界近现代
超级工程排行榜（下）

神舟五号载人飞船发射升空

96 神舟五号

全　　称 神舟五号，简称神五
外文名称 Shenzhou V

神舟五号，是中国载人航天工程发射的第五艘飞船，也是中国发射的第一艘载人航天飞船。神舟五号任务的圆满完成，标志着中国成为世界上第三个独立掌握载人航天技术的国家[1]，实现了中华民族千年飞天的梦想，是中国智慧和精神的高度凝聚，是中国航天事业在21世纪的一座新的里程碑。

我国载人航天工程最早可追溯至20世纪60年代。在中国第一颗人造地球卫星东方红一号上天之后，钱学森就提出，中国要搞载人航天，中国政府当时将这个项目命名为"714工程"。由于当时技术储备、大推力运载火箭等因素制约，"714工程"于1975年3月中止。1992年1月，中国载人航天工程又被重新提上日程，中央专委会第五次会议提出，从政治、经济、科技、军事等诸多方面考虑，立即发展载人航天是必要的，发展载人航天要从载人飞船起步。1992年9月，中央政府正式批准实施载人航天工程，工程代号"921"，并确定了"三步走"的发展战略。在"921工程"的七大系统中，核心是载人飞船。2003年10月，神舟五号载着航天员完成中国首次载人航天飞行任务。

神舟五号工程圆满结束时，中国载人航天工程开展了10多年，使用资金约为22亿美元（按2003年平均汇率计算）。这些资金的使用分为两部分：一部分形成了现在的产品，如飞船、火箭、电子设备、应用设备等，大部分产品在每次飞行试验时被消耗；另一部分则形成了研制载人航天器的各种技术基础设施，如已经建成的航天城、载人航天发射场以及加工设备、测试设备等固定资产，这些技术基础设施投资费用大约为10亿美元。工程前期实施了四次无人飞行任务，神舟一号到神舟四号这四次飞船的发射每次直接消耗大约1亿美元[2]。神舟五号实施载人飞行任务，仅飞船建设及发射就直接消耗了大约1.2亿美元。

神舟五号工程总设计师是中国工程院院士、时任中国空间技术研究院科技委主任戚发轫。神舟五号工程是由党中央、国务院、中央军委直接决策及领导的。中国空间技术研究院承担神舟五号的整体科研任务，是中国空间技术的主要研究中心和航天器研制基地，研究院下设12个研究所、两个工厂，建立了空间飞行器总体设计、分系统研制生产、总装测试、环境试验、地面设备及应用、服务保障系统等配套完整的研制生产体系。神舟五号工程的实施单位主要包括科技部、财政部、国务院国资委、工业和信息化部、总装备部和中国科学院等相关下属110多家研制单位、3000多家协作配套和保障单位，先后有10多万工程技术人员和解放军指战员直接参与了载人航天工程的研发与建设。

神舟五号带动了中国航天产业的高速发展，其技术含量高、产业链条长、产业辐射性强，带动了原材料、微电子、机械制造、通信、育种业等方面的技术创新、工艺创新和产业升级，为中国经济发展注入了持久动力[3]。神舟五号工程对社会经济的发展有着深远的影响，载人航天工程研制中创造的许多新工艺、新材料对中国多个领域的行业都有推动作用，通过制造产业链的互动直接带动了商业收益和技术收益。神舟五号工程对中国生态环境的发展也起到了重大的促进作用，在太空环境中对胚胎发育、遗传和繁殖的生物科学技术进行了研究，培育出了属性特别的植物，它们被用来保护中国西北部的土地和道路，保护了生态环境。

一、工程背景

中国首次提出载人航天工程始于20世纪60年代。1966年，中国科学院和第七机械工业部第八设计院提出了中国载人航天的设想，第七机械工业部第八设计院开展了中国载人飞船的总体方案论证工作。在当时的国防科工委支持下，第二年开始联合论证，全国80多家单位和400多名专家、学者参加了论证工作。1970年，中国第一次载人航天工程正式立项，代号为"714工程"，飞船取名为曙光一号。工程进行5年后，由于当时中国国家经济基础薄弱、科技和工业水平较低，1975年"714工程"中止。

1992年9月21日，在国家主席江泽民的主持和领导下，中共中央政治局召开常委扩大会议并决议再次实施中国载人航天工程（代号"921工程"）。历时7年的漫长等待后，从概念研究、工程方案设计、可行性研究到工程技术及经济可行性论证，中国载人航天工程确定了"三步走"的发展战略：第一步，发射载人飞船，建成初步配套的试验性载人飞船工程，开展空间应用实验；第二步，突破航天员出舱活动技术、空间飞行器的交会对接技术，发射空间实验室，解决有一定规模的、短期有人照料的空间应用问题；第三步，建造空间站，解决有较大规模的、长期有人照料的空间应用问题。

神舟五号工程经历了研制无人飞船和研制载人飞船两个发展阶段。在神舟五号载人飞行之前，相继发射了四艘无人飞船，进行了无人飞船的飞行试验。研制神舟无人飞船经历了简化型飞船、基本型飞船、改进型飞船和完善型飞船四个发展阶段。1999年11月20日发射的神舟一号无人飞船是简化型无人试验飞船，采用了最少的分系统配置方案，同时适当简化了研制流程，飞船在轨正常运行一天后返回地面，其主要任务是验证以飞船返回地面为主的基本技术。2001年1月10日发射的神舟二号无人飞船是基本型无人试验飞船，系统配置和技术状态与载人飞船基本一致，在轨正常运行7天后安全返回地面，轨道舱留轨正常运行半年以上，成功地进行了空间科学实验。2002年3月25日发射的神舟三号无人飞船是改进型无人试验飞船，系统配置和技术状态与载人飞船更趋一致，首次装载了中国首创的拟人载荷设备，在轨正常运行7天后安全返回地面。2002年12月30日发射的神舟四号无人飞船是完善型无人试验飞船，在前3艘无人飞船的基础上，增加了人工控制和在轨自主应急返回等多项功能，在轨正常运行7天后安全返回地面。2003年10月15日发射的神舟五号首次执行载人航天飞行任务，在充分继承无人飞船的技术和经验的基础上，进行了性能改进和专门设计，进一步提高了安全性和可靠性。神舟五号承载着中国首位航天员杨利伟绕地球飞行14圈后，于10月16日安全返回地面，中国首次载人航天飞行取得圆满成功。

二、工程价值

1. 工程主要成果

神舟五号工程是中国航天史上的里程碑事件，它开启了中国载人航天的新篇章。神舟五号工程曾获得2003年度国家科学技术进步奖特等奖。神舟五号总设计师戚发轫获得2003年度求是杰出科技成就集体奖，获2019年度国际宇航联合会"名人堂"奖。此外，神舟五号工程还获得了多个国际奖项，如2019年北京国际设计周经典设计奖等。这些奖项不仅表彰了中国航天事业的成就，也展示了中国航天在国际上的地位和影响力。

2. 工程主要技术

神舟五号工程突破了载人飞船升力控制、应急救生、软着陆、GNC（导航、制导与控制）故障诊断、舱段间分离、防热等13项关键技术[4]。神舟五号首次增加了故障自动检测系统和逃逸系统，其中设定了几百种故障模式，一旦发生危险立即自动报警，即使在飞船升空一段时间之后，也能通过逃逸火箭而脱离险境。神舟五号首次采用了生命保障系统，保证航天员在太空中的生命安全。此外，神舟五号还应用了先进的多层降落伞和发动机向下推力减慢速度，保证航天员的安全降落。

3. 工程管理创新

在神舟五号工程项目管理实践中，取得了多项管理创新成果，主要特点和创新成果如下[5]。

（1）应用系统工程管理理论，创建了航天型号项目管理模式。在神舟五号工程管理活动中，应用系统工程管理理论，借鉴国外先进项目管理模式，在原有卫星工程两条指挥线的管理模式基础上，实行了航天号项目经理负责制，成立了项目办公室，并首次将范围、进度、质量、采购、经费、人员、沟通、风险等原来分割的管理要素进行全要素管理、统一管理和集成管理。

（2）从时间、系统层次维度，建立完整系统的计划体系。项目管埋计划是工程管理运作的工具，是实现工程管理目标的基础。神舟五号工程建立了以任务为中心，责任明确、有机协调的指挥调度体系。在飞船研制管理过程中从时间维、系统层次维两个不同角度，制订了神舟五号工程的中长期计划、各研制阶段计划，并一直分解到月、周、日计划，形成系统完整的计划体系，有效地保证了工程计划的执行。

（3）以并行工程和目标管理理论相结合，指导实践。神舟五号工程采用并行工程和目标管理紧密结合的管理方法，在飞船研制的各阶段，利用交叉并行的计划流程体系和目标管理措施，大大加快工程研制进度，按计划完成了首次载人飞行任务。

（4）首次采用规范化的项目技术状态管理，确保飞船载人状态的逐步实现。飞船研制技术状态管理是神舟飞船项目管理的基础和出发点，飞船研制技术状态变化是影响质量、进度和最终目标实现的主要因素，正确处理研制技术状态的稳定与变更关系，是持续推进工程进程和确保工程目标实现的关键因素之一。

4. 工程社会价值

神舟五号载人航天的经济价值也是不可估量的,其经济价值不是用销售额可以衡量的,主要体现在以下三个方面。

(1)体现在推动科技发展上。载人航天是系统最复杂、科技最密集、创新最活跃的科技活动。科技成果在不断涌现的同时,会被直接应用到与国计民生相关的各个领域。例如,航天液体火箭发动机燃烧传热系统控制等相关技术,可以带动粉煤加压气化产业升级,解决生活垃圾处理等问题,也能有效提升氢燃料电池效能。另外,在火箭、飞船、空间站等飞行器研制过程中,控制、测量、图像处理等相关技术,能够推动工业智能控制系统的升级换代。

(2)体现在服务经济建设上。中国载人航天工程发展 30 多年来,初步统计有 4000 余项技术成果被广泛应用于国民经济的各个行业,带动了原材料、微电子、机械制造、通信、育种业等方面的技术创新、工艺创新和产业升级。以航天搭载育种为例,截至目前,据初步估算,已经产生直接经济效益超过 2000 亿元,不仅推动了农作物改良,也被广泛应用在食品加工、菌种制备、生物制药等方面,产生了突出的经济效益,并为粮食安全和生态环境建设作出了贡献。

(3)体现在改善人民生活上。现在习以为常的一些方便食品,包括尿不湿等日用品,都来自载人航天的技术转化。而今,更多的航天技术成果将在民用领域进行转化,比如,利用空间蛋白结晶研究,可以研发对抗骨质疏松和肌肉萎缩的新型药物;另外,载人航天环控生保技术、微重力燃烧机理研究和新材料研究,也都能在涉及民生的各个领域进行转化,产生更多效益[6]。

5. 工程文化价值

神舟五号载人航天圆满成功,铸就了"特别能吃苦、特别能战斗、特别能攻关、特别能奉献"的载人航天精神,形成了以"祖国利益至上的政治文化,勇攀科技高峰的创新文化,零缺陷零疑点零故障的质量文化,同舟共济的团队文化"为主要内涵的"神舟文化",并转化为推动我国空间事业发展的强大精神动力。载人航天精神是以爱国主义为核心的伟大民族精神和以改革创新为核心的时代精神的生动体现,是井冈山精神、延安精神、"两弹一星"精神、九八抗洪精神、抗击非典精神的光荣传承,是中国人民的宝贵精神财富。

三、工程启示

1. 成功关键因素

1）中国特色社会主义制度优势和举国体制是神舟五号工程取得成功的重要前提

中国载人航天在新的历史条件和国际环境下，充分发挥社会主义制度优势和集中力量办大事的新型举国体制，继承和发扬航天传统基因，独立自主、自力更生，突破了载人航天一个又一个难关，建成了具有中国特色、配套完善的载人航天工程体系，使中国航天一步步地走向世界载人航天的前列，为建设航天强国作出了应有的贡献。

2）多级协调机制保证神舟五号工程建设顺利进展

神舟五号工程建设项目管理需对资金、人员、材料、设备等多种资源进行优化配置和合理使用，并需要在不同阶段及时进行调整。对于项目决策和实施过程中出现的各种问题，相关部门都迅速地做出协调一致的反应，以适应项目时间目标的要求。同时，因各种建设项目在资金来源、规模大小、专业领域等方面都存在较大不同，项目管理组织的结构形式、部门设立、人员配备必然不同，不可能采用单一的模式，而必须按照弹性原则围绕具体任务建立一次性的专门组织机构。

2. 工程哲学启示

从工程社会观看神舟五号工程，说明工程活动就是"造物"的过程，社会需求是工程活动的原动力。社会需求是神舟五号工程的直接牵动力，技术进步是神舟五号工程的重要推动力，社会需求牵引和技术进步推动是开展各类航天工程的两个必要条件。社会需求是多方面的，如经济需求、政治需求、科技需求、文化需求、安全需求等，这些社会需求在一定环境和条件下形成工程活动的动力，神舟五号工程就是在社会需求的直接牵动下启动和实施的。神舟五号工程是一项众多高新技术综合集成的工程项目，前期返回式卫星的成熟技术为神舟五号工程提供了基础性条件，研制神舟飞船还需要突破一系列飞船专有的新技术，取得技术进步才能满足飞船各种技术综合集成的需要，才能构建全新的飞船系统。因此技术进步既是神舟五号工程的基本条件和基本要素，又是重要推动力。

3. 工程立国思考

没有自主研发、没有知识产权，民族工业的振兴是不可能完成的。神舟五号工程中大量运用了现代控制、测量定位、生物医学、信息科学等现代领先的科学和技术，这些综合高新技术的应用将会推进中华民族工业的发展。中国的科学技术的发展不但表现在尖端技术领域的进步，更体现在基础科学研究和关键技术的加强和突破，以及大量高新技术迅速向产业的转化和应用。神舟五号工程把研发与实际生产结合，组成属于自己的知识创新体制，把知识转化为生产力解决束缚行业发展的最关键的问题——突破技术瓶颈。

4. 未来发展指导

1）载人航天技术需要加强国际合作

未来发展中，中国将顺应世界环境，加强国际合作。中国已经与俄罗斯、德国、法国达成合作意向，共同开展航天项目。载人航天工程的国际合作中，合作关系是敏感而且复杂的，常常伴随着合作和竞争两种关系。因此中国未来的国际合作会采取公开的态度来管理合作内容，但同时要保证掌握核心技术，并且对自身利益进行理性考量[7]。

2）载人航天技术要坚持独立自主创新的发展道路

中国载人航天事业从一起步就按照独立自主的方针，自己建成完整的配套体系，这与历史背景具有一定的关系。随着国际情势的变化，在推动中国载人航天工程之初，中国也曾设想寻求国外同行的支持。但是现实表明：涉及国家核心利益的尖端技术永远都不是可以用金钱来购买的，跟在别人后边永远也摸不到制高点，高科技难关只能靠自己的力量去掌握。应以科学发展观审度国情国力，选择有限目标和正确的技术路线，走出有自身特色的载人航天发展道路。

参考文献

[1] 齐鹏. 神舟五号——中国航天科技的骄傲——神五飞船技术探析. 机械工业信息与网络, 2003(3): 6-7.
[2] 袁家军. 神舟飞船系统工程管理. 北京：机械工业出版社, 2006.
[3] 赵小津. 中国空间事业发展的系统工程理论自信研究. 航天器工程, 2018, 27(3): 1-6.
[4] 殷瑞钰, 李伯聪, 汪应洛, 等. 工程哲学. 4版. 北京：高等教育出版社, 2022.
[5] 张柏楠. 发展载人航天，建设航天强国. 航天器工程, 2022, 31(6): 1-6.
[6] 王乐天, 宿东. 逐梦寰宇问苍穹——中国载人航天工程30年成就展掠影. 太空探索, 2023(4): 14-19.
[7] 苏际聪, 武文佳. 三十载逐梦寰宇，看今朝梦圆苍穹——中国载人航天工程30年成就展在北京开幕. 国际太空, 2023(3): 9-10.

世界近现代
超级工程排行榜（下）

哈利法塔全貌

97 哈利法塔

全　　称 哈利法塔，原名迪拜塔。又称迪拜大厦或比斯迪拜塔

外文名称 Burj Khalifa

　　哈利法塔，位于迪拜，高828米，共162层，工程占地面积34.4公顷，自2010年竣工至今一直是世界第一高楼。

　　哈利法塔，始建于2004年9月21日，建造之初就力争将"世界第一高楼"的头衔留在中东，建筑本身被规划用于石油贸易中的服务、观光。2008年4月8日，伊马尔地产集团宣布，塔的高度已达629米，超过高度为628.8米的美国KVLY电视塔，成为世界最高建筑。2009年1月17日，伊马尔地产集团宣布该塔达到828米的最终高度。2010年1月4日，哈利法塔正式竣工。

　　哈利法塔，其建造共消耗了15亿美元，其中大厦结构本身耗资10亿美元，总共使用了33万立方米混凝土、6.2万吨钢筋、14.2万平方米玻璃，调用了大约4000名工人以及100台起重机，混凝土泵送高度最高达601米。哈利法塔的幕墙施工于2007年5月开始，至2009年9月完成，幕墙施工高峰阶段每天可安装175块幕墙墙板。施工过程中，最多时有多达30余家承包公司共同施工，工地上有来自100余个国家的超过12000名工人及承包商。

　　哈利法塔，其建造决策者为迪拜政府，供除贸易经济（国内依赖石油贸易）之外的服务、观光使用。哈利法塔由SOM建筑设计事务所（Skidmore, Owings & Merrill）芝加哥分公司的美国建筑师阿德里安·史密斯

(Adrian Smith)设计,该塔的外形为伊斯兰教建筑风格,楼面为Y字形,由美国建筑工程公司SOM、比利时建筑商Besix、阿拉伯建筑工程公司Arabtec和韩国三星公司联合负责实施,景观部分则由美国SWA(Sasaki, Walker and Associates)进行设计,中国江苏南通六建集团有限公司承包土建施工,幕墙施工分别由远东幕墙(珠海)有限公司、上海力进铝质工程有限公司、陕西恒远科技有限责任公司三家公司承包[1]。

哈利法塔,作为世界第一高楼,其建造对土木工程的发展有着重要意义。比如,沙漠地区的基础设计、抗震设计、建筑过程位移监测、沉降控制、混凝土浇筑程序等均在施工过程中得到了验证与发展[2]。此外,伴随高楼工作的附属构件等均进行了相应的优化设计,体现了世界工程能力的极大进步。哈利法塔的成功也创造出了一个综合性"垂直城市"的成功案例,包含居住空间、豪华酒店、商业区、办公区、餐饮业等多种功能分区,一定程度上实现了"足不出楼"就能享受城市生活的功能,为"垂直社区"样貌的未来城市描绘了一个成功的蓝本。

一、工程背景

21世纪初,阿联酋的石油贸易风生水起,当时的政府迫切需要提升国家的国际知名度。作为阿联酋首都,同时作为石油贸易中心的迪拜便开始酝酿这个建设世界第一高楼的计划。迪拜有226万人口,大部分的土地仍为沙漠(覆盖了超过90%的土地)或只有稀少的人口分布,穆罕默德·本·拉希德·阿勒马克图姆(阿联酋副总统兼总理及迪拜酋长)打造世界第一高楼的目的是用轰动的方式使迪拜登上地图。

哈利法塔的建造是人类建筑设计和工程施工的里程碑,塔本身是世界上最高的人造建筑[3]。哈利法塔的工程设计与施工过程,充分体现了当今世界的工程能力、创造能力。它的施工凝聚了世界上大多数建筑企业的智慧,调动了全世界的人力、物力资源,汇聚了当时世界上最优秀的建筑设计与工程施工的先进经验,推动了高层建筑设计、结构设计、施工技术、工程管理等领域的进步,为人类土木工程建设写下了辉煌一页。

二、工程价值

在设计建造之初,哈利法塔就致力于成为人类有史以来最高的建筑,同时,哈利法塔作为迪拜商业中心的核心建筑,在城市规划中占有非同寻常的地位。这些目的使哈利法塔不仅在技术上取得了极大突破,而且在人文方面也有较高成就。

哈利法塔

1. 工程主要成果

哈利法塔的建筑过程中开创并应用了超高层建筑重力荷载分析、气动成型等先进技术，在材料技术、结构工程、地震设计、抗风设计等方面均有新的突破。2010 年 6 月，哈利法塔荣获高层建筑和城市住区理事会（Council on Tall Buildings and Urban Habitat，CTBUH）颁发的"中东和非洲最佳高层建筑奖"。2010 年 9 月 28 日，哈利法塔荣获中东建筑师奖的年度最佳项目。2011 年，哈利法塔还获得了国际桥梁与结构工程协会颁发的杰出结构奖以及美国采暖、制冷与空调工程师学会（American Society of Heating，Refrigerating and Air-conditioning Engineers，ASHRAE）颁发的卓越工程奖。

2. 工程主要技术

作为最高的建筑，哈利法塔在兴建之初便采用了全球协作的设计和建造模式。哈利法塔的建成得益于许多方面，其中有政府的决策、精良的设计、优秀的施工以及世界人力财力资源的集聚，更包括良好、有序的管理。在实现这一伟大工程的过程中，工程师也开创性地攻克了许多技术上的难题，可以说，这些技术上的创新与哈利法塔本身是互相成就，其主要工程创新有以下三点。

1) 超高层建筑结构体系

哈利法塔很高，在风力作用下上部楼层水平位移会比较大。哈利法塔的极端高度给当时的建筑结构设计带来了很大的困难和挑战。而建成这一建筑，克服超高层建筑体系的设计技术壁垒又是极端重要并亟待解决的。

为了克服风力的严重不利影响，设计团队首先在建筑用途设计上将住宅区安排在下部楼层，办公区安排在上部楼层，获得了良好的舒适性，可以算作被动"抗风"设计。在主体结构真正进行设计时，在加拿大安大略 RWDI 的风洞对建筑刚性模型、弹性模型分别做了试验，模型测点达 1140 个。在大量试验后，最终优化改进了哈利法塔的设计。此外，哈利法塔突破了当时"全钢结构优于混凝土结构，适宜超高层建筑"的共识，采用了下部混凝土结构、上部钢结构的全新结构体系，特别是在建筑 601～760 米的区段采用了带斜撑的钢框架结构，这样做使得上部水平位移大幅减少，601 米处最大侧移仅 450 毫米，远低于控制要求。

在水平方向上，结构采用了对称的三叉形（Y 形）平面设计，可以取得较大的侧向刚度和抗扭刚度。整个抗侧力体系是一个竖向带扶壁的核心筒。以六边形的核心筒为中心，三个方向纵墙形成扶壁；竖向形状按建筑设计逐步退台，剪力墙在退台的楼层处切断，使得荷载在竖向平稳、有序地变化，在造型美观的同时给结构的稳定带来许多好处。

2）超高层建筑沉降控制技术

哈利法塔作为混凝土结构的超高层建筑，自重引起的下沉不可忽略。作为一栋拥有大量混凝土结构的超高层建筑，哈利塔法的自重会不可避免地升高，因而克服这一不利影响，减少建筑对地基基础承载力的需求就是建筑设计以及施工过程的关键。哈利法塔的建设团队对这一因素进行了详细分析，采用了 GL2000 模型，考虑钢筋、施工等过程的影响，将施工过程分成 15 个阶段，利用三维模型分时间点分析荷载。在真正施工时，将所有的水平位移预先给予补偿、校正，竖向压缩则通过调整建筑标高实现，平均每层补偿了 4 毫米。

3）超高混凝土泵送技术

哈利法塔的建造创造了混凝土单级泵送高度的世界纪录，高达 601 米。这一泵送高度是此前的混凝土建筑未曾达到过的，为了实现这一目标，必须重新对混凝土进行配合比设计，使得所需的泵送压力较小，同时混凝土的强度达标。

经过技术团队的大量试验，最终选择了含 13% 粉煤灰、10% 硅粉、最大粒径 20 毫米的集料配置混凝土，经水平泵送试验合格后在实际工程中应用。同时，实际施工使用了 3 台当时世界上最大的混凝土泵，压力可达 35 兆帕。以上技术措施的改进使得工程最终创造了混凝土泵送的世界纪录，也使得工程得以圆满成功。

3. 工程社会价值

哈利法塔的顺利完工，不仅仅代表着一座世界最高的单体建筑完工。它在设计之初便承担着提升阿联酋国际影响力、打造迪拜商业中心的职责，因此，哈利法塔在经济文化等方面平衡发展，实现了社会价值最大化。

第一，哈利法塔的建设带动了同步进行的迪拜市区开发，使得哈利法塔真正成为迪拜地区的商业中心。该中心区包括了公园、绿地、商业设施与办公区域。这一超级工程的建设带动了当地的发展，使得迪拜地区乃至阿联酋的经济活力迅速跃升，使得迪拜市区成为世界上最繁荣的城市之一。

第二，哈利法塔的建设在弘扬伊斯兰文化方面具有重要成就。首先，在建筑造型上哈利法塔体现了浓郁的伊斯兰风格，与中东地区的宗教气息相吻合，与当地的社会文化相契合。其次，哈利法塔内部拥有世界上最高的清真寺，让当地文化利用现代技术得到了完美体现和发展。因此，这一超级工程同时承载着中东地区的人文与社会印记，该超级工程的建设也是对当地文化的弘扬[4]。

三、工程启示

1. 成功关键因素

1)跨国协作的设计-建造模式

哈利法塔工程规模庞大,设计施工复杂,追求建筑艺术与结构技术的完美融合。这些仅凭阿联酋一国之力是难以达成的。因此,哈利法塔的建造采用了跨国协作模式。阿联酋提供需求,美国提供设计,韩国进行总包,中国承担土建、装修,各国发挥所长,共同协作,相互配合,在设计、施工过程中不断交流,尽可能集世界土木工程的精髓完成了这一项建筑奇迹。

2)全新施工技术的灵活运用

哈利法塔的建造目的之一就是创造并保持世界上最高建筑的纪录。因此为达到这一目的,在整个结构顶端创新了直径为1200毫米的可活动中心钢桅杆,可由底部不断加长,共预留了200米高度。此外,哈利法塔的主体结构开创了混凝土结构和钢结构组合建造超高层建筑的新模式。其在设计和施工过程中采用的诸如自爬升脚手架、预应力钢筋、高性能泵送混凝土等技术不仅确保了哈利法塔自身项目的成功建造运行,也为哈利法塔之后的世界建筑提供了好的蓝本和借鉴。特别是哈利法塔创造的混凝土泵送601米的纪录,既给了技术突破的机会,又为土木工程领域积累下了十分宝贵的经验。

3)与城市相融合的整体设计思想

哈利法塔是迪拜的中心,也是当今世界人民心目中迪拜的代表。形成这样的印象,说明哈利法塔的整体设计已经取得了成功。迪拜打造了以哈利法塔为中心,以附加休闲、商业等设施为配套的城市功能分区,为当地的经济发展、文化传播带来助力。迄今为止,到访迪拜的游客大都会参观哈利法塔,而哈利法塔也让迪拜成为世界人民心目中发达、富饶的象征。

4)采用了"垂直城市"的先进设计理念

哈利法塔不是一个单一功能的单元,其集成了许多城市功能,在一个独立建筑内打造了未来城市的一种具象化的演示。这座完整的大楼展现了迪拜对未来城市的定义,体现了建筑师与结构师的非凡,也正是这样的设计让哈利法塔在"世界第一高楼"的头衔背后拥有了更加深层的价值。

2. 工程哲学启示

哈利法塔结合了客观的当地自然环境与主观的科学规划,达到了主观工程与客观环境的高度和谐。哈利法塔采用了源自当地文化传统、带有浓厚的伊斯兰教理念的建筑造型。建筑设计时充分考虑当地历史、文化条件，形成了集阿拉伯文化内核和世界先进技术于一身的建筑实体。哈利法塔充分尊重了迪拜的阿拉伯特色文化，提升了城市的形象和国际影响力。

3. 工程立国思考

哈利法塔是阿联酋试图摆脱石油经济的束缚和资源输出国的固有印象做出的一次卓有成效的努力。哈利法塔作为世界最高建筑，已成为迪拜乃至阿联酋的一张金色名片。它代表着阿拉伯民族的自豪感和国家认同。它的建立体现了迪拜人民对国家的热爱和忠诚，也展示了阿拉伯国家在现代化进程中的实力和成就。它的设计融合了阿拉伯文化和传统元素，体现了阿拉伯民族的独特性和自豪感。它的建立不仅是为了纪念迪拜的历史和文化，更是为了向世界展示阿拉伯文化的魅力和价值。它的建成标志着阿联酋向金融等服务业的一次重要转型，在未来必将书写出属于阿联酋的现代化篇章。

4. 未来发展指导

哈利法塔建成已超过10年，其在建设过程中采用的设计思想、施工方法在今天仍然对高层建筑设计和施工具有很大意义。特别是哈利法塔集世界建筑之大成，各方通力合作的建造模式已是当今超级工程的主流模式。同时，哈利法塔建造过程中创新的材料技术、结构技术、抗震设计技术等已经为我们所处时代的高层建筑设计作出了贡献。

哈利法塔建造之前，世界高层建筑大多数都是办公大楼，哈利法塔的建造改变了这一模式。它结合了住宅、酒店、办公区、商业区，构成了一个自身可循环的"垂直城市"，虽然哈利法塔只是一个单一的建筑元素，但它已经成为迪拜这个城市的"中心"。这样具备多重功能的单体建筑对未来的城市规划、建设模式有着很强的参考、借鉴价值。

参考文献

[1] 赵西安.迪拜哈利法塔的幕墙.建筑科学, 2010, 26(9): 91-94.
[2] 霍旭佳,龚秀美,李雅俊,等.哈利法塔的混凝土结构材料与施工工艺.新世纪水泥导报, 2018, 24(2): 15-21.
[3] 赵西安.世界最高建筑迪拜哈利法塔结构设计和施工.建筑技术, 2010, 41(7): 625-629.
[4] 韩小亮.地标性建筑在文化传播中的表现与作用——以哈利法塔为例论述.新闻传播, 2019(4): 15-18.

98 神华煤直接液化工程

全　　称 神华煤直接液化工程，又称神华煤制油项目
外文名称 Shenhua Coal Direct Liquefaction Project

神华煤直接液化工程，是世界上第一套百万吨级的煤直接液化商业化示范工程。这个工程是国家"十五"期间的重点项目之一，涉及国家的能源战略、产业战略以及神华集团有限责任公司（现为国家能源投资集团有限责任公司，以下简称神华集团）自身的战略发展，是解决我国石油供应问题的重要途径。

经过多年的筹备，神华煤直接液化工程于2001年3月获得国务院的批准，2004年8月项目正式开工建设。2011年，神华煤直接液化工程正式投入商业运行[1]。

神华煤直接液化工程，总建设规模为年产油品500万吨，分两期建设，总投资245亿元。

神华煤直接液化工程，由神华集团作为主要承担单位，并由煤炭科学研究总院有限公司、中国石化工程建设有限公司、中国一重集团有限公司、中国石油化工股份有限公司北京化工研究院、上海电气集团股份有限公司等单位作为主要合作单位，经过近十年的研究开发和建设才得以完成。该工程是国家重大能源战略工程之一，对于我国的能源供应具有重要的战略意义[2]。

神华煤直接液化工程具有重要的战略意义，它有助于优化我国的能源结构，保障我国的石油安全，并促进国民经济的可持续发展。考虑到我国油气资源相对短缺，而煤炭资源相对丰富的能源格局，推进煤制油等现代煤化工技术的发展，开拓油品和基础化学品原料多元化的新技术路线[3]，是实现煤炭资源化利用和清洁高效转化的主要技术途径。同时，这也是保障我国能源安全和经济发展的重大战略举措。

一、工程背景

随着原油价格的上涨和能源安全问题的凸显，煤制油产业迎来了前所未有的发展机遇。现代煤液化技术的研究可以追溯到20世纪70～80年代，但一直停留在中试阶段，尚未实现工业化应用。我国从1980年着手开发煤直接液化技术，并由当时的煤炭科学研究总院北京煤化工研究分院承担了这一关键任务[4]。

作为中国最大的煤炭企业，神华集团于1997年提出了煤制油的设想，并得到了国家层面的支持。神华煤直接液化工程被列为国家"十五"期间的重点项目。1998年，国务院将大约110亿元的"煤代油基金"划拨给神华集团。此后，神华集团用了三年的时间，对各种煤样进行煤液化试验，并对世界三大煤直接液化技术［美国HTI（Hydrogenation Technology Inc.）工艺、德国IGOR（In-line Oil Refining）工艺和日本NEDOL（New Energy Development Organization for Liquid Fuel）工艺］进行了对比和分析。同时，神华集团还开展了广泛的技术调研。

2000年，神华集团初步决定采用美国HTI煤直接液化工艺，并对工艺流程进行了改进，建设了小型实验装置。2001年3月，国务院批准了神华集团的项目建议书。2002年8月，国务院批复了该项目的可行性研究报告。2003年6月，中国神华煤制油有限公司在北京正式成立。

2004年6月，具有神华自主知识产权的煤直接液化工艺技术通过评估和鉴定。12月，神华煤制油研究中心有限公司的直接液化实验装置试验成功，日耗煤6吨。这一成果标志着我国煤制油直接液化生产技术转化取得了初步成果。

2004年8月，神华集团在内蒙古自治区鄂尔多斯市伊金霍洛旗乌兰木伦镇举行了一期工程开工典礼，标志着神华煤直接液化工程的正式启动。2005年4月，煤制油生产基地的建设工程正式开始，标志着工程进入实质性建设阶段。经过数年的努力，2008年12月，神华煤直接液化工程第一条百万吨级生产线投煤试车，标志着项目的关键节点得以突破。在试车过程中，生产流程全部打通，顺利实现油渣成型，产出合格的柴油和石脑油。这为后续的商业化运行打下了坚实的基础。

2009年9月，神华煤直接液化工程再次投煤试运行。经过不断地调试和改造，神华煤直接液化工程逐渐达到稳定运行的状态。2010年下半年，神华煤直接液化工程实现了稳定运行的目标，为商业化运行做好了准备。2011年，神华煤直接液化工程正式投入商业化运行，标志着我国在煤制油领域取得了重大突破和进展。

二、工程价值

1. 工程主要成果

神华煤直接液化工程在技术创新方面取得了显著成果。该工程拥有一系列具有完全自主知识产权的核心技术，其中包括一种获得213项专利授权的独特工艺，其中108项为发明专利。这些专利覆盖了全球多个国家，包括美国、澳大利亚、俄罗斯、乌克兰、加拿大、印度尼西亚、日本、印度等，彰显了技术的全球影响力。

神华煤直接液化工程核心工艺"一种煤直接液化方法"荣获 2012 年中国专利奖金奖，自主研发的催化剂工艺"一种高分散铁基煤直接液化催化剂及其制备方法"也荣获了 2013 年中国专利奖优秀奖。

在工程技术方面，"百万吨级煤直接液化技术与示范"荣获 2011 年度中国煤炭工业协会科学技术奖特等奖，"神华煤直接液化项目煤液化工程"则荣获了 2011 年度化学工业优质工程奖。

此外，"神华 10 万吨级 CCS 示范项目"荣获 2014 年中国石油和化学工业联合会科技进步奖一等奖。"煤制油品/烯烃大型现代煤化工成套技术开发及应用"则荣获了 2017 年度国家科学技术进步奖一等奖，再次证明了神华集团在煤化工领域的领先地位和技术创新能力。

2. 工程主要技术

神华煤直接液化工程的核心技术是自主研发的，并且在规模和效率上达到了世界领先水平，而不是简单地采用国外经过验证的新工艺和新技术。其中，最为关键的几个方面如下。

第一，该工艺采用了人工合成的高效液化催化剂，即超细水合氧化铁（FeOOH），也被称为"863 催化剂"。这种催化剂具有高活性和低添加量的特点，能够提高煤液化转化率，减少残渣中带出的液化油，从而增加了蒸馏油产率。

第二，该工艺采用了全部经过预加氢处理的供氢性溶剂。这种溶剂具有良好的稳定性，能够制备高浓度的煤浆，并且煤浆流动性好、黏度小。此外，由于预加氢处理，溶剂的供氢性能得到提高，可以在温和的反应条件下实现液化反应。

第三，该工艺采用了内循环悬浮床反应器。这种反应器的特点是全返混、径向和轴向温度分布均匀，反应温度容易控制。通过进料温度即可控制反应温度，不需要采用反应器侧线急冷氢控制，从而保证了产品性质的稳定性。

第四，该工艺采用了减压蒸馏进行固液分离。这种方法能够脱除沥青和固体物，馏出物不含沥青，产品中柴油馏分多。此外，由于使用了高活性的催化剂，催化剂添加量少，排出的残渣量也相对减少。

第五，该工艺采用了强制循环悬浮床反应器进行溶剂加氢处理。这种反应器首次引入煤直接液化工艺中，由于采用上流式设计，催化剂可以在线更新。加氢后的供氢溶剂供氢性能好，产品性质稳定，操作周期长，同时也避免了固定床反应因催化剂积炭而增加的风险。

3. 工程管理创新

神华煤直接液化工程采取了国内外相结合、行业联合和人才整合的管理策略，通过创新的管理模式，实现了工程的顺利开展和高效管理。以下是一些主要的管理创新。

首先，工程团队在决策过程中非常谨慎，采用了科学的研究和分析方法，集思广益，重视前期工作和项目过程的风险预判。通过与国内煤炭、石化、化工行业的研究机构、设计院、工程建设单位以及大专院校的全面合作，积极进行技术配套和优化，对工艺技术、工程技术进行了细致的规划和实施，取得了显著的成果，为项目的稳定达标发挥了重要作用。

其次，神华煤直接液化工程建立了"产业业主核心项目管理新模式"，这一模式有效地推进了工程的总体进展。该模式将整个产业规划内容视为一个巨大的项目群进行管理，并按照可行性研究、定义、执行和试车四个阶段进行划分。在研究开发、工程技术、工程建设管理、生产运营管理等环节中，对已形成的业主核心技术、工艺流程、核心竞争力等关键部分采用业主自行管理或拥有的方式进行管理；对于非核心部分则采用多种资源整合手段，实现外部资源利用最大化，以降低管理成本和人员成本。

最后，神华煤直接液化工程创新地采用了项目群运作模式下的设计采购与施工管理（engineering procurement construction management，EPCM）/设计采购施工（engineering procurement construction，EPC）项目管理机制。这一机制推动了对项目管理流程的优化和再造。在技术研发进入工程实施阶段后，工程引进了具有丰富工程设计和建设经验的中国石化、中国石油、中国化学工程集团有限公司、中国核工业集团有限公司等合作单位。核心联合装置总承包单位中国石化工程建设有限公司按照与国际接轨的标准，以矩阵管理模式下的项目经理负责制为基础，以深化设计为龙头，按照与国际接轨的标准，采用工程总承包模式，通过对项目群管理、模块化设计、集中化采购等管理模式的运用，实现了EPC工序深度交叉，最大化项目资源利用，优化项目成本和管理过程。同时，与业主形成了风险共担、利益共享的项目治理模式，成功地整合了业界一流的设计、制造、安装资源，为项目的成功实施提供了坚实的组织保障。

4. 工程科学价值

神华煤直接液化工程的科学价值主要体现在以下几方面。

首先，该工程采用了神华自主知识产权的催化剂制备工艺，实现了在中试装置基础上放大千倍的工业应用，并得到了成功验证。这一创新技术对于提高煤液化效率和产物质量具有重要意义。

其次，工程化技术创新与大型化设备研制是该工程的另一个重要科学价值。通过创新技术，实现了煤液化工艺设备的设计、制造以及安装的大型化、工程化，攻克了一系列技术难题，如大型加氢反应器的设计制造、大功率往复式压缩机的研制等。这些创新技术不仅推动了煤液化工艺设备的发展，也为中国设备制造业的发展提供了强有力的支持。

最后，现代煤化工系统集成与安全运行技术也是该工程的重要科学价值之一。通过集成先进的工艺流程和安全稳定的自动控制系统，成功解决了油煤浆在输送、预热、分离等过程中的堵塞、结焦和磨蚀等问题，提高了煤液化反应的安全可靠性并降低了对单个设备的过分依赖性，延长了装置操作周期。这些创新技术为现代煤化工行业的安全稳定运行提供了重要的技术支持。

5. 工程生态价值

神华煤直接液化工程在生态保护方面具有重要价值，主要体现在对二氧化碳的捕集、封存与检测成套技术的开发与应用，对污水处理的改造和技术攻关实现"零排放"，采用酸性水汽提、硫黄回收等技术实现废气的近零排放。特别是通过国际合作，我国首个10万吨/年的二氧化碳捕集与封存（CCS）示范装置于2010年12月在鄂尔多斯煤制油分公司现场投产，并成功将液态二氧化碳注入地层进行封存。截至2014年底，已累计注入液态二氧化碳23.3万吨，CCS项目的总体水平处于国内外先进水平。这一创新技术和实践为减少温室气体排放、应对气候变化作出了积极贡献。

三、工程启示

1. 成功关键因素

神华煤直接液化工程是国家发展战略长远规划的重要项目，得到了国家政策层面的大力支持。该工程着眼于国内煤制油产业的宏观政策制定，重点研究产业规模、布局、生产力要素优化配置、节能减排和碳税等关键问题。

首先，神华煤直接液化工程的成功离不开强大的国有企业资源保障。在投资建设期间，神华集团拥有全资和控股子公司42家，员工数量达到27万人，总资产高达7000亿元，是中国规模最大的煤炭企业，同时也是全球最大的煤炭经销商。作为神华集团重点投资建设的全球首套、全球最大的煤直接液化项目，该工程集高新技术、密集资金和高端人才于一体，是一项国际先进的煤化工工程。

其次，工程管理体制机制创新为项目成功提供了组织保障。在项目组的统一领导和组织协调下，该工程建设实施过程中建立了良好的组织机构和管理体系，并严格执行国家基本建设管理程序和集团公司各项有关规定。采用了"项目业主制、招投标制、建设监理制、合同管理制"等管理制度，确保了分工明确、责任落实、制度落实。通过积极努力协调设计、施工和物资供应等各方面关系，实现了质量、费用、HSE（健康、安全和环境）等控制目标。

2. 工程哲学启示

神华煤直接液化工程作为一项举足轻重的能源项目，在多个工程哲学方面为我们提供了深刻的启示。

首先，它凸显了跨学科知识在解决复杂工程问题中的重要性。这一工程依赖于化学工程、催化剂技术、燃料化学等多领域的深厚知识，以便将煤炭这一丰富资源转化为清洁的液态燃料。这不仅体现了工程师在解决实际问题时，如何整合并运用来自不同领域的专业知识，也强调了工程项目中蕴含的社会、经济和环境价值。为了实现这些价值，工程师需要综合考虑各利益相关方的需求。

其次，神华煤直接液化工程也体现了工程本体论的核心理念，即工程实体的存在及其特性对整个项目具有关键性影响。在这个项目中，工程师必须深入理解工程系统的本质及各部分之间的相互关系，以确保工程的稳健性和可靠性。该工程历经技术验证、中试阶段和商业化生产等多个阶段，这凸显了工程项目逐步演进的性质。工程师在不同阶段需要灵活应对各种挑战，以满足项目的需求。

最后，神华煤直接液化工程强调了工程项目的复杂性、多维度的价值考量、工程实体的本体特性、演化性质以及严谨的方法和流程。这些重要启示不仅对处理其他复杂的能源和化工工程具有指导意义，也对推动我国未来能源领域的发展具有深远影响。

3. 工程立国思考

世界首套百万吨级煤直接液化工业化装置的成功实施，是我国在能源领域自主创新和可持续发展的重大成果，对保障国家能源安全和推动煤炭清洁高效利用具有重要意义。尽管近年来地缘政治形势不稳定，全球油价走势大幅波动，给我国煤制油的商业化加大了风险，但要从根本上解决国家能源安全战略问题，必须以市场需求为导向，采取多元化渠道，将中国庞大的煤炭资源与高速的经济发展、石油短缺以及生态环保建设结合起来。因此，发展煤直接液化将是大有可为的。

4. 未来发展指导

神华煤直接液化工程作为我国重要的能源转化项目，对于未来超级工程的规划、设计、建设和运营等方面具有重要的指导意义。

在工程规划方面，应该全面评估我国的能源结构和资源分布，综合考虑各种能源资源的合理配置，以保障我国的能源安全。

在工程设计方面，应该借鉴神华煤直接液化工程的设计理念和方法，结合我国的实际情况和科技水平，进行创新和优化。同时，应注重提高能源利用效率和经济效益，实现可持续发展。

在工程建设方面，应该借鉴神华煤直接液化工程的施工理念和方法，注重施工质量和安全的控制和管理。同时，应注重技术创新和设备研发，提高工程的科技含量和自动化水平，以实现工程建设的效益最大化。

在工程运营方面，应注重对生产效率和环境保护的控制和管理。建立完善的生产管理体系和环保措施，优化生产流程和提高设备效率，以提高工程的整体生产效率和经济效益。同时，应注重环保可持续性，通过采取先进的环保技术和设备，降低工程对环境的影响和污染，实现工程的绿色生产和可持续发展。

在科技创新方面，应该设立专门的研发机构或与高校、科研机构合作，开展前沿技术研究和试验，推动我国能源技术的创新和发展。

参考文献

[1] 范传宏. 煤直接液化工艺技术及工程应用. 石油炼制与化工, 2003(7): 20-24.
[2] 李好管. 煤直接液化技术进展及前景分析. 煤化工, 2002(3): 8-12.
[3] 张兆孔. 神华煤直接液化示范工程项目管理集成技术. 项目管理技术, 2012, 10(4): 19-22.
[4] 叶青. 神华集团煤直接液化示范工程. 煤炭科学技术, 2003(4): 1-3.

世界近现代
超级工程排行榜（下）

洋山深水港码头航拍

99 洋山深水港

全　　称 洋山深水港，简称洋山港
外文名称 Yangshan Deepwater Port

洋山深水港，位于长江三角洲前缘的中国经济中心上海市，地处长江东西运输通道与海上南北运输通道的交汇点，为上海国际航运中心枢纽港。洋山深水港是中国最大的集装箱港，是全球单体规模最大的全自动智能集装箱码头，也是世界最大的海岛人工港。2024年，集装箱吞吐量突破2600万标准箱，稳坐世界集装箱第一大港的位置。

洋山深水港，最早的构思始于1992年10月。上海市政府提出把上海建成"一个龙头、三个中心"的重大战略；1995年8月，上海市提出在洋山建设洋山深水港区的战略构想，并于1998年底编制完成了洋山深水港区总体布局规划和一期工程可行性研究报告，全面加快了洋山的前期认证工作。2001年2月国务院批准了洋山深水港一期工程项目建议书，并由国家计委正式立项。2002年6月26日，洋山深水港工程正式开工建设，一期工程在东海大桥打下第一根桩。2005年12月10日，洋山深水港一期工程竣工并开港投用。2008年12月10日，洋山深水港三期工程第二阶段竣工，标志着洋山深水港全面建成[1]。

洋山深水港，由小洋山岛屿、东海大桥和洋山保税港区组成，总面积超过25平方千米，包括了东、西、南、北四个港区。工程总投资超过700亿元，其中2/3为填海工程投资，装卸集装箱的桥吊机械等投资为200多亿元。

洋山深水港，由上海市政府提出计划，由国务院

世界近现代
超级工程排行榜（下）

最终决策批准。设计单位包括交通部第三航务工程勘察设计院、中交上海航道局有限公司和上海港务工程公司。投资单位包括上海港务局、上海国际集团有限公司和上海国有资产经营有限公司三家单位，并专门成立了上海同盛投资（集团）有限公司作为投资主体建设洋山深水港。参与建筑工程的单位包括上海港务工程公司、中交上海航道局有限公司、中交第三航务工程局有限公司等单位。

洋山深水港是中国对外开放、参与国际经济大循环的重要口岸，集装箱吞吐量位居世界第一，是上海港的重要组成部分。上海市外贸物资中99%经由上海港进出，其外贸吞吐量占中国沿海主要港口的20%左右，已经与全球214个国家和地区的500多个港口建立了集装箱货物贸易往来，拥有国际航线80多条。港为城用，城以港兴，洋山深水港充分发挥自身优势，有力地支持了上海经济社会转型发展、支援了全国经济建设，实现港口发展与上海城市发展之间的良性互动。

一、工程背景

上海具有优越的地理位置，它位于我国沿海海岸线的中心点，又是东西航运大动脉、长江东西运输通道与南北运输通道的交汇点，前通中国南北沿海和世界大洋，后贯长江流域和江浙皖内河、太湖流域，形成我国T字形航运主骨架的交汇点。上海港是我国对外交通和贸易往来的重要港口，洋山深水港是上海港的重要组成部分。

早在公元746年的唐天宝年间，唐朝就在控江襟海处设立镇治，即青龙镇（今青浦区东北，苏州河南岸），发展港口，供船舶往来停靠。进入宋代后，青龙镇有"江南第一贸易港"的称号。1111年，北宋在此设市舶提举司，征收关税，管理航运。此后，长江每年大量泥沙径流而下，使长江三角洲海岸线不断向东延伸，陆域不断增加，河道变迁，约1265年港口易址于上海镇。1404年开拓形成黄浦江后，上海港凭借黄浦江的优良航道而日益壮大。第一次鸦片战争后，英国迫使清政府签订《南京条约》，上海港于1843年11月17日被迫对外开放。之后，一批外国冒险家蜂拥而至，他们任命外籍港务长、划定"洋船停泊界"、设立殖民武装力量、瓜分港口岸线、建筑码头仓库、走私鸦片、贩卖人口。1853年起，上海超过广州成为全国最大的外贸口岸。19世纪70年代后，上海港成为全国的航运中心。黄浦江和苏州河两岸逐渐形成了近代工业聚集区。20世纪初，黄浦河道局对吴淞口和黄浦江的局部河段进行了整治和疏浚，万吨级船舶可以乘潮进入黄浦江，适应了当时船型发展和经济发展的要求。20世纪30年代，上海港成为远东航运中心，年货物吞吐量一度高达1400万吨；船舶进口吨位居世界第七位，上海成为世界上重要的港口城市。

1949年5月上海解放，上海港的历史揭开了新的一页。直至改革开放前，港口建设主要以机械化代替繁重体力劳动进而逐步向专业化方向发展。"一五"时期通过添置牵引车、皮带机等，在水平运输上基本摆脱了人挑肩扛现象，"二五"到"三五"时期制造了电吊、抓斗，对煤炭等散装作业工艺工具进行革新，在垂直运输上基本摆脱了人力锹箩的现象。"四五"到"五五"时期在周恩来总理发出"三年改变港口面貌"指示后，新建了第九、第十和张家浜装卸区，改建了第六、第八装卸区，增加了技术装备，港口机械化程度有了进一步提高，货物装卸由船吊改为门机作业，煤炭和粮食有了机械化作业线，散货装卸向机械化方向发展。随着生产的发展，上海港逐步将机械化生产向码头专业化生产转变，调整了码头专业分工。

港口是上海发达的根本保证。"襟江带海""腹地广阔"是人们经常用来形容上海地理位置优越的字眼。上海的命运，天生就和港口联系在一起。自浦东开发区开放以来，上海对外经济交流规模不断扩大，1993年首次突破100亿美元大关，达到127.18亿美元；作为上海腹地的长江三角洲地区和长江流域经济发展迅速，对外贸易迅猛增长，这都要求上海港加强港口建设、扩展货物交流平台，洋山深水港应运而生。

二、工程价值

1. 工程主要成果

洋山深水港在超大型自动化集装箱码头的关键技术方面取得了一系列突破，标志着我国港口技术和运营模式实现跨越式升级与重大变革，成为上海国际航运中心建设的重大里程碑。

洋山深水港项目荣获中国港口协会科技进步奖特等奖1项、一等奖2项；取得发明专利8项，实用新型专利6项，软件著作权14项；发表著作1部，论文65篇。洋山深水港罗泾港区二期工程分别获得交通部优质工程奖和国家优质工程金质奖，并在2019年被国家海洋局评为第二届优秀海洋工程。2021年洋山深水港四期工程荣获第十八届中国土木工程詹天佑奖。

2. 工程主要技术

施工方面，洋山深水港取得了一系列围海造港方面的技术突破。洋山深水港是第一座在高流速、高含沙海域依托外海岛礁通过围海造地建设的大型集装箱港区。为把洋山深水港建设成符合"高效、节能、环保、耐久、人文"理念要求的大型集装箱枢纽港区，研究人员对关键技术问题进行了一系列研究，在以下方面取得了技术创新：首次揭示了高含沙、强潮流、外海多岛礁水域建港潮流泥沙运动规律；首次创建了外海多岛礁高含沙水域单通道式的港区水域平面形态；首创深厚软土地基上高回填土作用下的码头接岸结构新形式；创建深水强潮流裸露基岩上实施人造基床的嵌岩桩稳桩技术；首创深厚回填槽细砂无填料振冲地基加固技术；首创开放式海域多品种渔业资源增殖放流成套施工技术和评估体系。

运营方面，洋山深水港构建了基于流程和数据驱动的新型自动化智能平台，实现了科学高效可靠运营。四期工程建设中，最大的难点是怎样构建自动化码头"大脑"——智能作业管控系统（ITOS），它需要具备极高的功能适应性、性能高效性和运营可靠性。洋山深水港率先牵头开展自主研发，通过理论研究，构建数据差异量化模型和相关算法，攻克无人设备全域感知、多体协同、多活并发等核心技术，打造了全新的流程与数据双驱动的分布式、可配置全域融合协同控制架构和信息交互平台，创新研发了全新的智能作业管控系统（ITOS），解决了作业时空多变、状态不确定导致设备协同难的关键问题，实现了系统与设备设施间海量数据处理动态协同与高效可靠，核心功能与性能全面超越国外产品，能力与效率均居全球自动化码头首位。在设计和设备制造等方面，洋山深水港四期码头首创轨道吊双箱装卸、桥吊双起升双吊具作业、多种轨道吊柔性混合布局的全新自动化操作技术。同时，创新研发了前后任务物理三维特征人工智能（AI）感知、设备高精度自动扭摆控制等技术，以达到箱姿箱位实时感知、吊具状态精确控制的效果，提升码头运营效率约20%，满足了大规模枢纽型码头多种作业状态高效运作的实际需求；创新使用自动化码头道路堆场沉降控制技术。为解决洋山地区不均匀深厚软土地基条件下堆场建设工程复杂、变形控制难的问题，创新提出深厚软土地基－轨道基础－轨道协同设计方法，研发了堆场双重可调式轨道基础和新型轨枕结构。

3. 工程管理创新

洋山深水港集合多种优化决策、模糊智能理论实现了管理创新。具体来讲，洋山深水港将模糊智能控制理论、多级优化决策理论、计算机远程监控、计算机仿真、网络通信、数据库及现代信息管理和控制等技术应用于港口集装箱生产管理系统，改造了传统的生产方式，通过管理创新提升了港口集装箱处理能力，促进了洋山深水港集装箱生产核心竞争力的提高[2]。

洋山深水港采用了"集装箱智能化生产系统""集装箱生产多级优化管理系统""集装箱装卸设备远程监控和故障报警系统""集装箱装卸工艺仿真决策系统"等管理创新，涵盖了港口集装箱作业的全过程。其中"集装箱智能化生产系统"主要面对作业层人员实现了智能生产；"集装箱生产多级优化管理系统"主要面对管理层人员，在系统层面优化了整体的生产效率；"集装箱装卸设备远程监控和故障报警系统"主要面对技术层人员，形成了监控和故障管理系统；"集装箱装卸工艺仿真决策系统"属决策管理创新，主要面对决策层人员，供管理人员进行判断和决策辅助。

4. 工程社会价值

1) 洋山深水港的建设促进了上海在物流、贸易等方面进一步发展

上海城市因港口而发展兴起，综观上海城市以及上海城市经济的发展，可以明显看出，上海城市兴起的轨迹是"以港兴商、以商成市"。洋山深水港集装箱吞吐量连年突破2000万标准箱，为上海港带来了每年超过50亿元的利润，为上海市带来了5000个就业岗位，奠定了上海港远东重要航运中心的地位。

2) 洋山深水港的建设促进了21世纪海上丝绸之路的建设、发展

21世纪海上丝绸之路重要内容之一就是建立、完善地区间基础设施的互联互通，以促进21世纪海上丝绸之路沿线国家的经济发展。上海作为我国陆上最大的航运中心，是21世纪海上丝绸之路建设、发展过程中不可缺少的重要节点。作为长江水道最重要的港口，洋山深水港承担了绝大多数长江经济带外贸货物中转业务，是21世纪海上丝绸之路与长江经济带相互连接的江海联运重要节点，洋山深水港的建成也使得上海国际航运中心的国际影响力稳步提升。

三、工程启示

1. 成功关键因素

1) 洋山深水港具有显著的区位优势

洋山深水港位于杭州湾口外的崎岖列岛，西北距上海市南汇芦潮港约32千米，南距宁波北仑港约90千米，距国际航线仅45海里，是距上海最近的深水良港。这样的地理位置使得洋山深水港具有得天独厚的区位优势，可以充分利用长江三角洲地区的经济和交通资源，与周边港口形成协同效应。

2）洋山深水港制定了周密的科学规划

洋山深水港港区规划总面积超过 25 平方千米，包括东、西、南、北四个港区，采取一次规划、分期实施的原则进行建设。这种规划方式可以确保洋山深水港的发展与周边地区的发展相协调，同时也可以保证港口建设的有序性和可持续性。

3）洋山深水港采用政府引导与市场运作相结合的模式

洋山深水港的建设和发展是在政府引导下，由市场运作来实现的。政府通过政策引导和支持，为洋山深水港的发展提供了有力的保障。同时，市场运作的方式使得洋山深水港可以更加灵活地适应市场变化，提高自身的竞争力。

4）洋山深水港的建设和运营应用了大量创新技术

洋山深水港在建设和发展过程中，始终注重技术创新。例如，洋山深水港四期码头是全球单体规模最大的全自动码头，采用了先进的自动化技术和智能化的集装箱管理系统。这样的技术创新可以提高港口运营效率、降低成本，同时也可以提高港口的服务质量和竞争力。

5）洋山深水港重视国际合作

洋山深水港作为上海国际航运中心的新坐标，积极加强与国际航运企业的合作。通过与国际班轮航线遍及全球各主要航区的航运企业合作，可以进一步巩固和提高自身的国际竞争力。

洋山深水港的成功是以区位优势为基础，通过规划先行、政府引导与市场运作相结合、推动技术创新和加强国际合作等方式，不断提高自身的竞争力和服务水平，融入上海国际航运中心的建设发展的结果。

2. 工程哲学启示

洋山深水港技术创新实践中依托的实事求是生动体现了工程哲学认识论，创造了一套具有深水港建设工程特色的创新工程方法集合，有力支撑了工程哲学方法论。

洋山深水港从实际出发，充分考虑当地深水和远岸自然条件、浙江省经济状况、上海市经济社会发展需求等因素，制定科学合理的四期发展规划，同时，在实施过程中，不断总结经验，使港口建设和发展更加符合实际情况。正确处理好港口规范与创新的关系、自主与引进的关系。

洋山深水港始终注重创新。通过引进先进的技术和管理经验，推动港口技术创新和体制机制创新，突破创新壁垒，实现创新要素整合。同时提出了需求牵引、工程依托、系统推进的系统工程思维，为港口高质量发展提供强有力的支撑。

3. 工程立国思考

洋山深水港是我国 21 世纪建设的最大的港航中心，支撑了中国对外贸易不断迈上新台阶。国际港口是中国对外开放的一面镜子，洋山深水港见证了中国对外开放的坚定步伐。洋山深水港启用之后，上海的集装箱年吞吐量达到了世界第一位。随着"一带一路"建设和自贸试验区建设、长江经济带发展等的实施，洋山深水港吞吐量连年创新高，国际中转与水水中转比例持续增长，国际枢纽港地位逐渐确立。以洋山深水港为代表的国际化港口的建设支撑了中国在国际贸易中举足轻重的地位。

4. 未来发展指导

在未来港口乃至交通枢纽的建设中，枢纽选址是至关重要的环节。洋山深水港选址没有局限在上海地方区划范围内，而站在国家发展的高度确定在了浙江省区划之内，其航道较深，且几乎不用疏浚，具有 30 万吨巨轮的停靠能力，有力支撑了上海市乃至国家的航运贸易产业。未来的港口乃至空运、陆运交通枢纽，一定要综合统筹各方面因素，选定最适宜的地理位置。

参考文献

[1] 邵超峰. 国内外生态港口建设现状分析及启示. 中国港湾建设, 2012(1): 68-73.
[2] 包起帆, 黄友芳, 施思明, 等. 上海港集装箱智能化管理技术. 港口装卸, 2003(4): 1-4.

世界近现代
超级工程排行榜（下）

"福特"号航空母舰

100 "福特"号航空母舰

全　　称 杰拉尔德·R·福特号航空母舰，简称"福特"号航空母舰

外文名称 USS Gerald R.Ford

"福特"号航空母舰，作为21世纪美国海军的中坚力量，是美国海军在役的第11艘航空母舰，也是美国最新一代"福特"级航空母舰的首舰。"福特"号航空母舰长337米，飞行甲板最大宽度78米，全高76米，水线宽41米，标准排水量10.2万吨，满载排水量11.2万吨，是当前世界上最大、排水量最大的航空母舰，同时也是造价最昂贵的航空母舰[1]。"福特"号航空母舰的飞行甲板面积超过19000平方米，是目前飞行甲板面积最大的航空母舰，常规状态下可搭载75架各型舰载机，极限状态下可搭载超过90架各型舰载机。

早在1996年3月，美国就开始对"福特"级航空母舰的研制进行型号论证。2000年6月，美国海军开始对"福特"级航空母舰的集成优化进行设计。2005年8月11日，"福特"级航空母舰首舰"福特"号航空母舰开工建造。2009年11月13日安放龙骨，2013年11月9日正式下水，2017年4月8日开始海试，2017年7月22日正式进入美国海军服役[2]。

"福特"号航空母舰，从论证、立项、下水到正式服役，先后经历了克林顿、小布什、奥巴马和特朗普四届政府，历时20余年。作为第一艘"福特"级航空母舰，美国在"福特"号航空母舰上投入了大量经费，其中研制经费32亿美元，设计建造经费105亿美元，总经费高达130亿美元，是美国海军有史以来最昂贵的一艘作战舰船。此外，美国还计划再建造12艘"福

特"级航空母舰，首批建造三艘，总经费达361亿美元（含研发经费43.3亿美元，其余为建造经费），其中"肯尼迪"号航空母舰采购成本约113亿美元，"企业"号航空母舰采购成本约123亿美元，"多里斯·米勒"号航空母舰采购成本则约125亿美元[3]。

1993年美国海军就已开展新一代航空母舰概念的论证，并成立了一个面向未来的海基航空平台工作组，以此研究下一代航空母舰的实施条件、可行技术和需求。1996年3月，美国海军正式开始新一代航空母舰CVX的方案选择研究，经过美国政府部门、工业界和军方的多次论证，最终于2000年，联合需求审查委员会和国防采购局分别批准了新航空母舰的作战需求文件和计划提案，同时将CVX计划更名为CVNX计划，即"福特"级航空母舰计划[4]。2005年8月11日，"福特"号航空母舰由纽波特纽斯造船厂开始建造。

"福特"号航空母舰，作为美国最新一代的核动力航空母舰，采用了很多高新技术，如新型核动力、电磁弹射、新型拦阻、双波段雷达、雷达红外隐身技术等，另外还搭载了很多新概念武器，如激光炮、电磁轨道炮等。一方面，这些新技术和新概念武器的应用提高了该型航空母舰的作战能力，从而提高了美国海军的战略威慑力；另一方面，"福特"号航空母舰也为这些新技术的应用提供了验证平台，带来一系列武器装备的提升，从而进一步推动了科技的进步和发展，同时"福特"号航空母舰的问世也进一步拉大了美国与世界其他国家在航空母舰研制方面的差距。"福特"号航空母舰对世界战略格局、亚太地区安全及人类的和平也产生了巨大的威胁和影响[4]。

一、工程背景

冷战后，苏联轰然解体，这使得美国海军成为世界大洋上的唯一霸主，以其目前具备的海上作战能力，已经难有敌手。相对俄罗斯、中国、法国、英国等其他国家的中、小型航空母舰，"尼米兹"级核动力航空母舰战斗群已经可以称霸海洋。然而，美国仍然不遗余力地推动"福特"级航空母舰的建设，其中的主要原因大致有四点[5]。

首先是维护美国海上霸主地位，航空母舰是美国利益最强有力的维护者。一旦美国海外利益受损，美国往往第一时间就会调动航空母舰进行威慑。在海湾战争、北约轰炸南联盟、阿富汗战争、伊拉克战争、利比亚内战中，美军航空母舰的辉煌战绩也诠释了美国海上霸主地位。因此重视航空母舰、改进航空母舰性能一直都是历届美国政府接力传承的重要工作，也是美国社会各界的主要共识。

其次是补齐"尼米兹"级航空母舰的性能短板。在研制"福特"级航空母舰前，美国最先进的航空母舰是"尼米兹"级航空母舰,"尼米兹"级航空母舰于1968年开始建造,至今10艘已全部服役。尽管"尼米兹"级航空母舰性能仍然是世界第一,但其并没有与俄罗斯、中国、法国、英国等其他国家的航空母舰拉开代差。并且"尼米兹"级航空母舰是几十年前设计的产物,在高新技术日新月异的今天,向该级航空母舰移植新技术提升性能时显得愈发困难。因此,研制新一代航空母舰也就成为美国海军的必然选择。

再次是维护军种优势地位的选择。尽管美国海军是军费的第一大户,但随着美国经济形势的恶化和军费的缩减,以及其他军种新型装备的研发项目越来越有竞争力,美国海军产生了强烈的危机感,通过"福特"级航空母舰这样标志性的"金字招牌",巩固并提升海军在国会议员中的影响力和号召力,进而为美国海军谋得更多利益也是美国海军坚持研制建造"福特"级航空母舰的重要原因之一。

最后是保持和发展美国航空母舰制造工业的实力。由于航空母舰建造的高度复杂性和高昂的造价,当今美国只有诺斯罗普·格鲁曼公司下属的纽波特纽斯造船厂有制造航空母舰的能力。而自从"尼米兹"级航空母舰的最后一艘——"布什"号航空母舰服役后,该厂的航空母舰生产线便陷入停顿。如果没有新的订单,生产能力便无法持续,大量技术工人便有可能流失或失业,这对美国的航空母舰工业绝非好事。所以,美国大力推动建造"福特"级航空母舰也有维持纽波特纽斯造船厂这一唯一航空母舰生产厂家制造和创新能力的考虑。

基于上述考虑,美国启动了"福特"级航空母舰的研制,其研制过程可分为型号论证、集成优化设计、建造、型号全速生产四个阶段。1996年3月至2000年6月为型号论证阶段,2000年6月至2004年4月为集成优化设计阶段,2004年4月至2018年9月为建造阶段。首舰服役3年后,2018年8月进行作战评估,通过评估后于2018年9月进入大批量建造阶段,以每5年1艘的速度进行建造。

二、工程价值

"福特"号航空母舰工程价值主要包括工程主要成果、工程主要技术、工程管理创新、工程军事价值等四个方面。

1. 工程主要成果

"福特"号航空母舰的建造增强了美国海军的战略投射能力和军事实力。它扩大了海军的航空母舰舰队规模,并提供了更先进的作战能力,以维护国家安全和利益。该工程在技术创新方面取得了显著进展,如电磁弹射器、电磁拦阻系统和新型核动力系统等。这些创新不仅改善了航空母舰的性能,也为未来航空母舰的设计和建造提供了重要的参考。

2. 工程主要技术

"福特"号航空母舰是具有许多技术亮点的现代战舰,采用了多项创新技术。"福特"号航空母舰是第一艘装备电磁弹射器的美国航空母舰,与传统的蒸汽弹射器相比,电磁弹射器能够更精确地控制飞机起飞时的加速度和速度,适应不同类型和重量的飞机,并降低维护成本。该航空母舰还采用了电磁拦阻系统进行着舰操作,与传统的钢缆拦阻系统相比,电磁拦阻系统使用了电磁力来提供更平稳且可控的着舰过程,同时减少了对飞行甲板结构的磨损和维护需求。"福特"号航空母舰使用了新一代的核动力系统,称为 A1B 反应堆。这种反应堆提供了更高的功率密度和可靠性,从而提高了航空母舰的速度和作战持续能力。

3. 工程管理创新

"福特"号航空母舰采用了敏捷项目管理方法。这种管理方法将项目分解为小型可交付成果的迭代周期,以便及时评估和调整。这种方法有助于加快决策过程、降低风险,并允许团队根据实际需求进行灵活调整。"福特"号航空母舰工程使用了先进的数字化建模和虚拟仿真技术。通过创建船体和系统的虚拟模型,并进行多种场景的仿真测试,可以在实际制造阶段之前发现和解决问题,减少设计变更频率,降低变更设计带来的额外成本。

4. 工程军事价值

"福特"号航空母舰的投入使用有效提升了美国海军作战能力。"福特"号航空母舰拥有强大的航空作战能力,常规可以搭载多达 75 架舰载飞机[4],包括 F-35C 隐形战斗机、F/A-18 "超级大黄蜂"等,这些飞机可以在"福特"号航空母舰上方展开强大的空中打击,实现对敌方目标的精确打击。"福特"级航空母舰除船壳与尼米兹级航空母舰类似外,舰上各种子系统大多经过了升级换代或者优化设计,包括提高舰载机出动架次率、提高发配电能力、减少维护和人员需求、改进防护能力和生命力、扩大舰载机探测与攻击范围等。

三、工程启示

"福特"号航空母舰工程启示主要有成功关键因素、工程哲学启示、工程立国思考、未来发展指导四个方面。

1. 成功关键因素

1)强大的经济和科技实力是"福特"号航空母舰成功的基础

美国拥有世界上最强大的经济和科技实力,而"福特"号航空母舰的建造和维护需要耗费大量的资金和技术,只有具备强大的经济和科技实力的国家才有可能建造和维护这种先进的航空母舰。

2)创新技术的引入是"福特"号航空母舰成功的保证

"福特"号航空母舰引入电磁弹射器、电磁拦阻系统和新型核动力系统等新技术,这些技术的应用提高了航空母舰的性能、效率和可靠性,使其成为一艘更先进的战舰。

3)先进的工程管理办法是"福特"号航空母舰成功的重要助力

该工程采用了先进的工程管理方法,包括敏捷项目管理、数字化建模和虚拟仿真以及跨部门协同和沟通等,这些管理措施有助于加快项目进度、降低成本,并确保各个部门之间的顺畅合作。

2. 工程哲学启示

"福特"号航空母舰的设计和建造过程中体现了工程哲学的工程本体论。工程就是一个以制造为主的偏重效率的动态过程,它受价值驱动,如"福特"号航空母舰从设计之初便已明确其价值目标导向,即提供高性能、高效率和高可靠性的航空母舰,以实现国家安全和战略利益。工程哲学必须重视价值,工程在打造新的社会存在的同时也在成就人类的创造性,发挥人类的创造性能力过程离不开价值导向,只有符合价值导向的工程才有可能实现。

3. 工程立国思考

1)"福特"号航空母舰提升了美国的全球影响力和地位

"福特"号航空母舰是美国海军的核心力量之一,它的存在和部署被视为美国在全球海上战略中的重要组成部分。"福特"号航空母舰的先进技术和强大的作战能力使其成为美国海军的标志性力量,展示了美国在军事技术领域的领导地位,从而提升了美国的全球影响力和地位。

2)"福特"号航空母舰满足了美国战略安全的需求

美国一直将航空母舰视为其全球军事战略中的重要组成部分,并积极推动航空母舰现代化建设。"福特"号航空母舰的建造和维护正是这一战略的体现。通过建造和维护"福特"号航空母舰，美国能够满足其国家安全战略的需求，同时通过向盟友提供军事支持来巩固其国际地位和影响力。

4. 未来发展指导

技术创新与研发能力永远是大型工程建设的重要保证。作为全球第一海军强国，美国拥有数量最多的航空母舰战斗群，在航空母舰技术的研发方面也是冠绝全球。以美国海军新一代航空母舰"福特"号航空母舰来说，其采用的众多技术，属于目前全球顶尖水平。其中，"福特"号航空母舰的新型电磁拦阻索、新型甲板与核反应堆技术等新型技术值得世界各国借鉴与学习。"福特"号航空母舰的新式核动力装置，为其提供了巨大的动力，同时也为其电控武器的应用提供强大的电力保障；"福特"号航空母舰搭载了较多的新概念武器，如电磁轨道炮等。这些工程技术措施及新概念武器的应用，为世界各国未来航空母舰的发展提供了借鉴经验。

参考文献

[1] 辛其. 世界航空母舰之"最". 环境, 2017(5): 78-80.
[2] 石稼. 走近新一代海上"巨无霸"美军"福特"号航空母舰. 黄埔, 2021(3): 6.
[3] 刘征鲁. 21世纪的"海空霸主"美国海军"福特"级航空母舰全解析. 坦克装甲车辆, 2016(16): 47-54.
[4] 图解军舰美国福特级航空母舰. 百科探秘(海底世界), 2019(9): 22-25.
[5] 沈臻懿. "福特级"航空母舰新技术. 检察风云, 2017(10): 36-38.

世界近现代
超级工程排行榜（下）

特高压交流输电网络

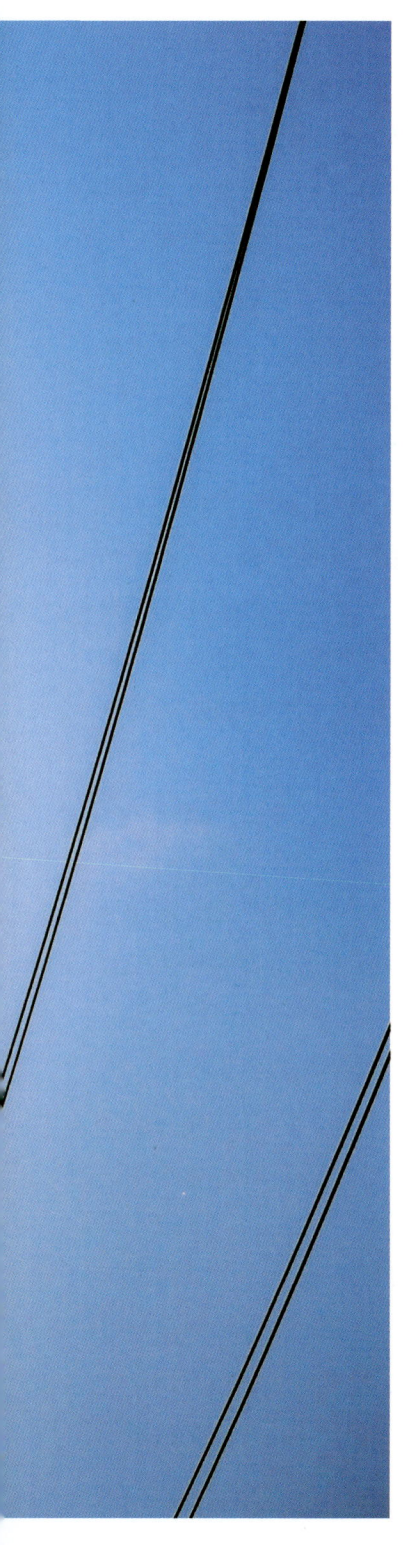

101 特高压交流输电工程

全　　称 特高压交流输电工程，又称 1000 千伏特高压交流输电工程

外文名称 Ultra-High Voltage Alternating Current Transmission Project

特高压交流输电工程，是当今世界上电压等级最高、技术水平最先进的交流输电技术，具有输电容量大、输送距离长、输电损耗低、联网能力强、节约土地资源的突出优势。目前世界上仅有中国完全拥有且可规模化应用这项先进输电技术，中国取得的成就被国际电网组织称为"世界电力工业发展史上的重要里程碑"。

1986 年中国开始涉足特高压交流输电工程领域研究，2005 年全面开展特高压输电前期论证、关键技术研究、试验示范工程建设工作，2009 年 1 月，晋东南—南阳—荆门特高压交流试验示范工程投运，其是中国第一个建成投入商业运营的特高压工程，也是当时世界上唯一运行的特高压工程。皖电东送淮南至上海特高压交流输电示范工程于 2013 年 9 月 25 日投运，其是中国自主设计、制造和建设的首个商业运营的同塔双回路特高压交流输电工程，也是世界上首个同塔双回路特高压交流输电工程，进一步巩固、扩大了中国在高压输电技术开发、装备制造和工程应用领域的国际领先优势。

截至 2020 年底，我国已成功投运 14 个特高压交流输电工程和 16 个特高压直流输电工程，共计 30 个特高压输电工程，特高压交流输电线路总长度超 3.5 万千米，累计投资超 4000 亿元，工程覆盖全国 17 个省（自治区、直辖市），覆盖国土面积850万平方千米。

特高压交流输电工程，是由国家电网有限公司策划，国务院批准的国家级重点工程项目。参与特高压交流输电工程的设计单位包括中国电力科学研究院有限公司、国网经济技术研究院有限公司、中国电力工程顾问集团中南电力设计院有限公司、中国电力工程顾问集团华东电力设计院有限公司、中国电力工程顾问集团华北电力设计院有限公司及中国各省的电力设计咨询研究院（有限公司）等20余家单位，投资单位主要为国家电网有限公司，建设主体为工程涉及的各省电网公司，参加建设的还包括平高集团有限公司、中国西电集团有限公司等电力设备企业。

特高压交流输电工程的作用包括以下5点：特高压输电可以降低线损，提高输电效率；提高输电容量，可在相同输电距离下传输更多的电能，满足远距离、大容量输电的需求；节省用地资源，特高压输电线路具有较高的电力传输密度，能够在较小的用地范围内承载更多的电力，有助于减少土地资源的占用；提升系统稳定性，特高压输电系统可以在较长距离内实现电能的高效输送，有助于增强电力系统的稳定性和可靠性；促进能源结构优化，特高压输电技术有利于实现清洁能源的大规模开发和利用，为绿色能源的发展提供了有力支持。

一、工程背景

中国生产电力的能源主要分布在西北部，而能源需求集中在东中部经济社会发达地区，加之东中部地区人口密集、土地资源紧张、环境容量受限，远距离、大容量的西电东送是中国能源发展战略的必然选择。具有送电距离远、输送功率大、输电损耗低、走廊占地少、联网能力强等优点的特高压交流输电技术使得西北部大型煤电基地及风电、太阳能发电的集约开发成为可能。建设以特高压电网为核心的国家电网，能够有力促进煤电就地转化和水电大规模开发，实现跨地区、跨流域水火互济，将清洁的电能从西北部大规模输送到东中部地区，满足了中国经济快速发展对电力增长的巨大需求。国家主管部门、中国工程院多次组织对中国发展特高压输电的必要性和可行性进行广泛研讨和论证，达成了发展共识。研究开发特高压输电技术与装备先后列入《国家中长期科学和技术发展规划纲要（2006—2020年）》《中国应对气候变化国家方案》《国家自主创新基础能力建设"十一五"规划》和《国家能源科技"十二五"规划（2011—2015）》等一系列重要规划。

中国特高压交流输电技术先后经历了技术突破（2006～2013年）、规模化建设

（2014～2015年）和完善提升（2016～2020年）等阶段[1]。技术突破阶段以试验示范工程、试验示范工程扩建工程、皖电东送工程为标志，重点是技术研发；规模化建设阶段以浙北—福州、淮南—南京—上海、平圩电厂三期送出、锡盟—山东、蒙西—天津南、榆横—潍坊等一批工程为标志，重点是检验技术成熟度、批量设备稳定性和规模化建设能力；完善提升阶段则包括其后的锡盟－胜利、直流配套以及电源接入等工程，重点是网架的完善、特高压输电技术和建设管理水平的提升。

二、工程价值

1. 工程主要成果

该工程建成了世界一流的特高压试验研究体系，全面掌握了特高压交流输电的核心技术。通过特高压交流输电工程的研发与实施，中国成功研制了世界上最高水平的全套特高压交流设备，国产化率达到90%以上；在世界上首次建立了由7大类79项国家标准和行业标准组成的特高压交流输电技术标准体系；获专利授权279项，其中发明专利96项；国际大电网委员会（CIGRE）和电气电子工程师学会（IEEE）先后成立由中国主导的8个特高压工作组。

特高压交流输电技术的创新成果被授予国家科学技术进步奖特等奖、国家优质工程金质奖、中国工业大奖、新中国成立60周年"百项经典暨精品工程"、国家重大工程标准化示范、中国标准创新贡献奖、第二十届全国企业管理现代化创新成果一等奖、庆祝中华人民共和国成立70周年经典工程等重要奖项和荣誉，被CIGRE等权威国际组织认为是"一个伟大的技术成就""世界电力工业发展史上的重要里程碑"。

2. 工程主要技术

特高压交流输电工程创新形成了稳态电压控制技术、瞬态过电压抑制和潜供电弧抑制技术，在国际上首次实现了特高压系统电压优化控制，揭示了复杂环境下特高压系统外绝缘非线性放电特性，研发了空气间隙、绝缘子配置和雷电防护技术，形成了特高压输变电设备设计、制造和试验关键技术，建立了完整的技术产业体系。

创新形成了特高压输变电工程整套设计和施工方法、设备现场试验方案，研制出线路带电作业工器具和试验装备等，提出了综合模拟高海拔、重覆冰、重污秽等环境条件的高压试验方法等，形成了国际上可试参数最高的高电压、强电流试验检测能力[2]，建立了完整的特高压试验研究体系[3, 4]。

3. 工程管理创新

1）确立了科学论证、示范先行、自主创新、扎实推进的总体管理原则

确立了"首先建设示范工程，依托工程、用户主导、产学研联合开发特高压交流输电技术，提高国内电力科技和输变电装备制造水平，验证特高压交流输变电系统性能和设备运行可靠性，在成功实践的基础上稳步推进规模化应用"的自主创新思路。主要体现在三个方面：用户主导，打破常规多主体分阶段负责的管理模式；依托工程，打破先攻关再转化的常规模式；产学研联合，打破上下游技术壁垒，走立足国内自主创新之路。

2）构建了高效的自主创新管理体系

在国家的大力支持下，依托试验示范工程建设，用户作为创新链的发起者，主导整合了国内电力、机械等相关行业的科研、设计、制造、施工、试验、运行单位和高校的资源和力量，组建创新联合体，形成了巨大的创新合力。确定了总体目标是全面掌握关键技术，并成功实现工程应用；构建了集约管控的组织体系，包括指挥机构、专家委员会、标准化委员会以及科研攻关、工程设计、设备研制和工程建设专业团队；建立了高效协同的运转机制，涵盖科学严谨的决策机制、协同高效的工作机制、系统严格的管控机制、推动创新的保障机制、创新过程监督机制、合作共赢的激励机制。

3）建立了贯穿全流程的管控体系

以科研为先导，提出并贯彻"三结合"（自主创新与咨询交流相结合、专题审查与公司级审查相结合、关键技术研究与工程设计专题相结合）；以设计为龙头，采用"联合设计、集中攻关、专题研究、分步分级评审"工作模式，坚持设计全过程优化，严把设计质量关；以设备为关键，坚持把安全可靠放在首要位置、从设计源头抓设备质量、严格过程控制和试验验证的指导思想；以建设为基础，采用专业化和属地化相结合的管理模式，大力推动工程管理规范化和科学化，开展施工管理创新和技术创新。以工程项目管理方法组织创新活动，以里程碑计划统领全局，在科研攻关、工程设计、设备研制、建设运行各环节建立针对性工作机制，采用专家指导检查、设计监理、设备监造、试验监督、工程监理等方式强化全过程监督，实现了对这一世界级重大创新活动的有效管控。

4. 工程社会价值

特高压交流输电促进设备制造业发展进步。特高压成套输电设备的研制成功，改变了中国在电气设备制造领域长期从发达国家"引进技术、消化吸收"的发展模式，带动电工装备制造业实现了弯道超车。作为世界领先的输电技术之一，特高压交流输电技术促进了基础研究和创新能力的提升，推动了电力电子、新材料等高端装备制造发展进步，同时通过全面反哺推动了超高压系统技术和设备的改造升级。

特高压交流输电助力打赢污染防治攻坚战。在东部地区建设特高压交流电网，提升电网安全稳定水平和接纳区外大规模电力馈入能力，对于支撑西部能源基地大规模开发和消纳、满足负荷快速增长需求、破解土地资源和环境约束、助力打赢污染防治攻坚战具有重要意义。

特高压交流输电拉动相关产业链发展。特高压交流输电带动了上下游产业链发展，推动了产业基础高级化、产业链现代化。特高压产业链包括电源、电工装备、用能设备、原材料等，环环相扣，带动力强。尤其是作为新基建内容之一，特高压交流输电涉及大批输配电零部件，如变压器、开关、电容器、避雷器、换流阀等，再加上与之相对应的大量原材料，社会投资规模巨大，是拉动经济增长的一把利器。

三、工程启示

面对国家发展的迫切需要，面对特高压交流输电之初"无标准、无设备、无经验"的窘境，中国全面攻克了特高压交流输电技术难关，建成了举世瞩目的超级工程。

1. 成功关键因素

1）科学论证达成广泛共识

在这一创新战略的形成和推动中，中国坚持了全面、科学、广泛、民主论证和决策的原则，社会各界达成广泛共识，认为中国发展特高压交流输电十分必要、技术可行、非常紧迫。电力、机械等相关行业的科研、设计、制造等单位联合全面开展特高压交流输电研究论证，国家发展改革委、中国工程院、国务院发展研究中心、中国电机工程学会、中国机械工业联合会等单位同步开展了专项论证，有力推动了特高压交流输电的发展。

2）创新联合体发挥巨大合力

国家电网有限公司打破常规输变电工程多主体分阶段负责的管理模式。用户主导创新全过程在最大程度上充分发挥国家电网有限公司在电力技术研发和工程建设运行方面的整体优势，打破上下游技术壁垒，加强同行技术交流合作，协同攻关关键共性技术，充分调动创新链各利益相关方的积极性，充分集中国内外的优势资源和力量，弥补各单位独立研究开发普遍面临的创新能力不足困难，通过开放式创新凝聚资源、集中智慧，形成巨大的创新合力。

3）遵循规律是技术创新的重要保证

国家电网有限公司组织开展了国外特高压研究情况调研，开展了中国超高压电网建设运行经验的全面总结和发展特高压输电的全面论证，提出了"科学论证、示范先行、自主创新、扎实推进"的总体原则和"科研为先导、设计为龙头、设备为关键、建设为基础"的工作方针，确定了"基础研究—工程设计—设备研制—试验验证—系统集成—工程示范"的技术路线，形成了一整套遵循技术创新规律的总体工作思路和各环节工作方法，这是特高压输电自主创新成功的重要保证。

4）应用为导向是成功的基本经验

打破先行科技攻关、再推动科技成果转化的常规模式，在工程整体目标统领下，直接以工程需求为中心组织科技攻关、以科技攻关成果支撑工程建设，运用工程项目的系统管理方法组织创新，有利于保证创新各环节、各方面、各要素特别是各阶段的紧密衔接，保证创新资源和力量投入，彻底解决"资金短缺""创新孤岛""成果转化""首台首套设备使用"问题。依托工程，以应用为导向，是特高压输电领域高效实现从理论研究到工程实践突破的基本经验。

2. 工程哲学启示

从工程哲学的系统思维的角度看，特高压交流输电工程印证了人造工程系统的高度复杂性与整体性特征。其规划和设计始终贯彻系统性原则，通过多维度协同优化保障工程整体的可靠性与稳定性。作为系统工程方法论在电力领域的典型实践，特高压交流输电工程应用和发展了系统工程方法，由土木、电气、信息等不同专业的人员，通过模块化集成与接口标准化设计，将具有不同功能的发电、输电、变电、配电设备和设施有机地组成为一个电网整体。这些特高压交流输电工程的子系统都有其特定的角色和功能，同时又受到整个系统的影响和制约，整体和部分之间存在着紧密的联系和相互作用。同时，数字孪生、工业互联网等新一代信息技术的深度应用，推动了系统工程方法论从传统物理集成向"物理－信息－智能"三元融合的跃迁，使特高压交流输电工程具备了动态演化与自适应优化的新型系统属性。

3. 工程立国思考

特高压交流输电工程启动之初，中国电力技术和电工装备制造长期处于跟随西方发达国家的被动局面。技术、标准和设备建立在引进、消化、吸收基础上，创新基础薄弱，关键环节受制于人。通过特高压交流输电工程自主创新，中国电力科技和输变电设备制造产业实现了全面升级和跨越式发展，在国际高压输电领域实现了"中国创造"和"中国引领"。中国电力科技水平和创新能力显著提升，电工基础研究水平迈上新台阶，在特高压交流输电领域形成技术优势，国际话语权和影响力大幅提升；中国输变电设备制造企业实现了产业升级，研发设计、生产装备、质量控制、试验检测能力达到国际领先水平，形成核心竞争力，不仅取代了跨国公司在国内市场的主导地位，而且全面进军国际市场，特高压交流输电工程业绩已成为中国特高压交流主设备制造企业打开国际市场的金色名片。

4. 未来发展指导

"十四五"时期，中国经济发展的主要目标之一是"能源资源配置更加合理、利用效率大幅提高，主要污染物排放总量持续减少，生态环境持续改善，生态安全屏障更加牢固，城乡人居环境明显改善"。截至2024年，中国已全面建成以特高压为骨干网架的"西电东送"主通道，形成各级电网协调发展的坚强电网。未来将通过应用先进的特高压输电技术，推动更大范围的能源优化配置，保障能源安全，实现能源可持续发展。

参考文献

[1] 孙昕. 用户主导的特高压输电工程创新管理. 中国电力企业管理, 2014(23): 96-97.
[2] 韩先才, 孙昕, 陈海波, 等. 中国特高压交流输电工程技术发展综述. 中国电机工程学报, 2020, 40(14): 4371-4386.
[3] 特高压交流输电关键技术、成套设备及工程应用. 高科技与产业化, 2021, 27(6): 15.
[4] 梁言桥, 吴庆华, 盛晶晶. 我国特高压输电技术实现从"跟跑"到"领跑"的跨越. 中国勘察设计, 2021(S1): 19-21.

世界近现代
超级工程排行榜（下）

±800 千伏特高压直流输电工程群

102 ±800千伏特高压直流输电工程群

全　　称 ±800千伏特高压直流输电工程群，简称特高压直流输电

外文名称 ±800kV Ultra-high Voltage Direct Current Transmission Project

±800千伏特高压直流输电工程群，是中国首创的、具有自主知识产权的重大能源技术，确立了中国在高压直流输电领域的国际领先地位，有机协调了中国东中部地区经济发展和生态环境的需求，对于中国资源优化配置、国家能源安全保障、经济社会低碳发展和实施"一带一路"倡议以及推动世界电网技术发展具有特别重大的意义。

±800千伏特高压直流输电工程群，于2004年启动科研攻关，试验阶段的"三直"工程包括云南—广东、向家坝—上海、锦屏—苏南，建设时间为2007～2012年。第一轮的"三直"工程包括糯扎渡—广东、哈密南—郑州、溪洛渡—浙江金华，建设时间为2011～2015年。第二轮建设的"八直"工程包括宁东—浙江、酒泉—湖南、晋北—南京、锡盟—泰州、上海庙—山东、滇西北—广东、鲁固—青州、扎鲁特—青州，建设时间为2014～2019年。第一轮重启的"六直"工程包括乌德东—广东广西、青海—河南、陕北—武汉、雅中—江西、白鹤滩—江苏、白鹤滩—浙江，建设时间为2018～2022年[1]。2022年1月，国家能源局提出了"十四五"期间为配套水风光等能源基地，将规划建设"三交九直"12条特高压通道。其中，

世界近现代
超级工程排行榜（下）

九条已明确的直流线路分别是金上—湖北、陇东—山东、哈密—重庆、宁夏—湖南、藏东南—粤港澳、甘肃—浙江、陕西—河南、陕西—安徽、蒙西—京津冀。

±800千伏特高压直流输电工程群，自2012年以来，总投资额已超过4000亿元。每年的投资比例各不相同。例如，2012年投资额为473亿元，2014年投资额为237亿元，2015年达到最高峰，投资额为1528亿元。随后的2016年投资额为221亿元，2018年投资额为468亿元，2019年投资额为429亿元，2020年投资额为307亿元，而2021年的投资额为293亿元[2]。

±800千伏特高压直流输电工程群，是由国家发展改革委核准，由国家电网有限公司、中国南方电网有限责任公司、中国西电集团有限公司等单位依托科研项目所完成的重大能源工程。该工程由国家电网有限公司和中国南方电网有限责任公司负责建设管理，并由中国能源建设集团有限公司和中国电力建设集团有限公司相关单位承担工程设计和施工工作。参建单位涵盖了我国能源电力领域的科研规划、勘测设计、建设施工等各方面的优势力量[3]。

±800千伏特高压直流输电工程群，是中国首创的远距离、大容量、低损耗的现代输电技术，它能够实现大规模能源的高效传输，有效满足我国经济高速发展的电力需求，并改变我国能源开发利用模式，保障经济社会健康快速发展。这项技术被国际社会公认为我国在能源电力领域的重大创新，是世界电力工业发展史上的重要里程碑，实现了中国创造和中国引领。它对于加快我国能源转型升级，促进"一带一路"建设具有特别重大的意义。

一、工程背景

在我国经济高速发展的21世纪初，电力需求呈现出长期持续增长的趋势，平均每9~10年全社会用电量就会翻一番。与此同时，我国的能源资源和电力负荷分布极不均衡，80%以上的能源资源分布在西部和北部，而70%以上的电力消费则集中在东中部。为了解决这一矛盾，实施大规模电能输送成为我国能源发展的重大战略。随着金沙江下游向家坝、溪洛渡等大型水电站的开发，金沙江下游四座梯级水电站（乌东德、白鹤滩、溪洛渡和向家坝）的总装机容量接近4000万千瓦，输电距离也由1000千米延伸至2000千米[4]。为了更好地满足国家能源战略的需求，发展大容量、高效率、更远距离的输电技术成为迫切需要科技创新的重要方向。为此，我国首次在世界上提出发展特高压直流输电技术。这项技术的每回输送容量可达500万~1000万千瓦，输电距离超过2000千米，具有技术先进和经济优势十分突出的特点。它的成功应用将有助于我国更好地实施能源战略，促进经济的可持续发展。

2004年，国家电网有限公司提出研发±800千伏特高压直流输电技术，并组织国内外160多家单位，包括科研机构、高校和设备制造企业，共同开展特高压直流输电技术的科研攻关。此举标志着特高压直流输电正式进入科研攻关阶段。在国家科技支撑计划、973计划、国家自然科学基金的大力支持下，经过长达6年的艰苦研究和反复验证，2010年，向家坝—上海±800千伏特高压直流输电示范工程在中国首次成功投入商业运行。这一工程将西南地区的水电集群电力直接输送到上海，多年来创造了巨大的经济效益。2022年1月，中共中央政治局举行了第三十六次集体学习，明确提出要加大力度规划建设以大型风光电基地为基础、以其周边清洁高效先进节能的煤电为支撑、以稳定安全可靠的特高压输变电线路为载体的新能源供给消纳体系[5]。这为特高压工程发展找准了定位。

二、工程价值

1. 工程主要成果

±800千伏特高压直流输电工程群成功研制出世界首批±800千伏特高压直流输电成套装备，并实现了产业化，建立了全球首个特高压直流技术体系。这一创新成果获得了114项发明专利授权，并出版了32部相关著作。同时，它还形成了96项国际标准、国家标准和行业标准。值得一提的是，"特高压±800千伏直流输电工程"项目荣获了国家科学技术进步奖特等奖。

此外，云南—广东±800千伏直流输电示范工程、500千伏鲁西背靠背换流站工程以及滇西北—广东±800千伏特高压直流输电工程等项目都展现了卓越的品质和精湛的工艺。这些工程在设计和施工过程中充分体现了我国在特高压直流输电领域的领先地位和实力。其中，云南—广东±800千伏直流输电示范工程是世界上第一个±800千伏特高压多端柔性直流输电工程，创造了多项世界第一。滇西北—广东±800千伏特高压直流输电工程则是落实国务院大气污染防治行动计划的重点输电通道之一。这些工程为我国能源结构优化和区域协调发展作出了重要贡献。

2. 工程主要技术

±800千伏特高压直流输电工程群是一项技术要求非常高的工程项目，其成功实施得益于一系列技术的突破与创新。以下是一些主要的技术突破。

首先，该工程创新性地采用了电磁环境控制技术。通过使用新型的直流滤波器和低噪声设备等，实现了对电磁环境的精确调控，从而减少了项目对周围环境和生态的影响。

其次，该工程成功地应用了大规模现场组装技术。这种技术的应用显著缩短了工期，提高了工程效率，并且可以在高海拔环境下实现制造工艺的控制。这种技术的应用在全球范围内也是首次，为高压直流输电工程的发展开辟了新的道路。

最后，该工程还采用了智能电网技术。通过利用数字化、自动化、信息化的手段，实现了对电网的全面监测、控制、保护和管理，从而提高了电网的可靠性、稳定性和安全性。

3. 工程管理创新

在±800千伏特高压直流输电工程群的施工过程中，采用了"试点先行、样板引路"的创优管理法。这一方法在特高压交流试验示范工程的管理过程中得到了广泛推行。项目管理团队多次组织专家对现场情况进行详细分析，明确各项科研成果的应用范围，并据此确定在成果应用中应遵循的具体技术原则。

为了提升工程建设的效率和质量，还开展了内容丰富的培训和知识分享活动。这些活动包括组织内部培训、召开技术研讨会、派遣专业人员出国学习和交流等。这些活动不仅提高了工程建设人员的专业水平，还增强了团队合作精神。

在质量管理方面，引入了全面质量管理（TQM）体系，将质量管理的理念贯穿到工程建设的每一个环节。同时，还引入了第三方质量检测机构，对工程建设的质量进行全面监控和评估。这样，就可以确保整个工程的质量达到最高标准。

4. 工程科学价值

±800千伏特高压直流输电工程群拥有重要的工程价值，其中包括优化能源配置、保障电力供应、推动经济增长、促进绿色发展和引领技术创新等。

首先，这些工程能够实现远距离、大规模的电力输送，极大地帮助优化能源配置，并为保障电力供应提供强有力的支持。其次，这些工程不仅可以直接拉动经济增长，还可以推动绿色发展，引领技术创新。

在工程建设过程中，面临着诸多困难和挑战，如铁塔多位于山腰或山顶、工程物资运输困难、施工作业面狭窄、气候变化快等。为了高质量地完成工程建设任务，构建了高效的建设管理体系，并投入了最大的资源和决心。这种勇于克服困难的精神和决心也是±800千伏特高压直流输电工程群的重要价值之一。

5. 工程社会价值

±800千伏特高压直流输电工程群成功建设且运行稳定可靠，已经成为中国能源输送的重要支柱。对于南方电网来说，其经济社会效益尤为显著。云南—广东±800千伏直流输电示范工程输送功率约占广州市最高负荷的31%，至2016年底，云南—广东±800千伏直流输电示范工程累计输送了西部清洁水电1607亿千瓦时，为市场创造了701亿元的销售额，并带来了19亿元的新增利润。同时，至2016年底，该工程还减少了珠江三角洲地区0.64亿吨的标准煤消耗，帮助减排二氧化碳1.37亿吨。

这些工程促进了东西部资源的优化配置，为东部地区的能源供给需求和西部地区的社会经济发展提供了强有力的支持。它们不仅加强了中国能源结构的优化调整，还对节能减排、改善环境质量、促进中国经济社会可持续发展起到了积极的推动作用。

6. 工程生态价值

在生态价值方面，±800千伏特高压直流输电工程群推动了能源的清洁利用，发展特高压直流输电是实现清洁能源大规模开发和送出，提高清洁能源利用率，助力污染防治攻坚战的重要举措。通过大规模集中开发风电、光伏，并采用特高压直流输电方式将其送出，可以减少二氧化碳排放，成为今后提高中国新能源消费占比的重要途径。

此外，±800千伏特高压直流输电工程群还节约了宝贵的土地资源。通过充分利用西部、北部价值较低的土地资源建设能源基地，将原本在东中部经济发达、人口稠密地区的高价值土地资源置换出来，实现了低价值土地与高价值土地的置换。这样的土地利用方式不仅可以提高能源供应的可持续性和清洁性，也为东中部地区的经济发展提供了更多的土地资源。

7. 工程文化价值

±800千伏特高压直流输电工程群不仅仅是一个技术项目，更是一项科技事业。通过自主研发和技术创新，中国在特高压直流输电领域已经站在了世界的前列，这充分展示了中华民族的创新精神和求知欲望。这一成就的背后，也蕴含着精神的传承，让我们感受到中华民族的奋斗精神和创业精神。这种精神对于推动我国未来的发展具有重要的意义，也是我们不断前进的动力源泉。

三、工程启示

1. 成功关键因素

±800 千伏特高压直流输电工程群的建设和运行，充分展示了解决社会发展主要矛盾的方法，以及发挥我国的制度优势的重要作用。

首先，能源转型是推动社会发展的动力。特高压直流输电技术的成功研发与工程的成功建设，解决了我国能源资源与负荷中心逆向分布的问题，为我国经济高速发展下的能源转型提供了必经之路。同时，这也是以一流电网创新能力支撑创新型国家建设的最佳实践，以及绿色低碳美丽中国建设的时代选择。

其次，国家支持是 ±800 千伏特高压直流输电工程群成功的关键。自 2006 年第一条特高压直流输电工程开工建设以来，特高压直流输电工程建设不断在输变电工程领域创造了多项世界第一。特高压直流输电的成功，彰显了国家政策支持与电网人大胆探索创新相结合产生的强大生命力。强有力的国家政策支持和社会各界的积极配合，是超级工程成功的决定因素，多行业多领域的协同攻关则是工程成功的有力支撑。

最后，科技创新是 ±800 千伏特高压直流输电工程群成功的保障。自 2004 年提出以来，特高压直流输电依靠自主创新，经过深入研究和充分论证，攻克了电力、机械、制造、材料、建筑等各行业难题，形成了具有自主知识产权的标准体系。多年对直流技术的充分总结和吸收，以及不断地自主探索和创新，有效保障了世界上第一项 ±800 千伏特高压直流输电工程的建成和后续工程的成功应用。

2. 工程哲学启示

±800 千伏特高压直流输电工程群强调了工程项目的复杂性、工程实体的本体特性、演化性质以及必要的方法论。

工程的设计和实施依赖于广泛的电力工程知识，包括电气工程、电力系统分析、材料科学等。这反映了工程认识论中对跨学科知识的需求。工程师需要综合不同领域的知识，以理解和解决复杂的电力系统问题。这个工程项目的目标之一是提高电力传输效率，减少能源损耗，从而降低运营成本。这突显了工程价值论中社会和经济价值的重要性。工程师需要综合考虑不同利益相关者的需求，以确保项目最大化其价值。

工程涉及复杂的电力系统实体，包括高压变流器、输电线路、互感器等。工程本体论强调了工程实体的存在和特性。工程师必须深入了解电力系统的本质和相互关系，以确保系统的可靠性和稳定性。这个工程项目通常经历多个阶段，包括规划、设计、建设、调试和运行阶段。这突显了工程项目的演化性质。工程师需要在不同阶段灵活应对各种问题，以适应新的挑战和变化的需求。工程采用了一系列高级工程方法，如电力系统模拟、输电线路设计、稳定性分析等，这表明工程项目需要明确的方法和流程，以确保系统的有效实施和运行。

3. 工程立国思考

±800千伏特高压直流输电工程群的成功建设，实现了我国能源开发的西移和北移，将能源开发利用范围延伸至2000千米圈，构建了西部、北部能源开发集群与东部、南部能源消费中心的能源传输大通道，为国民经济的平稳健康发展提供了坚实保障。未来，中国经济仍将保持积极增长态势，对能源的需求将持续旺盛。为此，新疆、青海等地正在打造国家级综合能源基地和清洁能源示范省，西南水电开发也正在加速推进。根据预测，到2030年我国西南水电装机容量将达到2.6亿千瓦、年发电量1万亿千瓦时。加快西部北部能源基地、西南大型水电的建设和外送，将成为推动西部经济发展、确保国内经济稳定增长的新引擎。在"十四五"期间，7条特高压直流工程将纳入国家规划，进一步带动西部能源开发、满足东部能源需求，为促进我国经济社会平稳健康发展提供强有力的能源支撑。

4. 未来发展指导

特高压直流输电技术是中国解决能源资源与电力负荷逆向分布问题，实施西电东送战略和电力跨区域大范围输送的核心科技，创下了37项世界级关键技术，是世界电力工业发展史上的重要里程碑。随着全球能源互联网构想的逐步深化和落实，特高压直流输电技术将成为建设大型能源基地超远距离、超大容量电力外送和跨国、跨洲骨干通道的关键。

面对全球能源安全、环境污染和气候变化的严峻挑战，中国提出了发展全球能源互联网的倡议，旨在统筹全球能源资源的开发、配置和利用，实施清洁能源替代和电能替代。为了满足全球能源互联网的需求，发展输送距离更远、输电容量更大、输电效率更高的特高压直流输电技术成为必然趋势。

参考文献

[1] 张洪梅, 张崇洋, 邵国栋, 等. ±800kV 特高压直流输电工程建设关键技术研究及境外应用. 安装, 2022(S1): 42-43.

[2] ±800kV 特高压直流输电工程. 高科技与产业化, 2021, 27(6): 30-31.

[3] 谢永涛, 李希哲, 傅康, 等. ±800kV 特高压直流输电工程技术. 西北水电, 2019(2): 70-74.

[4] 王聪. ±800 千伏特高压直流输电工程群建设关键技术及国际应用. 济南: 中国电建集团山东电力建设第一工程有限公司, 2022.

[5] 赵功展. 特高压直流输电工程关键技术应用分析. 企业技术开发, 2014, 33(32): 121-122.

世界近现代
超级工程排行榜(下)

上海中心大厦

103 上海中心大厦

全　　称 上海中心大厦

外文名称 Shanghai Tower

　　上海中心大厦，高耸于上海市陆家嘴金融贸易区的中心，地址是银城中路501号。作为中国第一、世界第三高的超高层建筑，它刷新了中国超高层建筑的物理与技术制高点，已然成为上海这座国际化大都市的新地标，充分展示了上海市在全球的影响力。

　　上海中心大厦，于2008年11月29日开始建设，历经多年的精心打造，终于在2016年3月12日完成了建筑总体的施工[1]。

　　上海中心大厦，这座巍峨的建筑主要包括办公、酒店、商业和观光等公共设施。主楼共有地上127层，建筑高度达到632米，地下则有5层；裙楼部分共有7层，其中地上5层，地下2层，建筑高度为38米；总建筑面积约为57.8万平方米，其中地上总面积约41万平方米，地下总面积约16.8万平方米，占地面积为30368平方米。从开工到基本完成总投资约148亿元[2]。

　　上海中心大厦，由上海城投（集团）有限公司、上海陆家嘴金融贸易区开发股份有限公司以及上海建工集团股份有限公司共同出资成立，注册资本为86亿元[3]。

　　上海中心大厦，多年来在推进科技创新、完善城市区域功能以及丰富城市空间等方面成为中国乃至世界建筑领域的标杆。它综合运用了各个领域的尖端技术，对于强化金融产业功能、聚集金融财富起到了前所未有的推动作用。上海市也在世界上发挥着更为重要的影响力。

世界近现代
超级工程排行榜（下）

一、工程背景

在 1993 年 12 月，上海市政府为了规划陆家嘴中心区，正式批复了《上海陆家嘴中心区规划设计方案》，特别选定了小陆家嘴中心区的规划，其中预计建造三座超高层建筑。上海中心大厦位于上海市 Z3-2 地块，该地块与《上海陆家嘴中心区规划设计方案》中规划的其他两座超高层建筑一同构成了该地区的视觉焦点[4]。

在 2005 年 8 月，上海市领导在城市规划建设调研期间，首次提出要启动第三幢超高层建筑的设计与建设工作。随后，在 2006 年 6 月召开的上海市政府专题会议上，正式决定启动 Z3-2 地块的建筑设计与研究工作。经过多方面的评估与甄选，Gensler 建筑设计事务所的"龙型"方案脱颖而出，入围了最终的候选名单。在此基础上，上海中心大厦的细部深化设计以"龙型"方案为蓝本，由同济大学建筑设计研究院（集团）有限公司完成了施工图的出图工作。最后，上海建工集团股份有限公司负责了整个项目的建设工作。在建设过程中，上海中心大厦的设计与施工团队克服了各种技术难题和工程挑战，成功地完成了这项壮丽的工程。如今，上海中心大厦不仅是上海的地标性建筑之一，也是中国乃至全球建筑界的重要里程碑之一[5]。

2007 年 11 月 21 日，上海陆家嘴金融贸易区开发股份有限公司发布公告称，公司拟与上海市城市建设投资开发总公司（以下简称上海城投）和上海建工集团股份有限公司合资组建项目公司，共同开发 Z3-2 地块。同年 12 月，项目公司正式成立，并由上海城投委派项目公司负责人。12 月中旬，相关各方在上海城投召开"Z3-2 地块规划研究成果专家评审会"，开始对设计方案进行评审[6]。

2008 年 11 月，上海中心大厦开始进行施工。经过多年的精心打造，2016 年 3 月，上海中心大厦完成了建筑总体的施工。同年 4 月 27 日，上海中心大厦举行了建设者荣誉墙揭幕仪式，并宣布将分阶段试运营，首批裙房和地下室对外开放。在 12 月 22 日，上海市气象局与上海中心大厦建设发展有限公司在上海中心大厦的塔冠进行了首次气象预警信号发布测试，并在大屏幕上展示了"寒潮蓝色预警"的蓝底白字。这一举措标志着上海中心大厦在为市民提供气象预警信息方面迈出了重要一步。

从 2017 年 1 月 1 日起，上海中心大厦开始在 632 米高的塔冠大屏幕上发布覆盖上海市中心城区的气象预警信息。这一举措为市民提供了更为准确、及时的气象预警信息，为城市应对气候变化和保障公共安全作出了积极贡献。同年 4 月 26 日，上海中心大厦的第 118 层"上海之巅"观光厅正式对外开放，为游客提供了俯瞰上海市区的绝佳视角。这一新观光景点的开放不仅丰富了市民的文化生活，也进一步提升了上海作为国际化大都市的旅游吸引力[7]。

二、工程价值

1. 工程主要成果

上海中心大厦已经获得了世界高层建筑与都市人居学会的"2016世界最佳高层建筑奖"以及国际桥梁与结构工程协会的"杰出结构奖"等多项大奖。此外，上海中心大厦的相关技术和成果还被纳入20余部国家、行业、省级规范标准中。

2. 工程主要技术

上海中心大厦作为全球首栋将绿色理念融入建筑实践的超高层建筑实例，其在绿色建筑技术创新领域取得了多项重大突破。以下是几项重要技术的详细介绍。

（1）首次采用了电涡流调谐质量阻尼器。这是由中国自主研发的创新技术，电涡流调谐质量阻尼器位于大厦的125层，被誉为"上海慧眼"。它由配重物和吊索构成，形成一个巨大的复摆，重达1000吨，约占大厦总质量的0.118%。这种阻尼器可以显著降低风致峰值加速度，降低幅度超过43%，从而提升大厦内90%的人的舒适度感受。

（2）采用了涡轮式风力发电技术。这种技术利用垂直轴转子的涡轮发电机，风翅被设计成涡轮状，具有优秀的聚风效果和低回转力。导流装置引导聚集的风能驱动风翅的转动，大大提高了风能的利用率和发电效率，同时也降低了对其他资源的需求。

（3）采用了雨水再利用技术。这个技术涵盖了雨水的收集、储存、净化和利用四个环节，确保了雨水能够根据清洁程度分层次地用于大厦的不同区域。特别是收集过程中的"弃流"和储存前的"截污"环节，对降低水处理设施的运行负荷有着显著的影响，从而提高了雨水的利用效率。

（4）应用了地源热泵技术。这种技术利用地下浅层和深层的大地能量作为热源和冷源，然后通过热泵机组向建筑物供冷供热。地源热泵的热源温度全年较为稳定，制冷、制热系数可达3.5～4.4，比传统的空气源热泵高出40%左右。其运行费用仅为普通中央空调的50%～60%。

（5）采用了热回收和智能照明节电系统。通过回收楼内积聚的热空气，采用热泵型热水加热器为酒店提供生产生活热水。每个办公人员桌面上都安装有一个光度感应器，能够自动调整桌面上灯具的功率。此外，大厦还在每个电梯厅和卫生间区域安装了存在感应器，如果长时间没有人，它会把灯自动调暗，可以节能30%～40%。

3. 工程管理创新

上海中心大厦工程在建设管理方面取得了许多创新成果。

（1）采用数字化施工管理系统。将 BIM 技术应用于工程设计和施工管理。通过 BIM，实现施工过程的可视化、智能化和精细化，提高了施工质量和效率。

（2）利用物联网技术和传感器技术，对施工现场进行实时监控和智能化管理。通过采集施工现场的数据，利用云计算等技术进行数据分析，实现对施工进度的精确控制和优化。

（3）采用信息化协同管理。通过采用信息化协同管理平台，实现设计、施工、监理等各方的信息共享和协同作业，提高了各方的协作效率和管理水平。

4. 工程科学价值

上海中心大厦工程在科学领域内展现了其深远的价值。首先，它实现了管理、经济、科技、生态以及社会等多重意义的平衡，为城市社会价值体系带来了整体收益。其次，在经济发展层面上，上海中心大厦的建成使得陆家嘴乃至整个上海市的金融区域职能更加完善。项目的经济推动作用不仅体现在自身带来的经济效益或为资本扩张提供的动力上，更重要的是其可作为上海融入卓越全球城市计划的重大步骤。

5. 工程社会价值

上海中心大厦在回馈城市方面的"物质价值"正不断显现，且具有更大的上升空间。科技创新为这座超高层建筑的建设提供了持续的动力。面对建设周期长、影响因素复杂、技术难点众多的挑战，工程技术人员在绿色技术创新、消防技术创新以及电梯工程创新等领域取得了许多重大突破。这些创新不仅确保了上海中心大厦的顺利竣工，更为国内外在建或即将建设的超高层建筑提供了宝贵的经验。

6. 工程生态价值

上海中心大厦的建设目标，是打造世界最高的绿色建筑。为此，上海中心大厦实施了一系列可持续发展战略，以实现与生态环境的和谐共处。在建筑外形设计、幕墙系统设计、微气候环境设计、立体交通设计、空调系统设计以及非传统水源利用等方面，上海中心大厦都进行了生态化创新。这些创新措施有效地避免了超高层建筑常见的能源消耗量大、对城市微气候环境产生不良影响等问题。上海中心大厦的建设充分贯彻了"人文关怀、节资高效、智能便捷"的生态目标，为未来的绿色建筑树立了典范。

7. 工程文化价值

作为陆家嘴核心区超高层建筑群的最后一项工程，上海中心大厦已成为上海金融服务业的重要载体。此外，这座大楼也是一座集办公、酒店、会展、商业、观光等功能于一体的垂直城市综合体，在优化陆家嘴地区整体规划、完善城市空间、提升上海金融中心综合配套功能、促进现代服务业集聚等方面发挥了重要的作用。同时，上海中心大厦与周边的金茂大厦、上海环球金融中心共同组成了"品"字形关系的建筑群，构成了陆家嘴金融商业贸易区新的天际线。

三、工程启示

1. 成功关键因素

（1）目标明确，志向高远。上海中心大厦在建设之初就承载了代表上海这座城市的未来的深远意义，这些因素为这一超级工程的建设奠定了坚实的基础。

（2）严格把控设计关。上海中心大厦的设计征集与评审工作历经两年的时间，共有9家国内外知名的设计事务所参与其中。方案的评选经过了一轮又一轮的考核，才确定了最终的设计方案。

（3）精细化管理贯穿施工全过程。超高层建筑的施工管理与技术难点必须依托于完善的施工管理体系才能得到有效保障。

2. 工程哲学启示

从工程哲学层面来看，上海中心大厦的成功给我们的哲学启示主要有以下几个方面。

首先，上海中心大厦体现了工程认识论中的系统观念。这种观念强调整体性和综合性，强调各部分之间的有机联系和相互作用。在大厦的建造过程中，工程师充分考虑了整体性原则，将建筑视为一个复杂的系统工程，涉及风力工程、地震工程、结构分析等多个领域和学科。通过从整体角度出发进行设计和施工，工程师确保了大厦具备合理的结构，并妥善处理了各部分之间的相互联系和作用。

其次，上海中心大厦注重长期可持续发展。在追求建设过程中的经济效益的同时，工程师也充分考虑了社会效益和环境效益。这种平衡发展策略体现了工程价值论中要考虑社会和环境价值的重要性。通过采用绿色建筑技术和创新设计方案，上海中心大厦在实现现代化城市形象的同时，为环境保护和可持续发展作出了积极贡献。

最后，上海中心大厦也展示了工程方法论的重要性。在设计和施工过程中，工程师采用了结构分析、材料测试、风洞试验等一系列高级工程方法，以确保建筑的稳定性和可靠性。这些方法的应用不仅为工程师提供了有效的工具和手段，也为我们认识和解决复杂工程问题提供了思路和方法论指导。

3. 工程立国思考

上海中心大厦是一项具有重要历史意义的工程项目，它的建设是在中国改革开放的背景下进行的，是上海市和国家发展的一个重要战略举措，也充分考虑了其对于国家和民族发展的影响和意义。首先，它是上海市和国家形象的重要代表之一。该工程的建设可以提升上海市的整体形象和品质，增强我国在国际上的影响力和竞争力。其次，通过它可以带动相关产业的发展，为国家经济带来新的增长点。最后，大厦的建设不仅提升了我国的科技水平和管理能力，也为国家的现代化进程提供了强有力的支持。

4. 未来发展指导

上海中心大厦作为一座超高层建筑，为未来摩天大楼的建造提供了以下重要指导。

（1）结构设计是建造摩天大楼的关键所在。在考虑建筑的高度、形态以及建筑材料、施工工艺等因素时，必须进行全面、系统、深入的考虑。结构设计不仅关乎建筑物的稳定性，也直接影响其使用寿命和安全性。因此，优秀的结构设计是建造摩天大楼的基础和前提。

（2）绿色环保是未来建筑行业的重要趋势。随着人们对环境保护意识的提高，新建的摩天大楼将更加注重节能、减排、绿化等因素。上海中心大厦在设计过程中就充分考虑了绿色建筑的原则，展现出绿色建筑的独特魅力，成为环保建筑的典范。

（3）智能化管理是当前建筑行业的发展趋势。未来的摩天大楼建造将更加注重智能化管理技术的应用。上海中心大厦在智能化管理方面进行了积极探索和实践，为未来的摩天大楼建造提供了重要的参考和借鉴。

（4）安全始终是建筑行业的首要考虑因素。未来的摩天大楼建造也不例外。上海中心大厦在设计和施工过程中，注重风险管理，提前预测和应对可能出现的各种风险，确保了工程的安全性。这种严谨的态度和科学的规划为未来的摩天大楼建造树立了安全标杆。

（5）建筑业作为碳排放大户，推动"双碳"目标实现是其重要责任。上海中心大厦作为超高层绿色建筑，通过设计和施工实践，为"双碳"目标的实现作出了积极贡献。我们需要进一步研究绿色建筑案例，探讨绿色建筑对实现"双碳"目标的深远影响，从而推动建筑行业向更加环保、可持续的方向发展。

参考文献

[1] 王枫. 发挥资产优势构建"三个中心". 华东经济管理, 1996(4): 17-19.
[2] 夏林, 钱大勋, 罗武, 等. 上海中心大厦. 智能建筑电气技术, 2020, 14(4): 9-13.
[3] 朱文博. BIM 技术在上海中心大厦中的传承与创新. 建筑科技, 2020, 4(4): 71-72.
[4] 范宏武. 上海中心大厦生态宜居环境营建理论与实践. 园林, 2021, 38(1): 29-35.
[5] 陈俊儒, 吕西林. 上海中心大厦脉动风荷载模拟研究. 力学季刊, 2010, 31(1): 92-100.
[6] 丁洁民, 巢斯, 赵昕, 等. 上海中心大厦结构分析中若干关键问题. 建筑结构学报, 2010, 31(6): 122-131.
[7] 陈继良, 张东升. BIM 相关技术在上海中心大厦的应用. 建筑技艺, 2011(Z1): 104-107.

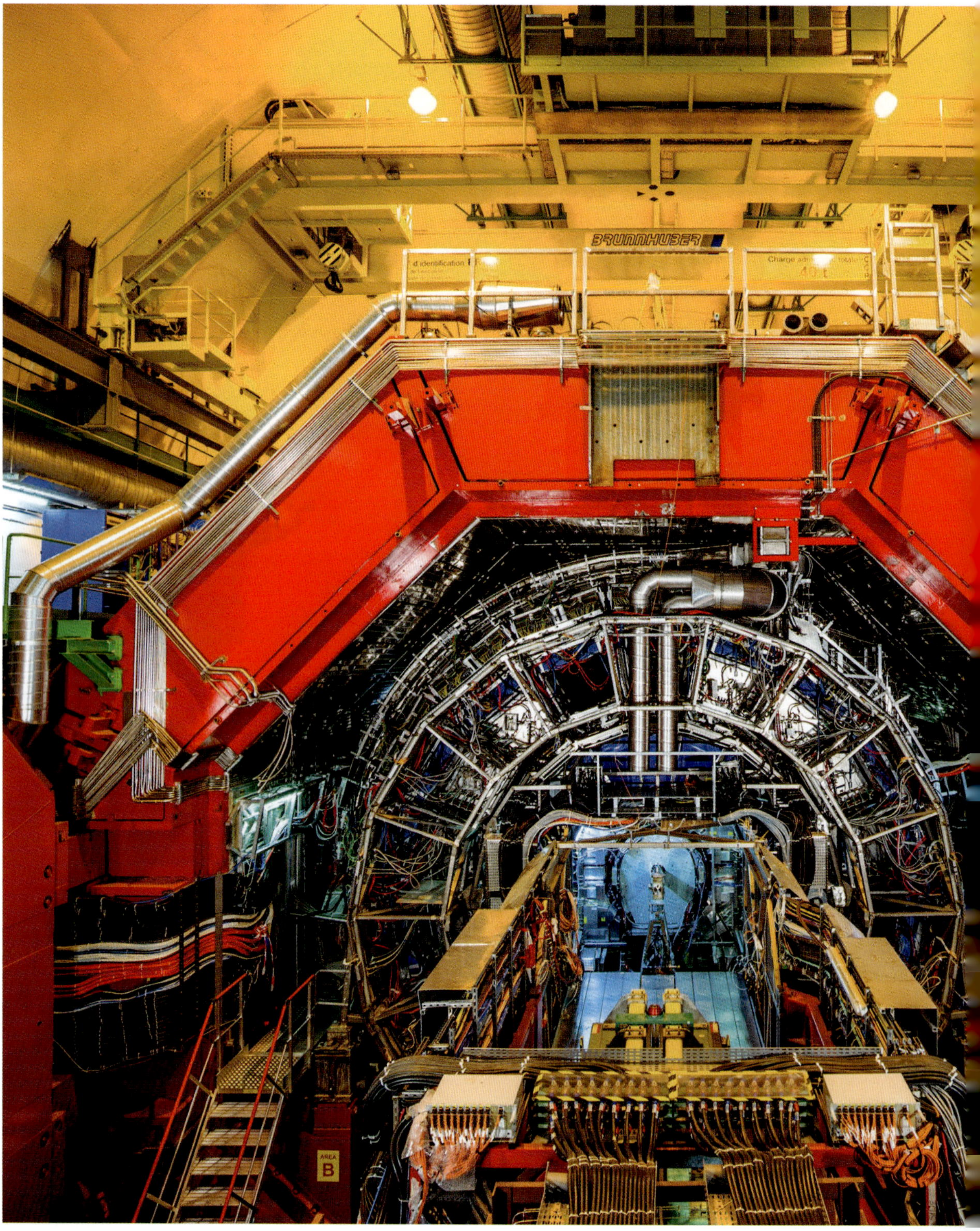

世界近现代
超级工程排行榜（下）

大型强子对撞机

104 大型强子对撞机

全　　称 大型强子对撞机
外文名称 Large Hadron Collider

大型强子对撞机[1]，是粒子物理科学家为了探索新的粒子和微观量化粒子的"新物理"机制，建造的质子加速对撞的高能物理设备，是世界上最大、能量最高的粒子加速器，仅制冷分配系统的八分之一规模就称得上是世界上最大的制冷机。

大型强子对撞机，由欧洲核子研究中心（CERN）的科学家于1984年提出项目构想，1994年，在欧洲核子研究中心立项，项目建设地址位于日内瓦附近瑞士和法国交界处，用于研究高能物理学。2003年，项目开工建设。2008年9月10日项目建成并启动试运行，成功产生了第一个粒子束。

大型强子对撞机，初始建造经费是26亿瑞士法郎，实验经费是2.1亿瑞士法郎。2001年，增加4.8亿瑞士法郎建造加速器和0.5亿瑞士法郎用于研究实验。然而，由于CERN年度预算的缩减，大型强子对撞机项目完工日期由2005年延后到2007年，以使用更多年度预算来支付，如增加的1.8亿瑞士法郎制造超导磁铁、建设放置紧凑型缪子螺线管探测器（compact muon solenoid，CMS）探测器的地下洞穴。最终建造费用累计80亿美元。

大型强子对撞机，坐落于瑞士和法国交界的侏罗山地下100米深处、总长27.35千米（含环形隧道）的隧道内，内部总共有9300个磁体，由欧洲20个国家联手发起和来自80多个国家的7000名科学家和工程师共同建造。

世界近现代
超级工程排行榜（下）

大型强子对撞机项目建成后数千位科学家经过漫长的实验，分析了百万亿次的粒子碰撞实验数据，最终在2012年发现了希格斯粒子的存在，其被称为21世纪最伟大的发现之一。大型强子对撞机除了是世界上最著名的物理实验室之一，还是一处重要的"观光胜地"。2013～2022年，欧洲核子研究中心通过公众参观计划，用32种语言接待了超过45000次参观，让100多万名游客了解世界上最大的物理实验室的运行模式。

一、工程背景

热大爆炸宇宙学认为早期宇宙处于超高能、超高温状态，例如，在夸克-胶子等离子体阶段，温度高达$1×10^{15}$，粒子的平均能量达$1×10^{12}$电子伏特，科学家借助高能粒子对撞再现宇宙大爆炸。对撞机是一种粒子加速器，它将两个相对的粒子束聚集在一起，使粒子发生碰撞。在粒子物理学中，对撞机虽然建造起来比较困难，但却是一种强大的研究工具，因为通过高能碰撞产生的物质在很短的时间内就会衰变，几乎不可能以其他方式进行研究。

在大型强子对撞机运行之前，美国费米实验室的质子-反质子对撞机，是世界上能量最高的加速器，将质子和反质子分别加速，在它们的能量各自达到万亿电子伏时，使接近光速飞行的质子和反质子发生对撞，能够把质子撞碎。1995年，费米实验室宣布发现了顶夸克，至此，3对夸克均已经被发现。对撞机加速器能量越高，实验所对应的宇宙大爆炸时间就越早，所以为了探索更早期的宇宙状态和更高能标的物理现象，科学家仍需要建造更大型的强子对撞机，使质子在$1.4×10^{13}$电子伏特能量下对撞，质子中的基本粒子的对撞能量能达到几万亿电子伏特。大型强子对撞机是全世界粒子物理学家翘首以盼的巨型实验设备[2]。"强子"本指"参与强力作用的粒子"，包括重子和介子，原子核内的粒子，如质子、中子，都属于强子，它们是在20世纪40年代末和50年代初的宇宙射线实验中被发现的[3]。在大型强子对撞机中，"强子"指的就是质子，大型强子对撞机把反向运动的两束质子分别加速，加速环长度为27千米，最终达到每秒转11000圈的速度，达到了光速的99%，再让它们对撞。

二、工程价值

1. 工程主要成果

大型强子对撞机获得过荣誉。恩格勒特和希格斯因在大型强子对撞机上发现希格斯玻色子而获得2013年诺贝尔物理学奖。2013年，大型强子对撞机的建造和维护团队获得了英国皇家学会的"法拉第奖",以表彰他们在粒子物理学领域作出的杰出贡献。这些奖项和荣誉充分肯定了大型强子对撞机在粒子物理学领域的重要性和价值。

2. 工程主要技术

(1) 光束管束流/磁场控制技术。束流控制系统通过强大的磁场来控制和聚焦质子束,确保它们在环形的轨道中稳定加速,并监测和控制质子束的状态和质量。为了利用地壳提供的背景屏蔽辐射,大型强子对撞机位于圆形隧道内,隧道在地下50～175米处。大型强子对撞机隧道包含两个相邻的平行光束线(或光束管),每个光束线包含一个光束,该光束绕环沿相反方向行进,光束在环周围的四个点处相交使粒子碰撞。为了保持光束在圆形路径上运行、聚焦,并在交叉处相互作用,总共安装了约10000个超导磁体,磁体工作温度需要保持在1.9开。

(2) 大型强子对撞机粒子探测器技术。在大型强子对撞机交叉点挖掘的大型洞穴中建造了九个探测器。其中,ATLAS和CMS,是两个大型通用粒子探测器。大型离子对撞实验(a large ion collider experiment,ALICE)和LHC底夸克实验(large hadron collider beauty experiment,LHCb)则承担着更为专业的任务,分别专注于重离子碰撞和B物理的研究。而其他五个探测器——全截面弹性散射探测器(total elastic and diffractive cross section measurement,TOTEM)、单极子及奇异离子探测器(monopole and exotics detector at the LHC,MoEDAL)、大型强子对撞机前向实验(large hadron collider forward,LHCf)、散射和中微子探测器(scattering and neutrino detector,SND)和前向搜索实验(forward search experiment,FASER),规模要小得多,用于执行非常专业化的研究任务。

(3) 运行数据计算和分析技术。大型强子对撞机及其相关模拟产生的数据每年约为200拍字节。处理大型强子对撞机实验产生的大量数据依赖于计算机网络基础设施,通过专用光纤和公共互联网将数据从CERN传输到世界各地的学术机构,用于模拟粒子如何在束管中传播,校准磁铁以获得环中光束最稳定的"轨道"。

(4) 大型强子对撞机运行操作技术。由于磁铁和光束中存储的能量,大型强子对撞机的尺寸构成了一项特殊的工程挑战,并带来了独特的操作问题。运行时,磁铁中存储的总能量为10吉焦(2400千克TNT,TNT表示2,4,6-三硝基甲苯),两根光束携带的总能量达到724兆焦(173千克TNT)。仅损失光束的百万分之一就足以淬灭超导磁体,而两个束流收集器中的每一个都必须吸收362兆焦(87千克TNT)。

（5）大型超导磁体训练技术。高质子能量需要高电流，而大型超导磁体需要大量的磁体训练才能处理所涉及的高电流而不失去其超导能力。"训练"过程涉及以较低电流反复运行磁体，以引发可能产生的任何失超或微小运动，随着时间的推移和训练，磁铁逐渐能够处理其全部计划电流而不会失超。

3. 工程科学价值

（1）粒子物理学家利用质子碰撞后的产物探索物理现象。大型强子对撞机将两束质子分别加速到 1.4×10^{13} 电子伏特的极高能量状态，并使之对撞，其能量状态可与宇宙大爆炸后不久的状态相比，用于寻找标准模型预言的希格斯玻色子，探索超对称、额外维等超出标准模型的新物理。

（2）大型强子对撞机装置助力探索宇宙本质和物质本源。小到微观粒子——探索物质本源，大到宇宙现象——探索宇宙本质，都可以通过大型强子对撞机进行实验研究。人们对客观世界如此广泛的研究，在这里汇合起来，对大小两个宇宙的认识，在这里融会贯通。

（3）对撞实验证实了希格斯玻色子的存在。"标准模型"是微观现象的物理学基本理论，它被用于解释物质世界的基本构成及其相互作用。这个理论认为，希格斯玻色子是"质量之源"。其他粒子只有通过和希格斯玻色子相互作用，才能产生质量，接着有了引力，最终形成宇宙和生命。从 20 世纪 60 年代"标准模型"被提出，到 2012 年希格斯玻色子被捕获，花费了 50 年左右的时间。在这半个世纪里，立下汗马功劳的，除了粒子科学家，还有造价接近百亿美元的高能粒子加速器。

4. 工程社会价值

在建造大型实验装置的过程中，科学家获得了改善人们生活的许多科研成果。例如，互联网最初是欧洲核子研究中心的科学家为了解决数据传输问题而发明的。另外，大型强子对撞机还将带来一些意想不到的科研成果，譬如改进癌症治疗、摧毁核废料的方法以及帮助科学家研究气候变化等。现有的放射疗法可能会在杀死癌细胞的同时伤害周围的健康组织，而大型强子对撞机产生的高能粒子束能够将这种伤害降到最低，因为它们能够穿过健康组织，只对肿瘤发挥作用。一些气象学家表示，如果发现高能粒子束促成了云的形成，人们将来可以通过控制宇宙射线来改变气候。

5. 工程文化价值

大型强子对撞机获得了科学界以外的广泛关注，为小说、电视剧、视频游戏和电影等作品提供了灵感。丹·布朗的小说《天使与魔鬼》描绘了利用大型强子对撞机制造的反物质，作为对抗梵蒂冈的武器；罗伯特·J. 索耶（Robert J. Sawyer）的小说《FlashForward》讲述了在大型强子对撞机中寻找希格斯玻色子的故事。截至 2022 年，CERN 员工凯瑟琳·麦卡尔平（Katherine McAlpine）的 "*Large Hadron Rap*"（大型强子说唱）优酷观看次数超过 800 万次。国家地理频道的纪录片《世界上最艰难的修复》第 6 集"原子粉碎机"聚焦 2008 年大型强子对撞机失超事故后的修复工程，完整呈现了超导磁体更换的艰巨过程，同时系统阐释了这台巨型粒子加速器的运行机制、工程挑战。值得一提的是，该大型强子对撞机还曾是 2012 年科幻电影《衰变》的核心叙事场景，影片全程在 CERN 的维护隧道内取景拍摄，进一步拓展了公众对这个大科学装置的认知维度。

三、工程启示

1. 成功关键因素

（1）高精度的探测器技术为实验提供了可靠的数据来源。大型强子对撞机中的探测器需要高精度地测量粒子的位置、能量和动量等参数，需要探测器技术的不断改进和升级。

（2）先进的加速器技术使得实验能够获得更高的能量和更强的碰撞。大型强子对撞机采用了先进的加速器技术，包括超导磁体、高能电子束注入等，确保了质子束的加速和聚焦。

（3）强大的超级计算机技术确保了实验分析的准确性和可靠性。大型强子对撞机需要处理大量的数据和模拟实验结果，超级计算机技术为大型强子对撞机提供了强大的计算和数据处理能力。

（4）跨学科的合作和创新共同推动了大型强子对撞机的发展和进步。大型强子对撞机的成功得益于全球范围内的跨学科合作和创新，需要来自不同领域的研究人员和技术人员共同协作。

（5）科学家的探索精神使得大型强子对撞机成为当今世界最重要的科学实验装置之一。大型强子对撞机的成功离不开科学家的探索精神和创新思维，正是这些科学家的不断探索和尝试，才使得大型强子对撞机成为一个卓越的科学实验装置，其为人类探索宇宙和粒子物理学的发展作出了重要贡献。

2. 工程哲学启示

（1）大型强子对撞机体现了工程哲学方法论中探索和创新、实验和观察的思想。首先，大型强子对撞机是科学家为了探索新的粒子和微观量化粒子的"新物理"机制而设计的，它的建造和运行需要高精度的工程技术、计算机技术、电子学技术以及深厚的物理学理论知识的支撑；其次，大型强子对撞机的运作需要全球的科学家和工程师合作，进行大量的实验并依托全球数据计算中心处理数据，通过实验结果来验证理论，改进模型，进而进行更深入的探索。

（2）大型强子对撞机体现了工程哲学价值论中人类福祉和社会责任的思想。全世界的科学家和工程师协力合作，通过大型强子对撞机实验装置为人类提供了新的科学数据，发现了许多新的粒子，推动了人类的科学知识库和科学技术的发展，为人类的福祉和社会发展作出了重要贡献。

3. 工程立国思考

大型强子对撞机是世界上最大的粒子加速器，它能够提供高能量、高强度的粒子碰撞，帮助科学家研究基本粒子的性质和相互作用，有助于推动粒子物理学和宇宙学的发展，探索宇宙的起源和演化。其建设和运行过程中涉及加速器设计、数据处理和分析等方面的科技创新，对于推动科技发展、提高国家的科技竞争力具有重要意义。

4. 未来发展指导

诸多未解开的物理谜团或新物理现象，需要通过更大型强子对撞机进行实验验证。精准测量"标准模型"的核心——希格斯玻色子，被认为是寻找新物理的最佳突破口。然而大型强子对撞机在多次升级的情况下，最大对撞能量只有 1.4×10^{13} 电子伏特，仍不能满足精确测量希格斯玻色子的需求。为了提高希格斯玻色子测量精度，需要产生 1.0×10^{14} 电子伏特能量的设备。因此，科学家提出了建造更大型强子对撞机计划，其可在极高精度下对希格斯玻色子进行测量，并专门用于产生大量的"上帝粒子"，进而深入探究其性质。

参考文献

[1] 高杰. 高能粒子对撞机加速器物理与设计. 上海: 上海交通大学出版社, 2020.
[2] 王贻芳. 从 BEPC 到 CEPC. 现代物理知识, 2018, 30(5): 41-45.
[3] 丘成桐, 史蒂夫·纳迪斯. 从万里长城到巨型对撞机: 中国探索宇宙最深层奥秘的前景. 北京: 电子工业出版社, 2016.

世界近现代
超级工程排行榜（下）

京沪高铁北京段

105 京沪高铁

全　　称 京沪高速铁路，简称京沪高铁，又名京沪客运专线

外文名称 Beijing-Shanghai High-speed Railway

京沪高铁，是一条连接中国首都北京市与经济中心上海市的高速铁路，从北京南站至上海虹桥站，全长1318千米，设24个车站，设计的最高速度为380千米/时，是2016年《中长期铁路网规划》中"八纵八横"高速铁路主通道之一。整体工程获国家科学技术进步奖特等奖[1]。

京沪高铁，其设想始于1990年12月，铁道部完成"京沪高速铁路线路方案构想报告"，1994年12月国务院批准开展京沪高铁预可行性研究。2001年国家计委和国土资源部联合颁发《关于预留京沪高速铁路建设用地的通知》，要求沿线地方政府预留京沪高铁建设用地。2006年2月，国务院第126次常务会议批准京沪高铁立项，并决定成立京沪高铁建设领导小组。2008年4月18日，京沪高铁开工典礼举行，国务院总理温家宝出席，京沪高铁全线开工。2011年6月30日，京沪高铁举行首发仪式，国务院总理温家宝出席并乘坐首发列车。

京沪高铁，与既有京沪铁路大体平行，正线全长1318千米，较既有京沪铁路缩短约145千米，途经中国的华北地区和华东地区，两端连接中国社会经济发展最活跃的地区：京津冀和长江三角洲两个经济区域。总投资约2209亿元，投资主体为由中国铁路建设投资公司、平安资产管理有限责任公司、全国社会保障基金理事会[2]及各省投资平台公司共同发起的京沪高速铁路股份有限公司。

京沪高铁由原铁道部策划，设计者为铁道第三勘察设计院集团有限公司、中铁第四勘察设计院集团有限公司、中国铁道科学研究院、中铁大桥勘测设计院集团有限公司等，施工方包括中铁大桥局集团有限公司、中铁十二局集团有限公司、中国水利水电建设集团公司等。

京沪高铁建成后不仅缩短了北京和上海之间的旅行时间，也连接了沿途城市，极大地促进了沿途城市之间的交流和合作，加快了中国东部地区的经济一体化，促进了区域经济的快速发展。同时，京沪高铁作为国内最主要的高速铁路之一，不仅用于商务出行，也加快了旅游业的发展，为中国经济的稳步增长作出了重要的贡献。

一、工程背景

清朝时期，中国的铁路建设开始起步。1876 年，淞沪铁路通车，这是中国第一条铁路。随后，清政府开始大量修建铁路，包括京张铁路、京奉铁路等。这些铁路的建设不仅促进了经济发展，也提高了交通运输效率。民国时期，中国的铁路建设继续发展。这一时期，中国开始大量引进西方技术和设备，建设了多条重要的铁路线路，如平绥铁路、浙赣铁路等。

新中国成立后，中国的铁路建设进入了一个全新的阶段。政府开始大力推动铁路建设，提出了"四纵四横"的铁路建设规划，包括成昆铁路、青藏铁路等。这些铁路的建设对于中国的经济发展和民族团结起到了重要的推动作用。

中国高铁的发展并不是一蹴而就的。20 世纪 80 年代，中国旅客列车平均速度仅为 48 千米/时[3]，从铁路大提速到后来的高铁建设高潮期，中国高铁经历了几十年持续而艰辛的规划研究、技术攻关和建设实践。作为当时世界上一次建成线路最长、技术标准最高的高速铁路，京沪高铁的设计建设面临艰巨的技术难题。早在 20 世纪 90 年代，京沪高铁的研究和勘测设计工作就已经逐步开展。2008 年 4 月 18 日，京沪高铁正式开工建设。从 1990 年到 2008 年，京沪高铁经历了近 20 年的反复论证、研究和勘测。通过技术转让的方式，吸收了国外先进技术，并在此基础上进行消化吸收再创新，形成具有自主知识产权的技术，京沪高铁引领中国高铁从"追赶"驶向"领跑"。

考虑到铁路周边居民的通行安全，京沪高铁 80% 都是高架桥梁，既满足了高标准技术条件的需要，也满足了人性化的需求[4]。同时为了防止京沪高铁开通后对周边环境造成噪声污染，很多沿线城市设立的新站点都距离市区原站点 10 千米以上，甚至更远。在建设的过程中，铁轨都采用一次性铺设无缝线路，消除了过去的"咯噔"声。此外铁路沿线还加装了消声器，铺设减振垫，设置全新声屏障。在高铁经过市区的路段时，用特别坚固的声屏障严密组成类似于隧道的隔音罩，降低噪声对附近居民的影响。

二、工程价值

1. 工程主要成果

京沪高铁是当时全世界一次建成、线路最长、标准最高的高速铁路，其艰巨性、复杂性、特殊性史无前例。京沪高铁建设中建立并完善了具有自主知识产权、国际竞争力强的时速 350 千米及以上中国高速铁路技术体系，获得发明专利 53 项、实用新型专利 116 项、外观设计专利 5 项、软件著作权 8 项、国家级工法 9 项，专著 14 部，论文 235 篇。

京沪高铁整体工程获国家科学技术进步奖特等奖、中国土木工程詹天佑奖。其中，京沪高铁工程四标段获得中国建设工程鲁班奖（国家优质工程）、济南西站工程获得国家优质工程奖，南京大胜关长江大桥荣获国际桥梁大会设立的乔治·理查德森大奖。京沪高铁建设中发展的"高速铁路用高强高导接触网导线关键技术及应用"项目获国家科学技术进步奖二等奖。

2. 工程主要技术

创新开发了复杂工程环境下的高速铁路工程建造技术。通过技术创新，建设者破解了高速铁路深水大跨复杂桥梁建造、超长高架桥上无砟轨道无缝线路建造、大型综合交通枢纽建造、复杂地质地基处理与沉降控制、大张力接触网材料及综合枢纽集成等一系列技术难题，形成了中国时速 350 千米高速铁路建造技术标准体系，实现了高平顺性、高稳定性的目标要求。

创新开发了系列高速铁路复杂结构桥梁建造技术。京沪高铁桥梁占线路长度的 80%，桥梁建设是工程建设的关键，也是建设的亮点。建设者设计施工了包括桁架钢梁、系杆拱桥、道岔梁、空间框构等多种桥型结构，研究解决了在温度场、风场环境下车辆、线路、桥梁之间的关系问题以及高速状态下结构变形问题等，使用了大量新结构、新材料、新工艺，极大地丰富了高速铁路桥梁结构类型，关键工程南京大胜关长江大桥研发使用了 Q420qE 新型桥梁钢和 HRB500 高强钢筋[5]。京沪高铁的建成，健全和完善了中国高速铁路复杂结构桥梁建造技术体系。

3. 工程管理创新

京沪高铁建立了多位一体的协同攻关创新机制。该机制以政府为主导，以企业为主体，集科研、设计、制造、施工、运营于一体。依托该机制，京沪高铁着力推进原始创新、集成创新和引进消化吸收再创新等创新方式。在国家有关部委 600 余项科技项目和企业 1000 余项科技项目的支撑下，京沪高铁工程取得了一系列重大技术创新成果，构建了中国自主知识产权的高速铁路技术体系，该体系以《高速铁路设计规范》（TB 10621—2014）、《时速 350 公里中国标准动车组暂行技术条件》（TJ/CL 342—2014）和《铁路技术管理规程》（TG/ 01—2014）为核心，涵盖 149 项建设技术标准、22 项技术规范、768 项产品技术标准以及运营维护等方面的系列技术标准，实现了中国高速铁路技术和产业发展的重大创新。

京沪高铁提出了工期、质量、环保、投资、安全、稳定"六位一体"的目标控制体系。系统形成了以管理制度、人员配备、现场管理、过程控制标准化为基本内涵，以技术、管理、作业标准和流程管理为基本依据，以机械化、工厂化、专业化、信息化为支撑手段的标准化管理体系，确保了技术标准高、系统复杂的国内大规模高速铁路工程科学有序、优质高效地建设。

4. 工程社会价值

京沪高铁引领"一带一路"建设新格局。通过京沪高铁的成功经验和技术输出，中国加快欧亚高铁网建设"一体化"进程，使得畅游欧亚不是梦。在高铁建设技术的基础上，我国研制开发的纯中国基因的复兴号 CR400 系列动车组投入运营，积极拓展高铁工程＋高铁车辆国际市场。根据市场需求，设计研制具有国际竞争力的工程＋车辆成套技术和产品，加速推进"一带一路"高铁网建设，前景广阔，意义重大。在千帆竞发、百舸争流的世界大舞台上，中国高铁一路高歌猛进，造福世界人民。

5. 工程文化价值

京沪高铁不仅仅代表着中国高铁创新发展的激情与速度，更代表着中国铁路在新时代奋勇当先的坚强决心，在全面建设社会主义现代化国家、推动经济高质量发展的关键时期，京沪高铁作为国家重大基础设施，始终服务于国家战略，为构建新发展格局提供有力支撑。

三、工程启示

京沪高铁不管是在经济社会发展、科技创新,还是在工程管理创新方面都具有重要意义,都具有引领性的战略地位。其主要成功因素包括构建系统的组织保障体系、全面的工程管理体系以及突破性的技术创新体系,并深度契合经济社会发展需求等。

1. 成功关键因素

1) 政府充分发挥引导和保障作用,为京沪高铁工程创新提供有力支撑

京沪高铁是现代高新技术的系统集成,其技术体系十分复杂。在中国高铁研发的过程中,面临着很多市场失灵问题,如尖端核心技术的来源和掌握、基础性技术研发的引导性投入、技术成果外溢及产权保护,同时,高铁建设运营系统的规划、路网建设以及投资运营收益所面临的一系列不确定性,也影响研发投入信心,这都需要政府用看得见的手发挥协调引导和保障作用。

首先,政府制定了《中长期铁路网规划》,提出高速铁路发展的宏伟蓝图,同时确定装备制造研制技术的基本原则,这使高铁建设、运营及技术体系构建的参与者明确高速铁路和装备技术的发展方向、目标和实现路径。其次,充分发挥社会主义制度能够集中力量办大事的优势,政府通过战略引导、策略制定,统筹协调中国国家铁路集团有限公司、设计单位、施工单位及科研院校在高铁技术发展中的职能和作用,增强高铁发展政策的制定和执行效率以及针对性和有效性,保证高铁技术的成功引进消化吸收和全面的自主创新。最后,政府为高铁技术研发提供有力的资金保障。在发展的各个时期,政府科技部门和行业管理部门都以科技立项形式对高铁重点技术研发给予大力支持。特别是进入技术创新期以后,科技部设置了一系列科技计划并进行大规模的资金投入,资助高铁关键技术和关键基础理论的产学研合作开发。

2) 中国铁路客运市场巨大的需求是保证高铁技术创新的原动力

随着经济发展水平不断提高,城市化快速推进,我国铁路客运需求大幅度上升。高铁速度快、运量大、准点率高、舒适性强,与城市公共交通衔接便利,是客运体系的重要新生力量。截至2023年,中国"四纵四横"高铁网络已经建成,并覆盖大部分的地级市,高铁运营管理水平和服务质量也在不断提高,高铁已经成为国人出行首选的交通方式,高铁运输需求增长强劲。而且,铁路作为实体网络产业还带动了沿线经济发展,高铁发展所带来的人流、物流、资金流、信息流的交流互通,对促进沿线土地增值、产业结构优化升级、旅游业发展都发挥着重要作用,推动了区域、城乡协调发展和生态文明建设。按照

《"十四五"现代综合交通运输体系发展规划》，2025年，中国高铁将扩展至5万千米，路网规模进一步完善，客流将持续增长，铁路客运市场巨大的需求将为中国高速列车不断创新提供持续性动力。

3) 产学研用紧密配合的开放创新体系提高了技术创新的效率

在高速铁路研发过程中，各主体发挥自身优势构建了政府、产业、高校、研究院所、用户紧密配合的、高效的开放创新体系。在计划经济体制时期，在铁道部的主导下，中国建立起了具有鲜明铁路行业背景和特色的铁道工程与车辆产学研用体系，这一体系由30多家机车车辆工厂、5家研究院所和11所铁道部直属高校构成。多年来，这些产学研机构在业务上与作为主要用户的铁路部门保持高度紧密的合作关系。这种以用户为中心、产学研紧密合作的铁路工程与车辆技术开发体系，为京沪高铁的创新提供了产学研合作的基础和保障。

2. 工程哲学启示

（1）京沪高铁"以人为本"的理念，体现了工程哲学中对人的主体性的认识和尊重。首先，京沪高铁在设计、建设、运营等各个环节都充分考虑了人的需求和体验。例如，高铁的座椅设计、车厢布局、便捷的购票和乘车流程等，都是为了提供更加舒适、便捷的服务，满足人们的需求。这种以人的需求为导向的设计理念，体现了工程哲学中"以人为本"的思想。"以人为本"的理念还体现在京沪高铁对于环保和可持续发展的追求上。高铁的建设和运营需要消耗大量的资源和能源，但京沪高铁在建设和运营中注重环保和可持续发展，采用了许多先进的技术和设备，以减少对环境的影响。这种对环保和可持续发展的追求，也是从人的长远利益出发考虑的，体现了"以人为本"的理念。

（2）京沪高铁在运行中注重安全、快速和舒适的特点，也是从人的角度出发考虑的。人们对于交通工具的需求不仅仅是快速到达目的地，还要在旅途中享受到舒适和安全的服务。因此，京沪高铁在保证快速的同时，也注重了车辆的安全和舒适性，这也是"以人为本"的体现。

3. 工程立国思考

京沪高铁是中国的一项重要的交通基础设施工程，它的建设和运营对中国的经济建设和国家安全乃至国际地位都产生了深远影响。从经济建设的角度来看，京沪高铁的建设连接了中国最大的两个城市——北京和上海，充分缓解了京沪间运能紧张的情况，有效提高了商务往来的便捷性，促进了中国的经济发展。从国家安全的角度来看，京沪高铁建设沟通了中国京津冀和长江三角洲两个战略地区，加强了中国在这两个地区的战略投送能力。从国际地位的角度来看，京沪高铁的建设不仅奠定了中国在世界高速铁路建设与运营方面的领先地位，还通过向"一带一路"国家输出京沪高铁开发的先进技术，显著提高了中国的国际影响力。

4. 未来发展指导

1）交通设施建设是国家稳定发展的基础

交通设施，特别是高速铁路对于促进经济发展、提升国家竞争力具有重要作用。京沪高铁作为一项重要的基础交通工程，它的建成不仅为国家经济发展提供了重要的运输通道，而且在提高国家的战略地位方面也作出了积极的贡献。

2）工程建设中要注重经济和环境的协调发展

京沪高铁在建设和运营过程中，注重环保和安全，采取多项措施保护生态环境和生态安全，如使用双层车体设计减少噪声和振动、雨水回收利用、能源回收利用等。这些措施有效减少了环境污染和对自然生态的破坏。只有坚持绿色发展，守住生态底线，实现可持续发展，才能在未来不断承担更大的责任和使命。

参考文献

[1] 京沪高铁工程获国家科技进步特等奖. 焊接技术, 2016, 45(2): 93.
[2] 江帆. 800亿保险资金将投京沪高铁工程. 经济日报, 2006(12): 19.
[3] 张海涛. 沪宁高铁与京沪高铁建设对比分析. 上海铁道科技, 2010(4): 84-86.
[4] 张成华. 京沪高铁建设留下的宝贵财富. 铁道工程企业管理, 2011(1): 31-33.
[5] 唐钢精品HRB500高强钢筋成功应用于京沪高铁工程. 钢铁, 2010, 45(2): 18.

世界近现代
超级工程排行榜（下）

"大鹏昊"运输船

106 "大鹏昊"运输船

全　　称 "大鹏昊"运输船

外文名称 DAPENG SUN

"大鹏昊"运输船，是2008年中国第一艘完全自主设计、建造完成的大型液化天然气（LNG）运输船[1]，是当时世界上最大的薄膜型LNG船。

"大鹏昊"运输船，于2004年在上海开工建造，2008年4月3日交付使用。2008年5月2日，"大鹏昊"运输船圆满完成了它在澳大利亚—中国之间4345千米的LNG运输航线上的首航任务[1]。至2023年6月，"大鹏昊"运输船已安全运载了257船货物，累计交付约1670万吨LNG，占广东大鹏液化天然气有限公司接收站累计接卸量的近五分之一，是十分重要的LNG运力。

"大鹏昊"运输船，是为LNG运输制造的特殊船舶，其船坞周期为160天，船长292米、宽43.35米、型深26.25米，甲板面积相当于28个篮球场，总重量9800吨，服务航速约为36千米/时，可载货6.5万吨，船体承受40年抗疲劳期限，被誉为全球"长寿"巨轮之一[2]。该船专营澳大利亚西北大陆架至中国广东航线（单程6333千米），最大液化天然气装载量为14.721万立方米，汽化后约8.8亿立方米，可满足230万户家庭年用气。耗资高达1.6亿美元，相当于两架波音737-700飞机，被称为最昂贵的LNG运输船[3]。

"大鹏昊"运输船，由中国船舶工业集团有限公司第七〇八研究所设计，由招商局集团有限公司、中国远洋运输（集团）总公司和澳大利亚液化天然气有限公司等投资方共同投资，沪东中华造船（集团）有限公司承建，造船合同于 2004 年 8 月 11 日在北京签署。

"大鹏昊"运输船，自 2008 年交付使用后，推动了中国 LNG 运输船的迅猛发展，已成为现阶段缓解国家能源供需矛盾、优化能源结构的重要途径。它的成功建造是中国在 LNG 运输领域的一个重要里程碑，彰显了中国船舶工业的雄厚实力，标志着中国已跻身世界 LNG 船舶制造领域先进阵列，对于中国低碳经济发展具有重大意义。

一、工程背景

天然气是一种低碳高效的能源，也是重要的化工原料。伴随着国际油价上涨和环保压力的加大，LNG 已成为 21 世纪初缓解能源供需矛盾、优化能源结构的开发利用重点。2006 年 6 月，中国第一个液化天然气项目在深圳投产，就此开启了中国进口液化天然气的历史进程。根据中国的能源战略，未来我国将积极参与世界油气市场的开发和资源分享，从国外进口天然气是缓解我国能源紧缺状态的重要途径。从国外远距离、大批量进口天然气，需要通过海运。LNG 运输船以其建设周期短与价格灵活等特性，成为天然气进口的绝佳方式，直接关系到中国能源规划的顺利实施。

LNG 运输船是国际公认的高技术、高难度、高附加值的船舶，又称作"海上超级冷冻车"，把天然气冷却到 -163 摄氏度，使之成为液体，体积缩小到气态的 1/600，并在运输过程中保持这种低温。2008 年前，全球 LNG 运输船的建造市场几乎被日韩垄断，尤其是韩国的大宇造船海洋、三星重工与现代重工几乎垄断了全世界的 LNG 运输船的建造市场。日韩为了在 LNG 运输船的建造领域保持自己的绝对市场占有地位，对 LNG 运输船设计、建造等进行了严密的技术封锁。

中国主要通过海运从国外远距离、大批量进口天然气，LNG 运输船作为天然气供应链中的关键一环和重大装备，其研发尤为重要。中国进军 LNG 运输船市场相对较晚，技术研究也较晚，但发展迅速。沪东中华造船（集团）有限公司于 1998 年开始大型 LNG 运输船的研发，一方面借助"十五"国家科技攻关计划进行科技攻关，进行"液化天然气船关键技术研究"，另一方面选择与法国大西洋船厂合作，进行 LNG 运输船的设计建造。经过多方合作和共同努力，2008 年，中国首艘 LNG 运输船"大鹏昊"建成，运营良好，填补了我国船舶业在尖端技术领域的空白，实现了 LNG 运输船的"中国造"。"大鹏昊"运输船被视为 LNG 运输船国产化的"先锋"，不仅保障了粤港澳大湾区的能源供给稳定和绿色低碳经济发展，而且丰富了能源补给方式，在缓解能源紧缺，构建多能互补、安全保供的格局中发挥着重要作用。

二、工程价值

"大鹏昊"运输船作为中国船舶工业的杰出代表,为中国船舶工业的发展树立了新的标杆,其成功研发体现了中国海洋工程技术的创新与发展,以及中国船舶工业和海洋事业的强大实力和影响力。

1. 工程主要成果

"大鹏昊"运输船在设计、建造和技术创新方面的卓越表现,为中国船舶工业的发展作出了重要贡献。"大鹏昊"运输船获得了诸多奖项,2009年,获得中国航海学会颁发的"中国航海学会科学技术奖"特等奖;2011年,获得了国家能源科技进步奖一等奖;2012年,获得了"中国造船工程学会科学技术奖"一等奖;2021年,获得中国工业经济联合会颁发的"中国工业大奖表彰奖"。这些奖项的获得,充分证明了"大鹏昊"运输船在海洋工程装备和高技术船舶领域的领先地位以及在绿色船舶和船舶海工装备领域的创新性和引领性。

2. 工程主要技术

"大鹏昊"运输船是一种特殊的船舶,装载了-163摄氏度的液化天然气,在建造标准、工艺精度、材料选取等方面的要求非常严格,以避免发生泄漏和安全事故。"大鹏昊"运输船的技术难点主要在于其特殊货物围护系统、货物管理系统和双燃料主推动系统的建造和运行方面。

(1)特殊货物围护系统是"大鹏昊"运输船的核心部分,用于保护液化天然气不受外界环境的影响。该系统的建造难度在于需要保证系统的密封性和隔热性,以防止液化天然气迅速汽化并产生大量热量。此外,该系统还要能够承受海上的冲击和振动,以确保运输过程中的安全。"大鹏昊"运输船整个货物围护系统分四层,其中两层为绝缘箱。绝缘箱的主要材料为珍珠岩粉和木板,能够有效阻隔热量传递,确保货物在运输过程中的安全和稳定。珍珠岩粉要求密度在85%~92%范围内且不能吸水,而木板要经过蒸干、防潮处理,含水量不能超过8%,且整张木板中不得嵌入螺丝钉。货物围护系统中还加入了两层殷瓦钢板,这种钢板具有良好的低温性能和防腐性能,能够有效隔绝热量传递。沪东中华造船(集团)有限公司自主研发了保温瓶原理,为货舱设计了半米厚的隔热"内胆",它是一种含有36%镍的非常"娇贵"的材料,绝缘层内壁由0.7毫米厚度的殷瓦合金钢板一小块一小块拼接而成,全船焊缝长达120千米,其工艺相当精湛,要"天衣无缝",工人在焊接时不能有一滴汗水沾上去,否则,保温内壁就有可能出现生锈。

(2)高度自动化的货物管理系统是"大鹏昊"运输船的重要组成部分,用于监控和管理液化天然气的运输过程。该系统的建造难度在于需要实现对液化天然气的实时监测和控制,以确保其温度和压力保持在规定范围内。"大鹏昊"运输船采用货物管理系统,能够对货舱内的温度、压力、液位等参数进行实时监测和记录,同时还能够对货物进行计量和控制,确保LNG在运输过程中的安全和稳定,提高船舶的安全性和可靠性。

(3)双燃料主推动系统是"大鹏昊"运输船的先进机械系统,用于推动船舶前进。该系统的建造难度在于需要确保系统的可靠性和稳定性,以避免因机械故障等导致的事故。"大鹏昊"运输船的主推动系统是一套复杂的机械系统,主要包括发动机、传动装置、推进器等组成部分。"大鹏昊"运输船的发动机采用的是大型低速二冲程柴油机,具有较高的可靠性和稳定性,能够在恶劣的环境下长时间运行,这种柴油机的油耗和排放较低,有利于环保;传动装置主要包括离合器、齿轮箱、轴系等部件,能够将发动机的功率传递到推进器上,实现船舶的推进;推进器采用的是大型螺旋桨,能够产生较大的推力,推动船舶前进,螺旋桨还具有较高的效率和较低的噪声,能够保证船舶的舒适性和安全性。

3. 工程管理创新

"大鹏昊"运输船的成功投产,开创了大型LNG运输船建造"从无到有"的新局面。该船采用了创新管理的手段,建设之初,工程建设团队成立了专门技术管理小组,并建立了HSE安全管理体系,制定了相关措施,如焊工每天开始工作之前都要进行焊接试验,合格后再进入实际工作,甚至员工情绪不好,也不允许开始工作;进入货舱工作的员工,必须填写详细工作记录,便于复查等。通过安全生产和精细化管理,使得船舶建造过程中的各项安全标准得以明确和执行,有效地提高了建造的质量和安全性,为"大鹏昊"运输船的成功建造提供了保障,也为其他船舶建造提供了参考和借鉴。

4. 工程社会价值

"大鹏昊"运输船的成功研制,推动了中国在LNG运输技术和装备制造方面的进步,在经济、社会和环境等方面产生了广泛的辐射效益,对于全球的工程领域和经济发展也具有重要的意义。

(1)为中国经济发展提供了重要的支持。"大鹏昊"运输船的成功研制促进了中国造船业的发展,提高了中国造船技术的水平,推动了相关产业的发展,如机械制造业、电子信息技术等,进一步增强了中国的经济实力和中国船舶制造业的国际竞争力。

（2）为中国社会进步带来了积极的影响。"大鹏昊"运输船的成功研制为中国在海洋资源开发方面提供了重要的技术支持和保障，进一步提高了中国在海洋资源开发领域的地位和影响力，为中国科技创新提供了重要的借鉴和参考。

（3）对于环境保护和可持续发展具有重要的意义。"大鹏昊"运输船采用了先进的节能减排技术，有效降低了船舶的碳排放和能源消耗，减少对海洋生态环境的破坏和污染，对于推动全球绿色航运发展具有积极的作用。

三、工程启示

1. 成功关键因素

1）良好的市场环境和政策支持为"大鹏昊"运输船成功建造提供了重要保障

"大鹏昊"运输船的成功研发与当时的市场环境密切相关。随着中国能源需求的不断增长和LNG市场的扩大，LNG运输船的需求也日益增加。同时，政府积极推动能源结构的调整和清洁能源的发展，为LNG产业的快速发展提供了良好的市场环境。这种环境为"大鹏昊"运输船的研发提供了广阔的市场前景和应用空间。此外，政府通过制定相关的产业政策、技术创新政策和财政政策等，为船舶制造企业的技术研发和产业升级提供了有力的支持。这些政策为"大鹏昊"运输船的研发提供了资金、人才和资源等方面的支持，推动了其成功研发。

2）技术创新与合作交流为"大鹏昊"运输船的成功研发提供了重要支持

沪东中华造船（集团）有限公司通过自主创新和合作创新，采用产学研结合的方式，开展LNG海上储运装备关键研发技术攻关，在船舶设计、制造和配套等领域取得了多项突破，为构建LNG海上储运装备的研发、应用和服务体系奠定了基础，为国家LNG产业发展提供了技术支撑。在长达十余年的LNG船舶研发过程中，沪东中华造船（集团）有限公司积极开展了与国内外的合作交流：与国内高校、科研机构等合作，共同研发关键技术和解决方案；与国外先进企业进行合作交流，充分借鉴国外先进技术和经验，对欧、日、韩等国外船厂LNG运输船的技术进行跟踪学习、提炼，引进先进的设计理念和工程技术，学习国际上成功的研发经验和管理模式。不仅拓宽了企业的视野，提高了研发水平，还加快了研发进度，为"大鹏昊"运输船的成功研发提供了重要支持。

2. 工程哲学启示

"大鹏昊"运输船的建造过程是一个卓越的工程实践，采用了系统整体性思维方法，是工程哲学中的工程方法论的核心体现。"大鹏昊"运输船作为一艘装载超低温液化天然气的特殊船舶，各个系统的设计和优化都需要考虑整体系统的性能和功能，在设计阶段、建造阶段以及运行阶段的各个方面都建立起有效的协调配合机制，确保各个系统之间在功能、性能和安全性等方面达到最优的协同效果。例如，双燃料主推动系统的设计和优化同时考虑燃料系统和主推动系统之间的协调配合，确保了整体系统的效率和稳定性。这种系统整体性思维不仅提高了整个工程建设的效率和效果，还可以帮助我们更好地理解和解决工程活动中出现的复杂问题，对于推动工程的发展和提高工程的质量和性能具有重要意义。

3. 工程立国思考

"大鹏昊"运输船作为中国自主研发和建造的大型 LNG 运输船，是中国高端制造业发展的一个缩影，也是中国依靠工程立国的重要体现。

（1）"大鹏昊"运输船的成功研制彰显了中国在海洋工程领域的实力和水平。"大鹏昊"运输船采用了世界上最先进的工程技术，如保温瓶原理、殷瓦合金钢板等，使得船舶在能源消耗、排放和安全性能方面都达到了世界领先水平，展示了中国在海洋工程技术和大型运输船舶制造领域的实力。

（2）"大鹏昊"运输船的成功研制推动了中国船舶制造业和能源科技的发展。"大鹏昊"运输船的研制过程中涉及多个领域的科技创新，如船舶设计、发动机制造、液化天然气储存和运输等，体现了中国在船舶制造和相关技术领域的创新和自主研发能力。

（3）"大鹏昊"运输船的成功研制为中国海洋经济的发展提供了重要的支撑和保障。作为一艘 LNG 运输船，"大鹏昊"运输船不仅具备超强的运输能力，还具有较高的经济价值，它的研制和使用带动了我国船舶制造业和能源科技的发展，为中国海洋经济的发展提供了重要的支撑和保障。

4. 未来发展指导

"大鹏昊"运输船为中国海上 LNG 的运输建设奠定了基石，同样给未来 LNG 运输船的更新迭代提供了支撑，其成功研发的经验和做法为未来的工程建设和管理提供了借鉴和参考。

（1）未来船舶制造要依靠技术创新和自主研发。"大鹏昊"运输船是一个复杂的系统工程，采用了多项先进创新技术，这些技术的应用使得该船在安全性、可靠性和环保性方面都具有很高的标准，体现了中国在船舶制造和相关技术领域的自主研发能力。在未来的船舶制造中，应继续注重技术创新和自主研发，探索和开发更先进的船舶设计和制造技术，以提高船舶的性能和质量，满足不断变化的市场需求。

（2）未来船舶制造要关注环保和可持续发展，提高船舶的安全性和可靠性。"大鹏昊"运输船采用了环保和可持续发展的理念，在设计和建造过程中充分考虑了船舶的环境适应性，在安全性和可靠性方面具有很高的标准。在未来的船舶制造中，应注重环保和可持续发展，关注节能减排和环保技术的应用，注重提高船舶的安全性和可靠性，采用先进的安全防范措施和可靠性设计，以实现更环保和更可持续的船舶设计和制造。

参考文献

[1] 林琳,吕中正,方敏.大型LNG运输船驶向产业深海.人民日报,2023-08-17(007).
[2] 魏光华,肖红媛,朱晓华.中国首艘LNG运输船岸站试气及消耗气量计算.化工学报,2009,60(S1): 110-117.
[3] 宋冰."大鹏"展翅壮国威.人民日报(海外版),2008-04-11(015).

世界近现代
超级工程排行榜(下)

港珠澳大桥

港珠澳大桥

107　港珠澳大桥

全　　称　港珠澳大桥，原称伶仃洋大桥
外文名称　Hong Kong-Zhuhai-Macao Bridge

港珠澳大桥，是连接香港、珠海、澳门的超大型跨海通道，被英国《卫报》称为"现代世界七大奇迹"之一，是集桥、岛、隧于一体的超大型跨海通道，因超大的建设规模、空前的施工难度和顶尖的建造技术而闻名世界，被公认为是世界上最长的跨海大桥。

港珠澳大桥，全长55千米，其中主桥长29.6千米，海底隧道长6.75千米，"海中桥隧"长29.6千米，桥面为双向六车道高速公路，设计速度100千米/时，设计使用寿命120年。2009年12月15日动工建设，2018年10月24日港珠澳大桥公路及各口岸正式通车运营。

港珠澳大桥，总投资1269亿元，其中主体工程造价480亿元，分为四个建设主体：香港口岸和连接线工程；澳门口岸和连接线工程；珠海口岸和连接线工程；港珠澳大桥海中主体工程。从施工到建成验收历时8年，估算水泥用量达183.55万吨，钢材用量达123.35万吨，砂石用量2.2×10^7立方米。设计、勘察、施工、咨询、监理公司企业超过300家，1.4万多名施工人员、超过5000名科研人员参与了工程建设。

港珠澳大桥，最早提出者是香港建筑师胡应湘先生，他在1983年提出兴建连接香港与珠海的内伶仃洋大桥。最终决策者为国务院；牵头策划者为国家发展改革委，参与策划者为国务院港澳办、交通运输部、广东省政府、香港特别行政区政府、澳门特别行政区政府等。甲方单位为港珠澳大桥三地联合工作委员会，

世界近现代
超级工程排行榜（下）

管理单位为港珠澳大桥管理局[1]。

港珠澳大桥，是中国高速公路网中 G4 京港澳高速以及 G94 珠三角环线高速的部分路段，对于香港、澳门、珠海经济社会发展产生了重大的推动作用，使中国开发程度最高、经济活力最强的粤港澳大湾区在国家发展大局中发挥重要的战略引导作用，对落实"一国两制"和推动港澳经济发展发挥了重要的支撑作用。

一、工程背景

港珠澳大桥是中国的一座标志性建筑，这座大桥连接了香港、珠海和澳门，它不仅展示了中国的工程技术实力，也体现了中国政府对于区域合作和经济发展的高度重视。

20 世纪 80 年代初，香港、澳门与内地之间的陆地运输通道虽不断完善，但香港与珠江三角洲西岸地区的交通联系却因伶仃洋的阻隔而受到限制；1983 年，香港的建筑师胡应湘最早提出了建造内伶仃洋跨海通道方案。20 世纪 90 年代末，受亚洲金融危机影响，香港特别行政区政府认为有必要尽快建设连接港珠澳三地的跨海通道，以发挥港澳优势，寻找新的经济增长点。

然而，港珠澳大桥的建设面临着前所未有的挑战。这座大桥需要跨越伶仃洋，连接香港、珠海和澳门三个不同的地区，这需要解决许多技术难题和复杂的政治、经济和文化等方面的问题。在建设过程中，工程师需要解决的技术难题非常多，包括海洋环境、地震、台风等自然灾害的影响，以及如何确保桥梁的稳定性和安全性。

在港珠澳大桥的建设过程中，中国政府和工程师克服了各种困难和挑战，最终成功地建成了这座世界级的跨海大桥。这座大桥的建设不仅展示了中国工程的技术实力，也体现了中国政府对于区域合作和经济发展的高度重视。同时，这座大桥的建设也为中国未来的发展奠定了坚实的基础。

作为连接粤港澳三地的跨境大通道，港珠澳大桥在粤港澳大湾区建设中发挥了重要作用。它被视为粤港澳大湾区互联互通的"脊梁"，有效打通了粤港澳大湾区内部交通网络的"任督二脉"，从而促进人流、物流、资金流、技术流等创新要素的高效流动和配置，推动粤港澳大湾区建设成为更具活力的经济区、宜居宜业宜游的优质生活圈和内地与港澳深度合作的示范区，打造国际高水平湾区和世界级城市群。

在未来，港珠澳大桥将继续发挥其重要的作用。它将进一步促进香港、珠海和澳门的经济发展和区域合作，也将为中国的内陆发展和海洋强国战略提供强有力的支撑。同时，港珠澳大桥的成功建设，为中国走向世界舞台提供了更加广阔的发展空间。

二、工程价值

工程价值主要包括工程主要成果、工程技术价值、工程管理创新、工程社会价值等四个方面。

1. 工程主要成果

港珠澳大桥工程具有规模大、工期短，技术新、经验少，工序多、专业广，要求高、难点多的特点，为全球已建最长跨海大桥，在道桥设计、使用年限以及防撞防震、抗洪抗风等方面均有超高标准。在外海造岛、沉管对接、索塔吊装和隧道开挖等重点工程方面，前后进行了300多项课题研究，发表论文逾500篇，出版专著18部，编制标准和指南30项，获得软件著作权11项；创新项目超过1000个，创建工法40多项，形成63份技术标准，创造600多项专利；先后攻克了人工岛快速成岛、深埋沉管结构设计、隧道复合基础等十余项世界级技术难题，带动20个基地和生产线的建设，形成拥有中国自主知识产权的核心技术，建立了中国跨海通道建设工业化技术体系[2]。

自建成后，港珠澳大桥荣获多项国内国际大奖。2018年荣获国际隧道协会（ITA）年度重大工程奖、英国土木工程师学会轨道工程奖；2019年荣获中国建设工程鲁班奖（国家优质工程）；2020年荣获国际桥梁与结构工程协会（IABSE）杰出结构奖；2021年荣获国际咨询工程师联合会菲迪克工程项目奖杰出奖。

2. 工程技术价值

1）港珠澳大桥的建设中采用了预制拼装技术

伶仃洋上航道密集、气象多变、海底环境复杂，施工面临极大挑战。港珠澳大桥的建成是无数科研工作者智慧的结晶，建设过程中产生了大量具有创新性、先进性的科学技术，许多技术方法都是国际首例、世界之最。例如，岸上预制海上拼装技术，如果你当时亲临港珠澳大桥的施工现场，你会发现这里有机器轰鸣，没有水泥飞溅，施工现场平静而有序。整个工地根本不像一个施工场，更像一个组装场。港珠澳大桥的所有构件，大到隧道沉管、钢桥箱梁，小到逃生门板、污水过滤盖，全部在岸上工厂预制，然后运至海上，像"搭积木"一样拼装在一起。这些巨型"积木"的搭建并没有说起来那么简单。高度达106米、重量超3000吨的钢塔在海上"空中转体90度"，再以高精度安装，这在国内外建桥史上前所未有；单节标准隧道沉管管节近8万吨，相当于一艘航空母舰，在海底环境对接安放，难度堪比航天器交会对接。

2）港珠澳大桥的建设采用了"半刚性"沉管结构技术

相比桥梁工程，中国在沉管隧道建设方面的技术储备和实践经验不足，而在水下近50米建设深埋沉管隧道，在国际上也被视为"技术禁区"。沉管隧道建设的技术研究成为科研攻关的重中之重。通过相关课题研究，港珠澳大桥的建设研究者揭示了深埋沉管结构体系受力及变形机理，创新提出"半刚性"沉管新结构，能够确保深埋沉管隧道工程得以成功实施并做到不漏水，形成了具有自主知识产权的外海沉管安装成套技术，全面解决了外海浮运、沉放、测控定位、对接等难题，创造了一年安装十节沉管的"中国速度"。

3. 工程管理创新

1）港珠澳大桥建立了应对多元体制复杂性的共建共管决策体制

港珠澳大桥是在"一国两制"多元体制下建设的，法律制度、政府管理、技术条件以及社会环境与文化的不同，使得三地政府在建设理念上存在一定差异。针对这些复杂情况，中央政府牵头研究建立了三地政府共建共管的港珠澳大桥决策机制，建设管理采用"专责小组＋三地委＋项目法人"三个层面的组织架构。

2）港珠澳大桥建立了三地统一的标准规范

港珠澳大桥跨越香港、内地和澳门三地，由于三地的设计技术规范要求及设计习惯不完全一致，为保证港珠澳大桥按统一标准建设，需统一确定设计中采用的技术标准及规范要求。为此，港珠澳大桥管理局组织设计单位、咨询联合体及科研单位，系统收集三地及世界范围内现有相关规范，并对规范的适用性进行分析比较，根据具体设计内容及项目特点提出规范使用要求，从工程可行性研究开始，按照"就高不就低"原则，在每一个阶段都对技术标准进行了专项研究，逐步建立了完整的项目技术标准体系，涵盖设计、施工、运营等各个方面，形成了港珠澳大桥专用技术标准。

3）港珠澳大桥建设过程采取多重手段推动合同管理

结合中国国情＋国际惯例和项目特点，统筹考虑了价值引领、因地制宜、责任划分、风险划分、合同机制等构建策略，基于"设计施工联动＋施工驱动设计"的理念构建了岛隧工程设计施工总承包模式并最终付诸实施，桥梁工程则推行大标段，充分发挥承包人资源优势[3]。

4. 工程社会价值

1）港珠澳大桥有力提升了三地交通运输能力

珠江三角洲地区是中国改革开放的先行地区和重要的经济中心区域，在全国经济社会发展和改革开放大局中具有突出的带动作用和举足轻重的战略地位。但是由于地理位置的差异，珠江三角洲西岸经济发展明显滞后于东岸，与香港交通联系不便是影响珠江三角洲西岸经济发展的重要因素之一。因为受珠江阻隔，珠江三角洲西岸与香港之间的陆路需绕行虎门大桥，水路交通则受天气影响较大且运行时间较长，之前的交通基础设施难以满足珠江三角洲西岸经济社会发展和交通运输的需要。而港珠澳大桥的建成使得港、珠、澳之间的 4 小时陆路车程缩短为仅仅 30 分钟。

2）港珠澳大桥有力提升了三地经济发展

经济方面，港珠澳大桥联通粤港澳大湾区中的两个特别行政区（澳门、香港）与广东九市，整体融合后形成一个规模庞大的超级大城市，港珠澳大桥作为粤港澳大湾区的支柱工程，为广东的经济结构转型提供了新的动力。粤港澳大湾区各地在人才与产业上的潜在互补性，需要通过更高效的物流与沟通才能激发出来。城市之间的联动需要更密切、更高效、更快速，最好就像城市内部的区与区之间的关系一样迅捷畅通。未来包括香港、澳门两个特别行政区和广东省的广州、深圳、珠海、佛山、中山、东莞、肇庆、江门、惠州等九市已构成一个整体的大湾区城市群。随着整体发展的协同效应，粤港澳大湾区的发展将会越来越像一个高度协同的城市内部，实现资源的高效互补和功能的强大整合。

三、工程启示

1. 成功关键因素

1）政府的决策和协调为港珠澳大桥的成功提供了必要条件

港珠澳大桥的建设需要政府决策和协调，政府需要制定出合理的规划和方案，包括工程设计、施工、监理、安全等方面。同时，政府还需要协调各方利益，确保各方能够合作共赢。港珠澳大桥的建设需要政策支持，政府需要出台相关政策和法规，为大桥的建设提供法律保障。同时，政府还需要制定出合理的税收、贷款等优惠政策，吸引更多企业和个人参与大桥建设。

2）在设计理念、建造技术、施工组织、管理模式等方面进行一系列创新，为港珠澳大桥的成功提供了重要保证

港珠澳大桥建设难度极大，项目启动之初，就让世界各国的桥梁专家望而生畏。在经历了技术空白、资金紧缺、外国合作方漫天要价的重重困难后，港珠澳大桥的建设者依靠自主创新，完成了这项史无前例的世纪工程！为了打造一个超级精品工程，工程师刻苦

钻研，在大桥建设过程中，新材料、新工艺、新设备、新技术层出不穷，仅专利就达 600 项之多，在多个领域填补了空白，造出了世界上最难、最长、最深的海底公路沉管隧道。港珠澳大桥的设计者一直把工程质量作为项目的核心之一。港珠澳大桥主体桥梁作为世界上最大的钢结构桥梁，仅主梁钢板用量就达到了 42 万吨，相当于 10 座鸟巢或者 60 座埃菲尔铁塔的重量。港珠澳大桥地处海面，因此长期处在高温、高湿和高盐的环境当中，如何做好防水、防锈和防腐显得尤为重要。根据设计要求，港珠澳大桥沥青混凝土路面使用寿命要达到 15 年，是普通高速公路路面使用寿命的 3 倍。要使铺设桥面的沥青混凝土特别坚固密实，石料的精度起到了决定性作用。石料越细腻就越能发挥沥青的功能，从而使沥青混凝土越密实，桥面也就越坚固耐久。据了解，港珠澳大桥石料的加工精度达到了 75 微米，相当于平日大家吃的面粉。此外，为确保沉管隧道火灾情况下的人员安全，研究人员经过一年多选址，在福建漳州专门修建了 150 米长的足尺沉管隧道实验平台，利用三年时间对大巴、中巴、小汽车多次进行燃烧实验。在世界上首次获取了火灾中隧道内的温度、烟雾流速、厚度等第一手数据，形成了港珠澳大桥沉管隧道防灾减灾的成套关键技术。

2. 工程哲学启示

港珠澳大桥工程项目管理策划和实施，遵循工程哲学"从认识论、到方法论、到实践论"的螺旋式上升路径，进而完成方法论和实践论的超越过程。认识论就是"想做一个什么样的项目"，方法论就是"选择什么样的方法做好项目"，实践论就是"执行所选择的方法以达到目标"。方法论是认识论和实践论的桥梁，而实践是检验认识论和方法论的唯一标准[4]。港珠澳大桥的建设团队对项目的认知和理解经历了从浅到深的过程。在初期，团队对港珠澳大桥建设的困难和挑战认识不足，但在实践中逐渐发现了更多的问题和难点。通过不断地摸索和实践，团队对项目的认知逐渐深化，对技术、管理等方面的要求也逐渐提高。港珠澳大桥的建设团队采用了最先进的工程技术和管理手段，确保了工程的顺利进行和质量安全。团队成员不断学习和创新，探索出了一系列新的工程技术和管理方法，为港珠澳大桥的建设提供了有力的支持和保障。港珠澳大桥的建设团队将理论知识与实践经验相结合，不断探索和实践新的建设理念和方法。在港珠澳大桥的建设过程中，团队不断调整和优化设计方案和管理措施，确保了工程的顺利进行和质量安全。

3. 工程立国思考

港珠澳大桥的建设提升了中国的国际竞争力。首先，港珠澳大桥显著提升了国家的基础设施水平，使得粤港澳三地的联系更加紧密，为区域内的经济合作和交流提供了便利，进一步促进了区域经济的发展,进而对国家经济的长期发展具有重要影响。其次,港珠澳大桥推动了国家桥梁行业的科技创新,中国工程师通过自主研发和引进消化相结合的方式,成功地解决了许多建设过程中的技术难题,推动了中国桥梁建设技术的发展,对于提高国家的技术水平具有重要意义。最后,港珠澳大桥对中国的国际交流也有很大的意义,港珠澳大桥的建设为中国提供了一个重要的国际交流窗口,吸引了众多外国游客和投资者前来参观和投资,有利于推动中国与世界各国在经济、文化等各方面的交流合作。

4. 未来发展指导

1)港珠澳大桥的建成,为世界交通建设树立了新标杆

港珠澳大桥的建设,彰显了人类对科技进步的巨大潜力,充分展示了现代工程师和建筑师的专业技能和创新思维。这座大桥的诞生,不仅体现了中国在桥梁建设领域的卓越成就,更是成为"一带一路"倡议的标志性项目之一,为全球交通基础设施建设树立了新的标杆。

2)港珠澳大桥的建成为城市间合作共赢提供了新的可能

港珠澳大桥的成功建设,进一步推动了粤港澳大湾区的深度融合和发展,粤港澳大湾区内的城市通过这个交通枢纽,实现了更快速和便捷的互联互通,加强了人员和货物的流通,为粤港澳大湾区的发展注入了新的活力。这为世界其他城市或地区的经济发展提供了借鉴,展示了城市间合作、共赢的新可能。

参考文献

[1] 喻思南. 孟凡超:匠心架飞虹 联通港珠澳. 人民日报(海外版), 2023-09-11(009).

[2] 官华, 唐晓舟, 何力武. 基于多源流框架的港珠澳大桥建设决策过程研究. 广东开放大学学报, 2022, 31(6): 105-110.

[3] 高星林, 张鸣功, 方明山, 等. 港珠澳大桥工程创新管理实践. 重庆交通大学学报(自然科学版), 2016, 35(S1): 12-26.

[4] 张劲文, 朱永灵. 复杂性管理:港珠澳大桥主体工程管理思想与实践创新. 系统管理学报, 2018, 27(1): 186-191.

世界近现代
超级工程排行榜（下）

新疆哈密风力发电基地

108 "三北"风电工程

全　　称　"三北"风电工程，也称中国三大北部风能工程

外文名称　The Three-North Wind Power Project

"三北"风电工程，主要是指分布在中国的东北、华北和西北地区的风电工程，是中国风电产业的重要工程，被誉为中国风电产业的"黄埔军校"。

"三北"风电工程，是中国政府在21世纪初提出的一项重要的可再生能源发展计划，旨在推动中国北方地区的风能开发和利用。这个工程的主要目标是到2020年，使风电装机容量达到2亿千瓦，风能利用率达到15%[1]。中国最早的"三北"风电工程在2009年启动。2010年底，塞罕坝风电场建成国内首座百万千瓦级风电基地，成为中国首个"十一五"期间建成的百万千瓦级风电场[2]；2010年甘肃酒泉风力发电基地建成中国第一座千万千瓦级风电示范基地，总投资1200多亿元；2019年1月，新疆哈密风力发电基地也建成为千万千瓦级的风电基地，风电装机总容量达1083.65万千瓦，占新疆风电总装机容量的53.89%，风电装机位列全疆之首[3,4]；2019年底乌兰察布风力发电项目开工建设，成为世界规模最大的单体陆上风电项目、国内首个大规模可再生能源平价上网示范项目，建设规模为600万千瓦，对于推动中国能源转型、探索新能源优势区域可持续发展具有重要意义。

"三北"风电工程，经过多年的发展，已经形成了庞大的风电产业体系。根据中国可再生能源学会风能专业委员会的数据，截至2020年底，"三北"风电工程的风电装机容量已经超过了2亿千瓦，占全国风电总装机容量的近90%[5]，是世界上开发规模最大的风力发电基地。风电工程的建设投资主要取决于风电场的规模、地理位置、设备选型等因素，截至2023年底，"三北"风电工程的总投资规模已经超过了1370亿美元。

"三北"风电基地的工程策划者和设计者会根据当地的气候、地理、资源条件以及市场需求等因素，制定相应的风电场规模、设备选型、布局设计等方案。例如，大唐赤峰赛罕坝风电场位于内蒙古自治区赤峰市克什克腾旗芝瑞镇赛罕坝，是大唐赤峰赛罕坝风力发电有限责任公司在内蒙古地区设计建设的第一个风力发电项目；甘肃酒泉风力发电基地位于甘肃省酒泉市玉门镇西南戈壁滩上，由国网甘肃省电力公司策划，中国能源建设集团甘肃省电力设计院有限公司和甘肃省水利水电勘测设计研究院有限责任公司设计完成。

"三北"风电工程，为中国风电产业的发展提供了重要经验和技术支持，推动了中国能源结构向清洁低碳发展，带动了地方经济发展，解决了偏远落后地区就业和民生问题；通过大规模风电市场的拉动，促进了产业链的完善，加速了行业技术创新，降低了开发成本。"三北"风电工程的开发建设是贯彻落实中国绿色发展战略最鲜活的佐证，对于积累大型风电工程的建设管理经验，具有重要的示范作用和国际影响力，战略意义深远。

一、工程背景

风力在1887年首次应用于发电，没有政策推动的风电处于一个自由而增长缓慢的状态。由于1973年油价上涨，各国政府纷纷开始重视能源的投入，由此也出台了扶持风电发展的一些政策，风电技术也借机逐渐发展。进入21世纪，随着能源安全、全球气候变暖等问题进入大众的视野，全球各个国家以各种形式支持、参与降低温室气体的排放，更多的国家出台了风电支持政策，商业化风电开始以每年25%的复合增速增长。

中国风电行业始于20世纪50年代后期，早期的风电场单体建设规模小，风电机组的单机容量也小，目的是解决海岛和偏远地区供电难的问题，而重点则是非并网小型风电机组的建设。到了70年代末期，中国开始进行并网风电的研究，而当时主要是通过引进国外风机从而建设示范电场。80年代，随着产业的发展以及建设经验的不断积累，中国大型风电场建设的技术基础逐步夯实。1986年，中国首座示范性风电场——马兰风力发电场在山东荣成并网发电，这标志着中国风电并网行业开启了发展之路。90年代，中国开始大力发展风电产业，陆上风能资源集中在"三北"地区。"三北"地区的风能资源丰富，风力条件好，风资源约占全国的80%，因此成为风电发展的重要基地。1994年，新疆达坂城风电总装机容量达10兆瓦，成为中国第一个装机容量达兆瓦级的风电场[6]。

2007年，中国政府发布了《可再生能源中长期发展规划》，明确提出要加快风电工程的建设，其中"三北"风电工程是重点之一。2008年，中国政府发布了《中国应对气候变化的政策与行动》，明确提出要加快风电等清洁能源的发展，其中"三北"风电工程的建设是重要的一环。

与此同时，国家能源局推动百万千瓦风电场的建设，带动风电设备研发制造产业的发展，规划在"三北"地区重点建设数百个十万千瓦级以上的大型风电场，建成十多个百万千瓦级大型风电基地，形成河北、蒙东、蒙西、甘肃酒泉、新疆等千万千瓦级风电基地[7]。2009年，《新能源产业振兴和发展规划》正式颁布，确定了6个省、自治区的七大千万千瓦级风电基地，包括甘肃、内蒙古、新疆、吉林、河北和江苏，其中内蒙古有两个基地——蒙东和蒙西基地。自此风电大基地的概念应运而生，"三北"风电基地成为中国贡献风电装机容量的主力。在平价上网、竞争性配置、电力消纳保障机制等政策的驱动下，随着技术水平的提高，风电布局不断优化，"三北"风电基地的建设正在迈入高质量发展的新阶段。

二、工程价值

1. 工程主要成果

"三北"风电工程项目在关键技术的研发和应用方面取得了丰硕的成果。"高效低风速风电机组关键技术研发和大规模工程应用"项目首创了低风速风电机组叶片-整机一体化设计平台，实现了低风速技术的全球引领，荣获2018年国家科学技术进步奖二等奖；"大型低速高效直驱永磁风力发电机关键技术及应用"项目荣获中国2019年国家技术发明奖二等奖。此外，宁夏海原西华山风电场项目还获得了2017年全球年度最佳风电项目、2017年度亚洲最佳风电项目、2018～2019年度国家优质工程奖等荣誉。这些成果充分展示了中国在风电领域的自主创新能力和国际领先地位，为全球可再生能源的发展作出了重要贡献。

2. 工程主要技术

"三北"风电工程项目在开发中遇到了许多难题，通过自主创新和不断探索，研究人员成功解决了各种技术难题，为中国乃至世界的风电发展提供了宝贵的经验和范本。

1）风电机组设计制造方面

针对"三北"地区不同的地形、气候环境及风能资源，中国大型风电机组设计制造实现了系列化、标准化，机型涵盖双馈、直驱和混合式；陆上风电机组单机容量已发展到2.5兆瓦、3兆瓦和5兆瓦；低风速、高海拔风电技术取得突破性进展，风电机组叶轮直径持续增大，满足了"三北"地区不同条件下风电的开发建设要求。整机设计、载荷计算、控制策略、结构强度分析等方面的关键技术均具备自主开发能力，风机制造正向大型化、本地化、高端化和数字化发展，风机国产化率已达到95%以上。

2）风电项目设计施工方面

实现风资源测量与评估，风电场的宏观和微观选址、设备选型、电气设计等相关技术自主可控；风机叶片运输体现中国智慧，针对风电机组叶轮直径不断增大的难题，因地制宜采用抽拉式、轴线式及举升式，有效解决了叶片运输的难题；在风机吊装技术的突破方面，结合施工现场环境条件、要求以及施工时间，可以选择相适应的风机吊装设备，在满足风机吊装施工安全性前提下，提高了施工效率。

3）风电场运行维护方面

风电机组自动消防、无人机巡检及远程在线监测技术应用创新，运用大数据、物联网、机器学习等信息技术构建远程集控中心，进行大数据分析、风机故障诊断预警。全面提升了生产管理自动化水平和运维管理水平，提高了风电场的运行效率和经济效益，引领了风电行业的管理和技术创新方向。

4）电力外送消纳方面

"三北"风电工程装机规模大、远离负荷中心、风电穿透率高，需大容量、高负荷、远距离输电，依靠全国电力市场消纳。风、火、水电等多种电源联合运行、打捆外送技术，大型风电基地并网技术，特高压输电技术，智能电网技术等取得重大突破，有效促进了风电的消纳。截至2023年，"三北"风电工程向外输送容量达千万千瓦，交流侧接入电压达750千伏，距离远达1000千米以上，输送容量、电压等级及距离均为世界之最。

3. 工程管理创新

"三北"风电工程采用了"统一规划、分期实施、滚动发展"的建设管理模式，将风电场的建设分为规划、设计、施工、验收、运营等阶段，实行全过程管理，明确了项目的目标、范围、进度、成本和质量等方面的要求，确保项目的顺利进行。此外，"三北"风电工程建立了完善的运营管理体系，包括设备维护管理、安全管理、生产管理等方面，采用了先进的监测技术手段，实现了风电场的远程监控和智能化管理。同时，加强了人员培训和管理，提高了运营管理的水平和效率。

4. 工程科学价值

"三北"风电工程推动中国风电设备建立了完善的产业链，设备设计、制造水平和制造能力已经具备了国际竞争力，关键零部件制造逐步具备自主研发和批量生产的能力。"三北"风电工程开创了超大规模集中开发、超远距离输电的模式，突破了国外分散式发电、就地消纳的风电发展理论，创新了风电发展理念，填补了世界大规模风力发电基地研究领域的多项空白，为世界风电发展提供了一种全新的选择机遇。

5. 工程社会价值

1) 技术水平从低到高，助推了产业化进程

"三北"风电工程的建设推动了技术创新，"三北"风电工程的建设和运营过程中需要大量的科技创新支持，包括风力发电机组设计、制造、安装、运维等多个环节。通过技术研究推动了中国风电产业的发展，截至2024年6月，中国风电产业体系逐步完善，风电产业国际竞争力不断增强，风电整机制造企业实力显著提升，金风科技股份有限公司、远景能源有限公司等企业稳居全球整机制造商前五强，产品出口到35个国家和地区，带动了中国工业设备制造业的发展，在电网建设上，促进了电网技术革新，推动了中国特高压跨区输电线路建设及智能电网的发展。

2) 经济实力从弱到强，带动了跨越式发展

"三北"风电工程的迅速崛起，对转变经济增长方式和提升区域发展起到了关键作用。"三北"风电工程的建设促进了区域发展，通过提供清洁能源支持当地工业、农业、居民生活等各个领域的发展，也带动相关产业链的发展，创造了更多的就业机会和经济效益。2023年，按平均电价0.53元/千瓦时计算，"三北"风电工程年发电收入达到1855亿元，税收收入按发电收入15%计算，每年税收达278亿元。随着经济实力的快速提升，当地政府投入基础设施、生态环境和改善民生的财力大幅增加，城乡面貌发生巨大变化，群众生活更加殷实，让人民享受到了实实在在的发展成果。

6. 工程生态价值

"三北"风电工程的建设有助于促进节能减排，通过提供清洁能源减少对传统能源的消耗，从而降低碳排放和环境污染，有助于改善空气质量、保护生态环境，为居民提供更加健康、宜居的生活环境。2023年，"三北"风电工程发电量约为3500亿千瓦时，可节约标准煤1.05亿吨，减排二氧化碳2.75亿吨、二氧化硫89万吨、氮氧化物78万吨，对减轻大气污染和减少温室气体排放发挥了重要作用;"三北"风电基地中一座座风车集成的现代工业景观与草原、荒漠、绿洲、高山等自然风光相互交织、交融,形成独特的人文景观,在中国"三北"地区展现了一幅幅壮美的画卷,带动了当地旅游产业的发展。

三、工程启示

1. 成功关键因素

1)地形独特、资源丰富为"三北"风电工程开发提供了有利条件

"三北"地区风资源丰富,工程地质条件好,地域辽阔,有着开发建设大型风电工程的良好条件。"三北"地区地形独特,多为高原、草原、沙漠等地貌,这些地貌类型有利于风力的产生。由于地处内陆、气候干燥、空气流动性好,"三北"地区风力资源得天独厚,为风电发展提供了充足的能源。"三北"地区的电网接入条件也十分优越,有利于风电的并网和调度。

2)政策完善、管理规范为"三北"风电工程开发提供了基本保障

《中华人民共和国可再生能源法》等各项政策法规相继出台,不断丰富和细化新能源领域的法律法规,推动中国新能源领域的法律法规体系从无到有、逐步完善。系统性、全局性的规划管理体系、多维度的行业政策体系、逐步完善的法律法规体系,有效保障和支持了"三北"风电基地的发展。可再生能源发展规划的陆续出台,使中国形成推进新能源发展的综合性和专业性、中期性和长期性、全局性和地区性相结合的分阶段、多层次的立体式规划体系;我国相继出台关于风电项目开发、建设、并网、运行管理及信息监管等各关键环节的管理规定和技术要求,完善风电技术标准体系,建立产业检测认证、信息监测和评价体系,形成了规范、公平的行业政策环境,保障了风电产业的持续健康发展。

3)持续创新、攻坚克难为"三北"风电工程开发提供了重要支撑

国内研究机构和风电企业通过自主创新、引进技术消化吸收再创新,形成了具有自主知识产权的风电产业创新体系;以问题为导向,以市场需求为着力点,通过创新驱动,引领风电产业技术进步,着力解决"三北"风电工程建设中的关键技术难题,大大提升了"三北"地区风能资源可开发量,促进了风电的消纳;通过风电平价上网示范项目、市场支持和试验示范,以点带面,加速新能源技术成果向市场应用转化和推广,推进新能源技术进步、成本下降、补贴减少,最终实现平价上网,有力推动了全产业链提质增效、高质量发展。

2. 工程哲学启示

"三北"风电工程的建设和发展中,可持续发展理念贯穿了整个工程实践,充分体现了工程价值论的核心思想。"三北"风电工程的建设和发展以实现可持续发展为目标,通过利用可再生能源——风能,减少了化石能源的使用,降低了环境污染和温室气体排放,对自然生态系统产生的影响小,这种独特优势使得"三北"风电工程在可持续发展方面具有很高的价值和潜力,其发展遵循了客观规律,落实了可持续发展要求,使得风电工程的建设和运营得到社会的广泛认可和支持。这种以可持续发展为目标的设计和实施,符合工程价值论所强调的满足人类社会长远利益的需求,启示我们在未来的工程建设中要注重环境保护和经济效益的统一,降低工程的环境影响和资源消耗,实现工程的可持续发展。

3. 工程立国思考

"三北"风电工程的建设,是中国重大国家战略工程。在全球气候变化和能源结构调整的背景下,中国果断决策,大力发展风电,积极推动清洁能源的发展,体现了国家的远见和战略眼光。建设"三北"风电工程,显著提升了中国风电技术的科技创新能力、技术装备自主化水平和风电利用效率,中国已逐步从风电利用大国向风电技术产业强国迈进,实现了由示范性试验到大规模建设、从小型机组到大型机组的历史性转变。此外,建设"三北"风电工程,对中国调整能源结构、节能减排、改善生态环境发挥了重大作用,对"三北"地区来说,可使当地的资源优势得到更充分的发挥,带动装备制造业的发展,促进经济发展方式转变和结构调整,最终改善民生。

4. 未来发展指导

"三北"风电工程在大规模风电开发、运行、并网和消纳等方面进行深入研究,形成超大规模集中开发、超远距离输电的风电发展理念,给未来风电项目建设提供了借鉴和指导。

(1) 未来风电项目要制定合理的发展规划。充分考虑当地的气候、地理、环境和社会经济条件,在确定风电场的规模、位置、接入系统和输电线路等方面做好规划,要与当地政府和社区进行充分沟通和协商,确保风电开发与当地发展需求相符合。

(2) 未来风电项目要注重技术创新。采用更高效的风力发电机组、优化风电场的布局、采用储能技术等,以提高风电发电量和稳定性。要注重降低成本,提高风电的竞争力,还需要考虑如何降低对环境的影响,如减少土地使用、避免破坏自然植被等。

（3）未来风电项目要注重风电场的运营和维护。加强与当地社区的沟通和合作，建立良好的社区关系，促进风电场的可持续发展，关注如何降低运营成本和提高经济效益，如采用智能化的运维管理、优化能源调度等，确保风电设备的稳定运行和提高设备的利用率。

参考文献

[1] 程强, 雷蕾. 中国风电发展, 仍将长风破浪. 中国石化报, 2023-09-04(008).
[2] 冯泽深, 赵增海, 郭雁珩, 等. 2021年中国风电发展现状与展望. 水力发电, 2022, 48(10): 1-3, 8.
[3] 水电水利规划设计总院. 2020风电行业发展报告. 北京: 中国经济出版社, 2021.
[4] 风回三北！深度解析2020年全国六大区域风电装机布局. 云南电力技术, 2021, 49(2): 54.
[5] 谢宏文, 黄洁亭. 中国风电基地政策回顾与展望. 水力发电, 2021, 47(1): 122-126.
[6] 靳丹, 何世恩, 丁坤. 关于大型风电基地建设的思考. 电力建设, 2011, 32(10): 58-60.
[7] 纪志国. 我国风电产业现状与发展趋势探究. 中国设备工程, 2020(18): 217-218.

109 中亚天然气管道

全　　称 中国—中亚天然气管道，简称中亚天然气管道
外文名称 China-Central Asia Natural Gas Pipeline

中亚天然气管道，世界上最长的天然气管道，是中国第一条跨境天然气管道工程，起自土库曼斯坦与乌兹别克斯坦边境的格达依姆，横跨土库曼斯坦、乌兹别克斯坦、哈萨克斯坦三国，沿古丝绸之路，经撒马尔罕、布哈拉等历史名城，过戈壁大漠和雪山草原，从新疆霍尔果斯口岸入境中国。它是迄今中国与中亚三国最大的合作项目，被誉为新时期建设的能源丝绸之路[1]。

中亚天然气管道，是由中国石油与中亚国家合作建设运营的战略性能源通道，已经通气投产的包括A、B、C三线。2008年6月30日，管道A、B线乌兹别克斯坦段同时开工建设，同年7月9日哈萨克斯坦段开工建设并于2009年7月完成一期工程。2009年12月14日管道A线建成投运，2010年10月26日管道B线建成投运。管道C线于2012年9月全面启动建设，2014年6月15日，管道C线开始向中国通气。2023年5月18～19日，中国同中亚五国在西安举行中国—中亚峰会。各方支持加快中亚天然气管道D线建设[1]。

中亚天然气管道，已建成的A、B、C线3条管道中，A、B线与中国西气东输管道二线同步建设；C线与西气东输管道三线同步建设，D线走向与A、B、C三线不同，由新疆南部入境。中亚天然气管道通过西气东输管道系统，与陕京管道系统等相联通，形成从中亚至中国东部沿海、环渤海、长江三角洲、珠江三角洲、香港等地的世界上最长的天然气管道网络。中亚天然气管道工程A、B线两条管道并行敷设，年设计输量300亿立方米、管径1067毫米、设计压力10兆帕，境外管道单线长均为1823千米，工程投资100亿美元。中亚天然气管道C线走向与中亚天然气管道A、B线基本平行。C线线路总长度1833千米，年设计输量250亿立方米、设计压力10兆帕、管径1067毫米/1219毫米，工程投资22亿美元[2]。

中国石油成立中亚天然气管道有限公司，经与过境国谈判，2008年1月30日在乌兹别克斯坦注册成立中国石油中亚天然气管道有限公司与乌兹别克斯坦国家油气股份公司出资的中乌合资公司；2008年2月15日在哈萨克斯坦注册成立中国石油中亚天然气管道有限公司与哈萨克斯坦国家石油天然气公司下属公司出资的中哈合资公司，合资公司双方股

世界近现代
超级工程排行榜（下）

比均为50∶50，分别负责乌兹别克斯坦段和哈萨克斯坦段天然气管道的建设和运营，采用项目融资模式筹集资金。

中亚天然气管道，是中国第一条引进境外天然气资源的跨国能源通道，不仅极大地促进了中国与中亚多国之间的油气资源合作，也进一步带动了其他领域的经贸往来，实现了中亚油气资源与中国广阔市场之间能源基础设施的互联互通，为沿线国家增加了税收来源，带动了沿线国家相关施工建设、油服、管道运行、各类服务商、供应商等行业企业的业务发展，取得了显著的经济效益和社会效益，对于提高清洁能源利用水平、优化能源结构、促进节能减排、改善民生、治理大气污染意义重大[3]。

中亚天然气管道线路图（图片来源：中油国际管道有限公司）

一、工程背景

20世纪90年代，中国提出利用"两个市场、两种资源"，实施"走出去"战略。中亚土库曼斯坦、乌兹别克斯坦、哈萨克斯坦三国油气资源丰富，是中国石油落实"走出去"战略的重点地区，同时中亚三国正在积极寻求油气出口多元化，使得从中亚地区进口油气成为可能。在此基础上，中国石油不断推进与中亚各国的油气合作，1997年9月中哈两国签署石油天然气领域合作协议；2000年7月，中国向土库曼斯坦伸出了橄榄枝，派中石油代表团前往土库曼斯坦考察，双方探讨了油气领域合作，并签署了中石油与土石油部油气领域合作谅解备忘录；2003年8月中国石油与哈萨克斯坦国家石油天然气公司签署中哈原油管道分阶段建设和开展中哈天然气管道预可行性研究等一系列合作协议。

21世纪初，中国西气东输管道工程成功建设，进一步激发了土库曼斯坦与中国合作的愿望。2005年5月8日，国家主席胡锦涛与土库曼斯坦总统尼亚佐夫双边会晤时，尼亚佐夫提出土库曼斯坦有着丰富的天然气资源，可以从土库曼斯坦修建一条天然气管道向中国出口天然气。与此同时，西气东输管道建设，带动了中国天然气消费，也需要陆上进口天然气资源，保障能源供给安全。

2006年4月3日，中国与土库曼斯坦双方签署了《中华人民共和国政府和土库曼斯坦政府关于实施中土天然气管道项目和土库曼斯坦向中国出售天然气的总协议》，中亚天然气管道项目正式提上日程。经过一年多谈判，双方基本就上游气田产品分成合同、天然气购销协议有关条款达成一致。2007年7月17日，在两国元首的见证下，中国石油与土库曼斯坦油气资源管理利用署和土库曼斯坦国家天然气康采恩签署中土天然气购销协议和土库曼斯坦阿姆河右岸天然气产品分成合同，中国每年从土库曼斯坦进口300亿立方米天然气。

2007年4月30日，中国与乌兹别克斯坦签署《中华人民共和国与乌兹别克斯坦共和国关于建设和运营中乌天然气管道的原则协议》，随后中国与哈萨克斯坦签署管道过境协议，为启动中亚天然气管道建设提供了法律依据，中亚天然气管道经乌兹别克斯坦、哈萨克斯坦两国的过境问题得到解决，完全具备工程建设条件。

2007年管道分A、B双线敷设启动，2009年12月14日，管道全线通气仪式在土库曼斯坦阿姆河右岸巴格德雷合同区第一天然气处理厂举行，国家主席胡锦涛同土库曼斯坦总统别尔德穆哈梅多夫、哈萨克斯坦总统纳扎尔巴耶夫、乌兹别克斯坦总统卡里莫夫共同出席通气仪式。为了满足中国持续增长的天然气市场需求，2009年6月中国石油与土库曼斯坦国家天然气康采恩签订增购100亿立方米天然气合同。2011年10月中国石油先后与哈萨克斯坦、乌兹别克斯坦签署天然气供应合同，启动中亚天然气管道C线建设，2014年6月C线通气投产。2023年5月18~19日，中国—中亚峰会期间，中国同中亚五国达成系列合作共识，其中包括保障中亚天然气管道稳定运营。

二、工程价值

1. 工程主要成果

中亚天然气管道工程建设难度大、工程地位高，采用国际先进技术，在设计、施工、运营和管理等方面形成了多项国内领先的科技创新成果。2014年，荣获国家优质工程金质奖（境外工程）；2019年，荣获第十六届中国土木工程詹天佑奖，这是詹天佑奖创立以来首个跨国长输管道工程获奖，中亚天然气管道工程共获得 11 项省级以上奖励、7 项专利及专有技术证书。

2. 工程主要技术

1）长距离管道焊接技术

中亚天然气管道全长约 10000 千米，穿越了多个复杂的地形和气候区域。为了确保管道的安全性和可靠性，采用了高强度钢材和先进的管道工程焊接技术，经过多方论证与考察，管道采用了 X70 钢级、10 兆帕设计压力、直径 1067 毫米、螺旋缝/直缝焊管组合，焊接过程中，采用了自动化焊接设备和智能化技术，以提高焊接质量和运营效率。采用的自动化控制系统可以远程监控管道的运行状态，及时发现和解决问题；采用的智能化技术，可以对管道进行实时监测和数据分析，提供更加准确和及时的管道运营信息。

2）天然气处理和净化技术

中亚天然气管道需要处理和净化大量的天然气，以确保其质量和安全性。采用了先进的天然气处理和净化技术，包括脱水、脱硫、脱碳等工艺，以去除天然气中的水分、硫化物、碳氢化合物等杂质，提高天然气的品质。

3）先进的管道防腐保护技术

中亚地区的气候条件较为恶劣，包括高温、干燥、寒冷等，对管道的防腐保护提出了更高的要求。工程采用了先进的防腐保护技术，在管道的外表面涂覆一层特殊的防腐涂层，有效地隔离管道与外界环境的接触，防止腐蚀和侵蚀。采用了阴极保护技术，通过向管道提供直流电流，使管道表面形成阴极区，从而防止金属表面的电化学腐蚀。在输送天然气的过程中，中亚天然气管道还使用了缓蚀剂，可以减缓管道内壁的腐蚀速度，从而延长管道的使用寿命[4]。

3. 工程管理创新

中亚天然气管道经过土库曼斯坦、乌兹别克斯坦、哈萨克斯坦三国，在工程项目合作过程中涉及各国政府、企业以及天然气管道产业链协调和博弈，需要建立多层级法律架构体系，形成跨境建设制度环境。借鉴国际上跨国管道建设运行经验，在充分尊重过境国制度、法律等的基础上，创新采用"双边协议 + 多边协作"方式，构建了"分国分段建立合资公司开展建设和运营"跨国天然气管道的管理新模式。按照过境国对管道分段，每个过境国内的管道为一段，分别与所在国签署政府间、企业间多层级法律文件，合资公司持有该段内管道资产，并负责管道项目建设和运营管理。中国分别与哈萨克斯坦和乌兹别克斯坦就管道过境问题签署政府间协议，确定天然气管道路由、支持承诺和优惠政策，并建立政府间协调机制。各段双方股东签署企业间协议，确定持股比例，建立公司法律文件体系，有利于实施中国政府政策性银行贷款，在保障股东权益基础上，有效控制中方投资者的风险。各合资公司建立跨国工程建设团队，采用"PMT（项目管理团队）+PMC（项目管理承包商）+TPI（第三方监理）+EPC"的项目组织管理模式，保障项目公司合法高效运行[4]。

4. 工程社会价值

1）推动构建了更加紧密的中国－中亚命运共同体

中国与中亚国家建交30余年，相继建立战略伙伴关系，深化政治互信、互利合作，中亚天然气管道工程横跨土库曼斯坦、乌兹别克斯坦、哈萨克斯坦和中国四国，在中国通过新疆霍尔果斯压气站与西气东输二线、三线管道相连，有力保障了中国下游管道沿线27个省（自治区、直辖市）和香港特别行政区居民的用气。中亚天然气管道的建设运行，深化了中国与沿线国家的战略合作伙伴关系，有力促进了各沿线国家油气工业的发展，支持了中亚国家油气供给安全，通过带动就业、缴纳税费、投资分红、本土化人才培养、文化交流融合、履行企业社会责任，实现了互惠共赢，增进了人民友谊，深化了中国与各相关国家的关系，其双边贸易和相互投资增长上百倍，成为构建新型国际关系、国家间友好合作的典范，是人类命运共同体重要理念的共同践行者。

2）助力民生，创造了可观的经济效益

中亚天然气管道工程通过经贸和能源合作，拉动沿线国家经济社会发展，使相关国家资源优势转变为经济优势。中亚天然气管道自2007年启动建设至今，建设高峰期创造临时就业2万余人，运营期间提供长期就业2300余人，在中国石油大学培训的外方员工（半年以上）累计超过278人次，并为沿线国家贡献税收。

3）改善了生态环境

天然气是助力能源碳达峰，构建清洁低碳、安全高效能源体系的重要途径，据测算，1000亿立方米天然气相当于替代1.33亿吨煤炭，减少二氧化碳排放1.42亿吨，减少二氧化硫排放220万吨。从全球二氧化碳排放量占比看，中国二氧化碳排放量居全球第一，中亚天然气管道进口天然气占中国天然气消费量的13%，在推进"煤改气"、助力"蓝天保卫战"、保证民用气和历年冬季供气等方面作用巨大。中亚天然气管道D线输送的天然

气将主供国内华北地区的天然气市场，因此，D线的建设对于改善京津冀地区大气污染意义重大。

三、工程启示

1. 成功关键因素

1）各国政府迅速达成战略共识是中亚天然气管道成功建设的关键

中亚天然气管道的成功，得益于中国、土库曼斯坦、哈萨克斯坦、乌兹别克斯坦各国领导人高瞻远瞩确定的战略合作共识；得益于各国人民世代友好、合作共赢的共同愿望；得益于管道建设者的奉献。国际管道在各条管道建设过程中，以保障国家能源安全为导向，各国政府高度重视能源安全与能源合作，积极推动了天然气管道建设。

2）先进的项目组织管理模式是中亚天然气管道成功建设的保障

由于上下游相关方众多，跨多国管道面临着复杂的运行协调难题。各国坚持互利共赢原则，以各方共同利益为动力源泉，引导合资公司建立和谐发展的跨国工程建设团队，创新采用"PMT+PMC+TPI+EPC"的项目组织管理模式、科学合理的公司治理结构和商务运行模式，保证了项目建设的顺利进行，创造了18个月实现中亚天然气管道A线建成通气的奇迹[5]。

2. 工程哲学启示

中亚天然气管道工程是人类改造自然、利用自然资源构建一个新的存在物的集成过程，体现出人与自然和谐共生的工程生态观。在管道建设过程中，中国－中亚各国越来越深刻地认识到必须树立科学的工程生态观，使得我们可以利用这一自然资源，改善人们的能源使用情况，提高生活质量，尽可能减少对环境的影响，同时，管道运营带动了当地的经济社会发展，增加了就业机会，提高了当地税收。可见，它不仅满足了人们对能源的需求，也体现了人与自然和谐共生的理念。

3. 未来发展指导

"分国建立合资公司开展分段建设和运营"的组织和管理模式，实现了跨多国合作思维模式由传统的"多边合作"转变为"双边合作"，通过政府间、企业间多个参与主体的多层级法律架构与商务运作紧密结合，形成全过程、全方位、全要素的治理、管理和控制活动，既提升商务运作的效率和效益，还对商务活动的法律风险进行预测并做出周密的防范安排，克服了"多边合作"可能带来的谈判难度大、周期长、易造成项目延误甚至中途搁浅的弊端，对未来工程跨多国合作项目具有先导性、全局性和保障性的指导意义。

参考文献

[1] 新华社. 中国—中亚峰会西安宣言(全文). (2023-05-21)[2024-10-13]. https://www.gov.cn/yaowen/liebiao/202305/content_6875138.htm.
[2] 舟丹. 中亚天然气管道和中缅油气管道. 中外能源, 2024, 29(12): 62.
[3] 王静. 中亚天然气管道C线开始向国内通气. (2014-06-16)[2024-10-13]. https://ny.rednet.cn/c/2014/06/16/3377232.htm.
[4] 薛子文. 架起合作共赢的丝路金桥——中油国际管道公司中亚地区项目高质量发展纪实. (2023-06-27)[2024-10-13]. https://baijiahao.baidu.com/s?id=1769848737731305493&wfr=spider&for=pc.
[5] 新华社记者. 中国-中亚天然气管道: 铺就能源新丝路. (2026-08-18)[2024-10-13]. https://www.xinhuanet.com/world/2016-08/18/c_1119412998.htm.

世界近现代
超级工程排行榜（下）

西北风光储输工程

110 西北风光储输工程

全　　称 西北风光储输工程，简称风光储输工程

外文名称 National Wind/ Photovoltaic/ Energy Storage and Transmission Demonstration Project

西北风光储输工程，位于河北省张家口市北部，采用世界首创的"风光储输联合发电"技术路线，以"风光互补、储能调节、智能输电、平稳可控"为攻坚目标，建设风电 496 兆瓦、光伏 100 兆瓦、储能 33 兆瓦，是世界上规模最大，集风电、光伏发电、储能及智能输电工程于一体的新能源示范工程，是首个集中体现风光储联合发电先进性和创新性的综合性示范工程[1]。

西北风光储输工程，于 2010 年被列为"十一五"国家科技支撑计划重点项目，并通过了科技部组织的可行性论证，同年工程开工建设，于 2011 年 12 月投运，工程二期于 2013 年全面开工建设，同年提前实现二期扩建工程全部建设目标。

西北风光储输工程，一期工程建设风电 98.5 兆瓦、光伏发电 40 兆瓦和储能 20 兆瓦，配套建设一座 220 千伏智能变电站，总投资 33 亿元。西北风光储输工程二期扩建工程建设规模为风电 400 兆瓦、光伏 60 兆瓦、储能 50 兆瓦，总投资近 60 亿元。

西北风光储输工程，由财政部、科技部、国家能源局共同研究确定，国家电网有限公司设计、建设，列入金太阳示范工程重点项目、"十一五"国家科技支撑计划重点项目和国家电网有限公司坚强智能电网首批试点。工程建设过程中，国家电网有限公司前后组织 600 余名科研人员，清华大学、华北电力大学、华中

科技大学、东南大学、河北工业大学等11所重点高校参与科技攻关。

西北风光储输工程，核心目的是在破解清洁能源固有的随机性、波动性和间歇性难题上取得突破。工程建设运营以来，实现风光储联合发电互补机制及系统集成、联合发电全景监测与综合控制、高精度风光一体化发电功率预测技术、联合发电的网源协调技术、电池储能装置大容量化及储能系统电站化集成等五大技术突破。风光储输联合发电模式，是中国致力于破解新能源发展世界性难题的必由之路，使清洁能源的友好并网和平滑输出成为可能，迎来了转变新能源发展方式的崭新时代。西北风光储输工程突破常规"风电场"概念，在风机全部具备低电压穿越能力的基础上，直驱、双馈类型风机高电压穿越改造实现重大突破，机型、倍数均为国内首台首次；同时也为后续安装6兆瓦、8兆瓦等更大容量风机预留空间。工程选用的5兆瓦永磁直驱风机总高度为100米，是目前国内陆上单机容量最大的同类机型。同时，该风机也创造了中国安装作业海拔最高、设备运行方式最为完善、直接投入风场运行等多项"之最"，成为工程示范引领的新亮点。

一、工程背景

长期以来，中国能源结构以化石能源为主，大规模开发利用化石能源，让中国面临着资源与环境的双重挑战，大力发展可再生能源已成为必然选择。而中国新能源资源主要分布在"三北"地区（80%的风能和太阳能资源都集中在"三北"地区），水电主要分布在西南地区，导致新能源发展的特点是大规模、分布式、大范围的消纳。中国新能源发展迅速，2000~2015年，全球风电、太阳能发电装机分别增长了23倍、175倍；中国风电、太阳能发电装机分别增长了280倍、1400倍。新能源发电规模的猛增带来了消纳难题，与传统能源完全不同，新能源具有随机性、波动性、间歇性等特点，大规模的新能源并网消纳，对于电力系统而言是个巨大挑战。因此规模化开发与集中并网已成为中国可再生能源开发利用的主要模式之一。

西北风光储输工程构建以特高压电网为骨干网架，以输送清洁能源为主导的全球能源互联网，构建多元、开放的能源系统，大力推进能源结构调整转型，在能源开发中实现"清洁替代"和"电能替代"。风光储示范电站公司紧密结合项目核心规划、设计理念与运行实践，积累各项新技术、新设备数据，做好比对路线，在智能电网技术框架下，深度探索风、光、储多组态、多功能、可调节、可调度的联合发电崭新模式。

风光储联合发电、大规模化学储能及联合运维均为世界首创，无任何经验可以借鉴。在工程运营中，国家电网有限公司自主研发的风光储联合发电全景智能监控系统、大规模储能监控系统、风光功率预测系统，已全面运用并取得阶段性成果，在克服风力、光伏等新能源发电的波动性、随机性、间歇性影响，减小大规模新能源接入对电力系统的冲击等方面效果明显。

西北风光储输工程光伏电站充分发挥自身多重采光工艺材质及跟踪布置特色优势，运用自主研发的监控系统，实现所有光伏组串电压、电流监测，具备高低电压穿越功能，是国内最大的功率调节型光伏电路，已多次成功抵御局部瞬时故障扰动，为大规模光伏电站并网起到示范引领作用。

西北风光储输工程储能电站运用全部具有自主知识产权的全球首套大规模、多类型储能电池监控系统，实现化学储能系统平滑出力、跟踪计划、削峰填谷、调频等四大功能，成为世界上首个具有"黑启动"功能的大规模新能源联合发电站。储能电站还试验投运了液流电池储能系统、超级电容、钛酸锂和胶体铅酸电池等多类型新型电池。

西北风光储输工程在世界范围内首创了大规模风光储联合运行"先加法、后减法"的新能源发电模式[2]。全景一体化监控系统可以实现风光储"加法"组合这种复杂方式下的有功、无功控制，在其他组合方式下，监控系统只需要适当做"减法"就可以适用于风单独、光单独、风光组合、风储组合、光储组合等方式。

通过国家电网有限公司自主研发的联合发电控制系统，对风电、光伏、储能系统开展联合调度，实现了多种组态运行方式灵活切换和控制功能，全面满足了实际调度运行和实验研究需求，对实现源网友好互动、提高新能源发电质量和电网接纳能力具有显著意义。西北风光储输工程的成功实践，实现了新能源的友好接入和源网协调，为新能源大规模高效开发利用找到了路径，已成为中国乃至世界智能化运行的新能源示范电站。

二、工程价值

西北风光储输工程的工程价值主要包括工程主要成果、工程主要技术、工程管理创新、工程社会价值等四个方面。

1. 工程主要成果

西北风光储输工程破解了新能源开发利用的世界性难题，并取得了一系列成果。2015年，工程涉及的国家科技支撑计划7大课题以及两项863计划课题圆满通过验收；2016年，荣获"第四届中国工业大奖"；2017年，荣获"全国质量奖卓越项目奖""国家优质工程金质奖"。此外，西北风光储输工程获得省部级科技成果奖7项，国际质量管理（quality control，QC）金奖和全国QC最高奖4项、省部级QC一等奖6项；发布国家标准 13 项、行业标准 21 项；取得发明专利 49 项、实用新型专利 44 项；发表论文 142 篇。

2. 工程主要技术

1) 突破了风光储互补机制及系统采集技术

西北风光储输工程采用了全球首创的风光储输联合发电技术路线，这种技术利用智能电网向大电网输电，当风力或光伏发电充足时，将剩余电量充进储能系统；而当风力或光伏发电不足时，储能系统释放储存的电力。这种采集技术提高了新能源发电的范围和上网率，使得新能源发电能够更好地替代传统的火力发电。

2) 突破了全景监测与协调控制技术

西北风光储输工程通过建立大规模新能源发电设备的全景监测系统，实现了对风力发电机组、光伏电站以及化学储能系统的实时监测和数据采集。通过这些数据，可以全面掌握新能源发电系统的运行状态，为协调控制提供依据。同时，该工程还采用了先进的协调控制技术，通过对新能源发电设备和储能系统的优化控制，实现了风光储联合发电的互补机制和系统集成。这种协调控制技术能够根据实时监测的数据，自动调整新能源发电设备的运行状态和储能系统的充放电策略，确保整个系统的高效运行。

3) 突破了风光联合功率预测技术

西北风光储输工程通过建立大规模新能源发电设备的光照和风速监测系统，实现了对光伏电站和风力发电机的实时监测和数据采集。同时，该工程采用了先进的风光联合功率预测技术，通过对新能源发电设备的优化控制，实现了风光联合发电的功率预测和协调控制。这种风光联合功率预测技术能够根据实时的光照和风速监测数据，预测新能源发电设备的输出功率，为系统的稳定运行提供重要参考。

4) 突破了大规模储能技术集成及控制

西北风光储输工程通过建立大规模化学储能系统，实现了对新能源发电的稳定和高效支持。同时，该工程采用了先进的储能技术集成及控制技术，通过对储能系统的优化控制，实现了风光储联合发电的互补机制和系统集成。

3. 工程管理创新

1) 西北风光储输工程采用统一规划管理

西北风光储输工程按照建设具有"技术先进性、经济合理性、项目示范性"的国际一流示范工程的规划要求，建设过程中以工程创优为指南，对施工进度实施统一规划管理。充分认识、准确把握示范工程的生产特点，以做好人员培训、创新运维管理模式为关键环节，确立符合风光储联合发电要求的运维管理模式，为生产准备工作提供坚实的人才智力支撑。按照工程的里程碑进度计划，认真细化、倒排各分项工程的网络进度安排，科学处理施工进度、施工质量与施工安全的关系，积极组织施工、监理单位先期进驻，针对施工现场地域、气候的具体实际展开工作。

2) 西北风光储输工程建立了完善的质量控制体系

依据工程制定的质量总目标，进一步明确工程建设路线，建立与工程项目质量管理要求相适应的组织机构与质量管理网络，严格验收制度、严肃验收秩序。切实加强对设计、施工、设备、材料等方面质量的全面控制。

3) 西北风光储输工程建立了完善的创优规划体系

创建并完成包括目标管理、强制执行条文管理、进度管理、造价管理、资料管理等多个创优规划体系，以此为指导，全面开展创优规划，为工程全面推进提供牢固的基础。

4. 工程社会价值

西北风光储输工程为清洁能源的利用与开发提供了新方案。工程应用风、光、储多组态联合运行模式，实现了新能源的友好接入和源网协调，是中国智能化运行水平最高、运行方式最为灵活多样的新能源示范电站。西北风光储输工程实现了新能源发电的平滑输出，使清洁能源成为最有可能替代火力发电的电源形式。西北风光储输工程研发试验的成果，也加快了清洁能源进入千家万户的进程，让风光储输"金太阳示范工程"成为民生工程，展现出不可估量的社会价值。中国作为世界上最大的发展中国家，节能减排的举措和成效备受关注[3]。西北风光储输工程作为清洁能源大规模开发利用的标志之一，有效解决了能源发展方式转变进程中的关键性技术难题，在节能减排上代表着中国的态度和能力，将为改变世界能源环境作出重要贡献。同时，这一技术路线的成功探索，也将对在世界范围内转变新能源发展方式产生巨大影响。

三、工程启示

西北风光储输工程的工程启示主要有成功关键因素、工程哲学启示、工程立国思考、未来发展指导四个方面。

世界近现代 超级工程排行榜（下）

1. 成功关键因素

1）西北风光储输工程成功的客观条件是丰富的风能和太阳能自然资源

中国拥有丰富的风能和太阳能资源，这为西北风光储输工程提供了充足的能源来源。西北风光储输工程需要良好的地理环境来建设风电场和太阳能电站。中国拥有广阔的土地资源和适宜的建设环境，为工程的实施提供了良好的条件。

2）西北风光储输工程成功的必要条件是能源结构调整和可再生能源发展的需要

中国长期以来以化石能源为主，这带来了资源与环境的双重挑战。大力发展可再生能源已成为必然选择。西北风光储输工程的成功建设，为新能源的并网消纳提供了解决方案，是中国能源结构调整和可再生能源发展的关键一步。

3）西北风光储输工程成功的保障是依靠国内外力量实施科技创新

在西北风光储输工程建设中，聘请国内外院士和风光储领域著名专家作为顾问，为攻关提供技术咨询，发挥风、光、储、输、控专业攻关团队作用。加强对各项工作的组织、协调，迅速建立起以周为单位、全面协同的工作机制，不断强化工程科技工作管控力度，积极推进科技支撑工作。

2. 工程哲学启示

西北风光储输工程的建设体现出工程哲学的工程认识论。西北风光储输工程利用自然资源来产生清洁能源。能源是一种具有自身存在属性的物质，是客观存在的。尊重客观规律与发挥主观能动性是辩证统一的，在认识和遵从西北风光储输工程的自然规律前提下，开展风光储输工程有利于能源开发和利用的可持续发展。西北风光储输工程是促进新能源大规模开发利用的关键工程之一，其建设推动了中国能源结构调整，促进了经济社会可持续发展。在西北风光储输工程建设中，既遵循了自然规律，保护了生态环境，又充分发挥了主观能动性，采用创新技术手段，提高了工程效益。正确把握事物的客观规律，提高人们活动的自觉性和预见性，克服能源开发和利用的盲目性，将有助于人们从发展长远利益考虑，找到解决全球能源危机的有效方法。

3. 工程立国思考

西北风光储输工程是中国新能源发展战略的重要体现。该工程展示了中国在新能源科技领域的创新能力和国际领先地位，通过风光储联合发电技术、大规模储能技术、风光功率预测技术等一系列核心技术的突破和应用，为国家新能源事业的发展提供了强大的技术支持和推动。西北风光储输工程的成功运营，为其他地区和国家提供了可效仿的范例，有助于推动全球新能源事业的发展和进步。此外，该工程的实施，使得新能源发电的占比得到提升，降低了对传统化石能源的依赖，有利于保护环境、推动绿色低碳经济的发展，为世界各领域的绿色能源开发作出表率。

4. 未来发展指导

西北风光储输工程为世界新能源发展应用提供了新方案。西北风光储输工程实现了风储联合、光储联合和风光储联合等七种发电运行方式的自动组态、智能优化和平滑切换，使风光储输出的电力可控、可调，充分发挥电网友好型新能源电站的示范作用。西北风光储输工程的成功投产为解决新能源大规模集中开发难以控制、难以调度的世界性难题提供了"中国方案"，贡献了"中国智慧"。西北风光储输工程建立了完整的风光储联合发电核心技术体系，为未来新能源发展应用提供了一个成功方向。

参考文献

[1] 梁立新. 国家风光储输示范工程之最. 华北电业, 2018(11): 54-55.
[2] 刘新竹, 赵燕良. 国家风光储输示范工程介绍及其典型运行模式分析. 信息与电脑(理论版), 2016(4): 148-149.
[3] 翁爽. 风光储输, 勾勒未来能源利用图景——中国工程院"低碳奥运院士行"活动侧记. 国家电网, 2016(10): 60-63.

世界近现代
超级工程排行榜（下）

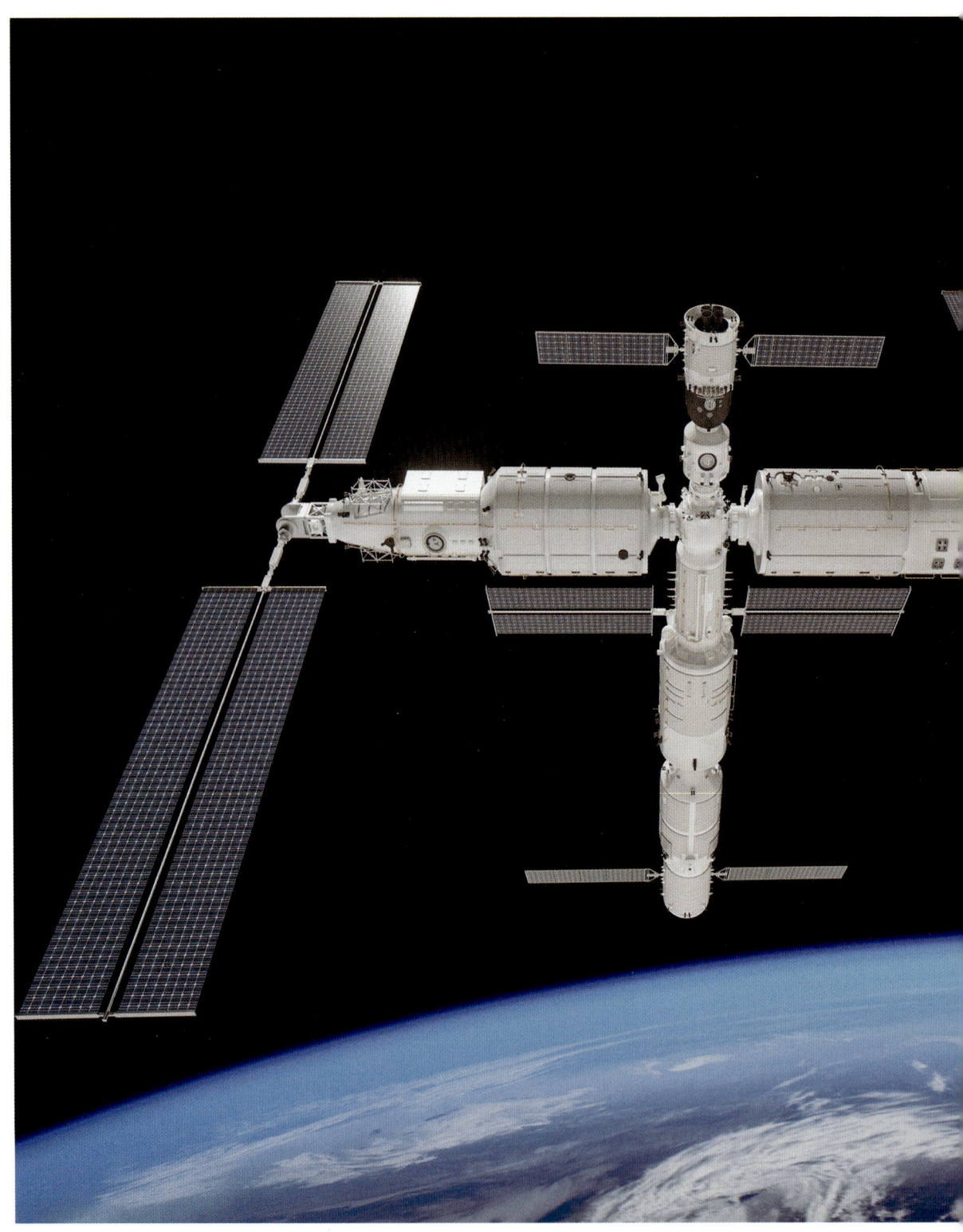

中国空间站在轨运行

111 中国空间站

全　　称 中国空间站,又称天宫空间站
外文名称 China Space Station,缩写为 CSS

中国空间站,是中国建设科技强国、航天强国的重要引领性工程。中国空间站将是国际空间站退役后,唯一运行的近地轨道在轨服务平台,对共轨飞行器进行在轨服务,逐渐发挥"太空母港"的重要作用[1]。

中国空间站,是中国实现载人航天工程"三步走"战略的最后一步。中国载人航天工程于1992年立项。2010年9月,中央正式批准实施载人空间站工程。2012年3月,中国空间站完成了立项综合论证,转入方案设计阶段。2014年6月,中国空间站完成了方案设计,转入初样研制阶段。2019年9月,天和核心舱首先转入正样研制。2021年4月,天和核心舱成功发射入轨,先后与神舟十二号、十三号载人飞船和天舟二号、三号货运飞船对接形成组合体,进入中国空间站关键技术在轨验证阶段。其间,问天实验舱、梦天实验舱先后完成初样研制,转入正样研制阶段。2022年4月,中国空间站完成关键技术在轨验证阶段评估,转入组装建造阶段。2022年7月,问天实验舱成功发射,与天和核心舱对接,10月,梦天实验舱成功发射,与天和核心舱对接,空间站T字基本构型在轨组装完成。2023年,中国空间站正式转入应用与发展阶段,全面开展空间科学实验和技术试验[2]。

中国空间站,基本构型为三舱T字构型,三个舱段分别为天和核心舱、问天实验舱和梦天实验舱[3]。天和核心舱居中,问天实验舱和梦天实验舱分别连接于两侧。天和核心舱发射质量约22.5吨,两个实验舱发

射质量约23吨。天和核心舱在前向、径向和后向共设有三个对接口，前向主要对接载人飞船和其他来访航天器，径向主要对接载人飞船，后向主要对接货运飞船，在轨最大规模为"3舱+3船"组合体，总质量达百吨。中国空间站也可接纳如巡天空间望远镜等其他来访航天器。中国空间站设置气闸舱用于航天员出舱活动，配置货物气闸舱，其具备货物自动进出舱能力，配置大、小两个机械臂用于辅助对接、出舱活动、舱外载荷照料和小卫星释放等，支持开展舱内外多领域、多类型空间实验。中国空间站具备扩展能力，后续将根据需要增加新的舱段，扩展规模和应用能力，最大可支持扩展至180吨级组合体。中国从提出建造空间站的目标，到"天宫"空间站全面建成的近30年间，已经耗资达73亿美元。110多家研制单位、3000多家协作配套和保障单位以及10万多名工程技术人员和解放军指战员直接参加了载人航天工程的研发与建设。

中国空间站工程由中国政府批准实施。中国成立载人航天工程办公室，统一管理载人航天工程的发展战略、规划计划、总体技术、科研生产、条件建设、飞行任务组织实施、应用推广、国际合作和新闻宣传等工作[4]。中国空间站天和核心舱及问天实验舱均由中国航天科技集团有限公司第五研究院研制。梦天实验舱由中国航天科技集团有限公司第八研究院研制。中国空间站三舱的总装集成和测试试验主要在中国空间技术研究院天津基地超大型航天中心开展。

中国空间站的建成标志着中国独立掌握了近地空间长期载人飞行技术，具备了开展近地空间长期有人参与科学技术试验的能力，为中国空间科学和空间技术的持续创新发展、中国航天强国建设、提升中国在世界载人航天领域的影响力提供了重要支撑。中国空间站支持驻留3名航天员，采用载人飞船实施乘组轮换，实现航天员长期不间断在轨驻留。中国空间站将在轨运行10年以上，支持中国开展航天医学实验、空间科学实验和航天新技术试验，不断推动我国空间科学技术的创新与发展。此外，中国空间站正致力于成为国际社会的科技合作交流平台，为各国航天员或载荷提供在轨飞行机会。中国空间站正以开放共享的姿态，为人类和平探索和利用太空贡献中国力量。

一、工程背景

早在20世纪60~70年代，中国就制定了发展载人飞船的计划，准备在1973年底将第一艘"曙光号"飞船发射升空。然而，由于当时国家经济基础薄弱、科技水平较低等，"曙光号"飞船工程中途下马了，但其研制成果为后来载人航天工程立项论证奠定了技术基础。

1992年9月，中国决定正式实施载人航天工程，提出工程分三步走，即第一步发展载人飞船，突破并掌握载人天地往返技术；第二步建立具有一定应用规模的短期有人照料、长期在轨自主飞行的空间实验室；第三步建立长期有人照料的空间站，开展较大规模的空间科学技术试验和应用。

中国载人航天工程自1992年立项以来，成功完成了5次无人飞船飞行和多次载人飞行，掌握了载人天地往返技术，突破了航天员出舱活动技术和空间交会对接技术，为建造空间站奠定了基础。2010年，中央批准启动载人空间站工程立项，计划分空间实验室和空间站两个阶段实施：第一阶段是在突破航天器空间交会对接技术的基础上，发射天宫二号（TG-2）空间实验室，验证和考核空间站建设所需的部分关键技术；第二阶段是建设空间站，发射空间站核心舱、实验舱Ⅰ和实验舱Ⅱ，发射载人飞船和货运飞船，在轨对接组装成空间站组合体[5]。

中国空间站工程自正式立项实施开始，经过11年的不懈努力，终于在2021年4月，将天和核心舱在文昌航天发射场由长征五号B遥二运载火箭成功发射入轨，拉开了中国空间站建造的大幕，标志着中国空间站工程进入任务实施阶段。2022年7月，问天实验舱奔赴太空，它既能为航天员提供更宽敞舒适的生活环境，也可以作为"备份大脑"代替天和核心舱控制空间站组合体；2022年10月，梦天实验舱启航，它主要用于开展空间科学与应用实验，独有的货物气闸舱可以实现货物自动进出舱，至此，中国空间站T字基本构型在轨组装完毕。2021~2022年，通过11次发射及在轨飞行任务，中国空间站如期完成组装建造，2023年正式转入应用与发展阶段。中国空间站的建设运行，使中国成为继苏联、美国之后第三个独立建设和运行空间站的国家。

二、工程价值

1. 工程主要成果

中国空间站在空间科学研究和技术创新方面取得了重要成果，因此也获得了许多奖项。天宫设计、核心舱和"问天"舱研制、发射及空间站在轨关键技术验证、组装建造和在轨飞控任务，获多项国家科学技术进步奖和省部级科技进步奖，其中载人航天空间交会对接工程项目获2013年国家科学技术进步奖特等奖。

2. 工程主要技术

中国空间站在中国载人航天工程前期的技术基础上，重点突破了空间机械臂、高效统一的空间能源技术、空间信息技术、物化再生生保、在轨推进剂补加等关键技术[6]。

1）应用了智能灵活的空间机械臂技术

天和核心舱配置1个7自由度的大机械臂，作业半径近10米，负载能力25吨；问天实验舱配置1个7自由度的小机械臂，作业半径5米，负载能力3吨。两个机械臂均可自主完成载荷照料、辅助航天员转移和作业等多项任务，大机械臂还具备完成来访航天器悬停捕获的能力。机械臂具备单臂自主工作、双臂组合与协同工作等多种使用模式。在三舱布置有多个机械臂目标适配器，可供大、小机械臂在舱外"爬行"，大大扩展了机械臂的活动范围，提高了灵活性。

2）应用了高效统一的空间能源技术

中国空间站采用了大面积柔性太阳翼作为整站发电设备，问天实验舱和梦天实验舱太阳翼作为中国空间站主要发电来源，单翼展开长度27米、面积超过110平方米，采用双自由度对日定向，并将太阳翼设置在实验舱舱体尾部，充分利用组合体构型宽度，确保任何飞行姿态下太阳翼均有良好的太阳照射条件，充分发挥其发电能力。中国空间站三舱由天和核心舱进行统一能量管理，实现中国空间站各构型下能量的统一管理、动态调配，通过并网系统，可为不同电压体制的来访航天器提供供电支持[7]。

3）应用了天地一体化高速空间信息技术

中国空间站采用当代信息技术构建信息系统，各舱采用统一的体系架构，设备、软件、通信协议采用通用化设计，基于网络技术，进行中国空间站各舱段及与来访航天器间的信息管理与共享，由天和核心舱实现统一管理，问天实验舱作为系统备份，梦天实验舱配合支持管理。信息传输与测控采用天地一体化设计，以中国中继卫星系统的天基测控方式为主、天基和地基测控相结合，各舱段测控通信设备融合使用，提高天地间测控、通信和网络交互能力和效率，保障飞行期间测控通信的全覆盖。

4）应用了物化再生生保技术

中国空间站采用物化再生生保技术进行舱内载人环境的控制。天和核心舱与问天实验舱均配备了全套物化再生生保系统，其中天和核心舱物化再生生保系统作为主份工作，问天实验舱物化再生生保系统作为备份。中国空间站物化再生生保系统采用物理化学再生方式，包含了电解水制氧、微量有害气体去除、CO_2去除、水处理、尿处理5个子系统。

5）应用了在轨推进剂补加技术

为了实现中国空间站在轨长期运行，在天和核心舱配置了推进剂补加系统，接收由天舟货运飞船所携带的推进剂。补加系统采用基于膜盒贮箱和增压气体复用的推进剂补加方案，配置了长寿命高可靠压气机，实现了增压气体的重复利用。在天和核心舱前、后向对接机构均配置了补加接口，保证了货运飞船在天和核心舱前向对接口或后向对接口对接时，均可为中国空间站补加推进剂，提高了任务的可靠性。另外，巡天空间望远镜等来访飞行器在前向对接口对接时，对接于后向对接口的货运飞船可借助中国空间站过渡，为巡天空间望远镜和其他来访飞行器跨舱提供补加推进剂。

3. 工程管理创新

中国空间站建设过程中的工程管理创新是把科学技术创新、组织管理创新和机制体制创新有机结合，形成并延续了"零缺陷管理"、质量问题归零"双五条"等一系列系统工程管理思想和方法规范[8]，实现了中国载人航天分步实施、百分之百成功。其中最具代表性的是积极开展了基于模型的系统工程方法（model based system engineering，MBSE）的探索和应用。采用 Modelica 多领域统一建模语言建立了包含控制与推进、能源、信息等学科专业的多学科系统仿真模型，在研制阶段用于对空间站方案设计进行综合仿真验证，在运行阶段用于在轨飞控任务仿真支持。建立了空间站全三维数字化协同设计平台，横向实现型号内跨部门、跨专业、跨地域的统一规范，并行快速协同设计，纵向实现设计、制造、总装、仿真和试验过程数据联通。基于全三维数字化协同设计平台构建了面向设计、制造、总装全过程多专业强耦合的并行协同设计体系，实现了基于统一三维模型的各专业全流程并行协同设计，工程研制效率大幅提升。

4. 工程社会价值

中国空间站从国家全产业链角度，极大地引领和带动了空间科学、生命科学等多种前沿学科和原材料、元器件、智能制造等多领域先进技术的发展。中国空间站作为长期在轨运行的"太空母港"，其天然的高真空、微重力、超洁净环境也可以充分用于开展各类科学技术研究，推动了科学技术进步[9]。

中国空间站还打造成了面向国际社会的、开放的科技合作交流平台，采用政府间合作、商业合作等多种模式，在空间站建造和运营技术、空间科学与应用、航天员选拔训练、载人航天高技术成果转化等领域，广泛开展务实合作。目前，中国载人航天工程办公室代表中国政府已经与联合国外太空事务司签署了一系列框架协议，可与国际上特别是第三世界国家开展搭载发射、太空救援等一系列合作，使之成为造福全人类的太空实验室。

三、工程启示

1. 成功关键因素

（1）中国空间站注重系统级集成设计，追求整体最优[10]。中国空间站充分发挥了由中国一国独立研制的优势，在系统层面进行了高度的一体化设计，避免了国际空间站由不同国家联合研制带来的技术体制不统一、整体优化程度不高的问题；统一且合理分配三舱的功能，三舱采用统一的技术体制，构型结构、能源系统、信息系统、环热控系统等均统一设计，在形成组合体后三舱的各系统均能互联互通，形成一个有机的整体；同时整站充分利用了快速发展的先进信息网络技术，实现了舱段间高效的系统融合和重构，提高了空间站整体能力和系统可靠性。

（2）中国空间站新技术比重大，实现跨越式发展[11]。中国是在经过空间实验室阶段任务、突破了交会对接等关键技术的基础上，经充分的地面试验验证，引入新技术进行中国空间站的建造，走出了一条稳健的跨越式发展道路。新技术比重大是中国空间站的显著特征，其采用的空间机械臂技术、物化再生生保技术、大面积柔性太阳翼技术等均为中国首次在轨开展应用的全新技术，应用难度大、风险高。针对新技术应用带来的在轨飞行任务风险，中国空间站在天和核心舱发射入轨后专门设置了约1年的关键技术在轨验证飞行阶段，经关键技术在轨验证通过后，再决策实施后续中国空间站的正式组装建造任务，确保组装建造工作可靠开展。

2. 工程哲学启示

从工程哲学系统思维的角度看，中国空间站应用和发展了系统工程方法。系统工程是设计、建造和运行人造系统的方法，中国空间站的各部分各自独立，组成系统时又相互联系、相互作用，核心舱既能独立以单舱空间站模式运行，又要作为枢纽将两个实验舱多维度融合，有机地形成一个新的整体。中国空间站展示了工程建造的系统性。

从工程方法论角度看，工程的目标是通过建设者有组织地活动，集成各组成部分，构建新的能力和环境。中国空间站应用数字技术、数字制造技术和互联网技术提高了系统工程的能力，将载人航天工程从基于文档向基于模型转变，推动系统工程理论和方法的发展。

3. 工程立国思考

中国空间站的建设，对于中国无疑具有重大的战略意义，不仅直接带动了整个航天科技产业链相关科学技术的进步，还将为有朝一日人类能移民外太空积累科学基础。中国空间站的建成将为中国科研的发展提供新的创新载体，助力中国科研技术水平的整体创新提升。空间站的建设可以带动相关科技的发展，如今人们使用的很多东西，最初都是为了完成航天任务而设计的。在这种情况下，由中国独立设计并建造的中国空间站，相应带动了中国工业制造领域、基础研究领域的进步，实现了真正意义上的"工程立国"。

4. 未来发展指导

空间站的发展不能过度追求规模，要遵循规模适度，有所为、有所不为的原则，充分采用当代先进技术，实现跨越式发展，注重应用效益和运营经济性，走可持续发展的道路[12]。中国空间站三舱质量约为69吨，虽然与123吨的和平号空间站、423吨的国际空间站相比，规模相对较小，但从建造成本和应用效益的角度综合分析，这是一个符合中国国情和实际需要的理性选择。中国空间站通过整体统一优化设计，建成后在控制、信息、能源、资源再生利用、物资补给需求、运营成本、应用效益等方面均达到当代国际先进水平，并在一些方面有所超越，在建造和运营上更为经济合理[13]。

参考文献

[1] 神舟十四号载人飞船将创多个"首次"任务期间完成天宫空间站建造. 中国军转民, 2022(12): 6-7.
[2] 天宫空间站开启我国太空探索新时代. 中国科学探险, 2022(5): 8-9.
[3] 杨悦. 中国空间站建造之路. 解放军报, 2022-10-28(009).
[4] 图解天宫空间站. 世界科学, 2022(10): 65.
[5] 胡蓝月. 建"天宫"中国迈入空间站时代. 中国航天报, 2023-05-05(001).
[6] 天宫空间站——开启中国载人航天新时代. 中国科学探险, 2022(4): 11-13.
[7] 本刊编辑部. 天宫空间站的建设时间表. 飞碟探索, 2021(5): 21.
[8] 王翔, 王为. 天宫空间站关键技术特点综述. 中国科学: 技术科学, 2021, 51(11): 1287-1298.
[9] 王翔. "天宫"空间站：怎样在太空搭积木. 军事文摘, 2021(20): 4-9.
[10] 黄希. 总设计师详解中国空间站天和核心舱. 太空探索, 2021(6): 16-21.
[11] 翟万江. 披荆斩棘三十载 长驻九天耀星辰——中国自主创新建设空间站纪实. 中国科技产业, 2021(5): 66-69.
[12] 王翔, 王为. 我国天宫空间站研制及建造进展. 科学通报, 2022, 67(34): 4017-4028.
[13] 陈善广, 陈金盾, 姜国华, 等. 我国载人航天成就与空间站建设. 航天医学与医学工程, 2012, 25(6): 391-396.

世界近现代
超级工程排行榜（下）

伦敦阵列

112 伦 敦 阵 列

全　　称 伦敦阵列
外文名称 London Array

伦敦阵列位于风能资源十分丰富的伦敦泰晤士河河口外海，距离海岸20千米的海面上，占地245平方千米，比整个曼彻斯特还大，是世界上规模最大的海上风力发电厂，是无与伦比的输电工程。伦敦阵列是世界上第一个工业化级别的海上风场，它的完工标志着海上风电开发技术已经基本成熟，实现了人类控制自然元素，产生大量电力的目的[1]。

伦敦阵列最早于2001年时开始进行筹划，在规划时设计分成两个阶段，共装设341台风力发动机，2007年11月英国政府批准了这项企划案。2008年5月，因为金融危机的影响，壳牌公司宣布放弃该项目，随后英国财政大臣阿利斯泰尔·达林的投资让该项目得以继续建设。2011年3月的第一期工程中开始安装涡轮机，占地90平方千米，2012年10月，第一批安装的涡轮机先行投入使用，2013年4月8日进行全面运转测试，随后正式投入使用，通过55个接入口连入英国国家电网。7月5日，英国首相戴维·卡梅伦在泰晤士河河口前为世界上最大的海上风力发电场揭幕。二期工程将增加更多的装机容量，使总发电量达到1000兆瓦，但因为关注于对海鸟的影响，该项目的第二阶段规划在2014年被驳回。

伦敦阵列第一期耗费29亿美元，建立了175个转子直径达120米的涡轮机，安装有177台西门子SWT-3.6-120风机，塔架本身分为三个部分，每个部分约重200吨，每个风力机有三个叶片，每个叶片重

199

20～30吨，装在风力机顶端的机舱，重达300吨。轮毂高度87米，水深约25米，地基重达650吨。地基中的单体桩长33～65米，重200～650吨，过渡件高20～28米，重245～345吨。风力机共同组成长达200千米的网络，在两座巨大的近海变电站汇集，把电送到本土上，变电站需要把电压从原来的33千伏增加到15万伏，以减少漫长输送过程中的损失，这一过程需要四条长度超过50米，各重4500吨的巨大电缆[2]。风力机产生的电能在海上集中升压后，通过海底高压电缆输送到海岸。

伦敦阵列是以壳牌公司为首的国际财团投资建立的一个风力发电项目，将发电场与国家电网连接起来，西门子为该风电场提供了风机和电网接入解决方案，丹麦东能源公司（Dong Energy）负责风电场的维护服务。伦敦阵列的风电站由耐克森（Nexans）提供包括4条150千伏交联聚乙烯海底平行电缆的设计、制造和供应，每条电缆的长度约为53千米。Seaworker号自航式自升式船和MPI冒险号两艘船负责安装176个地基，每个地基都由一个插入海床20～50米的钢管单桩和一个巨大的黄色过渡件组成。重达268吨的单桩由合资公司珀·奥尔斯莱夫－比尔芬格伯格工程建筑合资公司（Per Arsleff Bilfinger Berger Ingeniurbeu）提供并安装，过渡件固定在单桩顶部，为风力涡轮机提供基础。由法布里克姆/伊蔓茨/吉欧西未来能源联合体（Fabricom/Iemants/Geosea）合资公司组成的Future Energy设计、建造和安装一期工程所需的两座海上变电站。海上变电站电气系统和陆上变电站的工作由西门子能源管理集团完成，耐克森（Nexans）挪威公司提供220千米的150千伏的海底出口电缆，将海上变电站与海岸连接起来。

伦敦阵列总装机容量达630兆瓦，平均每年发电2500吉瓦时，作为全球最大近海风力发电场，对清洁能源的规模化利用具有重大意义。和传统发电方式相比，伦敦阵列一期工程建成后可以每年减少碳排放92.5万吨，将为50万户英国家庭提供清洁能源，这相当于2/3肯特地区的家庭用电量。英国政府声称，该项目将巩固英国作为世界"领先的海上风力发电"的地位，并将成为该国到2050年削减80%温室气体排放的"旗舰项目"[3]。如果它达到了1000兆瓦的发电能力目标，伦敦阵列将成为世界上最大的风力发电场，且能够为伦敦大约1/4的家庭提供电力。

一、工程背景

由于英国政府的可再生能源市场对投资的吸引力小于西班牙、美国、德国和印度等国家，因此决心大力发展近海风力发电事业改变这一现状，力争2010年前达到向1/6家庭供电的能力。

英国具备风力发电的基础条件，海岸线总长 11450 千米，也是世界上海洋风最活跃的地方，这也让英国成为可利用海洋风力发电资源的大国。英国外海的风比欧洲其他地方都多，而风力机的叶片只需要时速 12 千米的风就能发电，独特的地理优势为在这里建设全球最大的近海风力发电场提供了有利条件。因此，英国将研究海洋风能、波浪能、潮汐能等视为开发新型能源的突破口，希望海洋成为未来英国的能量之源。修建伦敦阵列这一决定的意义大过工程本身，更重要的一点是"英国向世界其他国家发出了清晰信号：英国对近海风力开发持开放态度"[4]。

从前从未有人尝试过这么大规模的海上工程，施工时难以预测的环境成了巨大的挑战。在环境恶劣的北海打造巨型阵列是最艰苦的战役，潮汐高度变化很大，所以会有很高的洋流，也有很多会移动的沙洲。严酷的海洋环境也让科技设备难以承受。北海洋流速度很快，海床的性质多变，仅在一个地方的差异可能高达 10 米，小区域的变化非常剧烈，而且天气变化很大，在雾蒙蒙和天气晴朗之间会突然狂风大作，毫无预警，在这里建设风电场面临很大的挑战[5]。

RMJM 建筑事务所负责伦敦阵列计划，总耗资 15 亿英镑（约合 29 亿美元），能源巨头德国意昂集团享有伦敦阵列 50% 的所有权，阿联酋马斯达尔（Masdar）公司和丹麦东能源公司分别享有 20% 和 30% 所有权。2007 年 7 月，英国能源公司 E.ON 和丹麦东能源公司同意获得壳牌公司持有的该项目 33.3% 的股权。随后，阿联酋阿布扎比市政府的下属机构马斯达尔也加入了该项目。2008 年，壳牌公司宣布退出该项目，一度导致该项目资金受挫。2008 年 5 月，英国财政大臣阿利斯泰尔·达林宣布，投入 5.25 亿英镑支持可再生能源产业，这让伦敦阵列起死回生。

二、工程价值

1. 工程主要成果

伦敦阵列的建成，突破了近海风力发电的多项技术难题，其在对抗全球气候变化、创造经济效益、推动技术创新、实现环保和可持续发展目标以及提高社会效应等方面发挥了非常大的影响力。这些不仅对该项目的成功具有重要意义，同时也对未来可再生能源的发展和社会的可持续发展具有深远的影响。

2. 工程主要技术

伦敦阵列凝结了无数工程师的心血，也是参与建筑设计工作者一生的骄傲，他们参考前人的智慧结晶，从中吸取有用的部分并加以改进，使之成为伦敦阵列独特的优势[6]。

（1）采用了先进的海水装机作业技术。安装风力机是很重要的作业，该工程的奇观由巨大的组件组成，工程师将现场结合 1000 吨的起重机，来共同组装风力机的上部结构，使用起重机将桩从船甲板上吊起，并使用 225 吨砧和液压撞锤将直径 5.7 米、重 650 吨的大钢管桩打入海床 68 米处，以固定 28 米高的黄色转接段，成功实现海上拼装。伦敦阵列项目运用了与东海大桥项目完全不同的分体安装方式。首先用自航自升安装船运输若干套单桩基础和连接件到指定位置完成基础安装，然后用同类的自航自升安装船运输 4 套塔筒、组装好的机舱 - 轮毂、12 枚叶片到指定位置。首先安装塔筒，然后吊装机舱 - 轮毂组装体，随后逐枚安装叶片。一台风机安装好后直接驶向下一台机位处准备吊装作业，直至安装完船上运输的 4 套机组。

（2）采用了智能叶片技术。设计团队需要克服的挑战之一，就是让风力机在极端天气中保护自己，只要风速不超过每小时 80 千米，风力机能安全运转，但超过该速度，风力机必须要采取自保措施，通过调整风力机叶片的俯仰角度来容许不同的转速转动，这由内建计算机控制的液压系统来调节，这些智能叶片可以根据不同风况自动调整到最佳角度，风速较低时可以得到更高的能量，也提供了紧急停车的功能，使其在必要时停止转动[7]。

3. 工程社会价值

通过伦敦阵列，英国重新确认了其在欧洲海上风能领域领先者的头衔。伦敦阵列的年发电量超越之前所有的近海风力发电场，这样的规模是前所未见的，可以说改写了能源生产的定义，这个极具开创性的风力发电场为未来风力发电技术开创了一条坦途[8]。此外，英国是世界上最大的石油进口国之一，伦敦阵列的电力供应有效地减少了英国对化石燃料的依赖，对提升英国能源安全和能源独立性具有重大的意义。

4. 工程生态价值

英国政府曾在《能源白皮书》中承诺，在 2010 年前将来自可再生能源的电力占总发电量的比例提高到 10%，2020 年再翻一番。伦敦阵列发电计划是为实现该目标迈出的一大步。为遏制全球变暖，英国政府还承诺在 2010 年前减排 10% 的温室气体[9]，和传统发电方式相比，伦敦阵列一期工程建成后可以每年减少碳排放 92.5 万吨，伦敦阵列这一风力发电计划完成后，英国即能完成一半以上的减排目标。

三、工程启示

伦敦阵列的成功建成给我们带来了许多启示，这些启示将有助于我们在未来更好地开发和利用可再生能源，促进可持续发展。

1. 成功关键因素

（1）在风力发电领域，技术创新和设备研发是至关重要的。近海环境变幻莫测，建设风力发电场是异常艰巨的。伦敦阵列的建设者依靠前人的经验并根据工程自身的特点和需求进行创新，专门设计研发中空的一体成型叶片，这一技术开发上的创新避免了连接点这一叶片中最弱的一环[10]。此外，工程师在叶片边缘靠近中央处加了一个锯齿状的长条构造，同时在叶片转动最快的部位安装锯齿状尾片，以降低乱流造成的阻力，这些附加部件增加了 1～2 个百分点的发电量，当所有的风力机全年运转时，会得到很大的累积发电增量。通过在技术和细节上对平台搭建、组件组装、叶片的成型和外形进行改进，使本来会干扰到发电效率的因素转变为促进发电量增长的因素。从伦敦阵列项目中可以看出，采用先进的建造技术和设备是成功建设和运行近海风力发电项目的关键[10]。

（2）政府及资本在可再生能源发展中的支持作用非常重要。该项目的资金主要来源于政府和企业投资，其中英国政府提供的资金较为稳定，还提供了很多优惠政策，同时还有多家企业的支持，包括英国石油公司（BP）等大型石油公司，这些资金支持为项目的顺利实施提供了必要的保障。在经历了多轮投资、融资的重重困难，以及财政问题、对政府可再生能源激励措施的担忧导致该项目出现的延误后，政府继续加大对可再生能源的支持力度，推动了项目的顺利进行。

2. 工程哲学启示

工程建设应该正确地处理好工程目标与价值的关系，工程项目的目标需要具有明确性和价值导向。在伦敦阵列项目中，其目标是为了提供清洁、可再生的能源，减少对环境的影响，实现可持续发展。这一目标明确了该项目的价值导向，为后续的决策和实施提供了重要的指导，同时也注意到，在风电开发过程中，对候鸟生存环境的考量还影响了工程项目的建设进度，这也是工程生态价值与工程目标冲突的体现，如何实现两者的平衡是需要深度考虑的问题。

3. 未来发展指导

1）可再生能源是未来发展的方向

随着环境保护和可持续发展的日益重要，可再生能源已成为未来发展的趋势。风能作为一种重要的可再生能源，具有清洁、可持续的特点，是未来能源发展的重要方向，可以减少化石能源的消耗和排放，可为全球的节能减排事业做出巨大贡献。

2）鸟类生存也是风力发电需要考虑的生态因素

约7000只红喉潜鸟冬季会飞到北海这片水域过冬。为保护红喉潜鸟的生活环境，2002~2005年对泰晤士河口的生态环境进行了考察，后伦敦阵列开发商同意减少修建风电站第一阶段引入的涡轮机数量。在保护资源方面，英国政府也表示，只有确定第一阶段工程不影响红喉潜鸟生活后，发电站才能引入更多涡轮机。鸟类保护协会成员计划和发展部门负责人安·麦考尔（Ann Mccall）认为，伦敦阵列开发商的行为反映出许多可再生能源工业开发商的立场，即他们希望与环保机构一同努力，解决环境问题，在追求发展的同时做到不以环境为代价，谋求可持续发展。

3）近海风力发电建设应考虑过往船只安全

伦敦阵列选址太过靠近航线，风电站涡轮叶片的运作可能干扰船只雷达，增大船只相撞概率。尤其是要避免装载化学物质或石油的轮船出现撞击事故，否则将对水域生态系统造成不可逆转的灾难。

参考文献

[1] 毛宏宇.固定式基础海上风机的工业应用.中国海洋平台, 2015, 30(2): 96-100.
[2] 康睿.世界最大海上风电场在英国投入运营.能源研究与信息, 2013(3): 155.
[3] 耐克森赢得最大海上风电场电缆合同.流程工业, 2009(23): 11.
[4] First power from London Array. Offshore. no. 2013. 07. 08.
[5] RMJM建筑事物所.RMJM公布"伦敦阵列"风力发电站设计方案.钢结构, 2018(5): 89-94.
[6] 佚名.全球最大风电场伦敦阵列首期发电.华北电力技术, 2012(11): 29.
[7] ANON. First foundation installed at London Array. New Civil Engineer, 2011(3): 45-48.
[8] 佚名.世界最大海上风电场在英国投入运营.能源研究与信息, 2013, 29(3): 155.
[9] 毛宏宇,何炎平,赵永生.固定式基础海上风机的工业应用.中国海洋平台, 2015, 30(2): 96-100.
[10] 英国减少海上风电补贴致项目生变.风能, 2014(12): 16.

113 Sadara 项目

全　　称 Sadara 项目，又称萨达尔化学工程
外文名称 Sadara Company

　　Sadara 项目位于沙特阿拉伯东部省（Al Sharqiya）朱拜勒工业城，是世界投资规模最大的一体化石化联合项目，是目前世界上最大的各装置同时建造的化学品一体化生产基地。

　　Sadara 项目是沙特阿美与陶氏化学合资成立的 Sadara 石化公司投资的石化项目，于 2011 年第三季度获得 Sadara 石化公司董事会批准，第四季度开始施工，2012 年第三季度签订"工程、采购、施工"（EPC）合同，第四季度签订市场和销售协议，第一套聚乙烯设备于 2015 年 12 月投入生产，所有生产单元在 2017 年第三季度全部投产。

　　Sadara 项目总投资 200 亿美元，产品覆盖消费品、能源、运输、包装、电子和家具等行业。项目共有 26 个世界级装置运行生产高性能、高价值的塑料制品和特殊化学品，核心装置为 150 万吨/年的乙烯和 40 万吨/年的丙烯，同时还向下延伸生产如苯胺、甲苯二异氰酸酯、二苯基甲烷二异氰酸酯（MDI）、丙二醇、聚氨酯、低密度聚乙烯、线性低密度聚乙烯、弹性体、乙二醇醚和环氧丙烷等产品[1]。

　　Sadara 项目由沙特阿美监督实施，产品定位于中东地区，陶氏化学为项目提供技术支持，同时负责出口，计划出口到亚洲（45% 份额）、欧洲（10% 份额）和中东（25% 份额）等[2]。项目的设计和咨询工作由多个国际知名的工程公司完成，包括德希尼布（Technip）、凯洛格·布朗与鲁特（KBR）、雅各布工程集团（Jacobs）等，这些公司在项目的设计和技术支持方面发挥了重要的作用，提供了先进的工艺技术和设备，保证了项目的顺利进行。多个国际知名的工程承包商参与了项目的建设，包括美国的福陆公司（Fluor）、芝加哥桥梁与钢铁公司（CB&I）、欧洲的阿美科福斯特惠勒（Amec Foster Wheeler）、西班牙联合技术公司（Tecnicas Reunidas）、林德集团（Linde）、麦尔蒂克尼蒙特（Maire Tecnimont）、亚洲的日挥株式会社（JGC）、韩国大林通商株式会社（Daelim）、印度拉森特博洛有限公司（Larsen & Toubro）、中石化炼化工程（集团）股份有限公司（SEG）、韩国大宇工程建设公司（Daewoo E&C）等。韩国 Daelim 负责裂解装置的 EPC，合约价值 9.2 亿美元；Fluor 负责项目非现场工作和公用事业的 EPCM（工程、采购、施工、管理），包括开发相关的基础设施和管道；阿西布朗勃法瑞公司（ABB）是项目的主自控承包商，为项目提供换班操作

管理软件解决方案；福布斯特惠勒集团（Foster Wheeler）的子公司全球工程和建筑集团是环氧丙烷的 EPCM 总包商；雅各布工程公司（Jacobs）是三个聚乙烯装置的 EPCM 总包商；Tecnicas Reunidas 是 Chem-Ⅲ 部分的 EPC 总包；美卓集团（Metso）负责项目的阀门，包括自动化控制和开关阀、紧急关闭阀以及智能安全电磁阀的球阀和蝶阀。此外，还有数千家施工分包公司、劳务分包公司、施工设备公司参与了项目建设。

Sadara 项目是沙特阿美和陶氏化学一次成功的合作，为两家公司在中东和全球石化市场的竞争提供了强大的竞争力。项目的成功有助于沙特经济多样化向下游发展，为下游创造全新的价值链，有助于改变沙特和更广泛的海湾地区的工业格局，为沙特在全球石化产业的地位和影响力做出了重要贡献，同时也为其他国家和地区的石化产业发展提供了借鉴和参考，推动了全球石化产业的发展和进步。

一、工程背景

沙特是全球石油资源最丰富的地区之一，拥有全球已勘探石油总量的 24%，也是全球最大的石油出口国，被称为"石油王国"。但石油资源并非取之不尽用之不竭，沙特也早已意识到石油资源终有枯竭的一天，因此开始提前规划部署城市未来的发展方向，尝试打造更多元化经济，减少国家经济对石油的依赖。2016 年，沙特发布"2030 愿景"，正式揭开由依赖石油向追求经济多元化的序幕。这一经济愿景的提出，反映了沙特政府对经济结构转型和多元化的追求，希望通过实现经济基础的多样化，推动工业和制造业的发展，提高经济的稳定性和可持续性。

Sadara 项目在沙特的期许下应运而生，在改变中东石化行业的游戏规则的雄心壮举上被寄予厚望。沙特阿美致力于扩大其石油和天然气下游产业的发展，以满足国内和国际市场的需求。而陶氏化学则是一家全球领先的化学品和材料生产商，在石化产业拥有广泛的技术和经验。因此，沙特阿美和陶氏化学决定合作建设 Sadara 项目，以充分利用沙特的资源优势和陶氏化学的技术实力，共同开发高端石化产品，并提高其在全球石化市场的竞争力。

Sadara 项目的建设包括多个生产装置和配套设施，覆盖多个石化领域，如烯烃、芳烃、聚合物等。工程的建设和运营将提供先进的石化技术和设施，为沙特和全球市场提供高质量、多样化的化学品和材料，也有助于推动当地经济的进一步发展。

二、工程价值

1. 工程主要成果

Sadara 项目是世界规模最大的化工工程，提高了整个石化行业的工程能力和技术水平，推动了石化行业的持续发展和进步，促进了全球资源的优化配置。

2. 工程主要技术

Sadara 项目采用先进的蒸汽裂解技术和催化剂技术，将石油和天然气转化为乙烯、丙烯等基本有机化工原料，这些技术的应用使得该项目能够高效地生产高品质的石化产品，为全球石化产业的发展做出了重要贡献。

（1）采用蒸汽裂解技术。Sadara 项目采用了先进的蒸汽裂解技术和设备，将烃类原料与高温水蒸气接触，使其在高温和压力下发生裂解反应。反应产生的气体经过冷却和分离，可以得到乙烯、丙烯等基本有机化工原料，进一步提高了原料的转化率和产品的纯度，降低了能耗和环境污染。

（2）采用高效催化剂技术。Sadara 项目采用了多种高效催化剂，提高了石化产品的生产效率和质量。例如，在聚乙烯生产过程中，采用了高效催化剂，使得聚乙烯的分子量分布更加均匀，提高了产品的性能和稳定性。此外，还采用了先进的催化剂技术和工艺设计，进一步提高了裂解反应的效率和选择性。

3. 工程管理创新

风险管理是 Sadara 项目执行过程中的一个重要方面，包括合同风险管理、界面风险管理和数据库风险管理等，通过这些管理措施降低项目的风险，确保项目的顺利进行。

（1）采用合同风险管理，降低项目整体风险。Sadara 项目采用了两种不同的合同模式，即总价交钥匙合同（LSTK）和 EPCM 有限总价承包合同（LSPB）。LSTK 合同通常包括固定的总价，承包商负责整个工程的设计、采购和施工。这种合同模式将整个项目的风险转移给承包商，但同时也降低了业主方的管理难度。而 EPCM/LSPB 模式则更侧重于将工程的不同阶段分别外包给不同的承包商。这种模式可以降低项目的整体风险，但需要业主方有更高的管理能力。通过选择不同的合同模式，能够对每个工作包选择最合适的承包商和合同类型，从而有效地管理风险。

（2）采用界面风险管理，确保项目顺畅沟通。Sadara 项目有 30 多个主要的建设合约，沙特阿美和陶氏化学组建了专门的团队来跟踪和管理项目接洽风险，并由项目管理顾问提供支持。项目管理顾问制订了一个界面管理计划，旨在确保项目各个阶段（从工程设计、采购到施工）之间的顺利沟通和协调。通过制订详细的界面管理计划，可以明确各方的责任和期望，并确保每个承包商都按照计划执行。这样可以确保项目各阶段之间的衔接顺畅，避免出现沟通不畅或责任不明确的问题，从而降低项目的风险。

（3）采用数据库风险管理，实现项目有效监控。Sadara 项目建立了数据库，系统地记录和跟踪项目的所有关键点，如设计、采购、施工等，以及每个方面的详细信息和进展情况。通过数据库的记录和跟踪，可以对项目的各个方面进行有效的监控和管理，及时发现和解决潜在的风险点，从而确保项目的顺利进行。

4. 工程社会价值

Sadara 项目作为大型石化项目，具有巨大的社会价值，为沙特当地经济、产业发展和社会进步做出了重要贡献，有助于确保全球能源供应的稳定性和安全性，缓解全球能源供应紧张的局面。项目采用世界上最先进的技术和设备，生产出多种高质量的化学品和材料，降低能源消耗和环境污染，提高沙特化工产业的竞争力和附加值，进一步推动了沙特经济的转型和升级；此外，Sadara 项目的成功运营为沙特当地经济带来了巨大的贡献，创造了大量的就业机会，吸引了大量的国内外投资，进一步推动了沙特地区经济的发展和化工产业的升级，也为其他石化项目提供了有益的经验借鉴。

5. 工程文化价值

Sadara 项目作为一个跨国合作项目，其建设和运营展示了沙特的国家文化和精神，项目的建设汇集了来自世界各地的工程师、技术人员和管理人员，不同背景和文化之间的交流与合作，为该项目带来了多元化的文化体验，提高了沙特的国际地位和声誉，促进了其与国际社会的文化交流。

三、工程启示

1. 成功关键因素

（1）具有丰富的生产经验和广泛市场影响力的开发运营商是 Sadara 项目成功的重要基础。Sadara 项目受益于沙特阿美与陶氏化学的专业技术开发、生产与运营。沙特阿美是世界最大的综合性公司和最可靠的能源与石油衍生品供应商，陶氏化学是世界卓越的下游衍生品生产商和世界一流的运营与销售商。沙特阿美与陶氏化学在石化行业具有深厚的历史，沙特阿美在 5 个国家的 100 多个区域具备运营设施，陶氏化学在全球 36 个国家生产超 5000 多种产品。Sadara 项目的产品根据陶氏化学的市场广度与技术优势相结合，获得最大的价值。

（2）充足的物料供应体系是 Sadara 项目成功的基本保障。Sadara 项目的混合进料蒸汽裂解装置通过裂化石脑油和乙烷来提高产量和经济性，每天将会供应 240 万立方米的乙烷和 190 万立方米的天然气作为燃料和原料。根据长期供应协议，沙特阿美将会供应为期 30 年，53000 桶/天的石脑油、16500 桶/天的阿拉伯重质燃料油、380 吨/天的苯、190 吨/天的甲苯，以及为期 20 年，240 万立方米/天的乙烷、190 万立方米/天的天然气。这些充足的物料供应为 Sadara 项目的建设提供了基本保障。

2. 工程哲学启示

Sadara 项目作为一项大型工业项目，其目的和价值反映了工程哲学中的"实现人类福祉"的重要思想，属于工程价值论的范畴，这种思想强调了工程活动应以人类福祉为最终目标，体现了工程价值论的核心价值观。Sadara 项目的目的是满足沙特的经济发展需求和实现国家能源多样化的目标，对于沙特的经济发展具有重要意义，同时也在实现国家能源安全、促进社会稳定和人民福祉方面发挥了积极作用；从工程方法论的角度来看，Sadara 项目建设中，整体性思维得到了充分体现。项目在规划和实施过程中将设计、采购、施工、项目管理等多个环节视为一个有机整体，从整体的角度出发进行考虑和分析，并注重不同环节之间的协调与配合，这种整体性思维有助于实现各环节之间的无缝衔接和综合优化，从而提高整个项目的效率和效益。

3. 工程立国思考

Sadara 项目作为一项大型工业项目，旨在促进国家经济发展、实现能源多样化、提高社会稳定水平，是沙特实现国家战略目标的重要举措。沙特作为一个资源型国家，面临着经济发展、能源安全、社会稳定等多重挑战。通过在当地建设化工厂，将石油和天然气资源转化为高附加值的化学品和材料，通过提高石化产品的生产能力和效率，可以减少对石油出口的依赖，提高经济的稳定性和可持续性，有助于保障沙特的能源安全，减少对外部能源资源的依赖，增强国家的能源自给能力。

4. 未来发展指导

Sadara 项目作为一个大型成功的石化项目，其成功建设和运营对未来的石化工程建设具有一定的借鉴和指导意义。

（1）重视技术创新和工程能力提升是石化工程建设的必备能力。石化工程建设是一个技术密集型和劳动密集型的行业，需要不断进行技术创新和工程能力提升，以适应不断变化的市场需求和日益严格的环保要求。Sadara项目在设计和采购、施工、装置开车准备、生产合格产品、销售产品的各个阶段都十分重视技术创新和工程能力的提升。未来的石化工程建设应不断加强技术研发和创新能力，注意提升工程质量和效率。

（2）关注可持续发展和环保是石化工程建设的重要方向。Sadara 项目采用了绿色环保、可持续发展的理念和技术，注重环境保护和资源的高效利用。在石化行业中，环境保护和可持续发展的重要性越来越受到关注。不仅是因为环保和可持续发展是全球的共识，也是因为石化行业对环境的影响较大，需要采取有效措施来减少其对环境的负面影响。未来的石化工程建设应关注可持续发展和环保，采用绿色化学工艺和高效节能技术，降低对环境的负面影响。

（3）加强国际合作和优化供应链是石化工程建设的重要途径。石化行业是一个全球性的行业，需要加强国际合作和交流，推动技术创新和产业升级。同时，石化工程建设需要优化供应链，确保原材料和设备的供应和质量，降低成本和风险。Sadara 项目是沙特阿美和陶氏化学的合资项目，在建设中发挥了双方在各自领域的技术领先优势，利用不同企业的优势资源和专业技能，实现互利共赢。通过双方合作，共同解决了技术难题、降低了成本、提高了项目效率和经济性。这些经验可以帮助未来的石化工程建设更好地应对全球化挑战，实现资源的合理配置、降低成本和风险，提高项目的经济性和稳定性。

（4）推动数字化转型和智能化发展是石化工程建设的发展趋势。随着科技的进步，数字化转型和智能化发展成为趋势。利用大数据、人工智能等技术也可以为项目管理提供实时数据分析和预测，帮助决策者做出更加科学和合理的决策。未来的石化工程建设应注重推动数字化转型和智能化发展，应用先进的数字技术和智能化设备，提升项目管理和运营的智能化水平。

参考文献

[1] 陶化学和沙特阿美200亿美元建世界级化工城. 精细化工原料及中间体, 2011(10): 52.
[2] 陶氏宣布Sadara项目竣工在即 首批聚乙烯今年投产. 塑料制造, 2015(8): 39.

世界近现代
超级工程排行榜（下）

重型猎鹰火箭

114 重型猎鹰火箭

全　　称 重型猎鹰运载火箭，简称重型猎鹰火箭

外文名称 Falcon Heavy，简称 FH

重型猎鹰火箭是一款部分可重复利用的运载火箭，是现役推力最大的运载火箭，其近地轨道运载能力达 63.8 吨，地球同步轨道运载能力为 26.7 吨。2018 年"猎鹰重型"当选为年度科技类十大流行语[1]。

重型猎鹰火箭最早由埃隆·马斯克于 2011 年 4 月提出建造构想，并计划于 2013 年进行首次发射，但因各种原因被临时推迟两次。直至美国东海岸时间 2018 年 2 月 6 日，重型猎鹰火箭携带一辆红色 2018 款特斯拉 Roadster 跑车，从卡纳维拉尔角的约翰·菲茨杰拉德·肯尼迪国家航天中心 LC-39A 发射工位成功发射升空，重型猎鹰火箭实现了首次试射。

重型猎鹰火箭高 70 米、宽 12.2 米、重 1420 吨，起飞时 27 台梅林 1D 发动机同时工作，可以提供高达 2280 多吨的起飞推力，可送入近地轨道的有效载荷高达 63.8 吨，为现役航天器之最，仅次于当年执行阿波罗计划的"巨无霸"土星五号重型运载火箭（140 吨）。如果以其近地轨道运载能力为 63.8 吨、地球同步轨道运载能力为 26.7 吨、最大起飞重量为 1420 吨计算，重型猎鹰火箭的近地轨道运载能力系数高达 0.0449，地球同步轨道运载能力系数高达 0.0188。2018 年重型猎鹰火箭首飞时，助推器与芯级全部回收、仅抛弃芯级、全抛弃的报价分别为 9000 万美元、9500 万美元和 1.5 亿美元[2]。

重型猎鹰火箭由美国私立太空公司 SpaceX 公司（美国太空探索技术公司）建造而成，总设计师是 SpaceX

世界近现代
超级工程排行榜（下）

公司的首席工程师肖恩·莫伦。肖恩·莫伦是一位资深的航天工程师[3]，曾参与过阿波罗计划和航天飞机计划，在SpaceX公司负责设计和建造公司的火箭和航天器。他领导了猎鹰1号、猎鹰9号和重型猎鹰火箭的设计和开发，并成功地将它们送入轨道。

重型猎鹰火箭推动了世界航天技术的创新和进步，作为世界上运载能力最强的火箭，重型猎鹰火箭的运载能力是最大火箭的两倍，其成功发射意味着人类探索太空的一个新开端。重型猎鹰火箭采用了先进的可重复使用火箭设计和制造技术，其建设需要大量的人力、物力和资金，一方面带动了相关产业的发展，为经济发展带来了新的机遇和动力，另一方面减少了发射次数和资源浪费，降低了对环境的影响。此外，对于美国航天业来说，重型猎鹰火箭的成功发射意味着在航天飞机退役后，美国人又一次有了将宇航员送入太空的能力，无须再依赖俄罗斯飞船。

一、工程背景

火箭的研发成本和发射成本动辄几千万甚至几亿美元，即使是大国有时也难免力不从心。如何指数性地降低太空发射成本成为各国研究人员的研究重点。而回收利用无疑是降低火箭成本的关键所在。

重型猎鹰火箭是在猎鹰9号基础上研制的，其设计目标是将每磅有效载荷送入轨道的成本由10000美元降低到1000美元，并可满足载人飞行的要求，能够发射SpaceX公司自行研制的"龙"飞船，用于载人旅行及深空探测[4]。

2011年4月，埃隆·马斯克通过寥寥几位记者向世界宣告了他想要造出重型猎鹰火箭的想法。重型猎鹰火箭原计划2013年首次发射，后因各种原因推迟至2018年发射。2016年12月，SpaceX公司发布了重型猎鹰火箭首张照片。据称，它将是世界上运载能力最大的火箭，是当时运载能力最大火箭的2倍。

埃隆·马斯克曾宣布，该火箭将携带一辆属于他个人的特斯拉跑车，将其发射到一条位于地球和火星之间的环太阳轨道上，并将掠过火星。SpaceX公司随后发布了这辆汽车被安装到火箭上的照片。

2018年1月，重型猎鹰火箭首次进行火箭发动机静态点火测试。重型猎鹰火箭的27台梅林ID发动机完成了静态点火测试，时间持续约10秒。2018年2月，重型猎鹰火箭从美国佛罗里达州肯尼迪国家航天中心发射升空，火箭的两个助推器成功在着陆器区同时回收。但芯级火箭按计划接近大西洋上的无人海上平台试图着陆时，出现故障坠海。火箭携带一辆樱桃红色特斯拉跑车作为载重测试。

SpaceX 公司于 2025 年 1 月使用重型猎鹰火箭搭载两台着陆器送入太空。SpaceX 公司正致力于通过增加可重复使用运载火箭的发射任务以达到节省资金的目的。通过这一措施，太空探索成本大大降低，为其高效低成本的商业航天飞行计划奠定了基石。

二、工程价值

重型猎鹰火箭从一开始被人质疑，到后来狂揽 NASA 十年订单，其显赫的成功彰显了背后蕴含的巨大价值。

1. 工程主要成果

重型猎鹰火箭以自身的超强性能和绝佳的性价比一举打破了多项世界纪录。2023 年 7 月，重型猎鹰火箭把迄今人类制造的最重的人造卫星发射上天，而且是送到 2.9 万千米的高空中，刷新了世界纪录。重型猎鹰火箭创始人埃隆·马斯克获得 2023 年度世界航天奖（IAF World Space Award），这是世界航天的最高奖。

2. 工程主要技术

（1）火箭发动机采用多发动机组合技术[5]。重型猎鹰火箭一子级采用 27 台梅林 1D 发动机，是当前世界上发动机数目最多的火箭。在传统设计理念中，为避免采用多发动机导致复杂的耦合振动、火箭推重比下降、系统可靠性降低等问题，火箭一子级发动机数目通常控制在 10 台以内。历史上曾有火箭一子级采用了 30 台发动机，但其四次发射均以失败告终。重型猎鹰火箭一子级大胆采用了挑战传统的 27 台发动机方案，同时采用先进的设计手段确保了其高可靠性。

（2）火箭控制应用动力冗余技术。重型猎鹰火箭所采用的动力冗余技术是指在其主动段飞行过程中，当 1 台或多台发动机发生故障时，在不影响其余发动机正常工作的情况下，箭载控制系统对故障发动机实施紧急关机、故障隔离，继续执行并完成主发射任务的一项技术。该技术极具挑战性，涉及的主要关键技术包括动力系统故障诊断隔离技术、弹道在线规划与重构技术等。

（3）火箭本体采用轻质箭体结构技术。重型猎鹰火箭采用了新型轻质箭体结构技术，氧箱利用铝锂合金壳体横造技术既能保证安全又可大幅降低结构重量，燃料箱利用箱壁桁条和环形结构设计增加其承载能力。整流罩、助推头锥采用的复合材料，确保了质量最轻。该火箭还按照 NASA 载人发射标准进行了结构安全裕度设计。与其他火箭采用 25% 的结构安全裕度不同，重型猎鹰火箭是按照比飞行载荷高出 40% 的结构安全裕度来设计的。尽管结构安全裕度高于其他火箭，但重型猎鹰火箭捆绑助推器的重量比高达 30，优于史上任何火箭。

重型猎鹰火箭一子级各个通用芯级均安装有栅格舵，可用于辅助箭体再入过程中姿态稳定控制，并提供一定的气动阻力用于减速。各个通用芯级的着陆装置为四个支腿，在火箭发射后的上升段及再入过程中收拢于箭体，当火箭一子级减速即将着陆于地面或海上平台之前展开；支腿由液压装置执行收拢展开，并具有展开后锁死的能力；支腿主要由碳纤维及铝合金蜂窝板构成，轻质且能满足载重需求；支腿带有液压减震器，可进一步减缓垂直着陆带来的巨大冲击。

（4）火箭助推器应用发动机节流技术。为保证一子级助推器分离时芯级仍有最多的推进剂，达到延长芯级飞行时间、提升火箭运载能力的目标，重型猎鹰火箭在设计之初拟采用在一子级助推器与芯级之间通过交叉管路连接实现推进剂共用的推进剂交叉输送技术。该技术的实现难度较大，仍有许多难点问题待解决。在首飞任务中，重型猎鹰火箭主要充分利用一、二子级发动机的节流变推力能力，来替代推进剂交叉输送技术实现其拟达到的目标。该方式与采用推进剂交叉输送技术相比可减小火箭设计复杂性，降低风险发生概率。

（5）火箭发射采用牵制释放技术。重型猎鹰火箭采用了牵制释放技术，在火箭竖立发射台点火起飞前，通过集成在发射台的牵制释放系统牵制住火箭，同时让火箭发动机在竖立发射台上低工况工作一段时间，对发动机主要敏感参数进行采集和评估分析，快速判断发动机工作状态，以提升火箭发射的可靠性。

（6）火箭助推器的分离采用无损式冷分离技术。重型猎鹰火箭的助推器分离和一二级分离均采用的无损式"冷分离"模式（主要为冷氮喷射或机械式推杆）也是一大亮点，其相较于更为传统的爆炸式"热分离"无疑会更具优势。

3. 工程管理创新

重型猎鹰火箭工程管理方面的创新采用六西格玛 6Sigma 全面质量管理，确保了火箭的可靠性和安全性，实现了项目进度、成本和质量的有效控制。重型猎鹰火箭项目组明确了质量方针和质量目标，并制订了相应的质量计划和质量控制流程，确保火箭的各个系统、组件和零部件都符合相关法规和标准要求。同时，针对关键过程和特殊过程，项目组还制订了专门的质量控制方案和检验计划。重型猎鹰火箭项目组对所有的零部件、组件和系统都进行了全面的质量检验，包括进货检验、过程检验和最终检验。对于关键零部件和系统，项目组还进行了 100% 的检验。重型猎鹰火箭项目组建立了有效的质量沟通机制，确保质量问题能够及时被发现、报告和处理。项目组还定期召开质量例会，对质量问题进行讨论和分析，制订改进措施并跟踪实施情况。

4. 工程社会价值

重型猎鹰火箭凭借其重复使用能力带来的超低发射价格，无论是在商业发射领域，还是在军用和民用发射领域，都建立起了极大的竞争优势[6]。重型猎鹰火箭的极限运载能力是现役"德尔塔"重型火箭极限运力的两倍多，成本仅为其 1/3，具备执行月球或火星载人任务的潜力，几乎能运送所有大型通信卫星。依托于其独特的回收复用技术，其复用构型发射报价低至 9000 万美元，冲击着世界商业航天发射市场。各大商业卫星公司、NASA 乃至军方等，均是 SpaceX 公司的用户。复用火箭也逐渐成为 SpaceX 公司执行商业发射任务的"标配"。

不可否认的是，目前国际发射市场上的主流还是一次性运载火箭，这种情况的改观还需要一段时间的积累。但重复使用作为运载火箭的未来发展方向，必将取得长足的发展，并逐渐在卫星用户的发射选项中占据主导。

三、工程启示

1. 成功关键因素

（1）持续创新是重型猎鹰火箭成功的不竭动力。重型猎鹰火箭是在猎鹰 9 号基础上研制的，在箭体设计方面，重型猎鹰火箭直接借用猎鹰 9 号一子级，通过 3 个模块并联代替了重型火箭所需的大直径箭体，为重型火箭结构设计提供了另一种思路。通过先进的动力冗余技术以及提高单台发动机可靠性，创新性地解决了多发动机并联存在的问题[7]。

（2）决策者永不言弃的精神品质是重型猎鹰火箭成功的保障。在重型猎鹰火箭的首次公开发布会上，台下仅有寥寥几位记者。在项目提出后，重型猎鹰火箭就不断承受着来自同行的冷嘲热讽，尤其是埃隆·马斯克提出的捆绑式设计很容易让外界联想到当年苏联 N-1 登月火箭的壮景。但埃隆·马斯克本人对此从未理睬，他只是埋头带领团队奋斗，坚信自己会成功将重型猎鹰火箭送上太空并实现回收复用，并最终获得成功，这就是科学道路上最珍贵的品质。

2. 工程哲学启示

重型猎鹰火箭体现了人类工程活动中真善美的统一，是工程活动的最高追求。美国 SpaceX 公司成立之初就为了实现移民火星的美好愿望，是人类改造世界的社会实践，体现了工程哲学追求的"善"。当重型猎鹰火箭构想提出后，SpaceX 公司不断调整和优化工程设计方案，推动自身技术和能力的进步，使虚拟的工程方案成"真"。重型猎鹰火箭开创了可重复利用发射技术的先河，它将从整体上降低发射火箭成本，提升火箭发射频率，充分体现了工程"功能美"与"技术美"。重型猎鹰火箭的工程活动是真善美相统一的过程，并将"工程美的境界"在实践中不断发展，不断演进。

3. 未来发展指导

美国 SpaceX 公司成功研制出的重型猎鹰火箭，对世界航天发展具有重要的推动作用，为运载火箭的研发提供了方向[8]。

（1）需要结合技术基础合理制定运载火箭发展路线，推进运载火箭能力的持续提升。目前，世界各国正在研制的新一代主流运载火箭多为近地轨道运载能力 20 吨级，但对于未来的大规模深空探索和载人航天任务，则需要有近地轨道运载能力 100 吨以上的重型运载火箭。通过合理规划火箭型谱、制定火箭发展路线，借助超大型火箭开展前期的探索任务，同时为重型火箭研制验证所需的相关技术，可以实现火箭运载能力的持续提升，拓展运载火箭能力的覆盖范围，推进载人航天和深空探测事业的有序、快速发展。

（2）重复使用火箭是航天运输系统发展的方向之一，是未来实现快速、可靠、廉价进出空间的重要途径。重型猎鹰火箭的成功表明了重复使用技术的可行性和可靠性，推动回收复用技术的发展，以适应低成本、高密度的发射任务的需求。应进一步加大重复使用运载火箭的研究力度，通过实施飞行演示试验尽快突破关键技术，提高技术成熟度，推动重复使用技术的应用，以适应未来低成本、高密度发射的任务需求。

参考文献

[1] 胡冬生, 唐琼. 猎鹰重型火箭首飞分析及影响. 中国航天, 2018(3): 46-51.
[2] 胡冬生, 刘楠, 张雨佳. "猎鹰重型"火箭连续成功发射影响分析. 国际太空, 2019(11): 44-49.
[3] 田丰. 猎鹰重型火箭, 缘何狂揽 NASA 十年订单. 太空探索, 2023(1): 60-67.
[4] 谭云雷, 张轩宇, 徐恒, 等. 美国猎鹰火箭发展概述与应用探讨. 现代工业经济和信息化, 2021, 11(10): 15-19.

[5] 杨开, 米鑫. SpaceX 公司重复使用运载火箭发展分析. 国际太空, 2020(9): 13-17.
[6] 武新峰, 彭祺擘, 张海联, 等. 国内外载人运载火箭发展历程分析与思考. 载人航天, 2020, 26(6): 783-793.
[7] 刘亚鑫, 李怡勇, 钱弈融. "猎鹰9"号火箭研制中的技术与人力资源管理. 军事运筹与系统工程, 2019, 33(2): 74-77.
[8] 张雪松. 重型猎鹰火箭首次商业发射成功 改写全球航天发射市场版图. 卫星与网络, 2019(4): 26-28.

世界近现代
超级工程排行榜（下）

RS-28 弹道导弹

115 萨尔马特导弹

全　　称 萨尔马特导弹，又名 RS-28 弹道导弹，北约代号 SS-X-30，北约绰号撒旦 -2 型

外文名称 RS-28 Sarmat，俄文名称 PC-28 CapmaT

萨尔马特导弹是当今世界上最大的洲际弹道导弹。其弹长达到 35.5 米，起飞重量为 208 吨，载荷能力接近 10 吨，有效射程达到 18000 千米，这些指标均位居世界第一。萨尔马特导弹是俄罗斯第五代重型液体洲际弹道导弹，并被誉为"核弹之王"[1]。

萨尔马特导弹研发始于 2009 年，经过两次弹射试验，分别为 2017 年 12 月和 2018 年 3 月，目前已经投入部队使用[2]。

萨尔马特导弹研制预算折合约为 16 亿美元。在预研竞标阶段，马克耶夫国家导弹中心的方案脱颖而出[3]，2011 年 7 月，完成了新型导弹的概念设计，并在此基础上开展了方案设计和后续工作。

萨尔马特导弹的设计单位早期是马克耶夫国家导弹中心[4]。2009 年底，俄罗斯战略火箭军司令谢尔盖·卡拉卡耶夫表示，俄罗斯将研制新型重型液体燃料洲际弹道导弹，并将由马克耶夫国家导弹中心组织各企业协作进行生产，包括克拉斯诺亚尔斯克机械制造厂及其他工厂。

萨尔马特导弹融合了先进的洲际弹道导弹、重型液体导弹和全球最大导弹的特点。其技术优势在于可以将弹头送入地球轨道，攻击敌方目标时可以不选择最短的发射轨迹，攻击方向随心所欲。它可以携带 10 个重型或者 15 个中型可独立瞄准的分导式核弹头，圆概率偏差为 150～200 米。此外，它还可以搭载 4 枚

"先锋"（Yu-71）高超声速滑翔弹头[5]，具有超大毁伤能力和超强突防能力，可以突破现役防空反导系统。俄罗斯凭借萨尔马特导弹将在未来一段时间内获得显著的战略优势。

一、工程背景

苏联在核导弹领域一直坚持轻型、中型、重型并行发展的战略布局。SS-18导弹（北约绰号"撒旦"、俄罗斯代号PC-20），是苏联从20世纪70年代开始研发部署的重型液体洲际弹道导弹。它具有强大的投掷能力、较多的弹头数量、强大的分导能力以及高精度的打击能力，是苏联/俄罗斯战略核力量的主力军和王牌，携带弹头数占比达到40%以上。

然而，进入21世纪，其战略威慑能力面临两个方面的困境。首先，SS-18导弹是由位于乌克兰的南方设计局和南方机械厂负责研制和生产的。苏联解体后，俄罗斯每次进行该导弹的维护工作都要与乌克兰国防部协调。在俄乌关系持续走低的背景下，俄罗斯面临着不确定性风险。其次，在役的SS-18导弹，Mod4之前的批次为1983年前后生产，虽经延寿改制，截至2009年也已超过25年。

为了解决这些问题，俄罗斯决定推进现役SS-18导弹的国产化维护工作，指示本国在液体导弹领域有丰富经验的马克耶夫设计局研究SS-18导弹的维护工作，确保其再服役10~20年。此外，俄罗斯也启动了SS-18更新换代产品的研制工作，支持国内的马克耶夫设计局、莫斯科热工技术研究所等多家单位开展了预研，随后进入工程研制流程。这就是萨尔马特重型洲际导弹研制的由来。

萨尔马特导弹的研制最早是在2009年由俄罗斯战略火箭军司令公开透露的，它的目标是替换即将退役的SS-18和SS-19导弹，并在《2010-2013年俄国防订购》中正式提出了研制要求。2011年7月21日，该项目获得正式立项，工程代号"15A28（R-28）"。2011年，俄罗斯国防部宣布已经将新型重型液体洲际弹道导弹列入俄罗斯《2011-2020年国家武器装备计划》，并确定了项目名称为"萨尔马特"。2014年8月，成功测试第一阶段发动机PDU-99。2018年7月，完成弹射试验。2022年4月，完成全武器系统试射，导弹飞行各阶段性能得到验证，标志着历时十余年的导弹研制工作已顺利完成。

二、工程价值

1. 工程主要成果

萨尔马特导弹是俄罗斯最新的洲际弹道导弹，也是未来俄罗斯火箭部队的主力之一。

这一成果是俄罗斯在信息化技术上取得的重大突破。

2. 工程主要技术

萨尔马特导弹采用多项关键技术应用，主要包括以下方面。

（1）采用紧凑型弹体结构和高效动力技术。这种设计使得导弹具有较小的起飞重量，但可以携带更多的核弹头。不仅如此，它还采用了新型的推进剂技术，包括高密度吸热型碳氢燃料推进剂和/或添加含能材料的液体推进剂，这使得导弹拥有更远的射程。

（2）采用传统核弹头与新型弹头相结合的技术。这种设计使得导弹在外观设计和涂料上更加隐身，降低了被雷达发现的可能性。此外，导弹的助推段较短，减少了卫星通过红外信号进行跟踪的时间，从而增加了助推段拦截的难度。

（3）研发了"先锋"高超音速助推滑翔弹头。这种弹头采用了特殊的复合材料，能够承受高温，还可以抵抗激光武器的攻击。除了可以携带核弹外，它还可以携带常规的弹药。此外，它还安装了弹翼和制导系统，这使得导弹能够发现敌人的拦截弹并改变飞行轨迹来规避攻击。

（4）采用先进的复合制导技术。这种导弹使用了惯性制导、星光制导以及格洛纳斯（GLONASS）卫星制导的复合制导方式。这种组合使得导弹能够充分利用各种制导方式的优点，实现高精度的导航和打击。

3. 工程管理创新

在萨尔马特导弹的研制过程中，俄罗斯采用了许多创新的管理方法和技术设计流程，如基于状态的工作流程、模块化的设计思路以及国际化的合作模式。这些先进的管理方法和技术手段不仅提高了导弹的研制效率和质量，还成功地降低了研制成本和风险。通过采用这些创新的管理方法，俄罗斯成功地研制出一种具有高度集成性和可靠性的重型液体洲际弹道导弹，使其成为未来俄罗斯火箭部队的重要武器之一。

4. 工程科学价值

在萨尔马特导弹的研发过程中，科学家通过反复试验和精密计算，发现了许多关于空气动力学、弹道特性、飞行稳定性、目标特性和防御对抗以及导弹材料和结构耐久性等客观存在的事物和规律。这些发现为导弹的设计和优化提供了重要的指导和参考依据，从而大大提高了导弹的性能和可靠性。

5. 工程社会价值

萨尔马特导弹的设计、零部件生产、装备集成等全部由俄罗斯自主完成。在西方国家对俄罗斯实施遏制政策的大背景下，特别是在对俄"装备制裁"的限制下，该导弹的成功研制凝聚了俄罗斯军工设计与生产企业的力量，鼓舞了俄罗斯政府和民众的信心。这一成果展示了俄罗斯在导弹研制领域的强大实力，也为全球导弹技术的发展提供了重要的借鉴和参考。

6. 工程军事价值

萨尔马特导弹经过长期研发并最终服役，其最大的军事价值在于补强俄罗斯陆基核武库近年来暴露出的短板，确保战略威慑力总体水平稳定，确保了俄罗斯国家核心利益得到有效保障。

三、工程启示

1. 成功关键因素

萨尔马特导弹的成功研制，源于多个关键因素。首先，俄罗斯拥有雄厚的科研实力，储备了大量的科学家、工程师和技术人员，他们的聪明才智和辛勤付出为萨尔马特导弹的研发提供了强大的技术支持。其次，俄罗斯在导弹领域积累了深厚的技术经验，从弹道导弹到巡航导弹，这些技术的积累为萨尔马特导弹的研发提供了坚实的基础。再次，俄罗斯政府为萨尔马特导弹的研发提供了大量的资金支持，保障了研发工作的顺利进行。此外，俄罗斯重视导弹领域的人才培养，不断培养和引进优秀的科学家、工程师和技术人员，为萨尔马特导弹的研发提供了强大的人才支持。最后，俄罗斯拥有完整的导弹制造产业链，包括材料、制造、装配和测试等技术，这些工业基础为萨尔马特导弹的研发和生产提供了强有力的支持。在俄罗斯的国家战略中，导弹技术被视为重要组成部分，政府积极发展和提升导弹技术和能力，为国家的安全和发展提供了强大的战略支持。

2. 工程哲学启示

在萨尔马特导弹的研制过程中，深化了对复杂系统的理解，强调了工程认识论的重要性。作为一项复杂的系统工程，运用多种科学方法和工具来分析和研究导弹系统的各个组成部分和整体性能，以及处理各种因素之间的相互作用和关系。这样可以更全面、系统地理解和掌握导弹系统的属性和规律。

在萨尔马特导弹的研制过程中，工程方法论的成功关键在于综合运用定性和定量的综合分析方法。导弹系统的设计和制造需要运用多种科学方法和工具，同时也需要考虑系统工程的理论、概念和方法等定性分析因素。只有综合运用定性和定量的分析方法才能够更好地理解和掌握导弹系统的属性和规律，实现导弹系统的优化设计和制造。

在萨尔马特导弹的研制过程中，失败与成功实践是对工程认识的检验和深化。失败可以暴露出设计、材料、工艺等方面的不足和缺陷，使得工程人员能够更深刻地认识和掌握工程本身的属性和规律。同时，失败也能够启示工程人员对工程条件和环境进行更全面、准确的认识和评估。

3. 工程立国思考

萨尔马特导弹是俄罗斯下一代战略核力量的重要组成部分，其部署对俄罗斯具有至关重要的意义。它不仅是俄罗斯战略核威慑的关键部分，还是俄罗斯在军事技术领域实现自主的重要体现。该导弹研制的主要目的是确保俄罗斯的国家安全和战略威慑能力。通过部署和发展萨尔马特导弹，俄罗斯在国际舞台上展示了其地位和影响力，并提供了必要的条件和保障，推动了国际核裁军进程的发展。萨尔马特导弹的研制成功，不仅体现了俄罗斯在导弹技术领域的突破和创新，也体现了俄罗斯对国家安全和战略威慑的重视。它的部署和发展，将为俄罗斯在国际舞台上的地位和作用带来深远的影响。

4. 未来发展指导

萨尔马特导弹的研制和部署对未来导弹工程的规划、设计、实施和运营等方面具有重要指导意义。

首先，在导弹工程的规划与设计方面，萨尔马特导弹的研发涉及多领域、多学科的交叉融合，如机械工程、电子工程、物理学、化学等。这些领域的技术和研究成果为未来导弹工程的规划和设计提供了宝贵的经验教训和参考。例如，萨尔马特导弹研发过程中采用的动力学模型和仿真技术，对导弹工程中复杂系统的规划和设计具有重要的指导作用。

其次，在导弹工程的实施与运营方面，萨尔马特导弹的研制和部署过程中采用了高度精细的工艺流程和设备管理。同时，导弹的测试和评估需要严格的质量控制和安全管理。这些经验和做法对未来导弹工程的实施和运营具有重要的启示意义。例如，导弹工程中复杂系统的施工和运营需要高度专业化的技术和管理团队，同时需要建立严格的质量控制和安全管理体系，以确保工程的顺利实施和运营。

最后，在导弹信息技术与人工智能技术应用方面，萨尔马特导弹的研制过程中采用了信息技术和人工智能技术，如数字化仿真技术、智能制导技术等。这些技术的应用对提高导弹的性能和精度具有重要作用。未来导弹工程的规划和设计可以借鉴和应用这些先进的技术，以提高工程的质量和效率。例如，导弹工程的数字化设计和仿真可以减少工程中的误差和提高系统的可靠性，人工智能技术的应用可以提高工程的自动化水平和智能决策能力。

参考文献

[1] 周媛. 俄罗斯的新型液体战略导弹"萨尔马特". 中国航天, 2015(10): 42-44.

[2] 付玉. 俄罗斯"萨尔马特"重型洲际弹道导弹. 国外核新闻, 2018(6): 27-31.

[3] 姜永伟. 豪横的"萨尔马特人"——俄罗斯RS-28"萨尔马特人"新型陆基洲际弹道导弹系统. 现代兵器, 2022(12): 13-14.

[4] 刘唯. 俄罗斯萨尔马特重型洲际弹道导弹. 兵工科技, 2021(1): 5-6.

[5] 夏薇. 俄罗斯计划2020年前装备"萨尔马特"液体战略导弹. 导弹与航天运载技术, 2014(1): 1.

世界近现代
超级工程排行榜（下）

世界最大单口径射电望远镜

116 FAST 工程

全　　称 500米口径球面射电望远镜，简称 FAST 工程

外文名称 Five-hundred-meter Aperture Spherical Radio Telescope

　　FAST 工程是中国"十一五"重大科技基础设施建设项目之一，是中国自主研发，具有独立自主知识产权的一座射电望远镜，是目前世界上最大、最灵敏的单口径射电望远镜，它能看穿130多亿光年的区域，被誉为"中国天眼"。

　　FAST 工程建设地点是贵州省黔南布依族苗族自治州平塘县克度镇金科村大窝凼洼地，从开工建设到竣工，历时5年6个月[1]。1994年，中国科学院国家天文台提出建造 FAST 项目的设想并开展预研工作。1997年，中国科学院国家天文台提出在贵州省平塘县大窝凼洼地建设 FAST 的建议，2005年项目启动立项申请工作，2006年7月，FAST 工程完成选址工作，2008年10月，国家发展改革委批复了500米口径球面射电望远镜 FAST 的可行性研究报告；2008年12月项目在施工现场举行了奠基仪式，2011年3月25日 FAST 工程正式开工建设。历经5年建设，2016年9月25日，FAST 工程竣工，进入试运行、试调试阶段，2020年1月11日通过国家验收，正式开放运行[2]。

　　FAST 工程项目总投资为1.73亿美元（按照2016年汇率计算）。FAST 工程的口径500米，实际为一个半径300米的球冠，在大窝凼实际开挖消耗约1600万美元。该工程接收面积为25万平方米（相当于30个足球场），反射面总面积约为25万平方米。如果天体在

世界近现代
超级工程排行榜（下）

宇宙空间均匀分布，FAST可观测目标的数目将增加约30倍。与号称"地面最大的机器"德国波恩100米望远镜相比，其灵敏度提高约10倍，与美国Arecibo 300米望远镜相比，FAST灵敏度提高2.25倍[3]。FAST工程建成之后全天24小时投入运行，已成为国际天文学术交流中心。

FAST工程的发起者及奠基人是中国科学院国家天文台研究员南仁东，作为项目首席科学家、总工程师，1994年起，负责FAST的选址、预研究、立项、可行性研究及初步设计，编订FAST科学目标，全面指导FAST工程建设，并主持攻克了索疲劳、动光缆等一系列技术难题[4]。2003年起，以哈尔滨工业大学空间结构研究中心沈世钊院士、范峰教授、钱宏亮教授为首的研究团队，全程参与FAST项目结构系统的预研、可行性研究和初步设计。此外，贵州正业工程技术投资有限公司、清华大学土木工程系、中国科学院遥感与数字地球研究所、中国地质环境监测院都参与FAST工程项目的研发。FAST工程是一个复杂的系统工程，从设计、选址、施工、建设到最后运行，由中国科学院国家天文台组织了中国科学院最有能力的研究所，与国家施工单位一起，共有100多个单位参与建设施工。建设单位是中国科学院国家天文台，监理单位为北京中城建建设监理有限公司，项目管理单位为中国中元国际工程有限公司，中国国际工程咨询有限公司高技术业务部承担该项目建议书、可行性研究报告、调整概算等各阶段的咨询评估工作。中铁十一局集团第二工程有限公司、大连重工装备集团有限公司、青岛东方铁塔股份有限公司等为参建单位。

FAST工程开创了建造巨型望远镜的新模式，运行已有5年（至2025年），取得了丰硕成果，包括发现脉冲星超过740颗，是同一时期国际上发现脉冲星效率最高的望远镜，大幅拓宽了人类的视野，用于探索宇宙起源和演化，其设计综合体现了中国高技术创新能力。它在基础研究众多领域，如宇宙大尺度物理学、物质深层次结构和规律等方向提供发现和突破的机遇，也将在日地环境研究、国防建设和国家安全等方面发挥不可替代的作用。

一、工程背景

1993年，在国际无线电科学联盟（URSI）京都大会上，包括中国在内的10国射电天文学家联合发起了新一代射电"大望远镜"（Large Telescope，LT）的倡议，初始的动机是希望在未来全球信号灾难爆发时，能保持唯一射电信号，通俗一点，就是在地球发生某种灾难性的事件且无法接收信号时，这种巨型望远镜能发挥作用。

在1993年的会议提出概念后，1995年底以北京天文台（现国家天文台）为主，联合国内 20 余家大学和研究所成立了 LT 中国推进委员会，提出了利用中国贵州喀斯特（Karst）洼地，建造球反射面即 Arecibo 型天线阵的 Karst 工程概念。中国科学家为进一步推进 Karst 概念，提出独立研制一台新型的 Karst 单元——500 米口径主动球面反射望远镜，即 FASTB-4。直到 2008 年，经过许多艰辛周折和无数科研工作者努力后，中国才批复了这项工程建设，确认了这台巨型望远镜的名字为中国科学院国家天文台 500 米口径球面射电望远镜（简称 FAST）。到了 2011 年工程落地开始实施，FAST 工程采用全新、原创的设计理念，利用 4450 块单元面板组成 500 米球冠状主动反射面通过主动控制技术，在观测方向上形成 300 米口径瞬时抛物面。同时，采用轻型索拖动机构和并联机器人，实现望远镜接收机的高精度指向跟踪。2016 年 9 月 25 日开始，FAST 落地启用，天眼开始正式运转，接收来自宇宙深处的电磁波。

二、工程价值

1. 工程主要成果

FAST 工程创新性地运用了多项先进技术，获得了众多奖项和专利授权，体现了中国在天文学领域的领先地位和创新能力。FAST 工程共获得国家专利局的 86 项专利授权，其中发明专利 56 项、实用新型专利 29 项、外观专利 1 项，涉及施工工艺、高精度测量、系统集成和设计优化等多个领域，充分证明了 FAST 工程建设的自主创新能力。除了专利授权外，FAST 工程还获得了多个奖项的认可。FAST 工程分别获得 2017 年中国科学院杰出科技成就奖，2019 年国家科学技术进步奖（特等奖），2020 年中国建设工程鲁班奖，2020 年国际桥梁与结构工程协会（IABSE）杰出结构奖，2021 年中国钢结构协会科学技术奖（特等奖），2021 年荣获国际无线电科学联盟（URSI）杰出科学成就奖。特别是"FAST 工程咨询项目"荣获了 2018 年度菲迪克工程奖，这是中国第一个国家重大科技基础设施项目获此殊荣，彰显了中国近年来科技基础设施建设发展水平，对提升国家重大科技基础设施的国际影响力具有重要意义。

2. 工程主要技术

在 FAST 项目设计建设过程中，克服突破了多项业界难题，自主研制了一些先进技术，为推动工程技术研究做出了巨大的贡献。

（1）采用大跨度柔索牵引并联机构。为了实现射电望远镜的高精度指向跟踪，馈源支撑系统采用了大跨度柔索牵引并联机构设计，它由 6 塔 6 索 1 舱 1 平台构成，即 6 座百米高的支撑塔，6套索驱动，1个重约30吨的馈源舱，1座舱停靠平台。这是世界上在建的最大的牵引并联机构，也是FAST的三大自主创新之一。从技术上讲，它是一个柔性的并联机器人拖动一个刚性的并联机器人。整个馈源系统的运动由一套控制系统自动实现，它可以根据不同的工况制定相应的控制策略，通过测量反馈的数据，控制6条索的出索速度来调整馈源舱的位姿，控制实现的指标是：空间位置最大误差≤48毫米，空间姿态误差≤1度。FAST对电磁环境的要求非常高，整个索驱动设备屏蔽的要求达到了国际D级标准，馈源舱要求已经突破了D级。设备中有很多大功率电子器件和运动机构，很多技术方案都是首次使用的。电机颤动的过程中会通过轴连着卷速机，导致电机与支撑墙之间必须留有一定的缝隙，然而，这种缝隙会导致电磁波外泄，这对于射电望远镜的观测精度是不可以承受的。为解决这一问题，FAST团队采用一个迷宫的形状，让电磁波经过这里时在迷宫进行衰减，最后传不出来，该技术也是中国首创的，已申请了相关的专利。

（2）自主完成动光缆的研制。动光缆是FAST工程的视神经，负责馈源舱控制信号和天文观测信号的传输。它的性能要求非常高，一是要耐反复弯曲，要求能反复弯曲1万次；二是要求光缆在运动状态下信号衰减小于0.1分贝。在国外对中国进行技术封锁和禁运的情况下，技术人员花了四年时间和三家单位进行合作，反反复复做了6.6万次实验，包括扭转、拉伸、渗水实验等，最后通过了10万次的弯曲疲劳寿命实验，附加衰减小于0.05分贝。

（3）开发主动变位工作模式的索网结构。主动变位索网是实现镜面变形的关键机构，要求有超强的抗疲劳性能，抵抗超高的应力，具有超高的长度精度。它所受应力达到500兆帕，是标准规范的两倍多；索网的跨度达到500米，而长度的精度是±1毫米。FAST的超高抗疲劳性能的钢索结构，可以在200万次的循环加载条件下疲劳强度达到500兆帕。FAST工程对于索结构的精度也不是传统的索结构可以比拟的。这些对于中国钢索生产制造水平具有巨大的推动作用。

（4）应用主动反射面技术在地面改正球差。总面积达25万平方米的反射面看起来像一口超级"大锅"，总长度超过1.5千米的钢圈梁，将上万根钢索牢牢固定住，索网结构上共有4450块长约11米的三角形反射面板，每块反射面的背后都有钢索牵拉，可以随着天体的移动来调整瞬时抛物面的方向，馈源舱也随之一起运动，采集反馈信息。

3. 工程管理创新

（1）FAST工程开创了"十字形"交叉管理系统和"五维一体"的项目管理方式。

在项目管理过程中,采用"横向与纵向"交错的管理模式,实现了多层次、多专业的协同管理和资源优化配置。而"五维一体"的项目管理方式则是指从时间、质量、成本、范围和风险五个维度进行全面管理和控制,形成了一套完善的项目管理方法和管理体系。

(2) FAST 工程开启了大科学工程建设管理的新模式。这种新模式注重多学科的交叉融合、多方参与协商机制、科技创新和人才培养等方面的工作,实现了科学研究和工程建设的有机结合,推动了我国天文科学领域的快速发展。

(3) FAST 工程在管理创新方面采用了全过程工程咨询模式。这种模式在 FAST 工程中被广泛应用,并取得了良好的效果。从项目立项到竣工验收的过程中,采用以咨询为主导的方式,整合设计、施工、监理、监测等多个环节,实现项目全生命周期的高效管理和监控。

4. 工程科学价值

FAST 工程作为一个多学科基础研究平台,有能力将中性氢观测延伸至宇宙边缘,观测暗物质和暗能量,寻找第一代天体,研究极端状态下物质结构与物理规律,有希望发现奇异星和夸克星物质;发现中子星－黑洞双星,无须依赖模型精确测定黑洞质量,可用于搜寻识别可能的星际通信信号,寻找地外文明等。FAST 工程可以帮助科学家探索宇宙的起源,寻找宇宙生命迹象,理解宇宙的演化过程。通过观测和研究宇宙中的射电波,科学家可以追溯到宇宙大爆炸之后的最早阶段,寻找可能存在生命的星球和星系,探索宇宙的起源和演化,研究星系和星体的运动规律,理解宇宙的结构和演化。

5. 工程社会价值

FAST 不仅对推进世界天文学事业发展具有重大意义,而且对贵州教育、科技、旅游、科普等发展具有重要的推动作用。FAST 工程建在贵州,将使边远闭塞的黔南喀斯特山区变成世人瞩目的国际天文学术中心、世界天文学的研究中心及天文科技旅游目的地之一,成为把贵州展现给世界的新窗口,对中国西南贫困山区的经济发展和社会繁荣产生不可估量的影响,为国家西部大开发战略贡献力量。以 FAST 为主体的天文科普基地将推进中国西部甚至全国的科普工作,教育青少年、宣传公众与决策层,为科教兴国的长远战略目标服务。

三、工程启示

1. 成功关键因素

（1）得天独厚的地理优势是 FAST 工程成功建造的首要条件。利用独一无二的贵州天然喀斯特洼地作为台址，首先，地貌最接近 FAST 的造型，工程开挖量最小。FAST 工程直径 500 米，实际为一个半径 300 米的球冠，从平地上开挖一个这样的坑，大约需要 7 亿元的资金，而在大窝凼实际开挖只消耗了约 1 亿元。其次，喀斯特地质可以保障雨水向地下渗透，不会在大窝凼表面淤积而损坏和腐蚀望远镜，并且天然的植被对于水土有很好的固定作用，保证了地基不会大规模沉降。最后，射电望远镜需要一处"静土"，周围不能有任何电磁波干扰。大窝凼附近 5 千米半径之内没有一个乡镇，仅有少数居民，是无线电环境的理想地形。

（2）科学的规划和管理是 FAST 工程成功建造的基本保障。FAST 是完全由中国科学家自主创新的国家重大科技基础设施建设项目，涉及多学科工程类别，且部门、单位众多，科研、设计及工程建设同步进行，且无设计、施工等总承包单位，项目管理难度大。FAST 工程从建设初期，严格遵守一流的世界级管理标准，力求打造一流的管理团队，融合一流的施工与科技，来建造世界一流的超级工程。在规划期，进行了深入的可行性研究；在设计期，进行了科学的工作结构分解，细化了项目管理目标；在实施期，对计划执行进行了严密的跟踪、监督、对比和评判，为科学决策和过程管理提供了依据，有效保障了项目实施。FAST 工程地质及水文地质条件极为复杂，相应的地质灾害治理工作难度大、内容多、周期长，通过实时把握实际工程地质情况，采用工程地质调查、定性及定量分析的方式，成功解决了工程面临的复杂地质灾害难题。

2. 工程哲学启示

FAST 工程是一项科学与技术紧密结合的工程，为我们提供了新的视角和工具来认识和理解自然。从工程价值论和方法论的角度分析，FAST 工程可带来以下哲学启示。

（1）从工程价值论方面看，FAST 工程的建设体现了对科技进步和人类发展的重视。通过建造 FAST 工程，我们能够更深入地探索宇宙的奥秘，推进人类对未知世界的认识和理解。该工程也为我们提供了宝贵的科学数据和资源，为后续的天文研究提供了重要的支撑。这启示我们在工程实践中，不仅要注重技术的先进性和创新性，还要关注技术对于人类发展的贡献和价值。

（2）从工程方法论方面看，FAST 工程的建设采用了先进的技术手段和管理方法，为工程的成功提供了重要的保障。我们不仅需要解决一系列的技术难题，还需要进行有效的项目管理，确保工程的进度和质量。这启示我们在工程实践中，要注重采用先进的技术手段和管理方法，提高工程的效率和质量。

3. 工程立国思考

FAST 工程是中国在科学技术领域取得的一项重要成就，其成功建设体现了中国依靠工程立国的决心和努力，中国在工程领域中一直致力于自主创新和自主发展，不断推进科技创新和产业升级，FAST 工程的建设和运行也为中国在科技领域的发展提供了重要的机遇和平台，有助于提高中国的国际地位和影响力，FAST 工程的建设不仅为中国在天文领域的研究提供了重要的支撑，也为中国的科技发展带来了新的机遇，反映了中国在工程领域中不断追求卓越、追求创新的精神。英国《自然》杂志子刊《自然—天文学》主编乔乃梅表示：FAST 是一项非常令人瞩目的科学成就，它的落成启用必将推动中国在相关科学领域取得更加重要的地位。FAST 项目的建设和使用，对中国制造技术向信息化、极限化和绿色化的方向发展产生了重要影响，大大提升了中国在射电天文领域的影响力，将中国空间测控能力由地球同步轨道延伸至太阳系外缘。

4. 未来发展指导

FAST 工程作为中国射电天文领域的重大工程，其成功建设和运行对于未来宇宙探索工程具有重要的指导意义。

（1）FAST 工程采用的先进技术手段和管理方法为未来宇宙探索工程提供重要借鉴和参考。FAST 工程采用了主动反射面技术和超长基线干涉技术等先进技术手段，这些技术可以用于未来的宇宙探索工程中，提高观测的精度和效率。同时，FAST 工程采用的项目管理方法也为未来宇宙探索工程的组织和管理提供重要的参考。

（2）FAST 工程践行环境保护和可持续发展的理念为未来宇宙探索工程提供重要指导。在设计和施工过程中，FAST 工程团队注重保护周边的植被、自然景观和生态系统等，尽可能保持原有地形地貌，减少对自然环境的破坏，通过科学规划和合理布局，将人类活动对自然环境的影响降至最低。FAST 工程践行可持续发展的理念，不仅关注当前的发展需求，还考虑未来的发展前景。这些经验和做法将有助于推动全球的可持续发展和环境保护事业，同时也为其他领域的工程建设提供借鉴和参考。在未来的宇宙探索工程中，要注重环境保护和可持续发展，实现经济发展与环境保护的协调统一。

参考文献

[1] 施晨露. 揭秘"中国天眼"怎样诞生的. 解放日报, 2021-12-14(006).
[2] 郭红锋. 中国"天眼"——500米口径球面射电望远镜. 军事文摘, 2021(16): 52-55.
[3] 杜芝茂. "中国天眼"的追赶与超越——FAST建成记. 中学科技, 2021(9): 8-13.
[4] 姜鹏. 探讨大科学工程建设管理之道——以"中国天眼"为例. 科学与社会, 2021, 11(1): 24-30.

117　Bertha 盾构机

全　　称　土压平衡盾构隧道挖掘机 Bertha（贝莎），简称 Bertha 盾构机
外文名称　Bertha

Bertha 盾构机是专门为华盛顿州交通运输部（WSDOT）在美国华盛顿州西雅图的阿拉斯加高架桥替代隧道项目而建造的，机器长 99 米，刀盘直径为 17.5 米，重 6100 吨，速度达 3.6 米/小时，一天可挖掘 86 米，是世界上型号最大、挖掘速度最快的土压平衡盾构挖掘机，其强大的工程能力和精密的设计为大型隧道工程提供了重要的帮助。

Bertha 盾构机于 2012 年 12 月 20 日在日本大阪举行了机器竣工与命名仪式。随后在日本测试装配并试车，被分解为 41 个大件，于 2013 年 6 月到达西雅图并完成组装[1]。2013 年 6 月至 2017 年 4 月，完成了大型立体隧道西雅图 SR99 工程的建设。2017 年 8 月，Bertha 盾构机被分解后从隧道口移出，由于 Bertha 盾构机的所有部件都不能重复使用，因此大部分钢材都在分解后熔化并回收利用。

Bertha 盾构机最大推力为 39.2 万千牛，刀头数量 255 个，环形滚刀数量 122 个，盾构机刀盘的设计为辐条式，共有 8 个辐条，每个辐条有 6 个大型刀座，可根据需要安装不同的刀具，整个刀盘由 24 台电机驱动。Bertha 盾构机转速 0～1.8 转/分钟，折断扭矩 20.6 万千牛·米，0.88 转/分钟下的最大扭矩 14.7 万千牛·米。Bertha 盾构机操作和维护人数超过 100 人/天。根据 WSDOT 公布的信息等可知，SR99 隧道工程项目总投资约为 31 亿美元，其中盾构机耗资为 8000 万美元，由西雅图隧道合作公司（Seattle Tunnel Partners）出资。

Bertha 盾构机由美国华盛顿州交通运输部和西雅图隧道合作公司委托日本大阪的日立造船公司于 2012 年设计并建造。日立造船公司成立于 1881 年，自 1940 年以来一直从事船用发动机业务，是日本国内唯一一家持有世界两大船用发动机制造商品牌双重许可证的公司。

Bertha 盾构机具有强大的挖掘能力和精确的定位系统，采用了先进的隧道掘进技术和自动化控制技术，促使项目高效施工，提高了工程的质量和可靠性，减少了后期维护和修复的成本，是现代隧道工程中不可或缺的重要工具之一。

世界近现代
超级工程排行榜（下）

一、工程背景

2008 年，西雅图市政府推出了 SR99 隧道工程计划，美国华盛顿州交通运输部与西雅图市、金县、西雅图港、联邦公路管理局计划在西雅图市中心地下协力打造一条史无前例的单管双层隧道以取代西雅图市中心的旧海滨 SR99 阿拉斯加高架公路。在当地政府和民众的支持下项目于 2009 年获批。原高架公路始建于 20 世纪 50 年代，是一条沿着西雅图市中心海滨行驶的双层公路，现已接近其使用年限。该高架公路既不美观，又易产生噪声同时污染空气，该高架公路还曾一度在 2001 年的西雅图 6.8 级地震中受损。取而代之的隧道采用单管双层隧道方案，以减轻城市交通混乱及卡车行驶绕行的情况，同时它还能在高架公路改建区创建超过 3.5 公顷的新公用开放空间和海滨公园，用来改善环境。

西雅图西邻奥林匹克山，东靠喀斯喀特山脉。在两山脉之间的是普捷湾低洼地。城市依地势呈南北走向，西接普捷湾，东连华盛顿湖，两湖深度均超 150 米。该项目位于西雅图市中心西侧，靠近艾略特湾。SR99 隧道线路南起西雅图港附近，沿线向北穿过阿拉斯加高架公路底部，延伸至包括先锋广场在内的历史名区，然后线路一路向北从第一大道下穿过并终于布罗德街附近。隧道高程由南向北逐渐提升，最北段约高于海平面 45 米。

SR99 隧道工程进展一波三折，在 Bertha 盾构机前进 300 米后，埋藏在地下一根直径 20 厘米的钢管卡在刀盘辐条中间导致刀盘无法正常旋转。经过清理，Bertha 盾构机在 2014 年 1 月重新投入使用。在前进 1.2 米后，控制室发出过热警报，导致 Bertha 盾构机挖掘被迫停滞。2015 年 2 月，起重机将 Bertha 盾构机分解后吊出地面，随后，日立造船公司发来了改进后的轴承、密封件和新增零部件。维修团队再次将刀盘吊起并放回抢修井内，切口环等部件也在此后陆续安装就位，重新开始了隧道掘进。Bertha 盾构机于 2017 年 4 月完成隧道挖掘，8 月机器被分解后移出，自此盾构隧道挖掘机 Bertha 的挖掘工作完成[2]。

二、工程价值

Bertha 盾构机的成功使用大大促进了大型盾构机领域的发展，机器的设计研发与应用和经验积累为未来的隧道工程技术发展与创新提供了宝贵的参考和借鉴，体现了现代科技的进步，具有重要的社会价值。

1. 工程主要技术

（1）刀盘及输送机机械结构设计技术。Bertha 盾构机的整个刀盘表面布满了 56 厘米双刃滚刀及刮刀。为了实现高速掘进，刀盘的速度比常规土压平衡盾构机的标准快 5 倍左右，安装了 1417 块环管片，刀盘的驱动力还配备了 28 的扭矩系数。预计部分施工地区会出现巨大的砾石，挖掘机除了采取各种加固措施和破碎装置外，还配备了用于破碎砾石专用的圆盘切割机；Bertha 盾构机的螺旋输送机配有直径 1500 毫米的缎带以便于处理大的石块。多阶梯螺旋输送机可以在 700 千帕压力下保证 80 毫米/分钟的进尺速度，同时它还能在高达 1000 千帕的压力下进行施工。隧道盾构机的设计就是能够在 700 千帕及高达 1000 千帕（紧急模式）的正面压力下高效开挖。

（2）施工安全防范技术。Bertha 盾构机设置了 3 道人闸以及 2 道材料闸门，可以在正常气压下从切削刀盘内部进行更换，从而减少了高压换刀对生产效率和工期的影响。使用泡沫注射以及可供呼吸的压缩空气，以便在开挖面的盾构前舱形成压力气泡从而为到达隧道施工面换刀提供可能。盾构前舱配有中轴搅拌器和中空搅拌刀片，外加剂可以通过它们注射到开挖面以提供充足的压力控制，保证地面均匀以及避免挖渣堵塞。

2. 工程社会价值

（1）推动隧道工程技术的发展。Bertha 盾构机的使用推动了相关基础设施项目的发展和建设，对该地区加工大型构件专用设备、大型重型设备制造业产生了良好的带动作用。使用盾构法隧道施工，推动了区域地表沉降控制技术的发展，可安全地在地下穿越高大建筑物，不会对地面建筑造成影响。

（2）提升交通运输能力。Bertha 盾构机在美国参与了西雅图 SR99 隧道工程项目的施工建设，改善了交通状况，提升了道路网络的连通性和可达性，为美国民众提供了更便捷、安全的出行条件。

（3）创造就业机会促进经济增长。随着交通瓶颈问题的解决和交通效率的提升，企业和商业活动得以更顺畅地进行，促进了就业机会的增加和商业活动的繁荣，带动了当地和全国范围的经济发展。

3. 工程文化价值

Bertha 盾构机作为世界上最大的土压平衡盾构机，代表了科技创新的巨大成就，是盾构机领域历史文化的载体。它集成了机械、电子、液压、传感等多种技术，提高了施工效率和质量，展示了人类的智慧和勇气。Bertha 盾构机的建造和应用历程可以作为工程史、科技史等领域的实物资料的历史文化记录，为人们了解和研究盾构机历史提供重要的参考。

三、工程启示

Bertha 盾构机属于超大型盾构机，尺寸及重量非常大，处于世界领先地位，其技术制造工艺流程相当复杂，具有先进性及创新性，Bertha 盾构机的设计与应用是工程机械制造的奇迹，对未来盾构机领域的发展拥有诸多启示。

1. 成功关键因素

（1）科学决策与利用先进技术是成功的基础。根据西雅图 S99 隧道工程的实际情况，美国西雅图政府经过多年的科学论证，最终选择由日本日立造船公司进行 Bertha 盾构机的研发。其关键件制造工艺攻关为世界首创，综合性能好、系统可靠性高、施工进度快。西雅图具有多种土质条件，Bertha 盾构机从应用上进行了技术创新。通过向已掘出的砂土中注入特殊药剂，利用泥土产生的压力达到防止地面崩塌的效果，从而保证施工顺利进行。

（2）风险控制及安全运行是成功的保障。Bertha 盾构机进行的是世界上为数甚少的在市内街道建筑物下的挖掘，为确保地面的安全性，配备了各种风险控制装置，从而实现安全挖掘。Bertha 盾构机配备了从刀盘内部实施对盘型滚刀的检查和更换的新装置。无须辅助施工方法，即可在大气压下进行安全操作，能更好地预防施工事故。

2. 工程哲学启示

Bertha 盾构机的工程实践是工程系统观的典范，体现了综合规划和系统分析的重要性。在 Bertha 盾构机的设计和制造过程中，需要对各种因素及可能出现的风险和挑战进行全面考虑，对设备的性能、可靠性、稳定性以及可持续性和环保性等各种因素进行全面分析，利用地质、工程、机械等多个领域的知识和技能，通过对 Bertha 盾构机的系统分析和综合规划，找出各因素之间的相互关系和影响，将各种资源、技术和知识进行有效整合，实现设备的最优设计和制造。这种全局视角的设计思路体现了工程哲学中的系统观念。

3. 工程立国思考

Bertha 盾构机的使用提升了基础设施的建造效率，为美国经济的发展注入活力。

Bertha 盾构机能够在地下挖掘过程中高效地完成隧道施工，提高基础设施的建设速度，降低了施工对地面交通和环境的影响，为西雅图地区的可持续发展提供了有力支撑。随着美国现有公用事业系统的老化，其对增强基础设施的需求越来越大，因此通过盾构机的使用来取代老化的基础设备，从而满足其不断增长的基础设施建设需求。基础设施的建设是经济发展的重要支柱之一，盾构机的使用催生了新的科研方向，推动了相关产业的发展和升级，使得美国能够在短时间内完成隧道的建设，提升了交通网络的覆盖率和连通性，提高了美国的国家综合实力和竞争力，推动了美国经济的发展。

4. 未来发展指导

智能化与自动化技术的应用是未来盾构机领域发展的重要趋势。随着大数据、云计算、人工智能、物联网、卫星通信、5G、区块链等新一代信息技术的发展，自动化与智能化已逐步融入盾构施工领域，为盾构施工带来巨大的变革和提升[3]。通过采用智能化的传感器和控制系统，实现了对挖掘过程的实时监控和自动化控制，提高了挖掘的精度和效率，确保能够及时发现潜在的安全隐患并采取相应的措施进行防范和应对。以人工智能、大数据、"互联网+"为标志的新技术正逐步与盾构装备和施工技术相结合，实现了隧道无人化运输、管片无人拼装、辅助决策等创新功能，但目前还未完全形成全面自主感知、自主学习、自主掘进、智能决策、自主解决问题的能力，智能化基础理论还有待夯实，自动化技术应用有待进一步扩展。

参考文献

[1] Gatti U C, Migliaccio G C, Laird L. Design management in design-build megaprojects: SR 99 bored tunnel case study. Practice Periodical on Structural Design and Construction, 2014, 19(1): 148-158.
[2] McIntosh D M, Forch B. Disadvantages business enterprise lessons learned on design-build contracts// International Conference on Transportation and Development 2020. Reston: American Society of Civil Engineers, 2020: 11-22.
[3] 赵洪岩, 王利民, 王浩, 等. 盾构智能化施工的发展历程和研究方向. 建筑技术, 2021, 52(8): 900-903.

世界近现代
超级工程排行榜（下）

青海海南藏族自治州的光伏电站

118 青海光伏电站工程

全　　称 青海光伏电站工程，又称青海省海南藏族自治州"一区两园"新能源基地项目

外文名称 Photovoltaic Power Station of Qinghai Province

青海光伏电站工程是在青海省海南藏族自治州建设的包含光电站、水光互补电站及特高压输送线路的综合新能源工程。项目包含世界最大的光伏电站群，拥有青海—河南±800千伏特高压直流线路，是中国推动新能源大规模开发利用的重大标志性工程。青海—河南特高压直流线路从"一区两园"出发到河南驻马店，全长1596千米，总投资约223亿元，完全靠清洁能源自身互补能力独立供电，是世界第一条专为清洁能源外送而建设的特高压通道。

青海光伏电站工程建设时间自2012年开始。在"十四五"期间，海南藏族自治州以国家建设沙漠、戈壁、荒漠地区大型风电光伏基地为契机，在州内共和、同德、贵南、兴海等戈壁地区建设光伏发电基地，计划继续建设4213万千瓦光伏发电项目[1]。其中，黄河羊曲水电站工程已于2021年12月26日开工建设。

青海光伏电站工程规划总面积约2500平方千米，其中光电园区规划总面积609.6平方千米，风电园区规划总面积1890平方千米。2022年底，累计投资1375亿元，清洁能源装机容量4314万千瓦（光热35万千瓦、水电1646万千瓦、光伏2103万千瓦、风能530万千瓦），并网装机容量2094万千瓦，占全省装机容量的56%。

青海光伏电站工程批准单位为青海省发展和改革委员会。工程建设涉及多个单位，包括国家能源集团、黄河上游水电开发有限责任公司和青海隆基乐叶光伏科技有限公司等[2]。

青海光伏电站工程是中国新能源发展历史上里程碑式的工程。它的建设推动了我国能源结构向清洁低碳发展，为国家能源安全提供重要保障；同时，带动了青海省的地方经济发展，拉动了光伏产业内需，助力青海省乃至整个西北地区的光伏产业持续稳步增长，加速行业技术创新，交出了令世界赞叹的新能源产业"中国答卷"。

一、工程背景

中国国家主席习近平在 2015 年的巴黎气候变化大会上做出庄严承诺，到 2020 年和 2030 年，中国非化石能源占一次能源消费比重将分别达到 15% 和 20%。该指标已作为约束性指标纳入国民经济和社会发展中长期规划。当前，全球能源体系正加快能源可持续发展转型，可再生能源规模化利用与常规能源的清洁低碳化将是能源可持续发展的基本趋势，加快发展可再生能源已成为全球能源转型的主流方向。光伏产业的可持续发展，是中国政府提出的"四个革命、一个合作"能源安全新战略以及"构建清洁低碳、安全高效的能源体系"的重要组成部分，是青海省建设国家清洁能源示范省统筹推进的主要支撑和核心要求。

青海地处中国西北地区，属于典型的生态脆弱区，涉及我国"两屏三带"生态安全战略格局中的"青藏高原生态屏障""黄土高原－川滇生态屏障"，几乎囊括了青藏高原、黄河中上游、黄土高原、荒漠及荒漠化地区、农牧交错带和矿产开采区等几乎所有最受关注的典型脆弱生态区域。在此类环境特异性与敏感性突出的区域，依托水、光、风等自然资源优势，发展以水电、光伏、风电等为代表的清洁能源，是近年来区域社会经济发展的重要选择，也是全球能源格局深刻调整背景下能源发展的未来趋势，同时亦是尊重自然、顺应自然、保护自然生态文明理念的具体体现。海南藏族自治州位于青海省东北部，地处青藏高原与黄土高原的过渡地带，地势较为平坦，这为新能源的开发和建设提供了良好的地形地貌条件。海南藏族自治州属于典型的大陆性气候，日照时间较长，太阳辐射强，这种气候条件有利于光伏发电等太阳能利用项目的建设，同时也有利于风力发电等风能利用项目的发展。随着经济的发展和人民生活水平的提高，能源需求量不断增加。海南藏族自治州作为青海省的重要能源基地，具有发展新能源的巨大潜力，可以满足当地及周边地区的能源需求。中国政府大力支持新能源产业的发展，出台了一系列优惠政策和措施。海南藏族自治州作为国家新能源基地的重要区域之一，将享受到相关政策的支持和优惠，有利于新能源基地的建设和发展。

二、工程价值

青海光伏电站工程的建设不仅在我国新能源建设史上具有里程碑意义，同时也是立足全国最好的光照资源、大面积荒漠化土地、丰富的熔盐资源，建设光热、光伏、风电可再生能源基地，摆脱化石能源困局的重大举措。

1. 工程主要成果

青海光伏电站工程在光伏和风能新能源发电技术、新能源装备研发与制造技术、大容量储能电池等新能源存储技术和新能源智能化管理技术四方面取得了一系列具有国内外先进水平的重要成果，其中新能源装备研发与制造技术部分达到世界领先水平，所生产的光伏组件和风力发电机组等部分产品已经实现出口。

青海光伏电站工程共申请专利59项，取得专利权23项。工程中"大规模水光互补关键技术研究及示范"项目成果获得青海省科技进步奖一等奖。"太阳能光伏发电试验基地""百兆瓦级并网光伏电站关键技术研究"两项项目获得青海省科技进步奖三等奖。

2. 工程主要技术

青海光伏电站工程创新发展了水光互补技术，提出了"虚拟水电"概念。该工程确定了水电站参与调节设备的性能及特性，为我国清洁能源提供了多能源互补的新型发展模式，较好地实现了水力发电和光伏发电快速补偿的功能，解决了光伏发电的安全并网问题，填补了国内大规模水光互补关键技术的空白，应用成果达到国际领先水平，推动了国际大规模水光互补技术的发展，为后续联合开展大规模风、水、光黄河流域联合协调控制技术及智能调度系统应用奠定了基础。

青海光伏电站工程创新发展了新能源实证试验技术，并建设了最大的户外实证基地。共和实验基地规模庞大、涉及种类齐全，囊括国内外光伏知名制造商，组件、逆变器等，涵盖我国及瑞士、德国、美国、加拿大、日本、韩国7个国家多种先进技术，选用26种组件、21种逆变器、17种支架，包含30种设计理念、15种新设备、30种新材料以及4种电池的储能技术，为全球光伏行业设计、施工、设备制造、研发、规范编制、投资效益分析等提供实测数据，为最终实现光伏发电平价上网提供技术支撑。部分实证试验数据改变了现有光伏设计理念，对行业发展有着深远的意义。

3. 工程管理创新

青海光伏电站工程开创了由政府统一组织、统一核准，新能源企业"拎包入住"的管理模式。该工程打破传统的管理建设理念，前期工作由园区投资公司代表园区内各项目开发企业，按照政府节点负责统一委托开展勘测设计、接入系统设计及各专题报告工作，统一办理环评水保、矿产压覆、用地预审、建设规划、节能评估、社会稳定性评价、文物调查等项目前期手续，统一组织协调政策支持性文件办理，统一上报核准（备案），保证工作进度。让新能源企业"拎包入住"，是青海省大力支持新能源发展的实实在在的举措，从根本上解决了新能源各类手续办理时间长、建设周期短、影响投资和并网的问题，从根本上缓解了新能源投资企业畏难和怕麻烦的情绪，直接带动太阳能、风能等相关产业的发展，加快了共和县新能源电力项目发展的步伐，将阳光、风力转变为源源不断的电能，为地方经济建设提供有力的电力保障。替代大量化石能源，显著减少污染物和温室气体排放，促进人与自然的协调发展，对全面建设和谐社会起到重要作用，有力地推进经济和社会的可持续发展。

4. 工程生态价值

青海光伏电站工程地处中国西北地区，属于典型的生态脆弱区，发展以水电、光伏、风电等为代表的清洁能源，是尊重自然、顺应自然、保护自然生态文明理念的具体体现，为我国构建清洁低碳、安全高效的能源体系起到了重要支撑作用。

青海光伏电站工程通过水光互补可以大幅度实现节能减排。龙羊峡水电站通过水光互补项目，送出线路年利用小时可由原来运行的 4621 小时提高到 5019 小时，在提高经济效益的同时具有良好的生态效益。85 万千瓦龙羊峡水光互补光伏电站一年可发电 14.94 亿千瓦时，对应到火力发电相当于一年节约标准煤 18.356 万吨，减少二氧化碳排放约 48.09 万吨、二氧化硫排放 1560.56 吨、氮氧化合物排放 1358.34 吨，创造了良好的社会生态环境效益。

大规模荒漠光伏电站对生态修复有正效应。其中，夏季日间荒漠区光伏电站具有降湿效应，冬季日间具有增湿效应；四季夜间光伏电站具有增湿效应，夏季增湿最小，冬季增湿最大；光伏电板支架可改变气流方向，降低风速，具有类似沙障的挡风阻沙作用；光伏电板遮阴减少了地表土壤的热吸收，同时光伏电板吸热发电也有助于降低地表温度；光伏电站作为一种机械拦沙措施对沙漠地区的风沙流具有"再分配"作用，光伏电板及其支架的布设在防风固沙方面具有高立式沙障的作用。

5. 工程社会价值

青海光伏电站工程有效地将资源优势转化为经济优势，促进区域经济协调发展，优化当地经济结构。新能源园区的投资、建设及运行也对当地财政、税收做出积极贡献。同时，青海光伏电站工程的建设改善了当地的交通等基础设施条件，促进了当地光伏组件、风电部件乃至建材建筑等相关产业发展，为青海省创造了丰富的财税收入和大量就业机会，带动了西北等欠发达地区人民群众整体生活水平的提高。

青海光伏电站工程是全国重要的新型能源产业基地，是国家清洁能源的重要支撑，是促进新能源产业发展的关键节点。依托青海光伏电站工程，2017年青海省首次开展"绿电7日"全清洁能源供电新实践，成功实现了连续7天168小时清洁能源供电，首次打破世界纪录。2018年，开展"绿电9日"全清洁能源供电新实践，连续9天216小时全清洁能源供电，减排二氧化碳144万吨，再度刷新电网全清洁能源供电世界纪录。2019年，开展了连续15天360小时全清洁能源供电新实践，实现连续360小时全省用电零排放，电网保持安全运行，再创清洁能源供电世界纪录。

三、工程启示

1. 成功关键因素

合理的选址是工程成功的前提。青海光伏电站工程位于青海省海南藏族自治州共和县内。海南藏族自治州属于高原大陆性气候，年均降雨量相对偏少，太阳辐射强，光照充足，该地区的年平均太阳辐射量在6381.6兆焦/米^{2}以上，年平均日照时数在2719小时以上，年平均日照百分率在55%～80%，是全国太阳能资源丰富地区之一。地处青藏高原东北缘的共和盆地塔拉滩上，地貌结构密实，压缩性低，承载力较高，力学性质较好，是良好的基础持力层。从可再生能源资源利用分析，共和县境内光照充足，太阳辐射强烈，平均每天日照时间达8小时，多年平均日照时数为2922.6小时，多年平均太阳总辐射量为6564.26兆焦/米^2，太阳能资源丰富，建设光伏电站具有得天独厚的优势[3]。

科学的管理是工程成功的保障。整个青海光伏电站工程园区的建设过程是一个环节很多并且关系复杂的大系统，既有社会属性和功能，也有青海地区的个性与特点。在建设过程中，采用了多级协调机制来保证工程建设的顺利进展。青海省发展和改革委员会、青海省能源局衔接国家能源局批复并启动实施《青海省海南州特高压外送基地电源配置规划》；海南藏族自治州政府、国家电网有限公司、国家电力投资集团有限公司启动实施《海南州千万千瓦级新能源基地（一区两园）基础设施规划》，基地基础设施采用园区化的开发模式，统一开展"规划、报批、实施、建设、输出"工作；由国家电力投资集团黄河上游水电开发有限责任公司负责具体执行。

先进的技术是工程成功的基石。多能互补技术研究有助于提升电能质量。由于光伏系统不稳定的出力特性，对电网带来较大冲击，未来更需深挖研究光伏的网源友好开发模式，尝试通过组合控制水电站和光伏电站出力，为光伏出力实现平稳输出、网源友好进行实践，对水、光、风、储多能互补项目进行联合调度运行，积极探索区域多能互补项目协调控制运行机制，为电力系统稳定运行提供重要技术支撑。储能作为未来十年风光大力发展的重要支撑，加大对储能技术实证试验研究，重点推动光储一体化项目建设，拓宽储能应用场景，加大储能工厂、抽水蓄能电站建设，带动清洁能源开发，实现水风光储等多能互补应用，提高能源利用效率。户外实证基地引领行业高质量发展。实证基地对太阳能光伏发电主流的组件、逆变器和支架产品性能、可靠性、适应性等技术指标进行检测、验证，衡量其是否达到国家标准（或国际标准），检测结果可以作为认证机构的产品认证依据。实验成果可为太阳能光伏发电产业从设计、安装、运行、维护、投资等方面提供实测数据支持，测试对比成果可为产业政策和行业相关标准、规范的完善和改进提供数据支撑，从而打造中国光伏发电产业标准，占领国际光伏发电标准的制高点。

2. 工程哲学启示

青海光伏电站工程的建设是对工程哲学综合思维与系统思维的成功运用。建设过程中统筹考虑自然、经济、社会等多个方面的因素，注重电力、土木不同方面新技术和先进管理措施的综合运用，在风力发电、光伏发电、水光互补和电力外送等方面做好整体规划和布局，保证工程系统的整体性和稳定性。同时，青海光伏电站工程启示我们要坚持人与自然和谐共生的理念，这也是工程生态观的生动体现。自然环境是人类生存和发展的基础，保护好自然环境是实现可持续发展的关键。青海光伏电站工程的出发点是保护环境实现碳减排，在建设中尊重自然规律，注重人工工程与自然环境的相互关系、注重海南藏族自治州群众的利益和意愿，从而实现人与自然的和谐共生。

3. 工程立国思考

以青海光伏电站工程为代表的新能源产业的发展可以减少对传统能源的依赖，提高能源的自主供给能力，保障国家的能源安全，新能源产业已成为中国能源结构的战略组成部分。随着全球能源结构的不断转型，传统能源的储量逐渐减少，环境污染问题日益严重。因此，加快发展新能源已成为全球能源转型的重要方向。海南藏族自治州拥有丰富的太阳能和风能资源，发展新能源产业具有得天独厚的优势，可以推动中国能源结构的优化和转型。能源工业关系到国家安全与工业布局的整体战略，传统能源的供应常常受到国际政治和自然因素的影响，能源安全问题日益凸显。

4. 未来发展指导

新能源工程建设已成为未来"双碳"目标的重要组成部分。海南藏族自治州拥有得天独厚的自然条件，如风能、太阳能等，这些资源为新能源产业的发展提供了坚实的基础。通过科学谋划和推进重点项目，海南藏族自治州可以将新能源产业打造成具有竞争力的支柱产业，创造大量的就业机会，从而推动当地经济的可持续发展。青海光伏电站工程的建设，有助于减少对传统能源的依赖，优化能源结构，提高能源利用效率。在"十四五"能源发展规划以及《"十四五"可再生能源发展规划》中，海南藏族自治州都被列为重要的新能源开发地区。

参考文献

[1] 白萍. 海南州新能源发展思路及建议. 农家参谋, 2018(18): 1.
[2] 肖玉珍. 青海海南："碳"寻清洁能源的绿色发展密码. 新能源科技, 2022(12): 8-10.
[3] 栾雨嘉. 海南：在泛共和盆地打好清洁能源"绿色牌". 新能源科技, 2022(10): 16.

119 沙特延布炼油

全　　称 沙特阿美中国石化延布炼厂，简称沙特延布炼油
外文名称 Yanbu Aramco Sinopec Refining Company Ltd.，简称 YASREF

沙特延布炼油坐落于沙特西部海岸，是沙特阿美和中国石化联合投资建设的世界级全转化型炼厂，是技术先进的全球最大规模炼厂之一，是中国石化首个海外炼化项目，也是当前中国在沙特的最大投资项目，是沙特阿美与中国石化优势互补、合作共赢的最佳例证，是中沙两国领导人高度重视并见证投产的重要合作项目，是"一带一路"倡议下跨国合作的超级工程典范。

沙特延布炼油自 2006 年启动至 2014 年建成投产，历时 8 年。2006 年沙特阿美决定在沙特延布筹建出口型炼厂；2012 年中国石化与沙特阿美正式签订合资协议；2014 年项目实现机械竣工；同年 10 月装置一次开车成功；2015 年 1 月 15 日，首船 30 万吨柴油产品顺利出厂；2016 年 1 月 20 日国家主席习近平和沙特国王萨勒曼共同出席了工程投产启动仪式，标志着沙特延布炼油厂正式进入商业运行阶段。

沙特延布炼油投资额约 100 亿美元，沙特延布炼油占地面积约 520 万平方米，项目建设高峰时 3 万多名人员同时进行建设作业，项目建设安全人工时达 1.6 亿小时。项目建设工程量包括混凝土 44 万立方米，钢结构 9 万吨，设备 17 万吨，地下管道 213 千米，地上管道 3920 千米，电气电缆 4552 千米，仪表电缆 4033 千米。投产后，原油加工能力为每天 40 万桶（折合 2000 万吨/年）阿拉伯重质原油，主要为国际和国内市场提供满足欧 V 标准的清洁燃料和化工原料。工程主要装置设施包括常减压、催化重整、加氢裂化、延迟焦化等九套主要工艺装置及配套设施。其中，2000 万吨/年常减压装置和 650 万吨/年延迟焦化装置为全球同类装置中的最大单系列规模[1]。

沙特延布炼油中中国石化和沙特阿美的持股比例分别为 37.5% 及 62.5%。合资项目经中国国家发展和改革委员会核准，商务部批复，环境影响评价报告等相关手续由沙特延布工业区皇家管理委员会批准。项目建设工作被划分为 18 个工作包，其中 10 个工作包为总承包（LSTK），8 个工作包为采购和施工包（LSPB）。承建单位为来自西班牙、韩国、美国、沙特的 15 家国际工程公司，中国石化和中国化学等公司参与了重要工艺装置的施工建设。建成投产后，沙特延布炼油实现了无重大人身伤害、无重大环境污染、无重大财产损失的骄人成绩。

沙特延布炼油既符合沙特经济优化升级、能源产业升级的国家发展战略，也契合中国同"一带一路"共建国家在合作框架内开展互利合作的发展思路。中国是沙特最大的贸易伙伴，沙特阿美是中国第一大能源供应商，沙特延布炼油是中国石化与沙特阿美之间合作共赢的产物，也是沙特阿美拓展和多元化国内和国际资产组合战略的一部分。沙特延布炼油为提高中沙两国经贸和能源合作水平、推动中沙战略关系全面深入发展做出了重大贡献。

一、工程背景

沙特是世界最大的剩余探明石油储量国，沙特阿拉伯国家石油公司，即沙特阿美是全球最大的油气生产公司。原油出口是沙特阿美自1988年成立以来的核心业务，但在海湾战争后，沙特为削弱原油价格浮动对国家经济的冲击影响，开始分批实施"垂直一体化"战略，逐步从单一的石油生产和出口经营模式向开采、提炼、运输和销售的上下游一体化转型。进入21世纪后，沙特政府不断加快产业结构调整步伐，推进石化产业发展。

中国与沙特阿美在石油贸易、石化产业、成品油销售、科研开发等领域有着广泛的合作。2007年3月中国石化、埃克森美孚中国石化有限公司、沙特阿美中国有限公司合资设立了中石化森美（福建）石油有限公司，主要从事成品油、润滑油和其他石油产品的批发、零售。2007年6月，三家公司合资设立的福建联合石油化工有限公司，新建了800万吨/年炼油装置、80万吨/年乙烯装置和70万吨/年芳烃联合装置，并于2009年斥资50亿美元扩建炼油装置规模至1200万吨/年，乙烯装置规模至110万吨/年。2016年1月，中国石化中东研发中心在沙特达兰技术谷举行奠基仪式，主要进行钻探和开采技术的基础性和前瞻性研究[2]。

沙特延布炼油项目的建设历程充满了挑战和艰辛。在项目初期，中国石化遇到了很多技术难题和管理问题。在设备采购方面，由于当地市场缺乏符合要求的设备，中国石化需要从全球市场采购设备，并进行运输和安装调试。此外，在项目管理方面，中国石化需要与当地承包商合作，协调各方工作，确保项目进度和质量。为了克服这些困难，中国石化成立了一个专门的项目管理团队，与当地承包商和政府部门密切合作，共同推进项目进展。

在建设过程中，中国工程师遇到了很多技术难题和工程挑战。在装置设计和施工过程中，由于当地的气候条件和地质环境与中国不同，中国工程师需要针对当地情况进行适应性设计和施工。

除了技术难题和工程挑战外，中国企业还面临着语言文化差异和当地法律法规的制约。在项目管理过程中，中国企业需要与当地承包商和政府部门进行沟通和协调。由于语言文化差异和法律法规的不同，双方在合作过程中难免会出现分歧和误解。为了解决这些问题，中国企业积极学习当地的语言和文化知识，加强与当地政府的沟通和协调，确保项目的顺利进展。

经过多年的努力，沙特延布炼油厂终于在2016年建成投产。该工程设计加工能力达到40万桶原油/日（合2000万吨/年），拥有世界领先的炼化设施，生产出的汽柴油质量可满足美国标准和欧V标准。

二、工程价值

沙特延布炼油工程价值主要体现在工程主要成果、工程主要技术、工程管理创新和工程社会价值四个方面。

1. 工程主要成果

沙特延布炼油的建设和运营创造了中东地区工艺先进、投资省、工期短、质量优、安全好的优秀业绩，并取得了一系列重要成果。沙特延布炼油于2015年荣获普氏全球能源大奖（Platts Global Energy Awards）之"年度最佳建设工程"（Construction of the Year）。2016年获得《中东经济文摘》（MEED）颁发的海湾地区最佳工程奖（the MEED Project Awards）双冠王，被评为"年度最佳油气项目"（GCC Oil & Gas Project of the Year）和"年度最佳特大项目"（GCC Mega Project of the Year）。

2. 工程主要技术

沙特延布炼油采用"延迟焦化+加氢裂化"技术。该工程通过引用世界领先的馏分油加氢裂化装置及直馏柴油加氢处理装置，每日可生产26.3万桶超低硫柴油产品；连续催化重整装置每日可生产近10万桶清洁汽油产品；延迟焦化装置通过热裂解工艺将减压渣油转化为干气、汽油、柴油及石油焦。项目生产的石油焦用于出口，作为发电和化肥企业燃料使用；同时，还生产苯、硫磺等高品质化工原料。

3. 工程管理创新

沙特延布炼油厂采用科学架构和协同管理的创新模式。中国石化派人员担任项目管理委员会主席，主持建设阶段项目决策管理工作。项目执行过程中，中方人员统筹部署，集约管理，通过科学设计授权指引，明确细化项目管理团队权限清单，建立管理审计制度，确保联合管理团队高效规范地开展工作，并充分利用经验优势，严抓变更管理。同时，中国石化组建技术服务团队提供专项技术服务，对合资公司的项目建设和开工运行提供强有力的支持。中国石化和沙特阿美以合资协议为准绳，充分信任、聚力合作，将世界级规模的沙特延布炼油打造成精品工程，树立了国际大型能源公司合资建设和运营项目的典范。

4. 工程社会价值

1）沙特延布炼油规模大，产量高，技术水平先进，经济效益显著，促进了中东地区经济发展

沙特延布炼油所处位置交通运输便利，通过红海、苏伊士运河可以向非洲、欧洲市场销售油品。作为中国石化炼化板块实施国际化"走出去"战略的第一个项目，沙特延布炼油的成功落地激发了沙特阿美和中国石化在油气服务、原油供应、产品销售、石油工程服务、炼化工程服务、技术开发推广、新能源等重点领域寻求更广泛的合作机会。延布炼厂建成后，沙特对中国的能源供应翻了一番，持续扩大了下游投资，同时为中国和沙特的经济提供了源源不断的动力[3]，也对实施"一带一路"中东地区发展具有重大意义。

2）沙特延布炼油对完善沙特阿美业务链、推动沙特能源产业升级、促进沙特国民就业起到了重要作用

沙特延布炼油的定位与作用与沙特"2030愿景"发展目标高度契合。沙特延布炼油厂投运后，炼厂加工能力已超过设计处理能力，达到2150吨/年，为当地经济社会带来了可观的效益。延布炼厂用工人数在1300人左右，其中沙特籍员工占总人数的70%，远高于沙特政府规定的本地用工指标，同时延布炼厂的建设和运营为沙特本地增加直接和间接劳动岗位6000余个，取得了良好的社会效益[4]。

三、工程启示

沙特延布炼油工程启示主要有成功关键因素、工程哲学启示、工程立国思考和未来发展指导四个方面。

1. 成功关键因素

沙特延布炼油凝聚了中沙两国人民的共同智慧和不懈努力，延布炼厂成功的基础是中沙两国宏观发展战略的高度契合。延布炼厂作为沙特境内的新建世界级规模炼厂，是沙特实现经济多元化，增加非石油收入发展战略的重要组成部分，与沙特"2030愿景"长

期战略高度一致。同时，延布炼厂紧跟中国在"一带一路"框架内开展互利合作的发展思路，是中阿能源合作战略的重要组成部分。延布炼厂的成功也是中沙企业强强联合的必然成果。沙特阿美是世界上最大的石油生产商，在全球原油供给市场有举足轻重的地位；中国石化作为世界最大炼化企业，经过数十年高速发展积累了深厚的炼化建设管理经验，两个世界级的企业通过合资合作实现了优势互补和合作共赢。中国石化不仅为延布炼厂带来了资金，还带来了特大型项目管理经验和高水平的中国施工企业。中国石化人员担任项目指导委员会主席等关键岗位，对于项目执行中的重大决策、重大变更都给予了专业的指导和协调，中国施工企业承担了加氢裂化装置、柴油加氢和连续重整装置等核心工艺装置的施工，确保了项目主要节点的如期完成。在炼厂开工准备阶段，中国石化从工程设计和生产企业抽调出 30 多位经验丰富的工艺、自控、设备、电气等方面专家前往延布炼厂，开展了为期六个月的现场检查整改和开工方案讨论，为炼厂最终安全平稳开工提供了强大的技术支撑。在两国企业员工的共同努力下，延布炼厂以高水平、高质量树立了中沙能源合作典范。

2. 工程哲学启示

沙特延布炼油从设计、论证到建设过程中，体现出工程哲学的工程矛盾论。工程哲学矛盾论是关于工程领域中的矛盾规律及其应用的哲学理论，工程中存在的各类事项相互作用和相互关系，并形成对立和冲突，这就是工程矛盾论。石油作为"黑色黄金"虽然被人们所追捧，但同时也是一把"双刃剑"。炼油工程虽然为人们提供必要的能源和化工原料，但也会带来许多负面效应。延布炼厂位于沙特西部的延布，其设计和生产能力均达到世界领先水平，但是炼油过程中会产生大量的废气、废水和固体废弃物，这些废弃物对环境和周边居民的生活造成严重影响。为了解决这些矛盾，沙特延布炼油采用了低污染、高效的燃料，以及优化燃烧控制和回收技术等措施，以减少燃料的消耗和排放物的产生。这些措施可以最大限度地减少废气、废水和固体废弃物的排放。此外，还需要加强国际合作，以共同应对全球石油安全和环境问题。

3. 工程立国思考

沙特延布炼油是中国"一带一路"倡议的重要举措。"一带一路"共建国家大多拥有丰富的油气资源，目前都有发展炼化工业和引入工程服务的规划，如沙特的"2030 愿景"、俄罗斯的《2035 年前俄罗斯能源战略草案》、哈萨克斯坦的《"光明之路"新经济计划》等。充分发挥中国在工程建设、制造加工、运营管理等各个方面的技术、经验和资源优势，将中国企业拓展海外业务和国际化发展的内在需求与"一带一路"共建国家经济发展和转型需要高度融合，通过投资共建和参与建设等方式在油气开发和炼化工程等工程领域与"一带一路"共建国家共同参与、共同合作、共同受益，本着和平合作、开放包容、互学互鉴、互利共赢的丝路精神，推动共建"一带一路"高质量发展，以中国的新发展为世界提供新机遇。

4. 未来发展指导

沙特延布炼油作为中国与沙特合作的重要成果，为世界其他国家在能源利用方面树立了典范。近年来沙特不断推进与中国在能源领域的合作，其中不仅包括石油开采和工程建设，也涵盖石油炼化乃至项目投资等方面。沙特目前正在实行国家经济多元化计划——"2030愿景"，这一计划旨在改革沙特经济，促进国家收入多元化，减少对石油和天然气出口的依赖。"一带一路"建设与沙特"2030愿景"，有望为两国经济发展注入新动力。中国"一带一路"倡议与沙特"2030愿景"的对接不仅体现在中国企业将先进技术和工业制造能力带去沙特投资建厂。相应地，沙特也希望将其先进的石化技术应用于庞大的中国市场，这种合作典范也将给世界其他国家在能源利用方面有所启发。

参考文献

[1] 中国石化首个海外炼化项目延布炼油厂正式投产启动. 石油炼制与化工, 2016(6): 64.
[2] 李月清. 全球炼化一体化聚集效应愈发显现. 中国石油企业, 2022(6): 26-27.
[3] 彭志强, 张瑞琪, 门宽亮, 等. 坚持国际化战略打造世界一流工程公司. 中国勘察设计, 2019(12): 31-34.
[4] 赵晶. 中东成品油出口激增. 中国石化, 2015(8): 83-84.

世界近现代
超级工程排行榜（下）

复兴号动车组

120 复兴号

全　　称　复兴号动车组，简称复兴号
外文名称　Fuxing Electric Multiple Units

复兴号是中国自主研制的高速动车组，被英国《每日邮报》报道称"标志着中国高铁新时代的到来"，是具有完全自主知识产权、达到世界先进水平的大国重器代表性装备，让中国成为世界上高铁商业运营速度最高的国家，创造了相对交会时速870千米的世界新纪录。

复兴号研制工作于2012年底正式启动，采取"政府主导、需求牵引"模式，2015年6月样车竣工下线，2017年6月25日，中国标准动车组被正式命名为"复兴号"，2017年9月21日，实现时速350千米商业运营[1]。截至2021年底，全路共配备复兴号动车组1191组，累计安全运行超过14亿千米。动车组目前有CR400、CR300和CR200（CR，China Railway）三个速度等级系列产品，型号19种，能适应高原、高寒、风沙等多种地理、气候条件，设计寿命30年。

复兴号是高速铁路的核心装备，在经历了自主探索、引进消化吸收再创新并实现国产化阶段后，于2012年起进入全面自主创新阶段。近10年来，复兴号动车组在自主化研究、样车研制、型式试验、运用考核、批量生产和批量运用等历程中，涉及全产业链企业2000余家、高校及科研院所47个，国家级创新平台58个，共有70余名院士、800余名教授和研究员以及近万名工程技术人员参与工程实施。国家、省部级项目或课题60余项，涉及经费8亿美元，累计投入大型试验装备及制造设备1600余台（套），总投资约30亿美元。

世界近现代
超级工程排行榜（下）

复兴号是在中国国家铁路集团有限公司牵头组织下，中国中车集团有限公司联合中国铁道科学研究院以及国内外科研院所、全产业链供应商，深化自主创新力度，完善中国高速列车技术标准体系，以中国标准为主导，以自主化、简统化、互联互通互换、技术先进为目标，成功研制出具有完全自主知识产权，涵盖不同速度等级的系列化复兴号动车组。

复兴号在京沪高铁两端的北京南站和上海虹桥站双向首发，标志着中国轨道交通技术装备迈上一个大台阶，对于中国全面掌握高铁核心技术、增强国际话语权具有重要战略意义。中老铁路、印度尼西亚雅万高铁使用复兴号动车组运营，开创了中国铁路"走出去"的崭新局面。2019年12月30日，智能高铁示范工程京张高铁正式开通，复兴号智能动车组为人民群众提供更加高效、安全、智能、人文、绿色的出行方式，不断满足人民日益增长的美好生活需要。

一、工程背景

中国高速铁路动车组在近年来得到了快速发展，是中国自主研发、自主制造、具有完全自主知识产权的动车组。但是，中国高铁面临着激烈的国际竞争和国内市场的巨大需求，与国际先进水平相比，中国高铁在技术、管理、运用等方面还存在一定差距。

中国高铁需要应对许多复杂的技术难题和运营环境。例如，动车组的制造和运用涉及众多高科技领域，如机械制造、电子技术、计算机科学等。此外，动车组的运营还需要考虑安全性、舒适性、经济性等多个方面的问题。因此，复兴号动车组工程的实施需要克服各种技术难题和运营环境，以确保工程的成功实施和取得预期效果。

高端装备制造业对国计民生有重要影响，高速列车这一代表性的关键装备全面自主化势在必行[1, 2]。因此，中国国家铁路集团有限公司决定启动复兴号动车组工程，以提升中国高铁的整体水平。这一工程的目标是提高中国高铁的核心技术能力和国际竞争力，同时提升中国高铁的国际形象和品牌影响力。

在中国国家铁路集团有限公司的直接指导下，复兴号动车组充分借鉴和谐号动车组创新经验，统筹考虑中国铁路既有线、跨区域高速、区域快速和城际快速铁路等不同速度级同时并存的客运现实，满足铁路运营组织和列车装备协同配套要求，确定技术条件，制定技术方案，开展样车制造及试验，通过大西线、郑西线考核试验，逐步构建动车组的标准体系，形成了中国高速列车技术标准、设计制造、试验验证和运用维护完整的技术体系，树立了高速列车持续以350千米/小时安全运营的世界新标杆，通过自主创新牢牢掌握核心技术，拥有运用的主动权和发展的主导权。

二、工程价值

复兴号动车组的研发瞄准高铁技术发展最前沿,迈出从追赶到领跑的关键一步。

1. 工程主要成果

复兴号动车组获得专利授权 1400 余件,其中发明专利 600 余件;制修订国家及行业标准 300 余项、国际标准 40 余项;获得中国专利奖 7 项,其中车头(标准动车组)获中国专利奖外观设计金奖、一种高速轨道车辆转向架获中国专利奖发明专利金奖;荣获全国创新争先团队奖牌和中国工业大奖。

2. 工程主要技术

(1)突破了高速列车牵引制动和网络核心技术。复兴号动车组的自主研发攻克了高速列车高适应、高可靠、高稳定、高舒适、低能耗、长寿命、一体化协同设计、智能制造与运维以及技术标准和试验验证简统化、全覆盖与体系化等重大难题,建立了涵盖设计、制造和运用考核全过程的产品研发流程体系。创建了由行业、国家和国际三级标准组成的高速列车技术标准和试验验证体系,在涉及的 254 项重要标准中,中国标准占 84%。

(2)开发了低阻力流线型头型和车体平顺化设计技术。复兴号动车组适应中国地域广阔、温度范围 ±40 摄氏度、长距离、高强度等运行需求,其设计寿命达到了 30 年;采用全新低阻力流线型头型和车体平顺化设计,列车在 350 千米/小时速度下运行,每千米能耗约 17.3 千瓦时;采用分频段控制和等声压级设计策略,车内客室中部噪声 64 分贝;设置智能化感知系统,全车部署了 2500 余项监测点,采集车辆状态信息 1500 余项,为关键零部件故障预测与健康管理提供支持。

(3)应用了车内噪声控制及降低列车运行能耗技术。列车在断面增加、空间增大的情况下,按时速 350 千米试验运行,列车运行阻力、人均百千米能耗和车内噪声明显下降,座位间距更宽敞;空调系统充分考虑减小车外压力波的影响,通过隧道或交会时减小耳部不适感;列车设有多种照明控制模式,可根据旅客需求提供不同的光线环境[3],全面提升旅客出行品质。

3. 工程管理创新

复兴号工程的管理创新是发展了工程多元要素动态融合机制与管理范式。复兴号工程剖析了复杂超大型系统工程管理特性与组织过程,建立了中车 Q 质量标准体系和高速列车在线监测与远程诊断系统、大数据平台,推动"技术 + 产业"双元驱动工程创新方法向多维时空、智能化方向发展，丰富和发展了面向高速列车自主持续、快速高效迭代升级的协调、指挥、组织、计划、控制、决策等创新管理流程；完善并系统形成了中国高速列车技术创新与产业化的工程管理哲学方法[4]。

4. 工程社会价值

（1）推动了战略性新兴产业崛起。复兴号动车组是一项涉及众多领域的、复杂的系统工程，其"高标准"的要求对中国传统工业的整体工艺和技术水平也提出了更高要求，要提升传统工业基础工艺、基础材料等研发与系统集成能力。

（2）优化了中国综合运输体系及整个经济地理格局。复兴号动车组在速度、舒适性以及服务模式等方面取得了巨大突破，不仅全面提升了铁路客运服务能力和品质，也极大地释放了既有客货混跑线路的货运能力。

三、工程启示

1. 成功关键因素

（1）新型举国体制是复兴号成功的重要保障。复兴号创新工作由铁道部主导，国家发展改革委支持，依靠中国中车集团有限公司、中国铁道科学研究院集团有限公司等核心企业，对复兴号关键核心技术进行攻关，充分吸取引进国外动车组的经验教训，保障了复兴号动车组项目的顺利推进。

（2）全流程的科学试验是复兴号成功的重要支撑。中国是全世界动车组数量最多、运行里程最长的国家，积累了丰富的数据和经验，使中国在高铁技术领域有了较深厚的技术积累；通过从部件到整车，从静态试验到动态试验、低速试验到高速试验、型式试验到科学试验、运用考核等各种充分的试验验证满足产品开发需要。

2. 工程哲学启示

（1）复兴号体现了工程哲学方法论中创新和迭代、安全性和可靠性的思想。首先，复兴号动车组列车的研发从最初方案设计到最终量产，每个阶段都需要经过多次试验和改进，以确保列车的性能和质量达到最优；其次，复兴号动车组列车作为高速列车，需要全面考虑机械、电子、电气、通信等多个因素的影响，确保列车的安全和稳定运行。

（2）复兴号体现了工程哲学世界观中人与自然和谐共生、社会责任感与公众参与的思想。首先，复兴号动车组列车通过降低空气阻力、轻量化设计、提升牵引效率等方式，提升环保性指标，创新设计了低能耗、轻量化、减振降噪、低电磁辐射的节能环保动车组，并通过完备的监测系统，实现安全高效运行；其次，复兴号动车组列车的研发和运行充分考虑了社会利益和公众需求，通过优质的服务和可持续的发展模式，满足公众的出行需求，促进社会经济发展。

3. 工程立国思考

以复兴号动车组为代表的中国超级工程发展极大地促进了中国从站起来、富起来到强起来的历史性飞跃。从蒸汽机车、内燃机车、电力机车到今天的动车组，从普速、快速、特快到今天的高铁列车，中国铁路在一代又一代的新旧更迭中，走出了一条中国特色的发展道路。复兴号动车组已经走在世界前列，承载了几代中华儿女的"强国梦"，为强国之路催生新活力，它不仅是"交通强国，铁路先行"的亮点，更是高端装备自主创新和科技自立自强的典范，为实现"科技强国""制造强国"等国家战略提供了有力支撑。

4. 未来发展指导

未来智能动车组发展主要体现在更高速、更智能、一体化等几个方面。

（1）开展车辆轮轨关系、弓网关系、轻量化等方面的技术研究，使智能动车组设计速度达到400千米/小时及以上。

（2）广泛应用人工智能、大数据、新型传感器，通过全方位态势感知、故障预测与健康管理等手段，使动车组具备可测、可视、可控、可响应、可互联5个维度核心特征，并具有自感知、自诊断、自决策等能力，进而实现从智能化走向智慧化。

（3）深入开展不同交通制式、不同列车装备、不同车站交通系统间客流、物流、信息流一体化融合的运输解决方案，推进数据资源赋能交通技术发展。

参考文献

[1]《面向世界的复兴号》编委会.面向世界的复兴号.北京:中国铁道出版社,2020: 51.
[2] 中国铁路总公司.高速动车组概论.北京:中国铁道出版社,2015.
[3] 朱彦,尹振坤,张国芹.复兴号动车组智能技术创新应用及展望.城市轨道交通研究,2022,25(2): 1-4.
[4] 吴磊.复兴号动车组研发项目的进度控制和质量管理研究.天津:天津工业大学,2021.

世界近现代
超级工程排行榜(下)

22000 吨龙门吊

121 22000 吨龙门吊

全　　称 宏海号 22000 吨门式起重机（MDGH 22000t），简称宏海号龙门吊、22000 吨龙门吊

外文名称 22000-ton Gantry Crane

22000 吨龙门吊是中国研制的世界上起重能力最大以及适应不同吊装对象能力最强的可移动门式起重机，总体高度 148 米，起升高度 71.38 米，跨度 124.8 米，由中国自主研制，拥有独立知识产权。宏海号由 2 台起重机组成，每台起重机的吊装能力达到 1.1 万吨，2 台起重机的组合最大起重能力为 2.2 万吨，约相当于 400 节高铁车厢，是此前世界上最大的移动式龙门吊起重能力的 11 倍。

22000 吨龙门吊于 2012 年 10 月 22 日在江苏启东开工建设。2014 年 8 月 7 日，宏海号完成 1 号机整体提升吊装。同年 12 月 9 日，1 号机完成总装调试工作，首次整体吊装 1 艘海洋平台供应船下水[1]。宏海号整机完工于 2015 年下半年。

22000 吨龙门吊的主体为桁架式结构，双吊梁承载，拱形外观，两个桁架拱形主梁上均匀布置 48 个吊点，前后共 96 个吊点，每个吊点最大吊重 300 吨，底部装有 128 对滚轮车。宏海号整机功率 1800 千瓦，总重 1.48 万吨，相当于 2 座埃菲尔铁塔的重量，总计耗费 1.1 万吨高强度钢材[2]。宏海号项目总投资为 1 亿～1.1 亿美元，龙门吊主体的建造合同价格约为 5000 万美元。宏海号的混凝土基座打桩深度为 46 米，造价达到 4000 万美元。

22000 吨龙门吊由当时四川宏华集团旗下的宏华海洋油气装备（江苏）有限公司投资，武桥重工集团股份有限公司负责总包、设计[3]。江苏华能建设工程集团有限公司上海分公司负责施工。上海创未建设工程有限公司承担了宏海号提升吊架、吊耳等辅助结构的设计以及结构吊装、设备就位吊装等工作。宏海号表面的防腐油漆涂装由海虹老人涂料有限公司提供。

22000吨龙门吊建成后用于宏华启东海洋装备基地的海上石油平台整体吊装和下水作业，能够将海洋石油平台的大型模块同步在陆地上制造，从而革命性地改进海上石油平台的建造工艺流程。宏海号的成功建造对于未来研发更大起重能力的超大型龙门吊具有重要意义，进一步促进了未来大型军用、民用船舶建造工艺的革命。

一、工程背景

自21世纪初期以来，伴随着中国经济的快速发展，全球船舶制造业不断向中国转移，使中国迅速成为世界最大的造船业中心。无论是民用的运输船和液化天然气船，还是军用的驱逐舰和航空母舰，中国制造在全球范围内都具有重要的影响力。然而自2008年国际金融危机爆发起，海上国际货运转入萧条，原本订单量高居世界第一的中国传统造船业遭受巨大的冲击。在这样的背景下，众多造船厂试图将产能转向利润可观、订单稳定的海洋石油平台。海洋石油平台是海洋石油工程最为核心、价值最高的装备，集合了钻井、动力、通信、导航等设备，还包括安全救生和人员生活设施，综合建造难度极高。在当时国际原油价格高企的市场环境下，海洋石油平台具有旺盛的生产需求，相较之下全球范围内的生产产能却有所不足。

四川宏华集团于1998年改制为民营企业后，迅速发展为全球第二、中国第一的陆地油气钻探设备提供商。2009年，宏华集团同样看准海洋油气开发的市场机遇，成立宏华海洋油气装备（江苏）有限公司，专攻海洋石油工程装备的制造，力图将集团的战略重心从陆地转向海洋。大型海洋石油平台传统上都是在水中船坞里完成所有的建造和装配工作，通常是首先建造下浮体，再使用百吨级的起重设备将诸多构件吊装至下浮体上依次进行装配，装配完成后可以直接入水交付。宏华集团虽然具有丰富的陆地油气装备生产经验，但是在海洋石油平台制造方面却尚属初探。因此，宏华集团基于已有的陆地钻机生产经验，提出将海洋石油平台以大型模块的方式同步在陆地上建造，然后使用起重机将各大模块整体吊装至港池中进行最后装配。考虑到海洋石油平台的核心装备仍在于钻井包，宏华集团认为其陆地钻机生产经验完全能够支撑这一制造方案，进而扬长避短，最大限度地减少对船坞资源的依赖，甚至完全不使用船坞，从而更高效率地制造海洋石油平台，获得巨额的经济效益。

将结构重量可达 2 万吨的海洋石油平台大型模块整体吊装下水，建造满足该起重能力的龙门吊，是该制造方案所需解决的关键技术难题。在船舶建造过程中，龙门吊承担大型部件的吊装工作，是总装流程中最为重要的工具。中国制造的龙门吊此前已能够垄断全球接近 90% 的市场，出现在全世界多家大型著名造船厂。例如，美国纽波特纽斯造船厂的干船坞便安装了一台中国上海振华集团生产的巨型龙门吊，其最大起重能力达到 1050 吨。英国建造的伊丽莎白女王级航空母舰的吊装工作，同样使用的是一台振华集团制造的龙门吊，起重能力达到 1000 吨。常规大型龙门吊的起重能力一般为千吨级，对于像整体吊装海洋石油平台整体模块这样重量达 2 万吨的结构件则无能为力。

2009 年，烟台中集来福士海洋工程有限公司建成"泰山号"桥式起重机，高度为 118 米，跨度为 125 米，起重能力达到 2 万吨，用于半潜式海洋石油平台上下船体的合龙工作[4]。泰山号是世界上首台起重能力超过万吨的起重设备，能够用于海洋石油平台的起吊安装。然而，泰山号属于港池上方的固定式起重机，不具备大范围灵活移动的能力，仍不满足宏华集团更为高效的海洋石油平台生产工艺的吊装要求。因此，宏华集团需要突破性地建造一个能够平稳吊起重达 2 万吨的结构件并且能够大范围移动的超大型龙门吊，这就是研发和建造宏海号龙门吊的背景。

二、工程价值

22000 吨龙门吊以其优秀的吊装和搬运能力，成功应用于海上石油平台的搭建。宏海号龙门吊提高了工程效率、安全性，支持了工程项目的顺利进行，因此具有重要的工程价值。

1. 工程主要成果

22000 吨龙门吊实现了 22000 吨的起重量，代表着中国在重型装备制造领域的实力和水平，刷新了全球最大龙门吊的纪录。

2. 工程主要技术

（1）桁架式结构稳定技术。桁架式龙门架由拱形主梁和两个支腿组成，两侧支撑腿使用不同的连接方式，形成最稳定的三角形结构，从而减轻了自身重量，提高了吊装效率，可以使设备具有更高和更稳定的工作状态。

（2）大型钢筋结构和高强度焊接技术。大型钢筋结构能够承受大荷载，提供了稳固支撑，提高了结构强度，优化了空间利用。由于高强度焊接技术可以减少配件的使用量，从而降低整个工程的成本，缩短施工周期，保证施工安全。

（3）智能化控制与管理技术。宏海号采用了计算机智能化调度与管理对设备进行实时监控和控制，确保设备的正常运行。同时，通过大数据分析和优化算法计算，能够实现对生产流程的智能调度和管理以及对设备进行故障诊断和预警，提高了设备的可靠性和生产效率。

3. 工程社会价值

（1）科技创新能力的增强是国力提升的根本。22000 吨龙门吊的建造促进了大型结构件制造、高强度材料研发、精密控制系统设计等众多高科技领域的技术进步，推动了国家科技创新的发展。同时，这种大型机械的出口也能够进一步促进国际经济合作，增强国家在全球市场上的竞争力，提升国际形象。

（2）港口运营效率的提升是经济发展的保障。22000 吨龙门吊的建造使得货物装卸更加快速和高效，从而降低物流成本，吸引更多的货物和资金流，使得港口更具竞争力。同时，龙门吊的建造促进了钢铁、机械制造、电气控制等相关产业的发展，从而进一步拉动了地区的经济增长。

4. 工程文化价值

22000 吨龙门吊的设计研发体现了中国传统文化中的创新和精益求精的精神。中国传统文化中强调"匠心独运"，22000 吨龙门吊作为重型装备制造领域的重大突破，其设计研发过程中充分体现了这种创新精神和精益求精的态度。通过自主研发和设计，实现了高效、精准、安全的生产作业，为全球重型装备制造领域树立了新的标杆。

三、工程启示

22000 吨龙门吊是重型装备制造领域的一个里程碑，从设计、制造到运营，都需要全面考虑技术、经济、社会和环境等多个维度的问题，对未来大型机械设备的制造与应用有诸多启示。

1. 成功关键因素

（1）先进的制造工艺和加工技术的使用是成功的必要条件。22000 吨龙门吊采用了大型结构件的高强度焊接技术及精密机械加工制造技术，通过精确的焊接工艺和严格的质控标准，从而确保了设备在高温、高压等极端环境下的稳定性。同时，采用先进的数控机床和精密加工中心，确保了零件的加工精度和整体的装配精度，保证了设备的安全性和可靠性，为22000吨龙门吊的成功建造提供了强有力的支持。

（2）专业的研发和设计团队是成功的重要保证。22000吨龙门吊的研发和设计团队具备丰富的专业知识和技能，能够对龙门吊的结构、力学性能、稳定性、安全性等方面进行精密的计算和模拟。团队成员对每一个细节都严格把关，不断探索新的技术和工艺，为龙门吊的建造提供了重要的支持。

2. 工程哲学启示

工程系统观在22000吨龙门吊制造中得到了充分体现。总体和部分的工程系统观体现在22000吨龙门吊制造的各个方面和环节，只有充分理解和处理好这种关系，才能确保整个龙门吊的性能和质量达到最优。从工程哲学系统思维的角度看，22000吨龙门吊是庞大而复杂的工程系统，服务于具有创新性的高效海洋石油平台生产工艺流程，巨大的尺寸和重量以及严苛的吊重要求决定了其设计和建造过程的复杂性。22000吨龙门吊由多个子系统组成，这些子系统相互关联、相互影响，构成了一个整体。22000吨龙门吊的设计理念在理解整体系统运作方式的基础上，全面考虑并优化各个组成部分之间的协同作用，从而提高了整体性能。运用工程哲学系统思维，充分理解总体和部分的关系，才能实现各个组成部分之间的协同作用最大化。

3. 未来发展指导

（1）市场前景的准确判断是评估大型装备发展的前提。22000吨龙门吊的成功研发和建造是中国大型装备制造水平高速发展成果的集中体现。在国际原油价格低迷的环境下，上游的油气勘探开发活动趋势减缓，海洋石油平台的需求量也急剧下降。2017年6月，宏华集团以每股0.14美元的价格出售宏华海洋的100%股权。因此，大型装备制造项目的立项和投资需要基于对相关市场前景的精准评估，否则在背负巨额银行债务的情况下，难以应对市场波动带来的巨大资金风险。

（2）技术创新与科技革命是加快大型装备建设的核心。制造业的发展应将重点置于技术含量最高的核心设备的研发和制造，以此形成较高的综合技术水平，提升国际竞争力。宏华集团虽然能够提高海洋石油平台的生产效率，但是产品本身并没有突出的技术亮点，短时间内不能得到国内外市场的认可。因此，针对龙门吊等大型装备应坚守循序渐进的理性发展思路，关注技术含量高的核心设备的研发和制造，满足工程项目的应用需求。

（3）结合实际国情走符合自身发展的道路是大型装备实现超越的关键。22000吨龙门吊作为创纪录的大型可移动起重机，其众多技术亮点和技术创新是不可忽视的，利用"海上装备陆地造"解决造船业过于依赖船坞资源的问题也是切实可行的方案。考虑到中国海岸带资源相对紧缺，继续发展综合吊重能力更强的可移动大型龙门吊，是未来中国大型海洋工程项目的可行发展路线，对于推动中国成为海洋强国有长远的价值。

参考文献

[1] 吴文汉. 宏海号 22000 吨桁架式拱形起重机主梁结构分段运输及总组方案. 工程技术, 2013(7): 207-209.

[2] 中国安装协会机械设备与起重分会. 大型设备安装吊装技术交流会 MDGH22000t 通用门式起重机吊装现场观摩活动在江苏溧阳举办. 安装, 2014(8): 1.

[3] 史洪卫, 石求精, 吴文汉. 宏华海洋油气装备有限公司"宏海号"通用门式起重机的吊装. 石油化工建设, 2014, 36(4): 14-19.

[4] 严旭东, 马骏. "泰山号"与"宏海号"多吊点桥、门式起重机的运行机构. 起重运输机械, 2017(1): 11-15.

世界近现代
超级工程排行榜（下）

北盘江第一桥

122 北盘江第一桥

全　　称 北盘江第一桥
外文名称 Beipanjiang First Bridge

　　北盘江第一桥是连接云南省曲靖市宣威市普立乡与贵州省六盘水市水城区都格镇的特大钢桁架斜拉桥，位于尼珠河之上，为杭瑞高速公路（国家高速G56）的控制性工程，获得吉尼斯世界纪录有限公司认证的"世界最高桥"，也是世界上跨径第二的钢桁梁斜拉桥[1-3]。

　　北盘江第一桥北起都格镇，上跨尼珠河大峡谷，南至腊龙村；大桥采用双向四车道高速公路标准，设计速度80千米/小时。2013年开工建设，2016年9月10日完成合龙，2016年12月29日正式通车。

　　北盘江第一桥全长1341.4米，宽27.9米，主桥跨径720米；桥面至谷底距离565.4米，桥塔顶部至谷底距离740米；全桥共设112对224根斜拉索。工程项目总投资1.71亿美元，其中云南方出资0.90亿美元，贵州方出资0.81亿美元。采用自密实高性能混凝土技术，浇筑承台混凝土方量近6000立方米，其中塔身泵送最大扬程达269米，相当于90层楼高。整座大桥使用上万个钢构件，总重量近3万吨。

　　北盘江第一桥由中交公路规划设计院有限公司设计，总工程师是王超，贵州省公路工程集团有限公司和中交第二航务工程局有限公司分别承建两岸侧。

　　北盘江第一桥是中国高速公路网中杭瑞高速公路（国家高速G56）的部分路段，也是其上最艰难的控制性节点工程，通车后，云南宣威至贵州六盘水的车程从以前的4个多小时缩短至约1小时。北盘江第一桥对改善云、贵、川、渝等地与外界的交通状况和提高区域路网服务水平将产生巨大的推动作用，能充分发挥高速公路对沿线地区的辐射带动效应，促进地方社会经济发展，为中国"一带一路"倡议添上了浓墨重彩的一笔。

一、工程背景

黔滇交界地处中国西南部的横断山区，山脉横叠，交通建设条件复杂。北盘江大峡谷位于乌蒙山山脉中，千百年来，贵州都格镇和云南普立乡被分隔开来，两岸居民如果要互通往来要翻越3座山头，走40千米山路，才能到达对岸。外出贸易、消费往返一次所需时间极长。在这样的境况下，建桥、修路被提上日程。

1949年中华人民共和国成立后，国家深切关注黔西南人民的生活改善，制定了一系列贯通东西的高速公路建设计划。2004年，国务院审议通过《国家高速公路网规划》，确定了建设9条南北纵线、18条东西横线的高速公路网布局，杭瑞高速的建设构想被正式提出。杭瑞高速公路连通浙江杭州到云南瑞丽，是中国国家高速公路网东西横向主干线之一，北盘江第一桥位于其中六盘水至曲靖段，是杭瑞高速的"最后一千米"。2011年7月，贵州省发布《贵州省公路水路交通运输"十二五"发展规划》，计划在"十二五"期间完成"六横七纵八联"高速公路网建设，"六横"当中江口至都格段与云南省高速公路网相连，二者的交会点即为北盘江第一桥位置。

2010年10月，交通运输部批准由贵州高速公路集团有限公司负责建设杭瑞高速贵州省毕节至都格（黔滇界）公路。毕都高速设计总里程为140.177千米（含省界北盘江第一桥贵州段559.4米和云南段782米），桥隧比占路线总长的45.32%。

二、工程价值

1. 工程主要成果

研究成果包含大跨径钢桁梁斜拉桥结构体系和主梁构造方案、关键施工环节的配套设备、施工管理系统软件、关键部位疲劳损伤监测评估方法以及运营和应急管理决策策略[4]。项目形成行业技术指南2本、专利13项、施工工法3项和软件著作权6项。大桥荣获第35届国际桥梁大会的"诺贝尔奖"——古斯塔夫斯（Gustav Lindenthal）金奖、2017年"贵州省科技进步奖一等奖"和"中国公路学会科技特等奖"。

2. 工程主要技术

北盘江第一桥跨越河谷深切 600 米的北盘江"U"形大峡谷，峡谷两岸地势陡峭，地质条件复杂多变，极端气象灾害频发。复杂的地形和气候条件为工程建设带来了一系列技术挑战，工程主要有四方面创新：

（1）研制了针对大跨径钢桁梁桥的新型顶推设备。不仅破解了深山峡谷地区作业场地受限的不足，还使大桥临时钢结构设计与使用量减少了 30% 以上，大大降低了工程安全风险。

（2）开发了斜拉索凝冻监测方法。研发了斜拉索凝冻监测及图像识别预警健康监测系统，可普遍应用于受凝冻影响的山区缆索体系桥梁。

（3）建立了山区非平稳风作用下钢桁梁等效风荷载设计准则。为应对深切峡谷的显著风场效应，解决了复杂风场下斜拉桥风致振动的问题。

（4）提出了"中纵梁+次横梁"梁板新型结构体系。大大减少了车轮反复碾压造成的正交异性钢桥面板疲劳隐患，节省钢材用量 9%。

3. 工程管理创新

北盘江第一桥的工程管理创新是建立了集"建设、管理、养护"于一体的桥梁管养综合信息化平台。通过建立风速同步观测站以及安装在桥上的传感器，将桥梁的索塔、桥面的应力、位移等变化信息传送到桥梁基础信息云和桥梁监测养护信息云，然后分析决策云对前面传送的数据进行分析，将数据发送到管理者的手机和平板电脑，然后进行针对性养护。这些数据信息还能用于大桥安全预警及应急管理。

运营单位根据实时风场信息进行限流、限速，养护单位根据桥梁监测信息针对薄弱环节和高风险部位进行集中养护，提高养护效率。

4. 工程社会价值

（1）结束了宣威与水城不通高速的历史，车程从 4 个多小时缩短至约 1 小时。北盘江第一桥是杭瑞高速的控制性工程，杭瑞高速的建成，标志着以中国东部城市杭州为起点，贯穿中国浙江、安徽、江西、湖北、湖南、贵州至云南瑞丽口岸等七省 3404 千米的杭瑞高速公路全面建成通车，对构建快进快出的高速网络具有重大推动作用，有效地改善了云、贵、川、渝等地与外界的交通状况，提高了区域路网服务水平，充分发挥了高速公路的辐射带动效应，促进了地方社会经济发展。

(2)降低了该地区对外沟通交往的成本,提升了该地区经济发展潜力。工程所在的黔西南山区属于中国经济相对较为落后的偏远地区,距离区域经济中心较远,以往受交通不便的影响,各种经济活动和刺激手段都难以开展,北盘江第一桥打通了杭瑞高速的最后节点,将黄山、景德镇、常德、遵义、六盘水、宣威、昆明、大理、瑞丽等历史文化名城串联起来,形成一条世界级黄金旅游线路,对于扩大长三角经济辐射和填补云南滇东北旅游线路缺陷具有重要意义。大桥本身具有的结构美、人类现代工业成就的震撼美,以及与周边绿水青山相映美,都是其本身所具有的旅游业吸引力。大桥中间没有桥墩,犹如一条巨龙腾空架在尼珠河峡谷中,雨后经常云雾缭绕,汽车行驶其中就像在天上飞一样,有人说在这桥上开车就像开飞机一样,特别雄伟壮观。

(3)推进云贵地区与周边国家的国际运输通道建设。"一带一路"倡议在西南地区的重点是打造开放发展新的战略支点,形成"21世纪海上丝绸之路"与"丝绸之路经济带"有机衔接的重要门户。北盘江第一桥的通车能够更好地发挥云贵区位优势,推进与周边国家的国际运输通道建设,打造大湄公河次区域经济合作新高地,建设面向南亚、东南亚的辐射中心,以及推进西藏地区与尼泊尔等国家边境贸易和旅游文化合作[5]。

三、工程启示

1. 成功关键因素

(1)综合考量设计因素是主跨桥方案选择的基础。有什么样的施工环境,就有对应的桥梁结构体系设计方案,科研是提升设计质量的重要保证。对于北盘江第一桥,设计单位中交公路规划设计院有限公司研究了主跨720米钢桁架梁斜拉桥、主跨672米钢桁架梁斜拉桥、主跨672米钢桁架梁悬索桥、主跨800米钢桁架梁悬索桥等方案。在综合比较结构安全、投资造价、施工可行、环境影响等设计因素后,最终确定了主跨720米钢桁架梁斜拉桥方案。

(2)结合项目现场实际改进施工工艺是项目成功的保障。在云南岸施工进度因故落后贵州岸10个月的背景下,纵移悬拼技术是项目经理周大庆为了不延误工期,力排众议、验证可行的新工法;为了向半山腰上的工地输送施工用水,项目总工程师王超与同事建起三级泵水系统,将江水泵到565米高的桥面上。为了给水泵供电,在谷底现建了一个小型变电站,变压器重达1吨,无法拆开运输又没有大型机械帮助,只能由32个人用最原始的撬棍搬运,沿着40厘米宽的山路,用了一个月才将变压器运送到指定位置,后又组织人员耗时三个多月架设起近百根电线杆,这才满足了项目用电需求。

（3）坚持环境保护设计理念是实现大桥可持续发展的关键。在大桥建设过程中，施工单位按照"多彩贵州·最美高速"的发展理念，从设计、施工、运营全过程始终坚持最低程度破坏、最大限度保护，实现低成本、低污染、低耗能的建设目标。通过开展桥梁集中排水、主桥边跨顶推施工和500兆帕高强钢筋的应用，最大限度地减小了桥面污水对土壤及水系的影响，极大地减少了对土地资源的占用，同时简化了钢筋现场绑扎，方便施工，达到了节能、降耗、减排和可持续发展的目的。

2. 工程哲学启示

（1）北盘江第一桥体现了工程哲学方法论中创新和冒险精神、系统性和完整性思维以及人与技术关系的思想。首先，北盘江第一桥采用了高强度钢构、大跨度桥梁设计等许多创新的技术和方法，同时也需要具有冒险精神，敢于面对和解决海拔较高、地质条件复杂等施工难题；其次，北盘江第一桥是一个大型系统工程，需要全面考虑桥梁工程、地质工程、机械工程、电子工程等多个领域的影响，确保整个系统的完整性和稳定性；最后，北盘江第一桥的建造和运营过程中，需要充分发挥人的创造性和技术能力，进行大量的实验和观察，以验证设计方案的可行性和有效性，保证工程的质量和安全。

（2）北盘江第一桥体现了工程哲学世界观中人与自然和谐、工程社会责任的思想。首先，北盘江第一桥充分考虑了当地自然环境和生态系统的特点，采用了环保、可持续的工程技术，以减少对环境的破坏和污染；其次，北盘江第一桥作为国家高速公路网的重要组成部分，连接云南和贵州两地，促进当地经济的发展，方便人们出行，是中国基建人不畏天险、战天斗地的精神凝缩，是誓将天堑变通途伟大理想的勇敢实践。

3. 工程立国思考

北盘江第一桥是中国"一带一路"倡议中的重要项目之一，不仅使贵州和云南之间的交通更加便捷，降低了物流成本，推动了沿线地区的经济发展，还展示了中国的桥梁建设技术和实力。

4. 未来发展指导

北盘江大桥的建设为山区大跨径钢桁梁斜拉桥的设计与高空施工作业提供了宝贵的工程经验和参考。在面对复杂的地形和气候条件时，可以利用先进的科技和工程技术，创新解决方案，以实现重大工程的建设目标；充分考虑其经济效益和社会效益的平衡，北盘江第一桥的建设虽然投资巨大，但其在促进云贵两省的经济社会发展、加强区域联系等方面具有重要意义；在未来发展中，需要不断探索新的科技和工程技术，以适应不断变化的社会和经济需求。

参考文献

[1] 北盘江大桥"世界最高桥"里的中国科技. 科学大观园, 2021(15): 30-33.
[2] 世界最高大桥：中国北盘江大桥. 军事文摘, 2018(8): 40-43.
[3] 北盘江大桥：世界山区大跨径钢桁梁斜拉桥的范本. 中国招标, 2017(19): 31-34.
[4] 刘波, 彭运动, 侯满. 贵州都格北盘江大桥主桥设计及关键技术. 桥梁建设, 2018, 48(6): 81-86.
[5] 李允凤. 北盘江大桥带动特色产业"出圈". 当代贵州, 2022(29): 31.

# 布兹奥斯油田

全　　称 布兹奥斯油田
外文名称 Buzios

布兹奥斯油田是巴西最大的整装油田，也是全球最大深水盐下在产油田。

布兹奥斯油田紧邻里贝拉油田，位于巴西里约热内卢近海盐下桑托斯（Santos）盆地，地质储量约为300亿桶，是巴西国家石油公司在2008年通过三维地震勘探发现的，2009年布兹奥斯油田被确认和报道。油田于2018年4月正式投产，平均作业水深超过2000米[1]。

布兹奥斯油田采用传统的浮式生产储卸油装置（FPSO）+水下生产系统模式开发[1]，自2018年4月正式生产以来，油田已经投产4个生产单元（Buzios 1～4），对应采用4艘FPSO，另外剩余Buzios5生产单元的FPSO于2023年投产。2020年3月，布兹奥斯油田在产的4艘FPSO的产量达到了64万桶/天的规模。随着其他FPSO的投入使用，全油田预计在2030年左右建设成130万桶/天的高峰产油量。布兹奥斯油田的投资主要集中在钻井、水下生产系统和FPSO这三个部分。整个布兹奥斯油田的投资金额将达到300亿美元左右，其中钻井、水下生产系统和FPSO的投资金额分别为54.46亿美元、101.39亿美元和132.97亿美元。

布兹奥斯油田由巴西国家石油公司开发，其将该油田划分为12个生产单元（Buzios 1～12），对应地采用12艘大型的海上FPSO进行开发。2019年11月6日，巴西国家石油管理局（ANP）举行的区块招标中，由中国海油、中国石油与巴西国家石油公司组成的联合体中标布兹奥斯项目。其中，中国海油持有布兹奥斯项目5%的权益，并在2021年增持至10%，成为该油田作业者巴西国家石油公司的最大合作伙伴[2]。

布兹奥斯油田成功开发利用了巴西近海深水地区的丰富石油资源，提高了巴西的能源自给能力，推动了巴西石油工业的发展，提高了石油勘探和开采水平，进一步验证了FPSO+水下生产系统模式在深水油田开发中的可行性和经济性，大大降低了油田开发的成本，提高了采收率，为全球深水石油勘探和开发提供了成功的范例。

一、工程背景

20世纪初，巴西政府意识到本国石油资源的匮乏，开始寻求石油的勘探和开发。巴西的油气勘探始于20世纪30年代，第一个开发油田是陆上的巴伊亚（Bahia）油田。

1953 年，巴西国家石油公司成立，于 20 世纪 60 年代开始海上勘探开发活动，70 年代全球石油价格上涨，为了满足国内日益增长的石油需求，巴西政府开始寻找新的石油资源并加大本国深海油田的开发。1968 年在圣埃斯皮里图（Santo Espirito）海上打出第一口油井，发现了瓜里塞马（Guaricema）油田，1974 年发现加鲁帕（Garoupa）油田，1977 年发现恩科瓦（Enchova）油田，其后陆续发现并开发了阿尔巴克拉（Albacora）、马林（Marlim）、龙卡多（Roncador）等大型油田。

作为拉丁美洲第二大油气资源国和最大生产国，巴西十分重视技术创新和整合应用，通过设立研发中心、实施"深水油田开采技术创新和开发计划"（PROCAP）、推行本地化采购要求等战略，深水勘探不断获得新进展，油气储量和产量大幅增长。1986 年，巴西开始实施 PROCAP，以解决深水油气勘探开发过程中的技术瓶颈，并将这些技术应用于大型海上油田的开采。PROCAP 的实施使巴西基本具备了 1000 米水深油气勘探开发能力。随着勘探开发领域的扩大，巴西又实施了 PROCAP 2000（1993～1999 年）和 PROCAP 3000（2000～2005 年），并基本如期实现阶段目标。PROCAP 开发应用了一大批适用技术，使巴西在深水、超深水及盐下油气勘探开发技术方面居国际先进地位。

伴随着 2006 年 Santos 盆地卢拉（Lula）油田（可采储量 80 亿桶）的发现，巴西海上油气事业揭开了新的篇章，带动了海上油气勘探开发技术的大幅提升，促使巴西在世界深水领域居于领先地位。

深水盐下油田成为巴西国家石油产量最主要的来源，2021 年巴西深水盐下原油产量为 7.8 亿桶，占巴西国内原油总产量的 73.6%，盐上占 23.4%，陆上及浅水只有 3.0%。布兹奥斯油田就是在此期间被发现开采的。2021 年，布兹奥斯油田区域有 4 艘 FPSO，日产 60 万桶，2021 年产量为 2 亿桶，占盐下油田总产量的 25.6%，这使得布兹奥斯油田成为巴西深水盐下重点开发的油田。巴西国家石油公司计划今后进一步加大深海盐下巨型油田开发力度，将布兹奥斯油田的开发放在空前重要的位置。

二、工程价值

1. 工程主要成果

布兹奥斯油田是高效探明的一个世界级巨型整装油田，油田的开发为全球石油资源的开发提供了新的储量基础，已成为中国海油海外油气产量的主要增长区域之一，为中国石油产业的发展提供了新的动力。

2. 工程主要技术

巴西国家石油公司对布兹奥斯油田进行规划时，所采用的设备标准最大限度地与其他巴西深水盐下油田已经应用的设备标准保持一致，通过采用先进的设备和技术，成功地降低了布兹奥斯油田开发成本和风险，提高了开发效率和生产能力，为巴西石油产业的可持续发展做出了贡献。

（1）采用FPSO和水下生产系统模式，降低油田开发成本。布兹奥斯油田将FPSO与水下生产系统模式相结合，减少了输油管道长度和中间站的数量，以及平台建设和安装费用，提高了生产效率。FPSO是一种大型浮体结构，可以在海上进行石油生产、储存和卸载，装置通过输油管道与水下生产系统相连，接收来自水下生产系统的石油。FPSO的储油能力通常在数百万至数千万桶，可以根据油田的产量进行扩展，能够实现24小时不间断生产，并且可以快速转换至其他油田进行生产。FPSO可以随着油田产量的变化进行调整，以满足不同的生产需求。水下生产系统模式将生产设施和控制系统安装在海底，实现了海洋石油的生产、处理和储存。

（2）采用智能完井技术调控井下流体，实现在整个油田生命周期内对油井含水率和生产气油比增长的管理。布兹奥斯油田的智能完井系统主要由井下监测系统、井下控制系统、地面控制系统三部分组成。井下监测系统通过井下电控温压计实时监控井下每个层段的温度和压力数据，并根据温度和压力数据完成对油藏开发的实时管理。同时，还能通过监测井下压力数据，判断井下每个生产层段井下流入控制阀（ICV）的开关状态。井下控制系统的主要工具是封隔器和ICV。地面控制系统主要包括液控控制柜和智能完井系统操作服务器，主要用于采集井下的温度、压力等井况数据，通过计算分析达到对油藏智能管理的要求，同时可以通过液控控制柜对井下ICV进行开关操作，控制油井产量和注入井的注入量。

（3）首次安装应用了气水交替注入管汇，降低开发成本和风险，提高开发效率和生产能力。布兹奥斯油田首次安装并应用了气水交替注入管汇，实现了气体和水从FPSO的交替注入，可以在每个生产单元几口井中实施气水交替，避免了铺设约100千米的立管和流线的需要，节省了大量的资本支出，并且没有额外的油藏管理风险。

（4）首次优化超深水FPSO的鱼雷锚系泊系统，改善流动保障条件，降低资本支出。为了实现布兹奥斯油田有限面积区域内的石油开采，巴西国家石油公司针对锚泊系统开展优化，以实现油田面积内可以布置更多的FPSO，使用有史以来最大的鱼雷锚系泊系统，将FPSO的锚泊半径降低约30%，将系缆数量从24条减少到20条，优化海底管线布局，缩短流动管线，改善流动保障条件，降低资本支出。

（5）实现深海最大的三维海底节点地震采集，帮助石油技术人员了解油藏流体分布。布兹奥斯油田地震采集面积为 2739 平方千米，采集的节点面积为 1621 平方千米，有 6650 个采集节点，节点间隔 500 米，1100 个炮点。在水下海底通过采用三维采集技术实施地震测试，减少了地面噪声的干扰，提高了地震数据的信噪比和分辨率，获得更全面和准确的地震数据，帮助石油技术人员更好地了解地质情况和油藏流体分布。此外，通过实时的地震数据采集和分析，生成更充足和可靠的地震属性，帮助石油技术人员更好地评估油田的开发前景和制定更合理的开发方案。

3. 工程社会价值

布兹奥斯油田工程不仅在推动工业发展、促进科技创新等方面发挥了重要作用，也展示了国际合作在推动全球能源领域发展的潜力。布兹奥斯油田的开采为巴西提供了可靠的石油供应，带动了巴西相关产业的发展，如机械、化工、运输等。布兹奥斯油田的开发和生产过程中，采用了许多先进的科技手段，如深水采油技术、水下生产系统等，不仅提高了深海石油勘探和开采的效率，推动了巴西石油工业的发展，也为全球石油科技的进步做出了贡献。此外，布兹奥斯油田项目由中国海油与巴西国家石油公司组成的联合体中标该区块，也体现了国际能源合作的重要性，有利于双方的经济发展，也为双方在油气领域的合作搭建了更广阔的平台。

4. 工程生态价值

布兹奥斯油田工程注重环保和生态价值，采取了一系列措施以保护海洋生态，不仅有利于当地的经济发展和人民生活水平的提高，也有利于保护海洋生态环境，实现可持续发展。采用了传统的 FPSO+ 水下生产系统模式进行开发，尽可能减少对海底的破坏，最大限度地减少对环境的影响，并提高了开采效率。在燃料选择上，使用环保型燃料，减少排放，以降低对海洋生物的影响。

三、工程启示

1. 成功关键因素

（1）以科技创新解决难题，稳步实施技术攻关计划。巴西十分重视以技术创新和整合来解决制约海洋油气发展的关键技术难题。布兹奥斯油田的开发涉及深海环境下复杂的技术难题，包括水下生产系统的设计和建造、深海输油管道的铺设和维修等。为应对深水和盐下油气勘探开发的严峻挑战，巴西制定实施了一系列战略性的技术研发计划，每个计划都有具体的研发路线图，并突出时间节点、研发界面和中间成果的管理，稳步有效地推进技术发展和创新。

（2）以合作强化本土发展，推动工程技术进步。布兹奥斯油田的开发涉及多个国家和地区的合作和交流，包括中国、巴西、美国等。在与中国石油、中国海油等国际石油公司的合作过程中，巴西政府十分重视借机扶持本国工程技术的发展。在历次的对外招标中，一直坚定地推行本地化采购战略，企业必须使用本国设备和服务，强制要求一定比例的开发工作在巴西进行，带动更多的本国技术人员、研发机构和供应商参与，推动巴西工程技术领域的共同进步。通过加强国际合作和交流，与当地企业和政府建立了紧密的合作关系，共同应对各种挑战，为油田的成功开发提供了重要保障。

（3）以精细的项目管理和运营能力，推进项目顺利进行。布兹奥斯油田是一个庞大的系统工程，涉及多个领域和环节，包括项目规划、资源调配、质量控制、安全管理等，通过精细的项目管理和运营能力，确保项目的顺利推进和投产，为油田的成功开发提供了重要保障。

2. 工程哲学启示

布兹奥斯油田的开发过程体现了工程哲学中的整体性思想以及技术与自然和谐共生的思想。

（1）整体性思想是工程哲学中工程价值论的重要组成部分。在布兹奥斯油田工程中，整体性思想体现在不仅关注石油开采和生产的经济效益，还注重生态保护、社会影响等其他方面的目标，并强调了这些目标的多元性和平衡性。

（2）技术与自然和谐共生的思想属于工程哲学中工程方法论的范畴。在布兹奥斯油田开发过程中，采用了一些先进的科技手段如高精度地震勘探技术、数字油田技术，也采取了一系列环保措施以保护海洋生态、减少废气排放等，实现了科技创新与自然和谐共生，体现了工程哲学中技术与自然和谐共生的思想，强调了技术在满足人类需求的同时，也要尊重和保护自然环境。

3. 工程立国思考

石油是巴西国家经济发展的重要战略资源，深海油气开发成就了巴西的石油强国梦。巴西政府将能源开发作为国家战略的一部分，布兹奥斯油田的开发不仅为巴西提供了可靠的能源供应，而且保障了国家的能源安全。此外，布兹奥斯油田的开发涉及多个国家和企业之间的合作，这种国际合作也为巴西带来了更多的经济和政治机遇，实现了资源共享和优势互补。

4. 未来发展指导

布兹奥斯油田对未来油田开发的发展指导在于其科技创新、环境保护和可持续发展、国际合作等方面，也为未来的石油工业发展提供了新的机遇和挑战。

（1）科技创新在未来油田开发中发挥至关重要的作用。布兹奥斯油田的开发过程中，采用了许多先进的科技手段，包括深水采油技术、水下生产系统等。这些技术的应用不仅提高了石油开采效率，也降低了环境影响。随着科技的不断发展，石油行业正面临着许多挑战和机遇。未来油田开发需要更加注重科技创新，只有不断推进科技创新，才能在激烈的市场竞争中立于不败之地。

（2）注重环境保护和可持续发展是未来油田开发的关注重点。油田开发过程中会涉及大量的能源消耗和环境污染问题。例如，开采过程中会产生大量的废气、废水和固体废弃物等，这些废弃物如果处理不当，会对环境造成严重的污染。布兹奥斯油田在开采和生产过程中始终坚持环境保护原则，采取了一系列措施以保护海洋生态。只有加强环境保护和可持续发展，才能实现石油行业的可持续发展，同时也符合全球环境保护的趋势。未来，油田开发需要更加注重环境保护和可持续发展，以实现经济和环境的双重目标。

（3）国际合作是未来油田开发的发展趋势。布兹奥斯油田的开发涉及多个国家和企业之间的合作，这种国际合作可以为巴西带来更多的经济和政治机遇，也有助于推动各方的合作和发展。在未来油田开发中，国际合作的重要性将进一步凸显。一方面，国际合作可以实现资源共享和优势互补，促进油田的开发和生产。另一方面，国际合作也可以带来更多的经济和政治机遇，可以引进更多的投资和技术，促进当地经济的发展和就业机会的增加，同时也可以提高自身的国际地位和影响力。

（4）数字化和智能化是未来油田开发的重要发展方向。布兹奥斯油田的开发过程中，采用了许多数字化和智能化的技术，如数据采集、分析和处理、远程监控等，提高开采效率和降低成本，也为未来的智能化油田开发打下了基础。未来油田开发过程中需要加强数字化和智能化技术的研究和开发，建立完善的数字化和智能化管理体系，实现各环节的全面数字化管理，提高生产效率和管理水平。

参考文献

[1] 李怀印, 李宏伟. 中国与巴西海上油气发展比较研究. 中国工程科学, 2014, 16(3): 21-26.
[2] 吴林强, 张涛, 郭洪周, 等. 巴西海洋油气工业发展成功经验及启示. 国际石油经济, 2018, 26(10): 32-41.

世界近现代
超级工程排行榜（下）

蓝鲸1号

124 蓝鲸1号

全　　称 超深水半潜式钻井平台蓝鲸1号，简称蓝鲸1号

外文名称 Bluewhale I

蓝鲸1号是目前全球作业水深、钻井深度最大的第七代半潜式钻井平台，用于海洋深水、超深水能源的勘探开发，具有钻井、完井和修井等作业功能，适用于全球深海作业[1]。

蓝鲸1号于2013年8月28日在烟台中集来福士海洋工程海洋基地开工建造，2015年3月15日下船体下水，2015年6月4日上船体下水，2015年6月25日完成船体大合龙，2017年2月13日交付。

蓝鲸1号平台长117.0米，宽92.7米，高118.0米，最大作业水深3658米，最大钻井深度15240米。净重超过4.3万吨，满载排水量达7万吨，拥有27354台设备、20000多个探测器、50000多个感应报检点、40000多根管路，电缆拉放长度1200千米，是业界作业性能最为优良的半潜式钻井平台之一。参加研究、设计、建造、调试等施工人员超10000名，科研人员超200名，参研企业超400家，造价超过7亿美元。

蓝鲸1号决策者为中国国际海运集装箱（集团）股份有限公司，烟台中集来福士海洋工程有限公司为工程组织建设者，联合中国船舶工业公司第七〇八研究所、中国远洋运输有限公司、上海交通大学等国内资源优势完成技术攻关，引进弗里格斯塔德工程公司（Frigstall）、国民油井华商公司（National Oilwell Varco）、西门子、康士伯集团等设计技术和相关设备[1,2]，完成了超深水半潜式钻井平台从建设到采购、建造和调试等全部工作，交付后即投入生产。

蓝鲸1号配备了各种科学装备和设施，可以进行海洋地质、生物、物理、化学等多领域的科学研究，同时还具备良好的航海性能和作业能力，能够在较恶劣的海洋环境下持续执行任务。蓝鲸1号建成投产，支撑了南海海域完成可燃冰试采和深水大气田——陵水17-2高效开发。蓝鲸1号搭载最新的海洋技术，将高端海洋油气装备技术向高端海洋装备产业有效转化，加快推动了我国"蓝色海洋经济"技术变革[3]。

一、工程背景

随着世界陆地和浅海油气勘探程度的不断提高，资源劣化日益显著，深水已成为油气储量和产量的主要接替区。其中，最重要的资源就是天然气水合物，俗称可燃冰，是由天然气与水在高压低温条件下形成的类冰状结晶物质，燃烧后仅会生成少量的二氧化碳和水，与石油、天然气相比，具有使用方便、燃烧值高、清洁无污染等优点。

可燃冰是世界瞩目的21世纪具有商业开发前景的战略资源，被公认为是今后替代石油、煤炭、天然气的潜在能源。除了陆地冻土区外，中国南海深水区蕴藏着近700亿吨油当量的可燃冰资源等待开发，远景资源储量可达上千亿吨油当量，是可燃冰资源储量最多的国家之一。但是可燃冰的勘探开发需要攻克巨大的技术障碍和环境障碍，如果技术不成熟，可能导致海底地质灾害、海底大量温室气体涌入大气等问题，引发环境危机。这些优势工程资源被极少数国际大石油公司长期垄断，租赁价格昂贵。

为克服上述壁垒，中集集团旗下烟台中集来福士海洋工程有限公司建造了半潜式钻井平台蓝鲸1号[4]。中集海洋工程研究院副总经理滕瑶说："从1977年的烟台造船厂到如今的世界一流海洋综合服务企业，这条路中集来福士走了41年。从打破国际技术垄断到依靠创新技术掌握国际话语权，中集来福士用2年时间走了外国人40年走过的路程。"

二、工程价值

蓝鲸1号是中国自主研发的深海科考船，作为海洋科学研究和资源勘探平台，首次实现了海域可燃冰试采，对于促进我国能源安全保障，优化能源结构具有里程碑意义，具有重要的生态价值与社会价值。

1. 工程主要成果

蓝鲸1号的建设工程成果主要体现在液压双钻塔半潜式钻井平台总体设计、液压双钻塔钻井包集成设计、万吨级模块并行建造等关键技术，实现了中国六大技术体系、20项关键技术的自主创新，形成了拥有中国自主知识产权的核心技术，建立了中国半潜式钻井平台工业化技术体系。

2014 年，荣获 World Oil 颁发的最佳钻井科技奖；2016 年，获美国国际石油工业展览会最佳设计亮点奖；2017 年，入选国家级"优秀海洋工程"名单，受到党中央、国务院的表彰；2018 年，荣获第五届中国工业大奖；2022 年，荣获山东省科学技术进步奖一等奖。先后发表论文 66 篇，形成 132 部企业技术标准，获发明专利 55 件，实用新型专利 34 件。

2018 年 6 月 13 日，习近平总书记到中集来福士视察，称蓝鲸 1 号为真正的"国之重器"。2019 年 10 月 1 日，蓝鲸 1 号模型亮相庆祝中华人民共和国成立 70 周年花车游行"创新驱动"方阵，代表了中国科技领域的重大成果之一。

2. 工程主要技术

（1）大厚度 F 级超高强海工钢制造技术。通过与鞍钢集团有限公司等钢企联合反复试验，生产出了全球首次用于半潜式钻井平台建造的大厚度 F 级超高强海工钢。这种钢材成功替代了进口产品，具备向世界顶级钻井平台供货的资质和能力。此外，还首次使用了 100 毫米的 NVF690 超厚钢板，完成了全球首例零下 20 摄氏度的裂纹尖端张开位移（CTOD）试验，满足了挪威船级社制定的焊接工艺标准。

（2）DP3 闭环动力管理技术。蓝鲸 1 号采用了该技术，在最大程度上减少钻井平台在工作时所受到海洋环境的影响，自动调整由飓风、海浪等带来的位置偏移，通过动力管理保证钻井平台能够处于原来位置上稳定工作。动力包系统将 8 台主机连接起来，自动控制其启动、关闭、动力输出大小，降低了 11% 的油耗，减少了 35% 的氮氧化合物和 20% 的二氧化碳排放，并将主机维修费用降低 50%。

3. 工程科学价值

蓝鲸 1 号发现深海大量未知生物，为海洋科学发展提供重要依据。通过蓝鲸 1 号收集的数据，科学家发现深海环境中存在着怪异的虫族生物、神秘的软底生物等大量未知的生物种类。这些生物种类在之前的研究中被忽视或者根本没有被记录过。这些未知生物种类的发现，挑战了我们对生物多样性的传统认识，提供了新的视角和机会来研究生物多样性的形成和维持机制。同时，这些发现也为人类提供了更深入地了解深海生态系统的机会，为未来的海洋保护和管理提供了重要的科学依据。

4. 工程社会价值

（1）推动了地区经济增长。蓝鲸1号的建设和运营直接带动了钢铁、机械、电子、船舶制造等相关领域的发展，创造了大量的就业机会，促进了地区经济的繁荣。同时，该项目还为海工钢材制造、海洋装备制造等高端海洋装备产业的发展注入了新的活力。

（2）促进了海洋科研发展。蓝鲸1号配备了一系列先进的科研装备，可以进行海洋地质、生物、物理、化学等多领域的科学研究。这些研究为人类对海洋环境和深海资源的理解提供了重要的数据支持，促进了海洋科学技术的发展，为其他领域的科学研究提供支撑和借鉴。

5. 工程生态价值

在深水油气勘探和开采作业中，生态保护是一个重要的考虑因素。蓝鲸1号通常需要进行环境监测，包括监测水质、海洋生物、底栖生物和其他环境因素，以确保作业不会对海洋生态系统造成不可逆的损害。此外，在深水作业中，存在一些生态风险，如泄漏或溢油事故。蓝鲸1号采取了安全系统、应急响应计划等措施，以保护周围海洋生态系统的健康。蓝鲸1号平衡了经济发展和生态保护的需求，在监测和保护深海生态系统、推动生态友好技术创新、提供科研和教育机会、促进国际合作等方面具有重要价值。

三、工程启示

蓝鲸1号的建设鼓励了更多的国家和研究机构参与深海研究，为人类未来的发展和可持续性提供了关键信息，向我们展示了深海探测的科学和技术潜力，以及国际合作的重要性，带给我们诸多启示。

1. 成功关键因素

（1）提前布局强化了设计实力。2009年开始，先后组建了设计队伍，引进、吸纳、创新发展国外能力超众的设计公司技术，夯实海工制造业设计技术的基础；以海洋工程总装研发设计国家工程实验室为纽带，多家协同，主持建设海洋工程大数据实验室，支撑了设计、建造能力建设。

（2）携手知名企业协同创新研发。蓝鲸1号工程建造项目启动之初，烟台中集来福士组织了规模超过200人的科研团队，就超深水钻井平台的关键技术进行攻关；基本设计阶段，联合fregstad进行技术研发，缩短了详细设计阶段周期。

（3）自主创新推动国家海洋工程发展。依托工业和信息化部"第七代超深水钻井平台"国家重大专项，中集来福士牵头，联合中国船舶工业集团公司第七〇八研究所、中国远洋运输有限公司、上海交通大学等国内大学、企业海洋工程领域优势资源，自主设计超深水钻井平台，制定最新一代超深水平台行业标准，高效形成技术成果并付诸实施。

2. 工程哲学启示

蓝鲸1号是科技创新和国家战略紧密结合的典范，是工程价值论的综合体现。作为我国海洋工程领域的重大突破和创新，蓝鲸1号的建设推动了全球海洋事业的可持续发展，为全球海洋工程领域的发展提供了新的思路和方法，提高了中国在海洋事务中的话语权和影响力，为中国未来在海洋领域的发展提供了强有力的支撑。蓝鲸1号在南海成功试采可燃冰，标志着我国在该领域取得了重大技术突破，未来在海洋工程领域发展中，要注重科技创新和国家战略的紧密结合，加强国际合作与交流，积极参与全球海洋事务的治理和合作，推动全球海洋事业的发展。

3. 工程立国思考

蓝鲸1号助力国家能源安全与发展。能源安全是关系国家经济社会发展的全局性、战略性问题，对国家繁荣发展、人民生活改善、社会长治久安至关重要。以"蓝鲸"系列为代表的新一代超深水半潜式钻井平台的成功研发建造及应用，打破了欧美发达国家在海上高端钻井平台研发设计及关键系统集成方面的技术垄断，其能力在于可持续、稳定地获取海洋资源，如石油和天然气。这种获取能力直接关系到国家能源安全，也影响着国家的经济安全和社会稳定。另外，掌握并运用先进的海洋工程技术，意味着可以在海洋领域取得更多的主动权。这包括但不限于在领土争端中维护自身权益，在海洋科学研究中取得更多突破，以及在国际事务中发挥更大影响力等。这些都是提升国家地位、维护国家发展战略安全的重要因素。

4. 未来发展指导

未来海洋工程应注重国际合作与环保，推动可持续发展。在全球性的气候变化和能源危机背景下，各国需共同采取行动，加强国际合作，分享科技成果，以推进可持续发展。以"蓝鲸"系列为代表的新一代钻井平台，应承担起重大责任，旨在提高油气开采效率，并确保其活动符合环保标准，尽可能地减少对海洋环境的影响。在这个充满挑战与变革的时代，蓝鲸1号的存在和发展不仅象征着人类在利用深海资源方面的努力和成就，同时也反映出人类对环境保护的关注和承诺。因此，海洋工程的未来发展应更加注重国际合作及绿色、环保和可持续发展，以期在满足能源需求的同时，兼顾生态环境保护，为全球可持续发展做出更大贡献。

参考文献

[1] 任辉."蓝鲸1号"半潜式深水钻井平台.百科探秘（海底世界），2019(Z2): 8-11.
[2] 伊然.试采可燃冰的大国重器——"蓝鲸1号".石油知识,2017(4): 4-5.
[3] 王孝经."蓝鲸定海"幕后.国企管理,2018(9): 62-65.
[4] 中集集团.大国重器"蓝鲸1号"这样炼成.南方日报,2017-05-22.

世界近现代
超级工程排行榜（下）

大兴国际机场

125 大兴国际机场

全　　称 北京大兴国际机场，简称大兴国际机场
外文名称 Beijing Daxing International Airport

大兴国际机场是世界最大的单体机场航站楼、世界施工技术难度最高的航站楼、世界最大的采用隔震支座的机场航站楼、世界最大的无结构缝一体化航站楼。2016年，英国《卫报》评选"新世界七大奇迹"里，在建设中的大兴国际机场被评为七大奇迹的榜首。美国有线电视新闻网（CNN）也预测说，中国这座新机场是2019年全世界最激动人心的建筑了。

大兴国际机场是中国重大基础设施项目，于2012年12月22日获国务院批准。2013年和2014年，中国民用航空局先后向国家发展改革委报送《关于报送北京新机场工程可行性研究报告的函》《关于报送北京新机场工程可行性研究报告补充说明的函》等多个材料。2014年12月15日，国家发展改革委下发批复表示，为满足北京地区航空运输需求，增强我国民航竞争力，促进北京南北城区均衡发展和京津冀协同发展，以及更好地服务全国对外开放，经研究同意建设北京新机场。大兴国际机场于2014年12月26日开工建设，2018年9月25日正式通航。

大兴国际机场工程总投资109.3亿美元，资本金占总投资的50%，其中，中国民用航空局安排民航发展基金24.6亿美元，首都机场集团公司安排自有资金8.2亿美元，并积极吸引社会资本参与，不足部分由国家发展改革委与财政部按同比例安排中央预算内投资和国有资本经营预算资金解决，资本金以外投资由首都机场集团公司通过银行贷款等多元化渠道融资解决。

世界近现代
超级工程排行榜（下）

　　大兴国际机场建设单位为中国民航机场建设集团公司，其中航站楼由法国巴黎机场工程公司 ADP Ingenierie 建筑事务所和扎哈·哈迪德建筑事务所（Zaha Hadid Architects）设计。航站区工程施工主要总承包单位为北京城建集团有限责任公司、北京建工集团有限责任公司、中国建筑第八工程局有限公司。

　　大兴国际机场不仅满足北京航空业务量增长的需求，而且对于京津冀经济圈的发展具有重要意义。大兴国际机场的建设可有效改善京津冀地区缺少枢纽机场、枢纽港群和区域快速交通系统等重大区域性基础设施状况。借助高效快捷的航空运输体系，加快周边市政设施配套和交通改善，吸引临空产业的聚集，迅速形成产业链条完备、服务功能齐全、高效率、高产值的临空产业集群，而产业集群又将进一步促进京津冀地区的经济联系，进而影响和统筹京津冀经济圈的整体发展[1,2]。

一、工程背景

　　在经济全球化时代，机场早已超越了简单的空港概念，不只是跑道和航站楼组成的运输场地，还是一个整合了航空、铁路、高速公路的综合交通枢纽，也是空港、产业、城市一体化的特殊城市单元，是全球生产和商业活动的重要节点，成为带动区域经济发展的引擎。

　　大兴国际机场是国家重大基础设施项目，建造的主要原因是北京首都国际机场作为国内最繁忙的机场，其扩建速度一直追赶不上旅客增长的速度。2018 年，北京首都国际机场旅客吞吐量首次突破 1 亿人次，创造了新的纪录。大兴国际机场不仅满足北京整体航空业务量增长的需求，更是在"京津冀一体化"时代背景下迈出的重要一步。

　　大兴国际机场位于京津冀地区，该地区是中国经济发展的重要区域之一，地理位置优越，具有巨大的发展潜力，可以实现高速铁路、城际铁路、地铁等多种交通方式的互联互通，便于人员和物资的集散，方便旅客换乘并快捷地到达目的地。

　　大兴国际机场的建设对于缓解北京航空运输压力、提升国际航线网络布局、落实国际交往中心功能定位、服务好扩大对外开放的国家战略、促进京津冀协同发展、提升城市南部地区发展以及增强国家竞争力都具有重要的意义。

二、工程价值

　　"十三五"期间中国新建了 50 个机场，大兴国际机场工程作为一个重要的窗口工程，为后续大型机场航站楼建造向着更加精益、绿色、集约化方向发展提供样板和范例。

1. 工程主要成果

大兴国际机场航站楼核心区工程荣获"中国工程建设安全质量标准化先进单位""北京市建筑长城杯金质奖""中国钢结构金奖杰出大奖""北京市绿色安全样板工地"等105项荣誉。

2. 工程主要技术

（1）航站楼应用了层间隔振技术。大兴国际机场地下二层为轨道层，高铁以300千米/小时速度穿越航站楼引起的振动控制问题属于世界性难题；一层楼面混凝土结构受地上钢结构柱脚水平推力影响，无法设置结构缝，超大平面混凝土结构裂缝控制难度大；受机场净空高度的限制，采用常规的抗震设计，需加大梁截面和梁柱节点配筋量，不仅施工难度和工程成本显著提升，且难以满足航站楼功能区使用净高的要求。为解决上述三个难题，地下一层柱顶采用独有的层间隔震技术，在地下一层柱顶设置1152套超大直径隔震支座，有效减小梁截面面积，降低配筋率，节约工程造价。

（2）劲性结构转换梁强化支撑技术。大兴国际机场核心区屋盖钢结构为放射形的不规则自由曲面，空间网格结构最大落差达27米，投影面积达18万平方米，重量达4万吨。如此庞大的网格结构主要由8根C形支撑和12个支撑筒支撑，中心区域形成了直径180米的无柱空间，C形支撑受力大，节点形式复杂，构件单元单重达34吨。全焊接的节点高空定位控制精度要求高，网格结构空间变形控制难度大，且由于隔震层的存在，C形支撑、筒柱、幕墙柱不能直接生根于基础上，在生根层楼板内大量采用劲性结构转换梁，单元构件最大达38吨。

（3）智能化运输车控制技术。航站楼核心区超长超宽，结构施工期间的物料运输是施工工期的瓶颈。利用建筑信息模型（BIM）技术多方案比选，创造性地采用了两道通长钢栈道横穿航站楼工程核心区，打通东西料场，开创了施工现场全新的运输格局，通过轨道式无线遥控运输车进行材料运输，比传统方法提高4倍工效。

（4）公共区智能照明技术。公共区层间照明采用了声控、人体感应、停航或无人期间自动启用低功率消防应急照明、DALI灯具等多种智能照明控制策略；大空间照明采取自然采光和智能照明相结合的节能方式。白天主要靠自然采光，周边幕墙及18万平方米屋面有1/4区域使用了超白玻璃、彩釉玻璃、铝网玻璃等新型屋面幕墙采光材料。当自然采光照度不够时，室内可实现自动开启照明，大屋面和值机区全部采用DALI控制，精确调控每套灯具的照度、开关模式，设置不同场景造型。

（5）绿色节能智慧化运营管控平台技术。以 BIM 数据为基础，实时采集电力监控、电梯监控、智能照明、设备监控、能效管控、机场信息集成、消防、安防等十大重要系统数据并集成，实现各系统与运营、安全业务、交通业务、机场信息集成等核心数据库联动，可以实现登机桥、候机区、旅客大厅等大范围节能策略管理，实现自动或远程启停设备的功能，实现最大监控点数不小于 10 万，系统实时数据传送时间不大于 2 秒，系统联动命令传送时间不大于 3 秒。实现航站楼设备运营的安全、最佳、高效、有效节能，提升航站楼运营管理水平，为航站楼运营提供数据支持及专家解决方案，实现航站楼的三维可视化动态管理、智慧化运行。

3. 工程管理创新

大兴国际机场的工程管理创新采用"总包统筹、分区管理"的集约高效的管理模式，采取施工组织专业化、安全管理人本化、资源组织集约化、管理手段智慧化、现场管理标准化、日常管理精细化的"六化"管理方式，确保了主航站楼工程建设井井有条高效推进[3]。

4. 工程社会价值

（1）带动区域经济的发展。为发挥大兴国际机场航空枢纽辐射作用，北京市与河北省合作共建新机场临空经济区，总投资超 2000 亿元，机场的投资效益比是 1∶8，因此北京新空港临空经济区的建设，带动了区域经济的发展，并成为京津冀协同发展的一个新突破点。

（2）推动产业转型升级。在推动区域协同发展方面，大兴国际机场的建设有效地推动北京服务业的转型升级，也有力地推动雄安新区的建设步伐，同时也必将在机场周边形成巨大的临空经济区，机场周边聚集了产业区、物流区、会展区、商业区、居住区、酒店区、休闲娱乐区等功能区，并逐渐成为一个功能完备的城市副中心，成为北京新的城市功能节点。

5. 工程文化价值

航站楼采用全新的 C 形柱支撑体系，结合天窗的布置，为航站楼带来充足的自然采光，为旅客提供了明亮宽敞的室内环境。天窗的设计还为旅客提供引导，由中心区通向五条指廊。指廊端部设计了五个室外庭院，为旅客提供不同的候机体验。航站楼还首次在机场内引入公共艺术的理念，与中央美术学院联合，在机场内策划了一系列的艺术空间[4,5]。

三、工程启示

1. 成功关键因素

（1）大兴国际机场建设地点选址科学。北京西部为太行山脉，北部为燕山山脉，东北有首都国际机场，受地形限制，选址方向只能是北京南部。北京城区以南方向主要有北京南苑机场和天津滨海国际机场，其中，北京南苑机场与北京空中禁区距离过近，不具备大幅度扩能的条件；天津滨海国际机场距离北京主城区过远，主要服务于天津本地及沧州、黄骅等周边地区民航运输市场，难以承接未来北京地区持续增长的大规模民航运输需求。经多个场址反复比较，最终选择了南各庄场址，该场址地面开阔，无大型建筑设施，可以最大限度地节约资源，同时能实现环境适航与环境友好的良好平衡，既实现了绿色选址的要求，又为绿色机场的设计和建设奠定了坚实基础。

（2）京津冀机场群功能定位清晰。京津冀地区缺少枢纽机场、枢纽港群和区域快速交通系统等重大区域性基础设施，大兴国际机场的建设可有效改善这一状况。借助高效快捷的航空运输体系，加快周边市政设施配套和交通改善，吸引临空产业的聚集，迅速形成产业链条完备、服务功能齐全、高效率、高产值的临空产业集群，而该产业集群又将进一步促进京津冀地区的经济联系，进而影响和统筹京津冀经济圈的整体发展。

（3）智慧工地信息化管理平台。针对工程的特点和难点，基于BIM、互联网、物联网、云计算等先进技术，搭建了大兴国际机场智慧工地信息化管理平台。平台集成可视化安防监控系统、施工环境智能监测系统、劳务实名制管理系统、塔吊防碰撞系统、资料管理、办公自动化（OA）平台和BIM5D系统等功能，将现场视频、人员管理、数据监测、物料管理等集成在物联网平台中，实现PC端和手机端网络远程访问，提高了管理人员对现场的远程管控能力。

2. 工程哲学启示

（1）大兴国际机场体现了工程哲学价值论中功能性和实用性、文化性和社会性的思想。首先，大兴国际机场需要满足航空运输的基本需求，航站楼的设计与运营、飞行区的规划与管理、交通组织的协调与优化等，为旅客提供了便捷、高效、安全的服务；其次，大兴国际机场外观和内部装饰都融入了"大麦"景观和"蒲公英"景观等中国传统文化元素，并注重与周边社区的互动和合作，积极推动区域经济发展和旅游业的繁荣，履行社会责任。

（2）大兴国际机场体现了工程哲学世界观中人与自然的和谐以及创新性和创造性的思想。首先，大兴国际机场注重环境保护和生态修复，采用绿色建筑技术和节能措施，减少对自然环境的影响，以实现长期的可持续发展目标；其次，大兴国际机场运用了智能化信息系统、绿色建筑技术等先进科技和工程手段，同时，在运营过程中也需要不断进行服务创新和技术升级，提高机场的运营效率和服务质量。

3. 工程立国思考

大兴国际机场是中国的重大工程项目，需要政府、企业和社会的共同参与和合作，实现资源共享和优势互补，作为世界级的航空枢纽，能够满足不断增长的国际航空运输需求，提升中国在国际航空运输领域的竞争力。

4. 未来发展指导

（1）大型国际机场的建设需要充分考虑地理位置资源和区域发展前景。大型国际机场应考虑地理位置是否有利于飞机起降、地面交通的便利性以及与城市或其他交通方式的连接。此外，还需要考虑机场的地形、气候等自然条件，以确定最佳的跑道布局和航站楼位置。作为一个地区的重要基础设施，应评估区域内的经济、人口增长、产业结构等因素，以确定机场的建设规模和未来发展潜力。同时，还需要考虑机场对周边地区的影响，如噪声、空气污染等，以制订相应的环保措施。

（2）注重大型机场全寿命周期绿色建设。为确保绿色理念的贯彻落实，与工程建设基本程序相融合，建立了一套"指导—复核—优化—确认"的全寿命周期绿色建设实施程序。

参考文献

[1] 孙莉. 大兴国际机场临空商圈建设及发展策略研究. 全国流通经济, 2023(16): 143-146.
[2] 张付宾, 李辉. 北京市大兴国际机场线高架区间总体设计. 铁道标准设计, 2020, 64(4): 83-88.
[3] 乐云, 胡毅, 陈建国. 从复杂项目管理到复杂系统管理：北京大兴国际机场工程进度管理实践. 管理世界, 2022, 38(3): 212-228.
[4] 李迪因, 宿辰. 新类型公共艺术引领人文机场建设——以北京大兴国际机场为例. 艺术与设计 (理论), 2022, 2(7): 50-53.
[5] 姚璐, 李颖. 基于空间设计理念的北京大兴国际机场空间设计研究. 城市建筑空间, 2022, 29(3): 159-163.

世界近现代
超级工程排行榜（下）

苹果飞船总部大楼

126 苹果飞船总部大楼

全　　称 苹果飞船总部大楼，又称飞船总部、甜甜圈

外文名称 Apple Park

苹果飞船总部大楼是全球最大的建筑物之一，被称作乔布斯生前最后一件作品，也是史上最庞大的一件苹果产品，打造出了全世界最大的自然通风建筑，高达80%的植被覆盖率使苹果飞船总部大楼成为世界上"最绿色的建筑"之一。

苹果飞船总部大楼建筑耗时8年时间完工，原计划于2013年破土动工，2015年开放，结果该项目被推迟并于2014年开工。2017年2月22日，苹果公司宣布新总部园区的正式名称为Apple Park，礼堂将被命名为史蒂夫·乔布斯剧院。项目于2017年4月向大众开放。随后于2017年9月12日在史蒂夫·乔布斯剧院举行了第一场活动。苹果公园游客中心于2017年9月17日开幕。

苹果飞船总部大楼目前总占地面积72万平方米，如果不算周边公园，约26万平方米的四层环状建筑可容纳多达12000名员工，楼内咖啡厅提供3000个座位，大量的园林绿化包围其中，设有地下停车场[1]。媒体广泛报道称新结构像"宇宙飞船"。其他设施包括设有1000个座位的礼堂、占地28万平方米的研发中心、健身中心、果园和作为主要电源的专用发电厂（由天然气及其他更环保的方式发电），主楼的每块玻璃窗格是弯曲的。苹果公司对该项目的总花费达50亿美元。《经济学人》周刊称，苹果飞船总部大楼项目的建设给建筑业创造了1.3万个全职工作岗位，建设期间最多有

6200位工人。所有绿化完成后,苹果园区内的树木量达到约7000棵,使用循环水进行浇灌,其中包括苹果、杏、樱桃和柿子等果木品种。

苹果飞船总部大楼由苹果公司创始人乔布斯和苹果首席设计师乔纳森·伊夫构思。乔纳森·伊夫是苹果公司设计部门的直接领导者,并且与诺曼·福斯特在5年内密切合作,设计从玻璃面板到电梯按钮的每一个细节。整体建筑由全球知名设计师诺曼·福斯特爵士及其所在的福斯特建筑事务所设计[2]。整体建筑的结构由奥雅纳公司所完成,并提供服务。在施工期间,该建筑的结构起初由建筑承包公司斯堪斯卡(Skanska)和DPR建筑公司负责施工,后由新的建筑承包商鲁道夫和斯莱顿建筑公司(Rudolph and Sletten)完成结构、围护结构和内部扩建。建筑承包商楚贝克建筑公司(Truebeck Construction,当时称为BNBTBuilders)负责外部景观美化、史蒂夫·乔布斯剧院以及健康和健身中心。麦卡锡建筑公司(McCarthy Building)建造了停车场,花岗岩建筑公司(Granite Construction)负责建设公用工程,外墙玻璃则由巴伐利亚约瑟夫·加特纳公司(Josef Gartner)生产。

苹果飞船总部大楼是全球科技巨头苹果公司运用了大量领先行业的建筑技术所打造的,代表了未来建筑行业的发展方向。通过研究其建筑工艺,可以为全球建筑行业的发展提供一定的借鉴。

一、工程背景

苹果飞船总部大楼是美国苹果公司新总部大楼,由乔布斯生前所设计,位于美国加利福尼亚州库比蒂诺市,其主体为圆环结构,这幢建筑采用最前沿的建筑工艺将苹果飞船总部大楼打造成集环保、科技于一身的理想化园区。苹果飞船总部大楼的启动时间最早可以追溯到2006年4月,乔布斯向库比蒂诺市议会宣布苹果已收购9座相邻的建筑,用于兴建第二个总部Apple Campus 2。2011年6月7日,乔布斯向库比蒂诺市议会介绍了新建筑及其周围环境的建筑设计细节。2013年10月15日,库比蒂诺市议会经过6个小时的辩论,一致批准了苹果公司的新园区计划。

从《华尔街日报》对设计师乔纳森·伊夫的采访中可以得知,苹果公司在2004年就开始寻找新的总部园区,想法最早是在他和乔布斯于伦敦海德公园散步时提出。乔布斯渴望创造一个与自然融为一体、促进创新和合作的工作环境。当时散落在硅谷超过100处办公地点的苹果工程师,迫切希望聚合在一起,有利于灵感迸发。大楼环形的设计正是为了鼓励员工之间的交流而形成的,办公室和研发设施位于环形建筑内部,中央有一个宽阔的中庭,提供了一个开放的空间供员工休息和社交。建筑外部覆盖的大量玻璃面板,为员工提供了充足的自然光线，同时突显了建筑的现代感和简洁性[3]。2008年8月12日晚，苹果公司最初的总部绿谷（Valley Green）6号大楼二楼发生火灾。消防员奋战数小时，直至翌日上午才将大火扑灭。事件没有造成人员伤亡，但这幢有40年历史的大楼遭受了200万美元的火灾损失。这也使得苹果公司迫切需要一幢新的总部大楼用作未来更好的发展。

二、工程价值

苹果飞船总部大楼是一座现代化的办公园区，是集环保与创新于一体的建筑，具有重要的工程技术价值与文化价值。

1. 工程主要成果

苹果飞船总部大楼中的史蒂夫·乔布斯剧院，其屋顶是有史以来最大的碳纤维独立屋顶，重达80吨，由44块面板组成。该剧院在2018年获得了美国结构工程师协会的结构艺术奖。

2. 工程主要技术

（1）环保方面，主楼采用特殊的建筑结构和屋顶太阳能面板实现节能减排。独特的屋檐设计和空心楼板能够提升建筑的通风保暖性能，使大楼内在1年中有9个月的时间无需使用空调，增强了节能效果，该设计每年至少可以为苹果公司节省约207万美元的电费。另外，主楼屋顶铺设了17兆瓦太阳能电池板，园区内还安装了4兆瓦沼气燃料电池。园区内已实现100%可再生能源供能，多余电力还可以供给园区周边的其他建筑使用。

（2）建筑材料方面，园区内建筑广泛使用新型建筑材料实现材料功能化。巨型曲面玻璃幕墙结合自动遮阳系统可以调节直射到办公桌上的光线，增强了室内采光，减少了对灯光的需求。大楼使用碳纤维复合材料屋顶营造悬浮感。大楼内的天花板和地板使用了大约4300块混凝土空心板。这些空心板进一步增强了建筑的通风能力，并嵌入了毛细管辐射空调系统，使室内温度维持在20~25摄氏度。

（3）建筑工艺方面，园区内建筑采取充分的防震措施以降低地震对建筑的影响。苹果飞船总部大楼所在的库比蒂诺位于环太平洋地震带内，属于地震频发地区。因此，苹果公司借鉴了日本成熟的减隔震技术，在建筑底部安装隔震装置，并结合多项防震工艺来保护建筑结构完整。通过这些防震手段，园区内建筑最高可以抵御8级地震。

3. 工程管理创新

苹果公司采用了先进的并行项目管理模式，加快了工程的施工进度。苹果公司将原来分别进行的办公大楼建设工作分割成多个小任务，然后同时进行多个小项目的建设，在时间和空间上交叉、重叠，利用信息的相互交流来达到资源共享。项目计划和进度控制是依据获取的信息来进行，通过高效的协调和管理，以确保各个小项目之间的相互配合和同步进行，从而提高了项目的质量和效率，更好地控制了项目的成本和进度。

4. 工程社会价值

苹果飞船总部大楼的建设促进了当地居民教育水平提升和生活质量的提高。苹果飞船总部大楼的建成促进了购物中心、餐厅、咖啡馆等商业设施和生活配套设施的建设，为当地居民提供了更加便捷的生活服务，改善了当地居民的生活质量。苹果公司积极提供教育资源和培训机构，为当地居民打造了更为优越的学习平台，不仅助力公司员工不断提升技能和知识水平，还对区域整体教育水平产生了积极的推动作用。

5. 工程文化价值

（1）苹果飞船总部大楼彰显了苹果公司对创新精神的坚持。从独特的圆形建筑设计，到环保可持续性的施工理念，再到智能化的设施管理系统，无处不在地展示着前沿技术的应用与创新尝试。这些创新使得苹果飞船总部大楼成为科技与环境之间平衡发展的典范。

（2）苹果飞船总部大楼的设计注重促进员工之间的交流与合作。开放式的办公环境和丰富的共享空间都鼓励员工进行交流与合作，通过物理空间来增强团队协作和知识共享，以激发更多的创新思想。

（3）苹果飞船总部大楼体现了科技与艺术的完美融合。它采用了正圆这一纯粹的几何形作为基本形，富于纪念性和形式感，同时具有亲和力。它也不再张扬地暴露结构，转而以平滑的曲面玻璃幕墙来构建外观，在接口等细节上也非常精准。整体上带有苹果产品极简而精致的美学风格[4]。

三、工程启示

苹果飞船总部大楼是一座环保设计的建筑群，其在低能耗可持续性、技术创新、项目协作与高质量建材等方面，对未来其他大型建筑项目和工程管理来说都具有诸多启示。

1. 成功关键因素

（1）乔布斯的超完美主义设计理念。乔布斯将产品设计的严苛标准应用于建筑，如要求玻璃幕墙无拼接缝、木材需在1月砍伐以保证质量、门把手不留指纹，甚至将屋顶碳纤维材料从迪拜空运并测试后安装。这种对细节的极致追求确保了建筑的独特性与品质。

（2）全球顶尖技术与材料创新。曲面玻璃幕墙使用872块全球最大规格的曲面玻璃（最大单块达14米×3米），由德国Sedak/Seele和中国北京玻璃集团公司共同完成，其精准度达1/32英寸[①]。采用碳纤维屋顶，乔布斯剧院的屋顶由44块碳纤维扇形结构组成，重80吨且无支撑柱，创世界纪录。采用自然通风系统，由4300块空心混凝土楼板结合智能气候控制，实现75%时间无须空调。

（3）环保与能源自给设计。建筑顶部铺设全球最大太阳能板（发电能力17兆瓦），配合生物燃料电池，可满足75%的日常用电需求，剩余由天然气补充，实现100%清洁能源供电。园区内80%为绿地，种植7000棵树及果园，形成生态循环。

（4）跨领域顶尖团队协作。福斯特建筑事务所（Norman Foster）主导设计，奥雅纳公司（Arup）完成结构工程，全球19国供应商参与，如德国Josef Gartner提供幕墙玻璃，中国北京玻璃集团公司突破18米超大型钢化玻璃技术。

因此，Apple Park的成功源于乔布斯的愿景、技术创新与全球协作，使其成为集美学、功能与环保于一体的标志性建筑。

2. 工程哲学启示

苹果飞船总部大楼的建设过程不断追求实用功能、发掘建筑美学、塑造企业文化，是工程价值论综合应用的集中体现。苹果飞船总部大楼在设计建设过程中，将建筑的使用需求、员工的工作环境和企业的运营要求紧密结合，充分发掘总部大楼建设的建筑美学，以流线型的设计和独特的外观展现了苹果公司的品牌形象和创新精神，同时为城市带来了新的地标和旅游景点。苹果公司的创新、简洁、高效等价值观在苹果飞船总部大楼的设计和建设中得到了充分的体现，通过建筑的形式、材料、色彩等方面，将企业文化和价值观融入建筑中，进一步强化了苹果公司的文化内涵，实现了工程活动的综合价值最大化。

3. 工程立国思考

苹果飞船总部大楼成为城市的地标性建筑，增强了社会活力，提升了城市的国际影响

[①] 1英寸=2.54厘米。

力。苹果飞船总部大楼作为一座具有未来感的建筑，吸引了全球各地的游客前来参观，提升了所在城市的形象和知名度。大量的建筑工人、技术人员和管理人员投入到苹果飞船总部大楼的建设过程中，并引进更多的人才、企业和相关机构聚集于此，形成了一种创新、开放、合作的社区文化，激发了创新精神，增强了社会的活力，为城市的发展注入新的动力。

4. 未来发展指导

超低能耗建筑的发展和应用将成为未来建筑领域的重要趋势之一。苹果飞船总部大楼为我们展示了一个行之有效的大型建筑节能方案。通过借鉴环形主楼中减少暖通空调使用从而降低建筑能耗的做法，有助于实现建筑节能、建设超低能耗建筑，助力建筑业达成"双碳"目标；苹果飞船总部大楼大量使用光伏新能源用来满足园区内的用电需求，向世界展示了大型园区通过太阳能实现清洁能源供能的可行性。绿色建筑逐渐成为建筑师和开发商的挑战与机会，通过借鉴苹果公司的经验，可以为其他建筑利用太阳能等清洁能源提供一定的参考。随着世界从新冠疫情中慢慢恢复，能源效率、可持续生活成为企业和最终用户的首要任务，绿色建筑被视为一种重要的解决方案。因此，大型项目可以借鉴苹果飞船总部大楼的节能减排设计，以达到环保的要求，并且致力于达成"双碳"目标，推进建筑领域低碳化、绿色化、高质量发展。

参考文献

[1] Young N. 苹果公司总部. 世界建筑导报, 2021, 36(2): 48-52.
[2] 朱洁树. 从苹果总部到火星基地: 福斯特展示可持续建筑理念. 第一财经日报, 2021-12-22(A12).
[3] 杨翊楠. 从遮阳与通风一体化策略看绿色建筑立面设计的潜力——以福斯特建筑事务所作品为例. 城市住宅, 2021, 28(8): 80-83.
[4] 李枝员. 高技派的美学变迁——从埃菲尔铁塔到苹果新总部大楼. 建材与装饰, 2020(3): 88-89.

世界近现代
超级工程排行榜（下）

5G 网络

127　5G 移动通信

全　　称　第五代移动通信技术，简称 5G 移动通信、5G

外文名称　5th Generation Mobile Communication Technology

5G 是第一个从一开始就制定全球统一标准的移动通信技术[1]。过去 40 多年以来，移动通信技术的发展经历了几个重要的阶段。1G 的模拟通信开启了移动时代，2G 的数字通信使远程距离的文字交流成为可能，3G 技术开启了移动互联网的新阶段，4G 技术以移动宽带的方式使互联功能呈现出爆发式的增长态势，而 5G 技术的诞生为万物互联提供了通信技术基础。

5G 从 2012 年开始涌现，次年，三星宣布研发出 5G 网络，同年 11 月，华为技术有限公司承诺在 2018 年前投入巨资研发 5G 网络。在这之后，英国电信与诺基亚公司、谷歌公司、三星集团与 SK、高通公司纷纷投入战场[2]。2013 年 2 月，欧盟宣布拨款 5000 万欧元，加快 5G 移动技术的发展。同年 4 月，中国工业和信息化部、国家发展改革委、科学技术部共同支持成立第五代移动通信技术 IMT-2020（5G）推进组，旨在组织中国各方力量、积极开展国际合作，共同推动 5G 国际标准发展[3]。2016 年，华为技术有限公司和 DOCOMO 进行了全球首个大规模 5G 现场试验，次年，国际通信标准组织 3GPP 宣布了 5G 的官方标志。2018 年 12 月，韩国三大运营商 SK、KT 与 LG U+ 同步在韩国部分地区推出 5G 服务，标志着新一代移动通信服务在全球首次实现商用。

截至 2021 年 8 月，全球已有 70 个国家的 169 个运营商发布 5G，再加上正在投资 5G 的运营商，总体数量已经超过 400 个 [4]。欧洲、亚太、北美属于 5G 的先发地区，已经基本完成了 5G 网络的商用；南亚、东欧、北非、中南美洲等地区也紧随其后进行 5G 部署和预商用；在撒哈拉以南的非洲，绝大部分地区 5G 还是空白。截至 2022 年底，全球 5G 移动用户已突破 10 亿户，占移动用户整体的 12.1%，网络覆盖全球近三成的人口。在网络设备市场方面，全球 5G 网络基础设施市场以 35.5% 的增速成为拉动移动通信基础设施市场规模持续扩大的主要动力，市场规模达到 496.9 亿美元。在终端设备市场方面，截至 2022 年，全球 5G 智能手机出货量超过 7 亿部，同比增长 32.6%。据国际咨询公司麦肯锡预测，到 2035 年 5G 有望在全球各行业中创造 12.3 万亿美元的经济价值。

5G 概念最早由欧盟提出，世界各国企业通力合作，是多种通信领域最高端技术的集合，是世界共有的通信产物。

5G 在全球社会、经济方面起着重要作用。首先，其带宽是 4G 的 10～20 倍，达到 10～20 吉比特/秒。其次，1 平方千米内可支持 100 万个连接。最后，最短时延只需 1 毫秒，满足实时和低时延业务需求 [5]。特别是 2020 年新冠疫情期间，5G 加速了远程课堂、远程办公、远程医疗等应用的实现，为疫情防控和复工复产提供了支持，体现了"4G 改变生活，5G 改变社会"的理念。

一、工程背景

以连接、计算、人工智能为代表的信息高速公路，成为我国数字经济高质量发展的重要驱动力。移动通信作为关键的连接技术，延续着每十年一代技术的发展规律，已历经 1G、2G、3G、4G 的发展。每一次代际跃迁，每一次技术进步，都极大地促进了产业升级和经济社会发展。从 1G 到 2G，实现了模拟通信到数字通信的过渡，移动通信走进了千家万户；从 2G 到 3G、4G，实现了语音业务到数据业务的转变，传输速率呈百倍提升，促进了移动互联网应用的普及和繁荣。当前，移动网络已融入社会生活的方方面面，深刻改变了人们的沟通、交流乃至整个生活方式。4G 网络造就了繁荣的互联网经济，解决了人与人随时随地通信的问题，随着移动互联网快速发展，新服务、新业务不断涌现，移动数据业务流量呈爆炸式增长，4G 移动通信系统难以满足未来移动数据流量暴涨的需求，急需研发下一代移动通信（5G）系统。

5G 作为一种新型移动通信网络，与以前的网络相比，它提供了更高的上传和下载速度、更一致的连接以及更高的容量。5G 比目前流行的 4G 网络更快、更可靠，并有可能改变我们使用互联网访问应用程序、社交网络和信息的方式。5G 不仅要解决人与人通信，为用户提供增强现实、虚拟现实、超高清（3D）视频等更加身临其境的极致业务体验，更要解决人与物、物与物通信问题，满足移动医疗、车联网、智能家居、工业控制、环境监测等物联网应用需求。最终，5G 将渗透到经济社会的各行业各领域，成为支撑经济社会数字化、网络化、智能化转型的关键新型基础设施。

二、工程价值

5G 不仅为消费者带来前所未有的体验升级，更将赋能千行百业、掀起新的创新浪潮，发展好 5G 对于经济社会发展意义重大，具有重要的科学价值、社会价值及文化价值。

1. 工程主要成果

2018 年，5G 技术在世界移动通信大会上获得由全球移动通信系统协会（GSMA）颁发的年度最佳移动技术突破奖。2019 年，获得了最佳移动宽带技术奖。在世界互联网大会（World Internet Conference）上，5G 技术被评选为全球领先科技成果。5G 标准制定也于 2019 年在国际电信联盟（ITU）获得正式批准，被认定为国际标准。5G 技术曾多次获得 IEEE 通信协会（IEEE Communications Society）的年度奖项，并于 2020 年获得最佳无线通信技术进步奖。

2. 工程主要技术

（1）5G 无线关键技术。5G 国际技术标准重点满足灵活多样的物联网需求。在正交频分多址接入（orthogonal frequency division multiple access，OFDMA）和多输入多输出（multiple-input multiple-output，MIMO）技术基础上，5G 采用了全新系统设计支持多种应用场景。5G 同时支持中低频和高频频段，中低频满足覆盖和容量需求，高频则提升热点区域的容量。为了支持高速传输和优化覆盖，5G 采用低密度奇偶校验码（LDPC）、极化码（Polar）新型信道编码方案、大规模天线技术等。同时，为了支持低时延、高可靠性，5G 采用短帧、快速反馈等技术。

（2）5G 网络关键技术。5G 采用全新的服务化架构，支持灵活部署和差异化业务场景。其模块化网络功能支持按需调用，实现功能重构；基于网络功能虚拟化（NFV）/软件定义网络（SDN），实现硬件和软件解耦，以及控制和转发分离；通过通用数据中心的云化组网，实现资源高效调度；支持边缘计算，将云计算平台下沉到网络边缘。此外，通过网络切片满足 5G 差异化需求，定义了增强移动宽带、低时延高可靠、大连接物联网等网络切片类型。

3. 工程社会价值

5G 的商用带来了一系列创新成果。5G 相较于 4G 达成了速率的 10 倍提升，并带来了虚拟现实（VR）和 360 度视频直播等新应用。目前，全球已经开展了 10000 多个创新项目，超过一半发生在中国，并在不断加速孵化 5G 业务创新。

（1）在金融领域，5G 为银行提供整体改造的可能性。综合应用 5G 及多种新技术，实现智慧网点建设、机器人服务客户、远程业务办理等；中后台通过 5G 实现万物互联，辅助数据分析和决策。证券、保险等领域积极推动 5G+ 发展，新交互方式如远程服务带来全方位数字化体验，使金融服务走向便捷化、多元化。

（2）在医疗领域，5G 提升了远程医疗、应急救护等服务能力和管理效率，并催生新型应用场景。5G+ 超高清远程会诊、远程影像诊断等应用提升了数据传输速度和服务保障能力。在抗击新冠疫情期间，全球多家医院联合相关单位快速搭建 5G 远程医疗系统，有效缓解了防疫一线医疗资源紧缺问题。

（3）在智慧城市领域，5G 在安防、巡检、救援等方面提升了管理与服务水平。在城市安防监控方面，5G+ 超高清视频监控可实现对人脸、行为等的精确识别；在城市安全巡检方面，5G 结合无人机、无人车等终端，提高城市日常巡查效率；在城市应急救援方面，5G 移动通信保障车与卫星回传技术可建立救援区域的 5G 网络覆盖。

4. 工程文化价值

（1）5G 的创新应用助力文化和旅游行业步入数字化转型。基于 5G 网络和增强现实（AR）技术开发出的新地图应用进入文旅领域，丰富了游客体验。5G 智慧景区可实现实时监控、安防巡检、应急救援，并提供 VR 直播观景、沉浸式导览及人工智能（AI）智慧游记等创新体验。这大幅提升了景区管理和服务水平，解决了景区同质化发展等问题。

（2）5G 赋能文物数字化发展，推动文物保护与传承。5G 智慧文博可以支持文物全息展示、5G+VR 文物修复、沉浸式教学等应用，让人们可以更加真实、立体地感受到文物的魅力，有助于阐释文物的多元价值，从而推动文化传播。

（3）5G 促进娱乐与传媒的升级和革新。5G 云演播融合 4K/8K、VR/AR 等技术，提供全新商业模式和沉浸式互动体验。这种改变不仅满足了消费者对高品质娱乐体验的需求，也将为媒体产业带来新的发展机遇，同时推动视频、游戏、音乐、广告、AR 和 VR 等产业发生根本性变革。

（4）5G 可以支持远距离移动环境的在线教育，满足更多情境下的远程教学需求。

5G 融合人工智能技术可对在线教育进行实时分析，帮助教师及时获取学生的学习效果反馈，进行个性化的学习辅导。5G 高速率、低时延的特性支持音/视频流、扩展现实（extended reality，XR）等需大带宽的技术，为师生带来毫无时延感的沟通交流体验。

三、工程启示

5G 更加强调了在复杂技术项目中的协同合作与创新，这些经验教训对于未来的通信技术和大规模工程项目有诸多启示。

1. 成功关键因素

（1）5G 的成功离不开前沿的技术创新。更高的数据传输速率、低延迟、大连接等特性的实现，都是对硬件设备、信号处理、网络架构等技术领域的挑战。此外，为了适应多样化的应用需求，5G 采用网络切片、边缘计算等先进技术确保网络的安全稳定运行。

（2）5G 的成功需要多方面的协同合作。首先，运营商、设备制造商、应用开发商等各方需要共同推动 5G 基础设施的建设，打造完善的 5G 生态环境。其次，各国、各大公司、科研机构等的积极参与和广泛合作，确保了 5G 技术的全球互联互通。最后，消费者、企业、社区等多元参与者的接受和支持，有利于 5G 工程的推广和应用。

2. 工程哲学启示

5G 移动通信技术的发展，是工程演化论的生动体现。从 2G 到 3G 再到 4G，移动通信技术经历了不断的升级和发展，每一次技术的升级都带来了更快的网络速度、更低的延迟、更高的可靠性和更多的应用场景。到了 5G 时代，移动通信技术取得了重大的突破和创新，具有更高的网络速度和更宽的带宽，支持大规模连接和物联网，可以满足大量用户同时在线及多设备连接，提供更快的数据传输速度和更流畅的网络体验，实现更广泛的智能化和自动化。5G 移动通信技术的演化和发展的过程是一个不断适应市场需求、优化技术方案、持续创新的过程，通过对 5G 移动通信技术演化的研究，提升了对工程演化论本质和意义的理解，为未来通信工程的建设提供更为全面有效的理论指导。

3. 工程立国思考

5G 是全球科技创新的结晶，对国家数字化转型和产业发展具有重要价值。目前 5G 在全球的部署，已从中国、美国、欧盟、日本、韩国的星星之火渐成遍布五大洲的燎原之势。5G 被认为是行业数字化转型的基石，全球的主要经济体均明确要求将 5G 作为长期产业发展的重要一环。例如，欧盟提出 2030 数字罗盘（Digital Compass）计划，明确制定了商业数字化转型、公共服务数字化等纲要，并采用 5G 作为工业 4.0 发展的基础。作为最早部署 5G 的国家，韩国进一步加强 5G+ 融合生态系统的构建，推进 5G 融合服务的发展。日本则持续推进 B5G（Beyond 5G）以实现民生、社会的价值体现。中国提出了以坚持科技创新为牵引的、面向 2035 年的远景目标，并将持续深化"5G+ 工业互联网"作为重要目标。5G 不仅仅是一个国家的超级工程，更是世界的超级工程，是全球基础研究与技术进步的结晶，更是全世界数十家公司、数万科学家和工程师多年坚持不懈努力开创的结果。

4. 未来发展指导

优化资源配置，积极发展 6G 技术，助力经济转型升级。5G 技术通过与人工智能、大数据等技术的结合，推动了各行业数字化转型和升级，未来如何进一步优化社会资源配置，实现更高效、更智能的生产和服务，对提升整个社会的数字化水平和经济发展具有重要意义。5G 向 6G 发展是通信技术发展的必然趋势。预计 2030 年，6G 在 5G 的基础上将进一步提升网络覆盖和智能化程度，6G 将带来比 5G 更快的传输速度、更低的延迟、更高的可靠性和更多的连接数，同时还将支持人工智能、物联网、大数据等前沿技术，为各行各业带来前所未有的发展机遇。

参考文献

[1] 徐直军. 5G 是数字时代的刚需. 新经济导刊, 2019(2): 19-21.
[2] 黄鑫. 5G 成经济增长新引擎. 经济日报, 2021-12-27(01).
[3] 古松. 创新与发展：中国移动通信产业 20 年的主旋律——访原信息产业部部长、现任全国人大常委会委员、教科文卫委员会副主任吴基传. 通信世界, 2007(14): 38.
[4] 李晓华. 5G 的重要性与中国的赶超机遇. 人民论坛, 2019(11): 12-14.
[5] 2019IMT-2020(5G)峰会发布 4 本白皮书. 电信工程技术与标准化, 2019, 32(8): 81.

128 Hornsea One 海上风电场

全　　称 Hornsea One 海上风电场
外文名称 Hornsea One Offshore Wind Farm，简称 Hornsea One

Hornsea One 海上风电场位于英格兰约克郡（Yorkshire）海域，是世界上首个装机规模超过 1 吉瓦的海上风电场[1]，是世界上最大的海上风电项目之一。

Hornsea One 海上风电场于 2016 年初成为英国能源部门批准的第一个大型海上风电项目。项目陆上设施的建设于 2016 年初开始，海上设施建设于 2018 年 1 月开始，2018 年 8 月完成了 4 个海上升压站的建设，2018 年 12 月德米集团（DEME）子公司泰德韦公司（Tideway）完成了 Hornsea One 外送电缆安装工作，2019 年 2 月弗雷德奥尔森风能公司（Fred.Olsen Windcarrier）的自升式风电安装船勇敢燕鸥号（Bold Tern）完成了风电场首台机组吊装，实现了世界最大海上风电场首台机组并网发电，2020 年 1 月 30 日 Hornsea One 海上风电场全部并网发电，投入运营[2]。

Hornsea One 海上风电场总占地 407 平方千米，项目装机容量 1.2 吉瓦，安装 174 台 SWT-7.0-154 兆瓦风机，前两个阶段使用 7 兆瓦风机，后一个阶段使用最新发布的 10 兆瓦增强型风机，风机的叶轮直径 164 米，高达 190 米[3]。Hornsea One 海上风电场外送电缆总长度 505 千米，其中，海底电缆长 467 千米，2020 年项目建成时是全球海上风电项目中最长的交流输电线路。陆上电缆采用开放式挖沟技术安装于地下，而电缆从海底登陆上岸的关键穿越段，则采用了水平定向钻探技术进行安装，穿越了海岸带下方的地质层（可能包括海滩、沙丘、海堤或防波堤基础等）。该风电场包括三个海上升压站，两个海上住宿平台，多达五个海上高压交流换流站（HVAC）变电站，变电站是通过 30～70 千伏阵列间电缆进行连接两个海上高压直流换流站（HVDC）转换站和一个补偿站[4]。Hornsea 系列风电场项目总计分为 4 期，共预计投资 87 亿美元。

Hornsea One 海上风电场由丹麦沃旭能源（Ørsted）开发，由 DEME 集团负责外送电缆安装，运营方是英国海上输电运营商（OFTO），项目所有权归沃旭集团（50%）和全球基础建设合伙公司（50%）共同持有[5]。

Hornsea One 海上风电场作为一个清洁能源项目，它的开发和运营可为 100 万英国家庭提供清洁电力，创造多达 2300 个就业机会，为当地经济带来了长期的发展机会，也促进了英国可再生能源产业的发展。Hornsea One 海上风电场工程的成功建设提高了人们对

世界近现代
超级工程排行榜（下）

清洁能源的认识和重视程度，展示了清洁能源的巨大潜力和广阔的发展前景，证明了在远海地区建设大型风电场的可行性和经济效益，为各国政府在推动能源转型和实现可持续发展目标方面提供了重要思路，这有助于推动各国政府加快清洁能源发展的步伐，同时也为全球其他地区的海上风电场建设提供了重要的经验和参考。

一、工程背景

在气候变化威胁愈发明显的时代，如何应对气候变化、开发绿色能源已然成为各国政府的重要议题，海上风能资源是清洁的可再生能源的重要组成部分，是解决能源危机和环境问题的有效方式之一，成为可再生能源应用领域的重要发展方向。相比于陆上风电，海上风电具有资源丰富、风速稳定、对环境的负面影响较小、风电机组距离海岸较远、视觉和噪声干扰小、不占用土地资源、机组易大型化发展、风电场易规模化开发等优点，因此海上风电具有更广阔的发展前景。但是，由于海上风电施工难，开发成本很高，是陆上风电的2倍左右，同时对风机质量和可靠性要求也很高，因此一直发展缓慢。

海上风电20世纪90年代最早在北欧兴起，自1990年瑞典出于实验目的在水深6米、离岸350米的海上安装了第一台海上风电机组之后，世界范围内的风电技术发展就步入了快车道，丹麦在2002年建成第一座拥有80台2兆瓦风电机的大型海上风电场，装机容量达到160兆瓦，海上风电项目开始加入兆瓦级发电机组，海上风力发电项目开始具有商业化应用价值，开始进入规模化发展阶段[6]。

英国也是海上风电发展较快的国家之一。在风能资源方面，英国四面被北大西洋围绕，海域面积广阔，大风天气频繁，海上风能资源约占欧洲总量的1/3，号称欧洲第一，因地制宜发展海上风电成为英国的必然之选，同时英国政府也颁布了多项政策、举措促进本国海上风电场发展。

在海上风电刚起步时，英国面临的问题是：成本太高。英国政府的解决办法是要求电力提供商必须以规定价格采购一部分风电，否则就需缴纳罚款，此即从1990年开始实施的非化石燃料合约（Non Fossil Fuel Obligation，NFFO）机制。在起步阶段，借助该政策，英国海上风电行业获得了至关重要的财政补贴，从而在成本高昂的初期得以生存。得益于NFFO机制，英国的第一座海上风电场布莱斯海上风电场（Blyth）于2000年建成，这是全球第三座海上风电场。2002年后，NFFO机制逐步被可再生能源合约（Renewable Obligation，RO）机制取代，将英国电力提供商必须采购的可再生能源比重提高到11.1%，并于2015年进一步增至15.4%。2003年，依托RO机制框架，英国在第二轮海上风电开发中授予了 15 份建设许可，规划装机容量达到 7200 兆瓦。2008 年，英国海上风电装机容量超过丹麦，跃居世界第一。2015 年，英国政府宣布 RO 机制将由差价合约（Contract for Difference，CfD）机制取代，成为海上风电开发新的补贴方式。不同于之前的模式，CfD 机制采取划定可再生能源并网电价的形式，成本如超过并网电价，由政府补贴；反之，则需要上缴这部分利润。CfD 机制在很大程度上消除了投资者面临的不确定性，增加了其投资可再生能源的信心。

2016 年初，英国能源部门批准了 Hornsea One 海上风电场工程，由丹麦沃旭集团开发，位于英格兰约克郡海岸 120 千米处，总容量达到 1.2 吉瓦，成为当时世界上最大的海上风电场。根据政府规划，Hornsea 风电场总共包括四期工程，总装机最高达 6 吉瓦，其中 Hornsea 一期 1.2 吉瓦、二期 1.8 吉瓦、三期 1～2 吉瓦、四期 1 吉瓦，Hornsea One 海上风电场只是该地区计划的四个项目中的第一个，1.4 吉瓦的 Hornsea Two 海上工程已于 2022 年完成。2020 年 12 月 31 日，已经批准了 Hornsea Three 海上风电项目的开发申请。Hornsea 系列海上风电工程全部完工后，将成为世界上规模独一无二的海上风电项目。

二、工程价值

1. 工程主要成果

Hornsea One 海上风电场是海上风电发展的重要里程碑，对于远海风电场的建设具有划时代的意义。2021 年 7 月 27 日，由丹麦能源巨头沃旭集团开发的 Hornsea One 海上风电场项目获得了安永全球能源奖中的年度最佳可再生能源项目奖，以表彰其为世界能源转型树立了标杆。这一奖项充分肯定了 Hornsea One 海上风电场项目的创新性和示范作用，以及其在推动全球能源转型和应对气候变化方面的贡献。

2. 工程主要技术

（1）建成首个海上无功补偿站，解决了远距离输电损耗大、过电压等问题。Hornsea One 海上风电场离岸距离 120 千米，距离陆地较远，存在输电损耗大、过电压等问题，沃旭集团在详细评估之后，最终采用三座海上升压站 + 一座海上无功补偿站的方案，成为世界首个海上无功补偿站以及三根外送海缆传输至岸上升压站。无功补偿站建在离岸约 60 千米处，采用导管架基础，其中上部结构总重 2100 吨，基础总重 1400 吨。

（2）采用先进的吊装技术，提高了吊装效率和安全性。Hornsea One 海上风电场采用自升式平台船进行吊装作业，这种船只能够在水下自动提升，将涡轮机等设备从海上运输到风电场并进行安装，大大提高了吊装效率和安全性。

（3）采用动态海缆技术，提高了风电场的能源输出效率和可靠性。Hornsea One 海上风电场使用高弹性材料制成的缆索，可以在海洋环境中长期稳定运行，这种电缆具有高度的耐腐蚀性和机械强度，可以抵御海洋环境中的各种自然灾害和人为破坏。此外，动态海缆技术还可以提高风电场的能源输出和可靠性，降低运营成本。

（4）采用智能电力管理系统，确保电力供应的稳定性和可靠性。Hornsea One 海上风电场采用了智能电力管理系统，实时监控风电场的运行状况，预测风速和电力需求，自动调节涡轮机的运行状态，保障电力稳定供应，为风电场的优化运行提供了重要支持。

3. 工程管理创新

Hornsea One 海上风电场在建设和运营过程中通过资源整合、管理创新等，实现了高效精准管理，采用基于大数据和人工智能技术的风能设备管理系统以及基于卫星遥感和实时监控的预测管理系统，通过这两种系统可以实时监控设备的运行状态，实时掌握风电设备的运行状态，预测故障，优化运行效率，提高设备的可靠性和维护效率。此外，风电场采用集中运维模式，将所有运维工作集中到一个平台上进行管理，实现对运维资源的集中管理和优化配置，提高运维效率和质量，在工程管理上节约了时间成本、人员成本，进一步提高了工程管理质效。

4. 工程社会价值

（1）Hornsea One 海上风电场工程的建设和运行带来了可观的经济效益。降低了对能源进口的依赖，为国家能源安全做出了贡献，推动了当地经济的发展，为当地居民提供了就业机会和收入来源。此外，该工程的建设和运行还拉动了相关产业的发展，如供应链、物流、维护服务等，进一步促进了当地经济的发展。

（2）Hornsea One 海上风电场工程的建设和运行给社会带来了积极的影响。促进了海上风电技术的研究和创新，推动了一系列新技术的应用和发展，为全球海上风电产业的快速发展提供了推动力；提高了英国在可再生能源领域的国际地位和声誉，为其他领域提供了可再生能源的示范效应，促进了全球可再生能源的发展和应用。

5. 工程生态价值

Hornsea One 海上风电场的建设具有保护海洋生态系统的作用，风电场的建设和运行不会对海洋生态系统产生重大影响，能够为海洋生态系统的稳定提供支持，减少海浪和风力对海岸线的侵蚀，从而有助于保护海岸线附近的生态系统。此外，风电场的建设也不会对海洋景观造成重大影响，为生态旅游的发展提供机会，为当地经济发展带来贡献。

三、工程启示

1. 成功关键因素

（1）地理优势、资源和人才技术保障为 Hornsea One 海上风电场成功建设提供重要支撑。Hornsea One 海上风电场因地制宜，充分利用了英国东海岸的地理优势，包括海岸线长、风力资源丰富、海域条件良好等，这些优势为风电场的建设和运营提供了有利条件，提高了发电效率和可靠性。Hornsea One 海上风电场还得到了当地政府和社区的大力支持以及有经验丰富和专业化的建设团队的支撑，他们的专业知识和技能为风电场的建设提供了人才和技术保障，确保了工程的顺利推进。

（2）技术创新和科学管理是 Hornsea One 海上风电场成功建设的重要保障。在项目建设中采用了先进的涡轮机技术、海缆和动态电缆技术、电力管理系统等，保证了工程的顺利实施。此外，采用了科学的管理方法和技术手段，包括 BIM 技术、项目管理软件等，为工程的质量、进度、成本等方面提供了有效的管理和控制，确保了工程的顺利建设和运行。

2. 工程哲学启示

Hornsea One 海上风电场在建设和运行过程中，充分考虑了自然环境和生态系统的因素，通过合理规划和管理工程活动，实现了工程、自然与人的和谐共存，促进了可持续发展，体现了工程价值论中的重要原则之一，强调在工程实践中尊重自然、顺应自然、保护自然的重要性，通过合理规划和管理工程活动，实现工程、自然与人的和谐共存，促进可持续发展。此外，通过科学合理的设计和实施方法，采用环保材料和技术，尽可能减少对环境的影响，体现了工程方法论中的重要原则之一，即采用科学合理的方法和技术实现工程目标。

3. 工程立国思考

Hornsea One 海上风电场工程是英国政府为了实现清洁能源目标和促进可持续发展而实施的重要项目，圆满完成如此大规模的海上风电场建设，是一个典型世界级风电场建设发展的开端，为英国风能发电打开了新的发展道路。Hornsea One 海上风电场的建设推动了英国可再生能源产业的发展，促进了供应链的发展，缓解了电力需求压力并带来了经济活力。英国政府通过实施海上风电项目，减少了对化石燃料的依赖，降低了温室气体排放，满足了国内日益增长的能源需求，推动英国尽快实现净零排放的目标。

4. 未来发展指导

Hornsea One 海上风电场为未来的海上风电工程提供了宝贵的经验和指导，在规划、设计、实施等方面，应充分借鉴其成功经验，结合实际情况进行创新和发展，推动海上风电事业的可持续发展。

（1）合理的规划是未来海上风电项目成功的关键。在规划阶段，应充分考虑风能资源、水深、地质条件、海洋环境等因素，同时要与地区发展规划和政策导向相协调。此外，对于项目的整体布局和规模，要结合市场需求和电网接纳能力进行考虑，确保项目经济效益和社会效益的充分发挥。

（2）规范、可靠的设计是未来海上风电工程成功的重要途径。Hornsea One 海上风电场的设计采用先进的风力发电机组和基础结构设计，展示了在复杂海洋环境下稳定、高效的设计方案。未来海上风电工程应充分借鉴其设计经验，根据实际情况选择合适的风力发电机组型号和基础结构形式，注重降低工程造价和环保要求，提高工程的经济效益和社会效益。

（3）先进的施工技术和设备是未来海上风电工程成功的重要保障。Hornsea One 海上风电场在实施过程中，注重施工安全和环境保护，采用先进的施工技术和设备，确保了工程的顺利进行。未来海上风电工程在实施阶段，应加强施工现场的管理和监督，采用高效、环保的施工技术和设备，减少对海洋环境的破坏和污染，实现工程的可持续发展。

参考文献

[1] 林玉鑫, 张京业. 海上风电的发展现状与前景展望. 分布式能源, 2023, 8(2): 1-10.
[2] 王征. 英国海上风电市场动态概览. 风能, 2023(8): 50-55.

[3] 徐纪忠, 潘国兵, 陈坚, 等. 海上风电场自耗能现状及海上风电发展趋势分析. 太阳能, 2022(9): 28-35.
[4] 叶军, 仲雅娟. 海上风能利用及其成本分析综述. 太阳能, 2018(6): 19-25.
[5] 林志远. 海上风电项目的投资成本分析. 风能, 2014(4): 48-51.
[6] 温培刚, 赵黛青, 廖翠萍, 等. 影响海上风电成本收益的重要因素分析及政策建议. 特区经济, 2012(8): 224-226.

129 北溪二号

全　　称 北溪二号
外文名称 Nord Stream 2

北溪二号每年可向欧盟国家提供 550 亿立方米的天然气，可以满足欧洲国家 10% 的能源需求，是世界上最长的海底管道。

北溪二号于 2015 年 6 月正式提出，原计划到 2019 年底竣工，然而由于多种因素特别是复杂的地缘政治影响，该工程在建设过程中遭遇了诸多阻碍和困难，波折不断。2021 年 8 月 31 日，完成北溪二号管道第一条支线调试工作。2021 年 9 月 10 日，北溪天然气管道全段铺设完成。

北溪二号以俄罗斯纳尔瓦湾为起点，管道穿越芬兰、瑞典和丹麦海域，终点为德国卢布明市，穿越波罗的海，全长 1224 千米，横跨 14 个国家，由两条支线组成，每条管线由 10 万根 12 米长的管道组成，每根混凝土管的平均重量为 24 吨，管道通道处的最大海水深度为 210 米，气体管道内的设计气体压力高达 220 巴①，管道容量为 275 亿立方米。总投资约 95 亿欧元，吸引了来自 25 个国家的 1000 余家公司参与。

北溪二号的想法来自德国前联邦总理格哈德·施罗德和俄罗斯总统普京，其是俄罗斯天然气巨头俄罗斯天然气工业股份公司和五家欧洲公司的合作项目，得到了欧洲多国的大力支持。

从能源角度看，北溪二号每年向欧盟国家提供的天然气可覆盖欧洲天然气供需缺口的近 50%，极大地缓解了欧洲天然气供给压力。从经济角度看，北溪二号输气距离与途经陆地相比缩短约 2000 千米，通气后可降低欧洲天然气整体进口价格约 13%，每年为欧洲节省约 80 亿欧元进口成本。北溪二号项目被欧盟委员会授予跨欧洲能源网络（TEN-E）的地位，旨在建立关键的跨境运输能力，在确保欧洲的可持续发展和能源安全方面发挥重要的支撑作用。

一、工程背景

北溪二号建成前，俄罗斯运往欧洲的天然气走的是陆路，需经过乌克兰、波兰等国，需要高昂的过境费，于是俄罗斯总统普京提出建设北溪项目的想法[1]。这不仅减少了高额

---

① 1 巴 = 10^5 帕。

的过境费用，同时和陆地管道相比，海底管道运输有很多优点。与陆地管道不同，由于水中没有大量氧气，海上管道在运行过程中的爆炸和火灾隐患明显较少；此外，由于海上天然气管道能够承受更高的压力，海底的运输量更大。同时，与陆上管道不同，没有压缩机站可将海上天然气管道运营产生的温室气体排放量减少40%，综合成本低，经济性好。

北溪二号的建设始于2015年。在建设初期，该项目面临许多挑战和困难。首先，项目投资巨大，需要大量的资金和技术支持。其次，项目建设涉及多个国家和地区的利益和政治考虑，需要各方进行合作和协商。此外，由于波罗的海海底的地质条件复杂，需要进行复杂的技术和经济评估。

在建设过程中，俄罗斯和德国等国家进行了密切的合作和协商。德国作为北溪二号项目的主要投资者和技术支持者，为该项目提供了大量的资金和技术支持。俄罗斯也为北溪二号项目提供了技术和资金支持，并确保了该项目的顺利进展。

作为一条海底天然气输送管道，在建设过程中，需要解决许多技术难题。海底管道的铺设需要在不同水深和流速的海域中进行，这需要采用不同的技术和设备。此外，海底管道的焊接和检测也需要高度专业化的技术和设备。为了解决这些技术难题，项目方与多家企业和研究机构进行合作，采用了最先进的技术和设备。

对欧洲来说，在能源转型的过程中，煤炭和原子能正在逐渐被放弃，作为天然气进口最大的依赖国，天然气成为最大的能量来源。通过北溪二号天然气管道供应的天然气将使欧洲国家能够显著减少煤炭在集中式发电系统中的份额，同时有效地避免了因途经中转国家导致的运输昂贵的问题，这将有助于显著提高能源利用效率并促进环保能源的发展[2]。

二、工程价值

北溪二号工程价值主要体现在工程主要成果、工程主要技术、工程管理创新、工程社会价值四个方面。

1. 工程主要成果

北溪二号项目具有规模大、技术新、要求高的特点，是全球已建最长的海底管道。北溪二号是世界上最长的海底天然气管道之一，其建设规模庞大，涉及的工程量和投资额巨大。该工程的建成为俄罗斯和欧洲其他国家之间的能源贸易提供了稳定的天然气供应，促进了地区间的经济发展。北溪二号采用了先进的技术和设备，这些新技术的应用使得北溪二号在建设和运营过程中更加高效、安全和可靠。北溪二号的建设标准非常高，要求管道的铺设位置、深度、压力、温度等参数都必须符合标准。同时，该项目还要求在环境保护、安全保障等方面达到很高的标准,以保障工程的安全和可靠性。

2. 工程主要技术

北溪二号采用深海管道铺设技术。在海底铺设管道是一项非常复杂的工作,需要使用先进的设备和掌握高超的技术。北溪二号途经多个海域,尤其是途经的波罗的海,海底环境复杂,施工面临极大挑战。天然气管道处于深海海底,面临低温、高湿和高压的环境,管道直径达到1.2米,如何将管道正确地铺设到海底,并且管道表面如何做好防水、防锈和防腐显得尤为重要。管道铺设过程极其复杂,根据建设需求,采用管道铺设船进行铺设工作。目前全球能够深海铺设的这种船数量很少,卷制好的管道要在陆地初步加工,管道外面要用钢筋和水泥包裹配重,然后装船转运到铺设船上进行海上焊接。先加工焊接坡口,管道加温预热,然后组对焊口,之后进行打底焊接,后续的填充、盖面焊都是自动焊完成,大大降低了劳动强度。焊后进行无损检测,焊缝合格后进行最后的防腐、发泡保温处理。为了防止腐蚀,在管道上涂防腐涂层,并安装易损件阳极,以此确保在海底能够经受几十年的海水侵蚀。船上预制管线达到一定长度后,就可以向海底落管,落管时管道受力比较复杂,管道落底之后,紧跟着遥控的开沟车和无人掩埋车都要配合跟进,确保管道在海底受力均匀。

3. 工程管理创新

北溪二号采用了机构设置和职能界定等新的管理体制和运行机制。具体来说,项目组设立了市场合同部、工程技术部、施工管理部,并赋予每个部门特定的职能。市场合同部集合同管理、计划管理、财务管理、成本管理和结算管理于一体,这有助于突出合同管理的中心地位,强化合同管理的控制功能。对于施工管理部,赋予其在合同约束下对现场施工进度、技术、质量、安全、资源配置、成本控制等全方位的组织实施与协调管理职能,这有利于形成现场施工管理与合同管理、成本管理协调一致的管理机制。这些创新办法有助于提高项目管理效率,提升工程质量,保障施工安全,并为企业创造更大的经济效益。

4. 工程社会价值

(1)从能源角度看,北溪二号有助于缓解欧洲的天然气供给压力。2019年欧洲天然气进口依存度83%,据国际原子能机构(IEA)测算,至2030年或提升至88%;而北溪二号通气后,可覆盖欧洲天然气供需缺口的近50%。同时,欧洲能够通过用额外的天然气取代煤炭,减少排放和对环境的影响。

（2）从经济角度看，北溪二号降低了欧洲天然气进口成本。北溪二号管道通气后可降低欧洲天然气整体进口价格约 13%，每年为欧洲节省约 80 亿欧元进口成本。北溪二号是 2011 年开通的与北溪一号平行的线路，两条线路的输送能力都是 550 亿米^3/年。如果北溪一号和北溪二号同时运作，俄罗斯每年经波罗的海输送至欧洲的天然气将翻倍至 1110 亿立方米，可满足欧盟国家约 1/4 的天然气需求，缓解欧洲天然气供给压力。北溪二号是各国之间的贸易大动脉，有助于各国能源产业的经济发展。

（3）从安全角度看，北溪二号提高了能源供应的安全性。俄罗斯继续提高石油和天然气产量的增长率，从而在全球能源市场中占据高位。通过建立必要的额外天然气输送基础设施来弥补国内天然气产量的下降，并将供应中断带来的风险降至最低，从而提高能源供应的可靠性[3]。北溪二号项目是一个互惠互利的能源项目，至少在未来 50 年内，俄罗斯将向欧洲国家提供可靠和不间断的天然气供应。北溪二号的通气作为俄欧关系新的纽带，使俄欧交往更为畅通。

三、工程启示

北溪二号工程启示主要有成功关键因素、工程哲学启示、工程立国思考、未来发展指导四个方面。

1. 成功关键因素

（1）北溪二号成功的前提是欧洲各国的支持。北溪二号项目建设难度极大，在经历重重困难后，在俄罗斯和欧洲多国的大力支持下，最终建设了世界上最长的海底管道。

（2）北溪二号成功的保障是先进的深海管道铺设技术。由于北溪二号是在海底铺设管道，建设难度极大，建设过程中不仅要克服建设本身的困难，还要保证建设的工程质量，这就需要先进的深海管道铺设技术。为了确保管道在运行过程中的安全性，保护管道免受锚点的损坏，尽量在沟渠中铺设管道，这极大地提高了在底部不平坦的区域，管道的稳定性和可靠性；此外，为确保管道的安全，采用了先进的管道诊断技术。这些先进的技术，是促进北溪二号成功建成的重要因素。

2. 工程哲学启示

北溪二号的建设过程贯彻了工程哲学的工程认识论，深入研究了工程对自然、经济、人类和社会的作用和影响。在自然方面，北溪二号项目在规划和实施过程中需要考虑生态环境保护和可持续发展的问题，在管道建设和运营过程中需要采取各种措施，减少对海洋生态和人类生活的影响。在经济方面，北溪二号项目耗资巨大，但建成后可以每年向欧洲输送多达 550 亿立方米的西伯利亚天然气。该项目可以实现俄罗斯和欧洲之间的双赢，为双方带来显著的经济利益。在人类和社会方面，北溪二号建设完成后，通过北溪二号供应的天然气将使欧洲国家显著减少煤炭资源的使用，使用天然气进行能源生产比燃烧煤炭产生的排放量约少 50%，天然气将减少约 500 万吨的二氧化碳排放量，可减少对全球环境的影响。

3. 工程立国思考

从欧洲角度来看，北溪二号促进了欧洲能源市场的稳定和可持续发展。北溪二号是一条连接俄罗斯与欧洲的天然气管道，旨在促进俄罗斯与欧洲之间的能源贸易和合作。俄罗斯是全球最大的天然气生产国之一，而欧洲是全球最大的能源消费市场之一。通过北溪二号，俄罗斯可以向欧洲提供更多的天然气供应，从而缓解欧洲能源市场的紧张局势。

4. 未来发展指导

北溪二号体现了国际合作在解决全球性问题方面的重要性。北溪二号作为一条重要的天然气管道，能够将俄罗斯的天然气输送到欧洲，从而保障欧洲的能源安全。对于欧洲国家来说，天然气是一种重要的能源来源，而俄罗斯是欧洲最大的天然气供应国之一。在这一背景下，北溪二号涉及多个国家和地区，需要各国之间进行协调和沟通。在项目实施过程中，各国需要就管道建设、天然气供应、环境保护等问题进行协商和合作，以确保项目的顺利实施。北溪二号的建设也具有地缘政治意义，它有助于加强俄罗斯和欧洲之间的联系，促进双方的合作和交流。同时，对俄欧来说，北溪二号不仅能够满足欧洲能源需求，还能够给俄罗斯带来显著的经济利益，实现双赢局面，这为未来国际工程建设树立了典范。

参考文献

[1] 张星. 搅动世界能源市场的天然气管道 (俄罗斯境内)——北溪二号竣工 (欧洲境内). 中国石油和化工产业观察, 2021(10): 24-27.
[2] 张帅. 德国天然气外交的现状与前景——兼谈"北溪 -2"天然气管道项目. 国际石油经济, 2018, 26(11): 83-90.
[3] 董志敏. 俄美欧博弈下的北溪 2 号项目. 西伯利亚研究, 2018(5): 5.

世界近现代
超级工程排行榜（下）

海洋奇迹号

130 海洋奇迹号

全　　称 海洋奇迹号

外文名称 Wonder of the Seas

海洋奇迹号是皇家加勒比游轮有限公司最受瞩目的绿洲系列第五艘邮轮，是世界上最大最豪华的邮轮，比英国碎片大厦（309.6米）还高，是泰坦尼克号的5倍，同时还是一艘以中国港口上海为大本营的"绿洲级"邮轮[1]，被誉为"造船皇冠上最耀眼的明珠"。

海洋奇迹号于2019年4月正式启动建造，在法国圣纳泽尔大西洋造船厂举行钢板切割仪式[2]。2019年10月，皇家加勒比游轮有限公司于上海隆重宣布海洋奇迹号将部署中国，龙骨铺设仪式同步在法国圣纳泽尔大西洋造船厂进行，同年11月，皇家加勒比游轮有限公司携海洋奇迹号亮相中国第二届进口博览会，并正式发布了海洋奇迹号的官方中文名称。2021年8月，海洋奇迹号在法国圣纳泽尔顺利完成试航，随后进行最后阶段的调试和装饰。2022年1月，海洋奇迹号在法国马赛举行交付仪式，刷新世界最大豪华邮轮纪录[3]。2022年3月4日，这艘世界上最大的邮轮在美国佛罗里达州罗德岱堡正式亮相启航，前往加勒比海，开始为期7天的旅程。

海洋奇迹号在法国的圣纳泽尔建造，这艘巨轮耗资约14亿美元，由2000多名尽忠职守的船员和工人历经30个月，成功打造成全球最大的豪华邮轮[4]。海洋奇迹号全长362米，吃水深度为9.3米，吃水线宽度47.4米，船体最大宽度为64米，总吨位为23.6857万吨，最大载重量高达1.71万吨，巡航速度约40千米/小时，排水量堪比4艘辽宁舰，其动力系统包括船尾的3个20兆瓦的柴油电力推进器、4个船首推进器。邮轮共有18层，16层可供游客使用，包含19个游泳池、20家餐厅和11家酒吧，船上设有2867间客房，最多可接待6988位宾客[5]。

海洋奇迹号由法国大西洋造船厂负责建造，隶属于皇家加勒比游轮有限公司[6]。其建筑总监卡斯汀（Laurent Castaing）称其代表"成千上万的工人、技术人员和工程师所做的创新、尖端技术工作及合作"。在交付整船之前的大概3个月前，大西洋造船厂便已经完成了海洋奇迹号的技术交付，并且在2021年离开了大西洋造船厂，前往马赛港完成最后的收尾工作[7]。

海洋奇迹号是一艘豪华、设施齐全、服务周到的邮轮，为游客提供了丰富多彩的海上旅行体验。海洋奇迹号的交付，创造了行业奇迹，激发了行业活力，彰显了国际邮轮业突破疫情桎梏的信心与努力，开启了国际邮轮行业的杰出年代。

一、工程背景

邮轮在国外已经有100多年历史。19世纪初，由于飞机技术还不成熟，一些人开始登上邮轮漂洋过海，邮轮旅游开始发展，此时邮轮最重要的功能还是运载邮件和移民。自1958年起，能够飞越大西洋的飞机投入商业运营，飞机正式成为民用运输工具。此后，追求时间和效率的旅客纷纷改乘飞机，远洋客船的生意日益惨淡。渐渐地，客船转型成为为生活富裕且闲暇时间充裕的游客提供舒适的海上旅行服务的邮轮。随着第二次工业革命所带来的内燃机动力和钢铁工业进步，巨型豪华邮轮这一全新的商业产物开始出现在欧美发达国家的贵族面前。

随着世界范围内的消费升级，更高端、更有品质的邮轮旅游开始流行，全球邮轮产业快速发展，意大利、德国、法国、荷兰等国家敏锐地捕捉到这一市场，并建造邮轮生产线。世界大邮轮公司诞生于1972年，当时一艘名为狂欢节号（Mardi Gras）的邮轮开始了其首航之旅。1996年，嘉年华命运号邮轮横空出世，以10万余吨净重称霸当时的邮轮业。目前世界上三大邮轮公司为嘉年华集团、皇家加勒比游轮有限公司和以亚太地区为根据地兼主力市场的诺唯真游轮控股有限公司。各家邮轮船队新造加入营运的船舶数字增长惊人，更有甚者，各家邮轮船队竞相订造所谓"史上最大超级巨轮"且几乎每年都会有一艘破最高吨位纪录的邮轮面世。奢华邮轮除了设有餐厅、酒吧、咖啡厅、游艺室、电影院外，还设有舞厅、游泳池和健身馆等游憩设施，开启了邮轮产业与各式奢华游乐设施竞争的时代。

海洋奇迹号

皇家加勒比游轮有限公司是全球领先的邮轮度假集团，总部位于美国迈阿密，公司旗下经营六大邮轮品牌，总计 41 艘豪华邮轮，航线多达 460 条。第一艘邮轮是 1970 年的挪威之歌号，1988 年推出海洋君主号，1999 年推出海洋航行者号，后来是海洋绿洲号与海洋魅丽号，不久后巨轮海洋量子号及其姊妹邮轮海洋圣歌号相继下水。皇家加勒比游轮有限公司认为，中国消费者在邮轮上的消费潜力巨大，邮轮行业的新方向在中国，因此他们建造了一艘原本以中国港口为大本营的"绿洲级"邮轮海洋奇迹号，已于 2019 年 10 月在法国圣纳泽尔大西洋造船厂铺设龙骨并开工建造，它融合了其他绿洲级邮轮的各项特色，如七大社区、主题客房等优质特色主题项目，并在此基础上有更新的项目添加进去，给来自世界各地的中外游客提供全年母港邮轮航线等特色服务。

海洋奇迹号延续绿洲系列的标志性设施，包括由真实植物打造的中央公园，可以在海天一线下领略世界级艺术表演的水上剧场，有 10 层甲板高的中庭和横跨 25 米的高空滑索等[8]。这里的皇家大道相当于把商业街搬到船上，集购物、餐饮和娱乐于一体，是一个移动的海上娱乐世界。它不仅将革命性的绿洲系列邮轮提升至新的水平，还为所有家庭和旅行者创造了无限期待，涵盖冒险、娱乐、餐饮和夜生活等方方面面的全新设施与体验将使海洋奇迹号成为旷世奇观，打破所有人对邮轮旅行的想象。

二、工程价值

现代邮轮从交通型转向旅游休闲型后，其建造和运营都变得更加复杂和庞大。海洋奇迹号已经成为类似于建设一座"海上移动城市"的巨型系统工程，每一种功能都需要涉及不同的专业领域，很多功能超出了船舶专业的范畴，具有独特的工程价值。

1. 工程主要成果

作为皇家加勒比游轮有限公司的最新力作，海洋奇迹号在设计、规模和服务方面都展现出了前所未有的创新和突破。这艘邮轮的建造历时数年，凝聚了众多工程师和建筑师的心血与智慧。2021 年，海洋奇迹号在由国际领先的行业媒体《Travel Weekly China 旅讯》举办的中国旅游业界奖评选中，荣获年度期待新邮轮奖项。这一奖项体现了对海洋奇迹号工程成果的肯定和认可，不仅彰显了皇家加勒比游轮有限公司在邮轮行业的领先地位，也展示了中国在全球邮轮产业发展中扮演的重要角色。

2. 工程主要技术

（1）采用现代先进的船舶动力系统，提高了海洋奇迹号的燃油效率和航行性能。邮轮采用了燃油和电力混合动力系统，以及先进的船体设计，电力系统由6台柴油机驱动，其中包括2台16缸瓦锡兰16V46D共轨发动机和4台12缸瓦锡兰12V46D发动机。动力方面则是使用了3台2万千瓦的吊舱式推进器（Azipod）主发动机，它们是电动推进器。这些发动机安装在船尾下方，每台发动机驱动6米宽的可旋转螺旋桨。除了3台电动推进器外，还有4台用于对接的舷侧推器，每台功率为5500千瓦，总功率为82兆瓦，这些设备确保了海洋奇迹号能够以约40千米/小时的速度巡航。这样的动力系统不仅能够提高船舶的航行速度，同时也能够保证船舶在各种航道和海况下都能稳定运行。

（2）采用先进的导航和安全设备，为海洋奇迹号提供了安全保障，确保了邮轮的安全行驶。海洋奇迹号使用全球定位系统（GPS）进行精确定位，可以准确地知道自己的位置和航向，这有助于避免迷航，并确保在预定的航线上行驶，采用自动识别系统（AIS），可以自动发送和接收有关船只的信息，如船名、位置、航速等，有助于避免碰撞。海洋奇迹号还可以通过与船舶交通服务（VTS）中心的紧密配合，获得有关周围水域的实时信息和其他船只的动态，从而做出适当的航行调整。先进的导航、安全设备和技术确保了海洋奇迹号在各种环境和条件下都能够提供最大程度的安全保障。

3. 工程管理创新

海洋奇迹号采用项目管理的方式，从项目启动到项目收尾，全程进行精细化管理。通过项目管理软件，实现了项目进度、成本、质量等各要素的全方位管控。海洋奇迹号注重集成管理，将多个领域的技术、资源和信息进行整合和协同。例如，将信息技术和建筑技术进行集成，实现了智能化建筑管理；将设计、施工和运营进行集成，实现了全程一体化管理。此外，海洋奇迹号在运营中优化了设计和流程管理，海洋奇迹号的各项设施和服务都经过精心设计和优化，以提升游客体验和运营效率。例如，通过智能化的客房设计，可以提供更加舒适和便利的住宿体验；通过流程化的餐饮服务，可以提供更加高效和个性化的餐饮体验。

4. 工程社会价值

（1）海洋奇迹号的建造、运营具有显著的社会效益。海洋奇迹号作为一艘豪华邮轮，不仅提供了大量就业机会，还为相关产业如港口、物流、餐饮和旅游服务等带来了经济效益。海洋奇迹号的建造需要大量的配套产品和技术服务，能够以1∶40以上的高比例带动相关产业的共同发展，进而推动了经济发展和社会稳定。

（2）海洋奇迹号促进了旅游业的发展，为全球旅游市场注入了新的活力。海洋奇迹号为大量游客提供住宿和娱乐设施，给游客带来了丰富多彩的旅游体验。据有关部门统计分析，一个人参加邮轮旅游可以带动9个就业岗位；而母港接待一位邮轮游客的平均收入高达1341美元。这些数据充分说明，海洋奇迹号对于旅游业和相关产业的贡献之大。

5. 工程文化价值

海洋奇迹号具有丰富的文化价值。这艘豪华邮轮不仅展示了世界顶级的船上设施和娱乐表演，还融合了多元文化元素，为不同国家和地区的文化交流提供了平台，为游客提供了丰富多彩的文化体验。

首先，海洋奇迹号体现了现代科技与艺术的结合。邮轮的设计将现代建筑风格、艺术装饰和科技应用完美融合，打造出一座移动的海上城市。游客可以在船上欣赏到各种艺术品和装饰，感受到独特的现代文化气息。

其次，海洋奇迹号展示了多元化的娱乐活动。船上设有各种娱乐设施和表演节目，包括世界顶级的水上剧场、百汇达欢乐城、皇家剧院等。游客可以在这里欣赏到各种不同类型的表演，包括音乐会、舞蹈表演、魔术等，感受多元化的艺术魅力。

最后，海洋奇迹号的文化价值还体现在其全球航线和目的地的多样性上。邮轮航线遍布全球各个角落，包括热带海岛、欧洲古城、南极冰川等。这些多样化的目的地使得乘客有机会体验到不同国家和地区的文化特色，丰富他们的旅行体验。

三、工程启示

1. 成功关键因素

（1）成熟的邮轮产业链为海洋奇迹号的成功提供了先决条件。海洋奇迹号的成功是建立在数十年技术和经验积累基础上的，同时也是成熟产业链的典型案例。邮轮产业链是一个复杂的系统，它以邮轮为主要载体，休闲、观光、游玩等为具体内容，围绕船舶制造、港口服务、后勤保障、交通运输、游览观光、餐饮购物和银行保险等行业形成产业链条。邮轮产业链港口设施的完善、后勤保障的到位、交通运输的便捷以及银行保险的保障等，都为海洋奇迹号的成功提供了有力支撑。

（2）先进的科技和管理创新理念为海洋奇迹号的成功提供了基本保障。海洋奇迹号采用了先进的科技和工艺，包括船舶动力系统、自动化控制系统、网络通信系统等，实现了高度自动化和智能化；海洋奇迹号采用了先进的环保技术，如能源回收系统、节能装置等，使得邮轮更加环保、节能。此外，海洋奇迹号的成功离不开先进的管理理念和模式。

通过引进先进的管理理念和流程优化，提高了整体运营效率和安全管理水平，确保了海洋奇迹号的顺利实施和交付。

（3）创造性地引入社区概念为海洋奇迹号提供了全新体验。海洋奇迹号将巨大的邮轮划分成8个具有不同特色的区域，既为家庭度假营造出更为亲密的氛围，又方便游客全方位地享受海上休闲生活，完美诠释了现代顶级邮轮"布局陆上化"的设计理念。位于邮轮最高处的第八大社区，拥有专属的餐厅、酒廊、观景台、海景套房、阳光露台以及海岸厨房和套房礼宾俱乐部，处处设计豪华、标新立异，为大多数的邮轮游客提供了全新的体验，具有独特的吸引力。这种设计理念完美诠释了现代顶级邮轮"布局陆上化"的特点，为游客提供了更为丰富和多样化的选择。

2. 工程哲学启示

海洋奇迹号的人性化设计体现了工程哲学中的人本主义思想。海洋奇迹号的设计考虑了游客的需求和舒适度，船上设施和服务的提供都是以满足游客需求为前提的。这种以人类为中心的设计理念强调了工程应该以人为本，以满足人类的需求和利益为出发点和归宿。海洋奇迹号的设计也反映了工程哲学的可持续发展理念，海洋奇迹号的设计不仅要满足游客的需求，也要考虑到资源的有效利用和环境保护，尽可能地减少对环境的影响，实现了可持续发展。

3. 工程立国思考

作为全球邮轮工业的巅峰，虽非中国制造，却给我国提供深刻的启示。它彰显了高端制造业与科技创新的重要性，推动我国加快邮轮产业链的自主化进程。通过参与国际邮轮市场，我国不仅能提升高端制造能力，还能促进旅游业升级，助力经济增长。海洋奇迹号的成功经验激励我国在海洋强国战略下，迈向更广阔的蓝色经济未来。

4. 未来发展指导

（1）未来邮轮产业的发展需要不断推陈出新，紧跟市场需求和技术发展趋势。在规划未来邮轮时，需要充分考虑游客的需求和喜好，将各种前沿科技和设计理念融入邮轮的各个角落，也要注重提高邮轮的效率和灵活性，以应对不断变化的市场环境和游客需求。

（2）注重创新和个性化设计是未来邮轮成功的关键因素。未来邮轮设计需要更加注重人性化、舒适性和实用性，将各种设施和服务进行合理布局和优化，使游客在邮轮上能够享受到便捷、舒适和愉快的旅游体验，打造与众不同的邮轮品牌和形象。

（3）注重文化传承是未来邮轮发展的重要方向。未来邮轮在规划、设计和运营过程中要充分考虑文化传承的因素，将不同国家和地区的文化元素融入邮轮的设计和运营中，为游客提供更加丰富多彩的文化体验。

参考文献

[1] 张玉梅. 多元视角下邮轮旅游的社会价值分析. 中国水运, 2021(5): 39-42.
[2] 邱羚. 邮轮文化对邮轮产业发展的影响研究. 上海企业, 2014(7): 62-64.
[3] 徐虹, 杨红艳, 韩林娟. 中外邮轮旅游研究回顾与展望——基于研究对象演变的分析. 旅游科学, 2019, 33(2): 1-18.
[4] 殷毅, 杨培举. 邮轮制造: 欧洲的独角戏. 中国船检, 2011(9): 36-38, 114-115.
[5] 孙亮, 王翠婷. 我国邮轮制造业发展探析. 上海船舶运输科学研究所学报, 2009, 32(2): 65-69, 73.
[6] 顾一中. 游艇邮轮学. 武汉: 华中科技大学出版社, 2015.
[7] 王晓. 美国游艇业的发展及其借鉴意义. 上海造船, 2005(2): 33-39.
[8] 张言庆, 马波, 范英杰. 邮轮旅游产业经济特征、发展趋势及对中国的启示. 北京第二外国语学院学报, 2010, 32(7): 26-33.

世界近现代
超级工程排行榜（下）

24000 标准箱超大型集装箱船

131 24000标准箱超大型集装箱船

> **全　　称** 24000标准箱超大型集装箱船，简称24000TEU集装箱船
>
> **外文名称** 24000 TEU Ultra Large Container Ship

24000标准箱超大型集装箱船总长399.99米，型宽61.5米，结构吃水17米，空气吃水76.5米，设计航速22.5节。24000标准箱超大型集装箱船是世界上最大的集装箱船，甲板面积相当于3.5个标准足球场，货舱内加上舱盖上最大可堆装25层集装箱，相当于22层楼的高度。最大载重量超过24万吨，一次最大可装载24004个标准集装箱，是迄今全球最大的集装箱船，这些集装箱首尾连接长度可达145.4千米[1]。

24000标准箱超大型集装箱船从2019年签订合同到2022年交付，中间全程经历了新冠疫情的冲击，特别是到2022年交付最紧张阶段，经历了上海疫情封控的严峻考验，最终所有相关设计建造人员克服种种困难，完成了各项生产试验项目，成功交付了当代全球最大型、中国首艘24000标准箱超大型集装箱船。

24000标准箱超大型集装箱船全船钢料近5万吨，最厚钢板用到95毫米超厚板，每艘船造价约为10亿元。除钢材外，全船还包括各类机电设备、材料等，涉及几百个厂家，仅电缆全船就用到500多千米。

24000标准箱超大型集装箱船由沪东中华造船（集团）有限公司自主设计，拥有完全自主知识产权，入级美国船级社（ABS），投入运营后将服务于远东至欧洲的航线。由于该船的超大尺度，可停靠的码头有限，这些码头基本上也都分布在远东欧亚航线上。

24000标准箱超大型集装箱船是全球装箱量最多、载重量最大的双料冠军。该型船采用迭代优化的分舱布置，载箱量超过24000个标准箱，是同尺度船型中箱数最多的，堪称全球带货能力最强"大力士"，特别能"扛重活"。通过采用大肋距骨架、混合式横舱壁、一体化绑扎桥等创新的轻量化、简约化设计，空船重量轻，承载能力强，可装载的货物总重超过24万吨，比以往的23000标准箱集装箱船可多装10%重量，是名副其实的"超级货霸"[2]。

一、工程背景

集装箱船是随着现代经济和国际贸易发展而诞生的一种船型。第一艘集装箱船是美国于1957年用一艘杂货船改装而成的，由于它的装卸效率比常规杂货船大10倍，停港时间大大缩短，并减少了运货装卸中货损量。从此，集装箱船型得到了迅速发展。

20世纪60年代初，集装箱船为1000标准箱左右；80年代初期，最大的集装箱船为3000标准箱左右；1995年发展到5000标准箱，花了15年左右的时间；2000年发展到7000标准箱，用了短短5年的时间；2006年发展到9500标准箱，只用了6年的时间；自2010年以来，万箱以上集装箱船纷纷出现，目前最大设计已达24000标准箱。

集装箱船尺寸越来越大，是由于航运市场的激烈竞争，集装箱船越大，规模效益越显著，单箱成本也越低。同时，越大的集装箱船，相应的设计建造难度也越大，壁垒也越高，各大船厂也积极投入到对超大型集装箱船的研发中。

同时，各大港口也纷纷扩建码头设施，可停靠的船越来越大，岸吊设备的操作高度和臂展也不断更新。24000标准箱超大型集装箱船已成为主要港口所能容纳的最大船型，这些港口基本上都分布在远东欧洲航线上，其他航线目前还不能容纳如此大的船型。另外，考虑到船舶日后还要进坞保养维修，24000标准箱超大型集装箱船的尺寸或规格在今后一段时期内都不大可能被超过。

另外，近几年各种新规范不断更新，新的环保要求不断出现，多目标优化等新的设计理念逐步普及，目前超大型集装箱船的设计已不仅仅是能做出来的问题，而是要做得好、做得优，才有可能在市场竞争中胜出。

24000标准箱超大型集装箱船即是在这样的背景下，在与韩国顶尖船厂的竞争中，通过优秀的设计和积极的诚意，得到了船东的认可，最终经试验验证，各项性能指标均达到并超过设计要求，处于世界先进水平。

2021年12月29日,"EVER ALOT"号(H1858A)在沪东中华造船(集团)有限公司长兴造船基地一号船坞顺利出坞下水。2022年5月23日,"EVER ALOT"号集装箱船驶离长兴岛码头开始海试。5月31日,该船试航凯旋,标志着试航任务取得圆满成功。

二、工程价值

24000标准箱超大型集装箱船工程价值主要体现在工程主要成果、工程主要技术、工程管理创新、工程社会价值四个方面。

1. 工程主要成果

24000标准箱超大型集装箱船取得了一系列重要成果。作为目前全球最大、最先进的集装箱船之一,该船型的开发涉及多项关键技术,取得专利数量69件,这些专利涵盖船舶设计、建造、运营等多个领域,体现了我国在船舶领域的创新能力。24000标准箱超大型集装箱船曾获得中国船舶工业行业协会颁发的"中国船舶工业科学技术奖"一等奖,以及中国航海学会颁发的"中国航海科技奖"一等奖等。24000标准箱超大型集装箱船的主要工程成果体现了中国在船舶设计和建造领域的强大实力,也为我国船舶工业的发展做出了重要贡献。

2. 工程主要技术

(1)24000标准箱超大型集装箱船在建造中采用了先进的数值仿真技术和优化算法[3]。在船舶总体设计上,由于船舶尺寸巨大,需要对船舶总体设计进行优化,以提高船舶的稳定性和安全性,采用了先进的数值仿真技术和优化算法。24000标准箱超大型集装箱船总长近400米,满载排水量超过30万吨,对于如此超长超大的船体,要能在恶劣的海况下安全地行驶,可靠的结构设计并非一件容易的事情。得益于计算机技术的发展,可以进行全船建模有限元分析。要保证船体疲劳寿命超过25年,特别是要考虑海上波浪引起的附加弯矩,仅靠全船有限元分析是远远不够的。局部疲劳分析、弹性震颤分析等所有目前最前沿的结构分析方法都要应用上,以保证船舶在整个航行生命周期内结构安全。为保证强度,甲板上最厚钢板为95毫米,针对超厚钢板的焊接、精度控制都是需要重点把控的地方。对全船建造过程中产生的变形等精度控制也是重点和难点,如果精度不达标,很可能无法正常装载集装箱,那就意味着整个船舶建造的失败。

(2)24000标准箱超大型集装箱船在推进系统上配置了高效螺旋桨和舵叶。在船舶推进系统上,为了保证船舶的高效运营,采用了新型高效螺旋桨和舵叶,提高了船舶的推进效率和操控性能。24000标准箱超大型集装箱船主机的重量将近2000吨，推进功率可达60000千瓦。螺旋桨直径近11米，重量110吨。主机和螺旋桨中间通过轴连接，这些轴分三段前后连接，一共35米长，200吨重。机桨轴构成了船舶的推进系统，要保证如此巨量的推进系统平稳运行，需要各个相关专业在共同目标下紧密合作。主机运转时，会产生很大的振动噪声，为把振动噪声控制在安全范围内，就需要对主机基座进行详细计算分析，设计出最合理的方案。同时，连接主机螺旋桨的轴系也是特别考虑的设备，如此长跨度的轴，要将主机60000千瓦的功率传递出去，所处的工作环境可想而知。要考虑船体变形可能对轴的影响，所受到的扭矩等各种合力的影响，还要保证工作时的精度要求，要满足这些目标就要做大量的研究分析工作。

（3）24000标准箱超大型集装箱船在堆放上采用了新型导向装置和堆放算法技术。在集装箱堆放技术上，由于船舶装载的集装箱数量巨大，采用了新型集装箱导向装置和堆放算法，提高了集装箱的堆放效率和稳定性。24000标准箱超大型集装箱船舱盖上最多可堆装13层集装箱，高度近34米。而2017年，最大型的集装箱船舱盖上最多还只能装载10层集装箱，多装一层意味着可以多装载几百甚至上千个集装箱，效益可想而知。装载层数的增加除了市场需求的推动外，绑扎设计技术的不断提高也是关键因素。要保证舱盖上装载的集装箱能经受住风浪的考验，不倾覆损坏，绑扎桥的设计和绑扎技术的提高至关重要。目前，13层集装箱已是舱盖上所装载的最高层数。

（4）24000标准箱超大型集装箱船在绿色环保以及减碳技术上，采用了高性能动力设计方案[4]。优秀的快速性能可以节约大量燃料，降低碳排放，同时也是船东订造船舶最看重的性能指标之一。24000标准箱超大型集装箱船在线型开发时采用基于计算流体力学（CFD）的仿真设计技术，对线型进行了深度的优化设计，同时结合水池模型试验，对线型进行进一步的迭代优化，最终设计完成的线型达到高航速、低油耗的设计目标。在节能低碳方面，运用了目前最先进的螺旋桨桨前预旋装置，提高了螺旋桨的推进效率，同时采用扭曲舵加舵球的方案，有效减小了尾流损失，进一步提高了推进效率。优秀的设计有力地助益了该船型在激烈的市场竞争中获得船东青睐并最终胜出。

3. 工程管理创新

24000标准箱超大型集装箱船在工程管理上采用了精细化管理模型。该船型是沪东中华造船（集团）有限公司和长荣集团合作的首制船，沪东中华造船（集团）有限公司高度重视该系列船的建造，持续优化提升船厂硬件设施，不断完善生产策划和精细化管理，加强增进与船东、船检的充分沟通、有效协调和合作互信，确保了H1858A船的顺利出坞下水，推进了项目建造进入新阶段，也进一步加深了船东与船厂的合作互信。同时，严格按统一完整建模出图要求，实现设计数据的高效集成共享，确保舾装托盘数据完整集成，提升了搭载效率和出坞完整性，体现了沪东中华造船（集团）有限公司智能化制造的综合实力。

4. 工程社会价值

（1）24000标准箱超大型集装箱船有利于国际经济往来。超大型集装箱船能够装载更多的货物，减少了运输时间和成本，提高了运输效率。这有助于降低物流成本，促进国际贸易的发展。超大型集装箱船是海洋运输业的重要组成部分，而海洋运输业的发展直接关系到全球经济的发展。超大型集装箱船的投入使用，有助于提高全球供应链的稳定性和效率，促进全球经济的发展。超大型集装箱船的建设和运营需要大量的人力资源，包括船厂工人、船员、港口工人等。这为相关产业提供了就业机会，有助于促进就业。

（2）24000标准箱超大型集装箱船有利于提高中国的国际竞争力。超大型集装箱船的建设和运营需要大量的资金和技术支持，拥有这种技术的国家在国际竞争中将更具优势。同时，超大型集装箱船的运输能力和效率也直接关系到国家的国际竞争力。

三、工程启示

24000标准箱超大型集装箱船工程启示主要有成功关键因素、工程哲学启示、工程立国思考和未来发展指导四个方面。

1. 成功关键因素

（1）精细化的项目管理和风险控制确保了24000标准箱超大型集装箱船项目的顺利进行。在整个建设过程中，采用了先进的项目管理方法，对项目的进度、成本、质量等进行了全过程的精细化管理和风险控制，有效降低了项目的风险，提高了项目的成功率。

（2）科技创新和技术突破为24000标准箱超大型集装箱船项目的成功提供了关键支持。在设计和建造过程中，采用了多项先进的科技创新成果，如高效螺旋桨、新型集装箱堆放技术等，这些技术成果的应用，不仅提高了船舶的性能和运营效率，也为我国船舶工业的发展做出了重要贡献。

（3）交叉融合创新提高了24000标准箱超大型集装箱船的整体性能和竞争力。在设计和建造过程中，实现了多学科、多领域的交叉融合创新，如船舶总体设计、结构设计、推进系统、集装箱堆放技术等领域的融合创新，提高了船舶的整体性能和竞争力。

2. 工程哲学启示

24000 标准箱超大型集装箱船的建设体现了工程哲学中的工程认识论。工程问题天然就是复杂的，尤其对于一项超级工程而言，而要解决复杂问题，需要工程哲学的支撑，要做到"化繁为简"。24000 标准箱超大型集装箱船的建设是一个复杂的系统工程，需要从总体设计、结构设计、推进系统、集装箱堆放技术等多个方面进行综合考虑和优化。这种系统工程哲学思维将复杂问题分解为简单问题，通过分析和解决，认识到各个子问题，最终实现整体最优解。

3. 工程立国思考

从国家层面来看，这种超大型集装箱船的建造和运营对于提升中国在全球海上运输领域的地位具有重要意义。首先，它代表了中国在船舶制造领域的科技进步和实力展示，实现了从跟跑到并跑再到领跑的跨越。其次，它为中国的海上贸易提供了更高效、更便捷的运输方式，有助于提升中国与其他国家的贸易合作。此外，这种大型集装箱船还具有较高的经济价值，可以带来更多的经济效益。

4. 未来发展指导

将模块化设计理念应用在超大型集装箱船建设对未来造船行业具有启示意义。超大型集装箱船是世界上公认的高技术、高难度、高附加值的船舶之一，代表着一个国家的船舶建造水平，全球最大集装箱船的交付，标志着中国掌握了该级别船型的设计和制造能力。24000 标准箱超大型集装箱船采用了模块化设计的方法，将复杂的系统分解成若干个相对独立的模块，分别进行设计、制造和调试。这种方法使得设计和建造过程更加清晰和简单，降低了复杂度和错误率，提高了效率和质量，这对以后的超大型集装箱船建设具有重要启示意义。

参考文献

[1] 晶莹. 24000TEU 集装箱船将面世. 中国远洋航务, 2014(11): 13.
[2] 航辑. 中国首艘全球最大超大型集装箱船在上海交付. 航海, 2022(4): 32.
[3] 于超, 徐林峰. 超大型集装箱船建造工艺研究. 人民交通, 2019(2): 79.
[4] 袁红良, 陈晓莹, 严孝钦. 24000 TEU 级超大型集装箱船快速性优化设计. 上海船舶运输科学研究所学报, 2022, 45(5): 9-14.

世界近现代
超级工程排行榜（下）

SCC98000TM 履带起重机

132　SCC98000TM 履带起重机

全　　称　SCC98000TM 履带起重机
外文名称　SCC98000TM Crawler Crane

SCC98000TM 履带起重机是中国三一重工股份有限公司（简称三一重工）自主研发的超大吨位履带式起重机，是迄今世界上起重力矩最大的履带起重机，也是工程机械产品中技术最先进、系统集成度最高的产品之一，被誉为"全球第一吊"。

SCC98000TM 履带起重机于 2020 年 10 月开始研发，2021 年 10 月 28 日在位于浙江湖州吴兴区的浙江三一装备有限公司成功下线并交付。

SCC98000TM 履带起重机总投资约 1470 万美元（按照 2020 年汇率），在制造过程中，三一重工投入了大量研发人员和施工人员，采用了模块化设计和有限元仿真技术，使该设备与三一重工其他大吨位起重机的零部件通用性高达 95%。SCC98000TM 履带起重机最大起重力矩超过 98000 吨·米，最大起重量 4500 吨，相当于一次能吊起 3000 多辆小轿车，整机作业启停平稳，控制精度可达到毫米级[1]。SCC98000TM 履带起重机有四个轨道和八个驱动器，手臂张开到 216 米的长度，加上超级桅杆、配重、吊钩，占地面积近 4200 平方米，大约有 10 个篮球场那么大。要运输这个庞然大物，至少需要 200 辆载重 30 吨的卡车。SCC98000TM 履带起重机主臂长度 60.5～150.5 米，固定副臂长度 15.5～48.5 米，变幅副臂长度 30.5～108.5 米，最长工况组合为 108 米 +108.5 米，具备双臂工况与单臂工况两大工况，双臂工况最大起重能力为4500吨，单臂工况最大起重能力为2000吨，在进行2000吨的作业任务时，只需要更换少数几个部件，即可以4500吨模式切换为2000吨模式，能耗低、占地小、拆装运输快捷，实现一车两用，主要用于国家核电和石化建设领域[2]。

SCC98000TM履带起重机由三一重工设计制造，核心技术由三一重工一手掌控，拥有完整的自主知识产权，所有核心部件都是中国制造。

SCC98000TM履带起重机代表了中国工程机械领域的顶尖水平，其成功研制和交付，打破了国外在大型吊装设备上的垄断，提升了中国在大型吊装设备领域的工程能力和技术水平，展示了中国在履带起重机领域的研发实力，使中国成为世界上首个能够自主研制4500吨级超大吨位移动起重机的国家，标志着中国在起重机行业又一次实现了弯道超车，确定了中国起重机在全球的影响力，奠定了"中国制造"在全球的领先地位。

一、工程背景

20世纪初，欧洲国家率先使用塔式起重机，到20世纪50年代，中国才开始正式建造塔式起重机，当时建造的方法，也都是仿制欧洲国家塔式起重机的模型开始建造。

进入21世纪，因为当时塔吊的局限性太大，所以塔吊逐渐向地上行走的起重机开始演变，也就是履带式起重机和轮胎式起重机。当时，大吨位履带起重设备还一直被国外品牌垄断，中国的研发制造水准远远落后于市场需求。随着"十三五"规划，如振兴东北、西部大开发、粤港澳大湾区等进入实施阶段，在交通、石化、风电、核电、海洋工程、建筑等领域的一批重大工程开始建设，且规模越来越大，其单件设施的重量和体积也越来越大，承担吊装任务的起重运输机械面临极大的机遇和挑战。例如，构建港珠澳大桥海底隧道的33节沉管，每节长度超过100米，有四层楼高、重量达7.8万吨；最大的石化丙烯精馏塔的安装高度达到110米，重量近2000吨；大型核电穹顶直径超过100米，重量超过1000吨。这些工程都给起重机械吊装增加了难度，常规的吊装设备与吊装手段已不能满足需要，而国外的超大型履带起重机存在工况适应性差、进口周期长、价格昂贵等缺点，急需自主研制超大型履带起重机。

为了满足大型吊装市场的需求，解决这一领域"卡脖子"的问题，十多年来，三一重工在863计划课题"千吨级超大履带起重机关键技术及应用"的支持下，一直致力于超大吨位履带起重机的研制。2004年，三一重工率先研制出国内首台400吨履带起重机，自此带动国产大吨位履带起重机技术突飞猛进。2011年，三一重工再次出手，

SCC86000TM（3600 吨）履带起重机成功下线，填补了国内特大型履带起重机领域的空白，2020 年履带起重机 SCC40000A 更是直接达到了 4000 吨的起重重量。2021 年，三一重工自主研发出超大吨位履带起重机 SCC98000TM，其 4500 吨起重量成为当今世界履带起重机的翘楚。

二、工程价值

SCC98000TM 履带起重机的成功研发提升了中国在起重机领域的技术水平，为全球大型工程项目的实施提供了强有力的支持，在工程领域具有极高的技术和社会价值。

1. 工程主要成果

SCC98000TM 履带起重机具有规模大、研制周期短、技术新、要求高、难点多等特点，攻克了一批超大型履带起重机关键技术，形成了一批自主知识产权，拥有 20 余项发明专利，软件著作权 1 项，2022 年荣获中国工程机械年度产品 TOP50 应用贡献金奖。

2. 工程主要技术

SCC98000TM 履带起重机的科技含量之高不容小觑，采用了多种先进的技术，使其在起重能力、灵活性、稳定性以及操作便捷性等方面都达到了新的高度，这些技术的运用，使得 SCC98000TM 履带起重机成为工程吊装领域的先进设备之一。

（1）发明了平行变径双臂架系统。针对石化、核电吊装起重能力大、起升高度高和作业半径大的特点，发明了平行变径双臂的臂架系统，设计了独特的变径平行双臂架，臂架系统下宽上窄，变径节过渡，增强了侧向承载稳定性，主臂与变幅副臂可通用，节省了臂架数量，双臂系统可以拆成单臂系统，使整车可以拆成 2000 吨履带吊。平行变径双臂架系统使 SCC98000TM 履带起重机在起重吊装作业中表现出更高的稳定性和效率，满足了常规运输宽度要求，增强了臂架系统的侧向承载稳定性，减少了臂架整体重量对起重能力的影响，提高了臂架拆装效率。

（2）首创了独立动力的超起配重系统。传统履带起重机只有一个动力源，而 SCC98000TM 履带起重机在原有的一个动力源基础上，创新地设计了两个独立的动力源，使得整机的稳定性和起重能力得到显著提高。在吊装大型工件时，超起配重系统可以有效地增加起重机的稳定性，提高操作安全性。该系统可以单独或同时为起重机的各个部分提供动力，使得起重机在进行大型工件的吊装时更加稳定可靠。此外，超起配重系统还可以在吊装过程中提供足够的能量，使履带起重机可以在不同的工况下都能保持稳定的工作状态。这一重要技术的运用，使得 SCC98000TM 履带起重机在吊装作业中表现出更高的稳定性和效率。

（3）安装了自主研发的数字回传控制系统。数字回传控制系统采用先进的数字技术和算法，对输入的指令进行快速响应和处理，提高了系统的响应速度和响应精度；通过高精度传感器和数字化控制器，可以对起重机的回转角度、速度和加速度进行高精度测量和控制，提高了吊装作业的精度和稳定性，即使在吊起数千吨重的货物时，其吊臂的控制精度依然能够保持在数毫米的级别；采用可编程控制器和编程软件，可以通过编程实现对起重机的多种控制和操作，从而提高了起重机的适应性和灵活性。此外，数字回传控制系统还具有故障诊断和安全保障功能，可以对起重机的运行状态进行实时监控和检测，及时发现并处理潜在的安全隐患和故障，从而保障了吊装作业的安全性和可靠性。

（4）采用集成化起重控制系统。集成化起重控制系统是 SCC98000TM 履带起重机的一项重要技术，通过精准的传感器和先进的控制算法，实现对起重机的精确控制，从而提高操作精度，减少操作失误；系统自动化程度高，可以自动检测并处理各种故障，提高设备的可靠性和安全性；通过智能控制，可以在保证起重机性能的同时，最大限度地降低能耗，减少对环境的影响；集成化起重控制系统可以同时控制多个机构，实现多机构协同作业，提高了工作效率。

（5）设计了多功能组合吊具。为适应石化及核电吊装工况的多样性，设计了多功能组合吊具，由滑轮组、上平衡梁、钩梁帽、下平衡梁、组合式横梁与组合式拉板组成。其中的滑轮组安装上钩头，可组合成 2000 吨吊钩，2000 吨吊钩又可以进一步拆解成 1000 吨吊钩、600 吨吊钩；吊具的横梁与拉板最多可达 56 种组合，横梁的组合长度为 4.5～16 米，调节增量 0.5 米，工况适应性极强，且吊具上设计有多级拔销装置，拆装方便。

3. 工程管理创新

SCC98000TM 履带起重机在建设管理方面取得了一些创新成果。首先，采用数字化管理方式，实现履带起重机的全生命周期管理，从设备的采购、使用、维护到报废，全程实现数字化跟踪和管理，提高了设备的可追溯性、使用效率和安全性；其次，对履带起重机的生产、制造和施工过程采用精细化管理，通过减少浪费、提高生产效率和质量，提高履带起重机的经济效益和社会效益。此外，在安全管理方面，SCC98000TM 履带起重机配备了一系列先进的安全管理系统，包括防倾翻系统、防碰撞系统、紧急制动系统等，保障设备和人员安全，防止事故的发生。

4. 工程社会价值

SCC98000TM 履带起重机提升了中国在大型吊装设备领域的国际竞争力，奠定了中国制造在国际市场的重要地位，对推动中国的科技进步和经济发展具有一定的积极作用。

（1）加快基础设施建设步伐。SCC98000TM 履带起重机是一种重要的工程机械设备，在基础设施建设领域有着广泛的应用，特别是在石化、核电、大型桥梁等重要工程建设领域，它的出现为这些领域提供了更加快速、高效和可靠的设备支持，通过使用 SCC98000TM 履带起重机，缩短了工程建设的周期，提高了施工效率，加快了基础设施建设的步伐，为国家的经济发展提供了强有力的支持。

（2）带动相关产业的发展。SCC98000TM 履带起重机的生产、制造和销售过程涉及多个产业领域，如钢铁、机械制造、液压技术、电子控制等。通过广泛应用 SCC98000TM 履带起重机，促进了相关产业的发展，为国家带来更多经济效益。

（3）促进技术进步和创新。SCC98000TM 履带起重机在设计、制造和施工过程中采用了许多先进的技术和工艺，如平行变径双臂架系统、超起配重系统、数字回传控制系统和集成化起重控制系统等，进一步提高了设备的性能和效率，促进起重机领域的技术进步和创新，进一步提高了国家经济的竞争力和可持续发展能力。

（4）吸引外资和国际合作。SCC98000TM 履带起重机在国际市场上有着良好的声誉和广泛的应用。通过开发和推广应用，可以吸引更多的外资和国际合作机会，促进国际化进程，提高国家的国际地位和影响力。

三、工程启示

作为履带式起重机建设的标志性工程，SCC98000TM 履带起重机成功下线实现了中国在超大吨位履带式起重机领域的突破，为中国的重大工程建设提供了强有力的支持，其成功建设给我们以深刻启示。

1. 成功关键因素

（1）满足国家建设需求是 SCC98000TM 履带起重机成功研发的先决条件。近年来，随着石化、核电等行业的快速发展，中国在大型基础设施建设中对吊装需求越来越大，如石化罐体、核电穹顶等大型化吊装需求。三一重工研发团队深入理解和响应国家建设需求，了解国家基础设施建设的趋势和要求，以及相关的法规和标准，使产品更好地满足实际应用场景，提高设备的实用性和适应性。

(2)实现技术创新是SCC98000TM履带起重机成功的关键因素。三一重工研发团队充分发挥创新精神，在产品材料、结构设计、控制系统等方面进行了大胆创新，采用了先进的数字回传驱动系统、独立动力的超起配重系统等，为SCC98000TM履带起重机性能提升和稳定性提供了保障，在产品设计和制造工艺等方面实现突破和创新，这些技术的运用使得该履带起重机在性能上达到了世界领先水平。

(3)团队协作是SCC98000TM履带起重机成功的重要保障。SCC98000TM履带起重机的研制和开发是一个庞大的系统工程，涉及多个学科和领域的协同工作。从机械设计、液压控制、电子传感到软件开发，每个环节都需要专业知识和技能的集成，三一重工在工程机械领域拥有丰富的技术积累和经验，研发过程中投入了不同领域的研发人员，通过团队协作，为SCC98000TM履带起重机的成功研发提供了充分的技术支持和保障。

2. 工程哲学启示

工程价值论中强调社会需求是工程活动的原动力这一思想，在SCC98000TM履带起重机的研制和开发中得到了很好的体现。在中国石化工业、核电工业与海洋工程的发展过程中，对起重机的吨位要求越来越高，需要有更大吨位的履带起重机来满足这些需求，SCC98000TM履带起重机正是为了满足这些社会需求而进行的一项重大工程活动。社会需求是引导和推动工程活动的重要因素之一，它影响着工程活动的目标、方案和技术选择。只有明确了社会需求，才能更好地进行工程设计和实施。这正是SCC98000TM履带起重机研制和开发的成功之处。

3. 工程立国思考

一个国家想要实现可持续发展，必须依靠自主创新和科技进步，SCC98000TM履带起重机的成功研制和运用展示了中国在大型工程装备领域独立自主的研发能力和创新能力，多项专利技术和数字化控制系统的自主研发，使其在起重机领域具有领先地位，这充分证明了科技创新对于推动产业升级、提升经济竞争力的重要作用。同时，高端装备制造领域是现代工业的重要组成部分，SCC98000TM履带起重机体现了中国制造业实力，是国家经济实力和工业化水平的重要标志，只有不断攻克和突破关键核心技术，才能进一步打破国外在大型吊装设备上的垄断，推动中国向装备强国的阵营进发。

4. 未来发展指导

SCC98000TM履带起重机成功刷新了全球最大吨位起重机的纪录，其成功研制经验为未来的履带起重机研发提供了一定的借鉴和指导。

（1）未来履带起重机研发要深入了解建设需求，紧跟市场需求。对于未来的履带起重机研发，深入了解市场需求是至关重要的，随着国家建设的不断发展，对于履带起重机的需求也在不断增长，特别是在一些大型工程项目中，需要具有更高性能、更安全可靠的履带起重机。因此，未来履带起重机研发需要紧跟市场需要，深入了解用户需求，包括吊装能力、稳定性、操作便捷性、安全可靠性等方面，从而满足不同行业和不同场景的建设需求。

（2）未来履带起重机研发要持续开展技术研发和创新。SCC98000TM 履带起重机采用了许多先进的技术和设计，如平行变径双臂架系统、超起配重系统、数字回传控制系统和集成化起重控制系统等，为未来履带起重机研发提供了技术指导。随着不断变化的市场需求和技术发展趋势，未来履带起重机研发要注重技术创新和产品升级，在材料、设计、控制系统等方面进行持续研发和创新，以提高设备的性能、安全性和可靠性。此外，还需要关注智能化和自动化技术的发展，将现代科技应用于履带起重机的设计和制造中，提高设备的自动化水平和智能化程度，减少人工干预和操作难度，提高工作效率和安全性。

（3）未来履带起重机研发要注重跨领域的合作。未来履带起重机研发需要注重与各领域的合作，加强技术交流和资源共享，共同推动履带起重机技术的发展。履带起重机的研发涉及多个领域的技术和专业知识，包括机械制造、液压技术、电子控制、材料科学等，研发中要加强与各领域的合作，借助跨领域的资源和专业技术优势，实现技术的突破和创新。通过与钢铁、机械制造、液压技术等相关企业的合作，提高设备的整体性能和质量。此外，还可以带来规模经济和协同效应，降低生产成本，提高市场竞争力。

参考文献

[1] 李长洲,周波,李新群,等. 我国履带起重机行业再制造发展前景及建议. 工程机械与维修, 2023(1): 17-19.
[2] 李永亮,刘建文,卜永刚. 规范履带式起重机安全检验的探讨. 中国质量监督, 2021(3): 79-81.

世界近现代
超级工程排行榜(下)

W12000-450 塔机下线

133 W12000-450 超大型平头塔机

全称 W12000-450 超大型平头塔机，简称 W12000-450 塔机

外文名称 W12000-450 Zoomliom Tower Crane

W12000-450 塔机是全球首台万吨米级上回转塔机，为建设世界最大跨度公铁两用斜拉桥——常泰长江大桥而量身定制的。中国工程机械工业协会会长苏子孟在 W12000-450 塔机下线仪式上说，这是中联重科股份有限公司（简称中联重科）创造的又一世界纪录，更是工程机械行业发展中的又一历史丰碑。

W12000-450 塔机设备从需求提出到正式下线，前后仅用时 10 个月。这台"庞然大物"历经多月的现场安装与调试，2021 年 10 月 25 日，在湖南常德中联重科塔机智能工厂成功首发。2022 年 6 月 7 日，用于大桥北主塔吊装施工的"大国重器"W12000-450 塔机正式投入使用。

W12000-450 塔机采用双塔头设计，额定起重力矩 12000 吨·米，是全球首台完美实现"双四百"的起重机，即最大起重量达到 450 吨，最大起升高度达到 400 米，相当于可以一次起吊 300 辆小轿车至 130 层楼的高度[1]。具有起升高效和就位精准功能，最大起升速度 30 米/分钟，450 吨起重量最大速度 7.5 米/分钟，最低就位速度 5 毫米/秒，机构同步误差小于 3 毫米。此外，SC40BD 载人电梯载重达 400 千克，10 分钟即可抵达 400 米高度。该产品重达 4000 吨，一台造价约 1 亿元，单件最大尺寸为 14 米 ×6 米 ×6 米，单件最

世界近现代
超级工程排行榜（下）

大重量达 66 吨，焊缝总长达 5.8 千米，由 200 名大塔工匠共同努力，经过 136 个日夜奋战成功面世。

W12000-450 塔机由中交第二航务工程局有限公司与中联重科联合开发，研发团队以曾经创造世界纪录的上回转塔机 D5200-240 的项目团队为班底，借用 D5200-240 后 10 年的研究成果，融合多项创新科研技术，在湖南常德中联重科智能工厂 6 个超大车间内完成了 W12000-450 平头机的设计和建设。

W12000-450 塔机是塔机行业史上一次完全颠覆的设计，刷新了中联重科 2010 年自主研发的 D5200-240 塔机时的自创世界纪录，成功问鼎现下全球最大吨位上回转塔机纪录，为中国工业重型化、建筑工业化提供了新的解决方案，提高了中国品牌在全球塔机领域的影响力和竞争力，是当之无愧的大国重器。

一、工程背景

超大型起重设备在大型模块化施工中不可或缺。在高耸建筑、大型能源设施、大型桥梁等大型建筑工程中，绿色高效的大型模块化施工技术能大幅提高建筑质量、减少污染、降低能耗、缩短工期，是国家建设可持续发展的必然选择。移动式起重机起升高度和工作幅度均有限，而超大型塔机固定在行走装置上，可在专门设计的轨道上行走，稳定性好，可带载运行，工作效率高。同时，运用了分体式平头单臂架技术、杆系单销榫头特大标准节技术等多项世界首创技术，从运输、装拆等方面确保产品的便捷性以及使用过程中的安全性和可靠性。实现了万吨米级的强大起重性能，可以一次性将几百吨甚至上千吨的物体吊装到指定高度。超大型塔机可随建筑物的高度调整，工作幅度大，是大型高耸建筑施工的最佳选择。

根据国家发展改革委印发的《长江干线过江通道布局规划 2020—2035 年》，常泰长江大桥、马鞍山长江二桥需要起吊高度 300 米以上，最大吊重 200 吨以上，最大起重力矩为 10000 吨·米的设备，但全球当时最大的塔式起重机是中联重科 D5200-240，最大起重力矩仅为 5000 吨·米，最大起重量为 240 吨，尚无法满足该项工程的施工要求。因此，开展 10000 吨·米级超大型塔式起重机及其关键零部件攻关和产业创新链建设非常必要，填补了行业空白。

中国工程机械工业协会会长苏子孟出席 W12000-450 塔机下线仪式并致辞，他对 W12000-450 塔机在技术创新、产品创新方面取得的成就给予了充分肯定，并对中联重科在推动中国工程机械产业技术进步，向全球不断展示中国高端制造的努力和成果给予了高度评价。他指出：全球最大上回转塔机 W12000-450 下线，使中联重科再次站在了世界装备制造的制高点，是中国工程机械行业发展的又一历史丰碑。

W12000-450 塔机在常泰长江大桥项目安装并投入使用后，至今已稳定、高效运行超 1000 个小时。自进入项目以来，W12000-450 塔机"一机多用"高效助力常泰长江大桥桥墩"拔节生长"，赢得了吊装能力强、操作平稳、就位精准、安全可靠、智能高效、施工效益显著等诸多肯定。此外，作为超长超高桥梁建设的核心设备，W12000-450 塔机在完成常泰长江大桥的建设之后，还将继续在巢马长江大桥、张靖皋长江大桥等重大项目建设中发挥作用。

二、工程价值

W12000-450 塔机是我国装备制造业自主创新的重大成果，是塔机领域技术的新标杆，其技术性能、安全性、可靠性、智能化水平代表了全球塔机技术前沿水平。

1. 工程主要成果

W12000-450 塔机荣获中国工程机械年度产品 TOP50 技术创新金奖，拥有上百项核心技术，以核心技术为中心布局专利近 40 项，其中包括"用于大型塔式起重机的供电系统和大型塔式起重机"等发明专利 20 余项。在中国工程机械工业协会组织的鉴定会上，谭建荣院士等 11 位行业权威专家一致认为，W12000-450 塔机整体技术达到国际领先水平。

2. 工程主要技术

（1）分体式平头单臂架技术。这种技术将臂架分为上下两个部分，通过高强度螺栓连接在一起。这种设计使得臂架具有更高的稳定性和强度，能够承受更大的负载和更复杂的工作环境。同时，分体式设计也方便了运输和安装，降低了操作成本。

（2）杆系单销榫头采用特大标准节技术。这种技术通过优化设计，使得标准节具有更高的承载能力和稳定性。杆系单销榫头的设计使得标准节之间的连接更加牢固和稳定，提高了塔机的整体性能。

（3）"八金刚"平滑大变小顶升过渡技术。八金刚指的是八组导向轮和支承轮，这些轮子在顶升过程中可以随着臂架的变化而调整位置，平滑大变小设计提高了顶升效率，保证了塔机的稳定性和安全性。

（4）数字化焊接技术。通过采用机器人和数字化控制系统，实时监测和调整焊接参数，实现了自动化焊接，提高了焊接质量和效率，保证了塔机整体质量，降低了人工成本和操作难度，提高了生产效率。

3. 工程科学价值

W12000-450 塔机采用了高效能源回收技术,为其他机械设备的能源回收提供了新的方法。W12000-450 塔机在起升和下降过程中会产生大量的势能,在移动过程中也会产生大量的动能。通过在塔机制动系统中安装发电机和飞轮或使用其他类型的动能回收装置,将势能和动能回收转化为电能,并将其用于其他操作或存储备用。同时,W12000-450 塔机的液压系统中存在大量的能量,通过使用蓄能器或其他类型的能量存储装置来存储液压能,并在需要时将其释放出来。W12000-450 塔机能源回收方法的应用,提高了设备的能源利用效率和性能表现,为其他起重机、挖掘机等机械设备的能源回收提供了参考。

4. 工程社会价值

大型设备的制造为国家基础设施的建设提供保障。随着中国建筑行业工业化趋势越来越明显,构件越来越重,建筑越来越高,桥梁跨度越来越长,一大批超级工程的陆续开工成为中国建筑施工领域的新趋势,中联重科 W12000-450 塔机技术带动了吊装行业向大型化、重型化方向稳步挺进,提升了超大型塔式起重机的技术体系,推动了中国塔机行业超大型塔机全系列产品的开发,为桥梁、电建等国家重大工程建设持续提供核心装备保障。

三、工程启示

W12000-450 塔机既是一次全新的突破,又是一项厚积薄发的代表作。它既力大无穷,又能穿针引线,举重若轻、行动敏捷,头脑智能。它的出现改变了中国桥梁的施工工艺,让更多的超级工程闪耀全球。

1. 成功关键因素

(1)国家政策的支撑是成功的前提。中国一直致力于推动经济发展和科技创新,不断出台相关政策和措施,以支持企业进行技术创新和转型升级,为企业提供了强有力的政策支持。W12000-450 塔机的研发立足新发展阶段、贯彻新发展理念、构建新发展格局,深入践行交通强国和中国制造 2025 等战略,实现了科技成果的转化和应用。

(2)科技创新与新技术的实施是成功的关键。传承国家级科研院所创新基因,W12000-450 塔机在设计与建造过程中,将创新刻进了骨子里。"技术是根,产品是本"是其研发理念,培育好"根本",自然"枝繁叶茂"。从锤头式塔机到平头式塔机,从传统的机械产品到产品的智能化升级,科技的迭代与技术的创新持续引领行业发展。

2. 工程哲学启示

W12000-450 塔机的研发成功，是对工程认识论中工程系统整体性和复杂性理论充分理解和认识的体现。W12000-450 塔机不仅仅是一个单独的机械设备，还是一个复杂的系统，包括机械、电气、液压等多个子系统，这些子系统之间相互联系、相互影响。因此，在研发过程中，需要从整体的角度出发，全面考虑各个组成部分之间的关系，以确保塔机的设计与整个系统相协调。对工程系统整体性和复杂性理论的理解与运用是设计、建造和运行人造系统方法，以及解决复杂工程问题的有效工具。在塔机研发过程中运用工程系统思维，使得不同专业的人员协同工作，不同功能的设备和设施有机地组成在一起运行，从而确保塔机的性能和可靠性，实现常泰长江大桥的建设目标。

3. 工程立国思考

W12000-450 塔机代表了中国在重型装备制造领域的国际领先地位，提升了国家科技实力与国际合作中的影响力。该塔机的研发和制造过程融合了多学科领域的前沿技术，展现了中国在重型装备制造领域的实力和水平，为中国高端装备制造业在国际市场上的竞争提供了有力支撑以及新的机遇和挑战。随着中国在重大工程建设和科技创新方面的不断突破，中国制造的超大型平头塔机在国际市场上的知名度和认可度也在逐渐提高，为中国高端装备制造业的发展带来了新的机遇和挑战，提升了中国在国际舞台上的综合实力。

4. 未来发展指导

科技是第一生产力。2018 年 5 月 2 日，习近平总书记在北京大学考察时说："重大科技创新成果是国之重器、国之利器，必须牢牢掌握在自己手上，必须依靠自力更生、自主创新"。W12000-450 塔机的制造凭借着 60 多年的技术底蕴，在塔式起重机领域不断创新突破，掌握了大型、超大型塔式起重机关键核心技术，持续引领行业技术发展。未来应充分挖掘大塔机吊装应用优势，在人才培训和销售模式上不断创新，引领塔机进入新领域，共同构建大塔机施工的生态系统，承接时代发展使命，共创行业新未来，在实现自身更高质量发展的同时，为中国稳步迈向制造强国做出贡献。

参考文献

[1] 周馥隆. 大塔时代开拓者　中联重科首发全球最大上回转塔机 W12000-450. 工程机械与维修, 2021(6): 12-14.

世界近现代
超级工程排行榜（下）

SWDM1280 旋挖钻机

134 SWDM1280 旋挖钻机

全　　称 SWDM1280 旋挖钻机，简称旋挖钻机
外文名称 SWDM1280 Rotary Drilling Rig

SWDM1280 旋挖钻机最大钻孔直径可达 7 米，钻孔深度超过 170 米，总重达 500 吨，装机功率超过 1130 千瓦，其扭矩高达 1280 千牛·米，采用全球首创的五键配合式加强大直径钻杆及全电液控系统，可配置近距离遥控器与 5G 远程操作仓，实现无人化操作[1]。SWDM1280 旋挖钻机是目前全球动力头扭矩最大、施工孔径最大、施工能力最强的旋挖钻机，被誉为国之重器[1]。

SWDM1280 旋挖钻机为满足超大直径超深桩的施工需求，山河智能装备股份有限公司（简称山河智能）于 2020 年 12 月正式启动研发与制造，2021 年 12 月底完成首台 SWDM1280 旋挖钻机产品的内部调试，2022 年 1 月 7 日 SWDM1280 旋挖钻机在湖南长沙下线。2023 年 1 月 SWDM1280 旋挖钻机出征甬舟铁路西堠门公铁两用大桥。2023 年 2 月 SWDM1280 旋挖钻机克服了风大、浪高、水深、流急、裸岩等难题，在 6 号墩首桩开钻，成为世界上现役的最大旋挖钻机，打破了山河智能 SWDM1000 旋挖钻机保持的纪录。2023 年 4 月 22 日山河智能在浙江宁波向外界推介了这台"全球第一钻"。

SWDM1280 旋挖钻机基于"液压静力压桩机与旋挖钻机产品性能提升"国家项目的支持，开展长大桥梁、大型建筑桩基础施工设备的专项研发，该装备研发制造总投资额约 8000 万元。

2020 年 7 月，山河智能和中铁大桥局集团有限公司、武汉乐成团队针对西堠门公铁两用大桥桩基施工环境、桩型、地层特点，结合"深中通道"等海上桩基项目施工经验，开始超级旋挖钻机及施工工艺研究，在方案前期举行了 12 次专家技术研讨会。设计制造单位是山河智能，总设计师是山河智能董事长、首席专家何清华。

SWDM1280 旋挖钻机解决了超大直径超深桩的施工需求，为我国重大基础项目提供了高效安全的施工解决方案与施工装备。2022 年 3 月在燕矶长江大桥施工中，创造了 2 米钻头直径在岩石地层 13 米/小时进尺速度的施工纪录，标志着该超级装备由中国制造到中国创造的质的飞跃，提高了我国海上桥梁和海上风电桩基础施工水平，推动我国桩基础施工装备和施工技术步入世界领先水平。

一、工程背景

海上桥梁所处的海洋环境及海洋桥梁结构本身决定了海上桥梁建造的难度。海上桥梁规模宏大、结构庞大、构造复杂,这些都会给桥梁桩基础建造带来诸多困难,而复杂多变的海洋环境,则是桥梁建造所面临的巨大难题。例如,深水、坚硬的裸岩海床、深厚软弱地基、台风、雷暴、洋流及波浪等。

旋挖钻机成孔灌注桩具有成孔质量高、效率高、环境保护性能好的特点,被用于超大直径桩径、超深桩、硬地层的桥梁桩施工中。跨江、跨海等大桥桩工程一般采用传统的气举反循环回转钻机,但其存在施工效率低、泥浆对环境污染、桩基础施工能力不足、自动化、智能化程度低等缺点,对超大直径桩径、超深桩、硬地层的桥梁桩施工尚没有完善的解决方案,已经无法满足市场的需求,正逐步被旋挖钻机替代。

从首座 2005 年建成的东海大桥采用大直径嵌岩桩开始,海洋桥梁主墩基础主要采用钻孔桩。在国内已经建成的海上桥梁中桩基础施工多使用效率低、不环保的回旋钻机施工,部分选用进口旋挖钻机用于主墩施工。随着我国大规模基础设施建设的持续展开,目前正在修建的或拟建的跨海大桥有近 20 座,其中已建和在建的千米级桥梁达 8 座。大量海上桥梁、长大桥梁上马开工,对高性能大直径大孔深入岩旋挖钻机需求持续扩大,由于高性能大型旋挖钻机技术含量高,且在相当长的时间内,研发制造基本被国际几家寡头公司垄断,引进国外旋挖钻机不仅价格昂贵,而且配件供应不及时,服务也跟不上,严重影响我国大型桥梁建设工期和成本。

为改变关键核心技术和装备受制于人的局面,避免国外供应商利用关键技术对大型桩基础施工产业链的遏制,山河智能针对深大桩基础施工质量差、施工效率低、运输安装不便、环保安全差等难点问题,确定将以下四个技术难点作为超级旋挖钻机项目攻关的设计目标:①增加旋挖钻机的施工稳定性,适应海洋环境,提升工程施工质量;②提升旋挖钻机的拆装、运输便捷性;③提高旋挖钻机的信息化、智能化水平;④开发超大直径、超大孔深下稳定高效施工钻具。在一年内开发成功 SWDM1280 旋挖钻机,动力头扭矩达到 1280 千牛·米,最大成孔直径为 7 米,最大成孔深度为 176 米,满足硬度 100 兆帕以上的硬岩入岩工况,完全达成设计目标,满足跨海通道、高速铁路等超级工程桩基础施工。

二、工程价值

SWDM1280 旋挖钻机的工程价值巨大,满足跨海通道、高速铁路等超级工程桩基础施工要求，提升了我国梁桩基础施工水平，推动了现代化桩基础施工装备的发展。

1. 工程主要成果

SWDM1280 旋挖钻机在国家项目实施过程中申请旋挖钻机相关专利 44 项，其中 15 项发明专利，含 1 项专利合作条约（PCT），4 项软件著作权。制定标准 3 项，含 1 项国家标准。

2. 工程主要技术

（1）首创旋挖钻机搭载气动潜孔锤的施工方法，提升了复杂地层和硬岩钻进的效率。将气动潜孔锤安装在旋挖钻机的钻杆末端，使其固定在相应的钻杆上，连接空气压缩机，并根据地质条件和钻孔要求，调整气动潜孔锤冲击频率、冲击功率等参数，利用空气驱动冲击器产生冲击力从而推动旋挖钻机钻进，在降低钻探成本的同时，能够显著提升钻进效率，提高钻孔质量和工程安全性。

（2）发明了压力耦合马达和蓄能器协调控制的能量回收与利用系统，实现了主卷扬下放势能回收与利用，提高燃油利用率。在钻孔过程中，当钻头需要向上移动时，液压泵将液压油从蓄能器中抽出，通过压力耦合马达转化为机械能，驱动钻头向上移动。在这个过程中，液压油的动能和势能被回收并储存到蓄能器中。当需要再次驱动钻头向下钻进时，蓄能器中的液压油再次通过压力耦合马达转化为机械能，驱动钻头向下移动。该系统的使用能够有效地提高能量的利用率和工作效率，降低能耗和排放，是旋挖钻机未来发展的重要方向之一。

3. 工程科学价值

WDM1280 旋挖钻机采用了新型的钻杆材料和工艺，为其他工程领域提供了新的思路和方法。新型钻杆材料采用高强度和高韧性的合金钢以及先进的加工技术和设备，通过切割、打磨、热处理、焊接、检测等工序，能够承受更高的扭矩和压力并能在复杂的环境条件下长期使用，提高了钻杆的抗疲劳性能和使用寿命，保证了钻杆的精度和可靠性，增强了其耐腐蚀性和耐磨性。新型钻杆材料和工艺的应用，提高了 SWDM1280 旋挖钻机的钻进效率和施工质量，为石油、天然气等钻探领域提供了新的思路和方法，降低了维修和更换钻杆的频率和成本，提升了钻井效率。

4. 工程社会价值

一是突破技术极限，推动基建能力跃升。SWDM1280 旋挖钻机以 1280 千牛·米全球最大输出扭矩、7米钻孔直径和170米钻孔深度，解决了跨海大桥、超高层建筑等超级工程中大直径深孔嵌岩成孔的技术难题。例如，在甬舟铁路西堠门公铁两用大桥项目中，该设备创下6.3米直径深海桩基施工纪录，填补了我国深水超大直径钻孔灌注桩技术空白，助力世界最大跨度公铁两用大桥建设，推动区域交通与经济一体化。

二是绿色施工与能效革新。设备采用全电液控系统和双发动机灵活启停技术，施工能耗降低20%，并支持5G远程操控，减少人员在高危环境的作业风险。此外，山河智能通过电动化转型，推动工程机械行业低碳发展，响应"双碳"目标。

三是提升国产装备国际竞争力。SWDM1280旋挖钻机凭借五键六方钻杆、自装自卸底盘等50项专利技术，打破国外垄断，占据全球大型桩工机械近1/3市场份额，参与中泰铁路、菲律宾机场高速等国际项目，彰显"中国智造"实力。

四是赋能复杂环境工程安全。在60米水深、强风浪裸岩海域，SWDM1280旋挖钻机通过大惯量回转制动装置和空心混凝土楼板抗震设计，保障施工稳定性，为类似极端地质条件的基建（如高原输电、深海勘探）提供可靠解决方案。

三、工程启示

SWDM1280旋挖钻机是适用于超大直径、超深入硬岩桩基础施工的超大型设备，其采用多项关键技术，在工作性能、施工效率、多功能拓展、安全保护及节能降噪等方面进行了优化设计，完全满足超大直径超深硬岩工程施工要求，在跨海大桥、海上风电等特大直径超深桩施工中发挥了巨大作用。

1. 成功关键因素

（1）长期的技术积淀是成功的基础。依靠机电液领域多年的技术沉淀和积累，SWDM1280旋挖钻机采用多传感器融合环境感知及自动驾驶技术、机群调度及协同作业技术，建立融合传感、环境识别、数字孪生、可视化等技术的大数据平台，推进超级旋挖钻机施工无人化、智能化。在研发用于超深超大超硬桩基础施工的旋挖钻机方面进行了长期的探索并积累了丰富的经验，在深中通道、澳氹四桥、深圳湾超级总部C塔等国家重点项目关键节点工程中，山河智能旋挖钻机高效稳定的施工确保了桩基础施工工期与质量，长期的技术积淀奠定了SWDM1280旋挖钻机项目成功的基础。

（2）先导式创新之道是成功的保障。SWDM1280旋挖钻机在设计和研发的过程中，摒弃市场跟随模式，前瞻性地创立了先导式创新模式与体系，给企业带来差异化的发展先机,并把创新作为一种"基因"植根于企业的生命中。因此,先导式创新之道就是超级旋挖项目的成功之路,也是当下实现由中国制造走向中国创造的主要途径。如今我国是目前世界上唯一能够设计制造并成功运用扭矩超过 1000 千牛·米超级旋挖钻机的国家,且能提供多种规格的超级旋挖钻机。

2. 工程哲学启示

SWDM1280 旋挖钻机的成功研制离不开集成创新思维,充分体现了工程认识论与工程方法论的辩证统一。从工程认识论的角度看,在 SWDM1280 旋挖钻机的研制过程中,将各种不同的技术、资源、信息等集成在一起,通过实践来掌握各种技术的内在规律和特点,理解它们之间的相互关系和作用,将理论知识与实践相结合,利用实践来检验和修正理论。从工程方法论的角度看,SWDM1280 旋挖钻机采用实践的方法进行工程设计和创新,研制攻克了大型设备在施工稳定性、装卸运输便捷性、超大部件铆焊变形、超大机加件加工精度等方面的多个技术难点,不断开拓新的解决方案和思路,使得超级旋挖钻机得到成功开发,推动了我国现代化桩基础施工装备的发展,为我们提供了宝贵的经验和启示。

3. 工程立国思考

SWDM1280 旋挖钻机的研发与制造提升了国家竞争力,增强了国家安全和应急能力。SWDM1280 旋挖钻机是一种高效的工程机械设备,代表了当前工程机械技术的先进水平,其强大的性能和效率能够为中国大型基础设施建设提供有力支撑,提升了其在国际市场的竞争力,提高了国家的整体实力和地位,为中国的发展和崛起做出贡献。SWDM1280 旋挖钻机除了可以用于地质勘探、地下工程等领域,在地震、洪水等自然灾害发生时,还可以用于紧急救援和抢险救援,为国家和人民提供更好的安全保障,推进了国家安全体系和能力现代化。

4. 未来发展指导

强化核心技术、促进转型升级是未来大型机械装备发展的重要方向。装备制造是国之重器,核心技术是支撑企业在同行竞争中头角峥嵘、"问鼎"市场的制胜"王牌"。纵观全球工程机械发展历程,市场规模的扩大带动设备销售趋势的上扬,而全球工程机械头部企业在市场中的竞争如同"神仙打架",强大的核心技术就是绝对优势。大型装备的研发与制造应秉承创新发展理念,坚持以突破核心技术为主的自主创新之路,以"工程施工、工艺工法和装备研发"相互促进发展，紧跟时代潮流，不断进行技术创新和转型升级，以满足市场需求和社会发展的需要。

参考文献

[1] 熊明强, 赵娟娟, 凡知秀, 等. SWDM1280型超大直径深孔入岩型旋挖钻机. 工程机械, 2022, 53(10): 12-16.

总 后 记

古往今来，著作可以留世，其过程很少记录。为此，公开记录开创性"超级工程研究"的基本过程和所有参与的研究人员，应该是一件非常有意义的事情，其最大的价值是还原学术研究的公正。

2017年，秋冬之交，中国工程院"工程哲学理论体系"和"工程管理理论"研究获得了重大的学术成就，鼓舞了工程管理学部一批热心工程建造的院士，提出系统研究超级工程的设想，得到了工程管理学部主任孙永福院士的首肯，也得到了殷瑞钰院士、何继善院士、翟光明院士、傅志寰院士、王礼恒院士的赞许和积极支持，2018年还得到了中国工程院副院长何华武院士的支持。

为此，2018年6月25日，在中国工程院316会议室，胡文瑞院士主持召开了首次"超级工程研究"会商会议，参与会商的有殷瑞钰院士、何继善院士、王礼恒院士、王基铭院士、黄维和院士、杨善林院士、丁烈云院士、凌文院士、金智新院士、向巧院士、卢春房院士、刘合院士，以及智能工业数据解析与优化教育部重点实验室（东北大学）唐立新教授、中国石油吕建中教授和杨虹首席专家等，就立项"超级工程研究"和"超级工程排行榜"研究，初步达成一致，特别是殷瑞钰院士认为，这是"继'工程哲学理论体系'和'工程管理理论'研究之后又一重大学术研究，对工程管理学部学科建设有着重要的现实意义"。何继善院士认为，这是"工程管理学部职责所在"。凌文院士提议，"将研究成果作为向中华人民共和国国庆70周年献礼"项目。

为了加快进度，2018年7月1日，胡文瑞院士在亚运村无名居召开了"超级工程研究"立项筹备小组会议，同意设立"超级工程研究"课题组，确定由胡文瑞院士任课题组组长，请王基铭院士、刘合院士担任课题组副组长，唐立新教授担任课题组秘书长，初步确定课题组成员由中国石油、中国国际工程咨询有限公司（以下简称中咨公司）、智能工业数据解析与优化教育部重点实验室（东北大学）、中国石化、清华大学、北京大学、天津大学等单位专家和学者组成，由中国石油和智能工业数据解析与优化教育部重点实验室（东北大学）承担主要研究任务。

2018年8月5日，课题组在中国工程院218会议室召开了"超级工程研究"会议，初步确定研究内容为古今中外四大板块，即中国古代和近现代、世界古代和近现代超级工

世界近现代超级工程排行榜（下）

程。会议根据王基铭院士提议，确定先期立项研究"中国近现代超级工程"，同时就"中国近现代超级工程研究"的目的意义、主要背景、主要框架、预期成果等进行了讨论。委托智能工业数据解析与优化教育部重点实验室（东北大学）积极准备课题立项和启动研讨会事宜，建议课题组长胡文瑞院士作主题报告，唐立新教授作专题理论报告。2018年8月14日，唐立新教授在沈阳召开了课题立项和启动研讨会筹备工作首次会议。

在两年多的咨询和组织准备基础上，2019年，经中国工程院工程管理学部七届十八次常委会通过立项，正式设立"超级工程研究"课题。2019年4月26日，在中国工程院316会议室召开"超级工程研究"启动研讨会，会议由课题组副组长王基铭院士主持，胡文瑞、殷瑞钰、何继善、翟光明、袁晴棠、傅志寰、王礼恒、陆佑楣、孙永福、黄维和、杨善林、周建平、丁烈云、凌文、向巧、金智新、卢春房、陈晓红、刘合等20位院士，中国工程院三局高战军副局长及聂淑琴主任和来自中国石油、中咨公司、中国石化、国家能源集团、清华大学、天津大学、同济大学、智能工业数据解析与优化教育部重点实验室（东北大学）、中南大学、上海交通大学、北京交通大学、中国石油经济技术研究院、中国石油西南油气田公司等单位的领导专家和学者共50余人出席了启动研讨会。胡文瑞院士代表课题组作了"中国近现代超级工程研究"主题报告，唐立新教授作了"中国近现代超级工程研究"理论专题报告。启动研讨会经过热烈讨论、思想碰撞和智慧交锋，认为"超级工程研究"是一项开创性的填补空白的学术研究，具有极强的学术价值和极高的现实意义，值得组织力量进行深入的科学研究。

2019年12月8日，由中国工程院工程管理学部主办，智能工业数据解析与优化教育部重点实验室（东北大学）承办的"中国近现代超级工程前沿技术研讨会"在北京五洲皇冠国际酒店召开。会议由第七届工程管理学部主任胡文瑞院士主持，新当选的智能工业数据解析与优化教育部重点实验室（东北大学）唐立新院士和清华大学方东平教授、河海大学王慧敏教授分别作了专题报告。中国工程院王玉普、孙永福、黄维和、刘合、卢春房、孙丽丽、唐立新等9位院士，中国工程院三局高战军副局长、聂淑琴主任和常军乾副主任，来自清华大学、北京航空航天大学、中国空间技术研究院、中国水利水电科学研究院、苏州科技大学、河海大学、华东理工大学等单位的40余名专家学者出席研讨会。与会院士、专家、学者针对课题研究提出了中肯的意见和建议，包括分行业细化完善超级工程筛选标准，做到既反映行业特征，又符合超级工程筛选标准；重点突出超级工程价值的部分；案例研究与整体研究内容中的共性解析、系统解析之间的联系要进一步凝练；加强超级工程发展演化规律研究，如超级工程与国家发展阶段、经济水平以及超级工程群之间的协同效应研究；加强超级工程认识规律的凝练，争取上升到工程哲学的高度。

2020年3月7日，在北京西藏大厦召开了"超级工程研究"骨干研究团队会议，来

总 后 记

自中国石油、智能工业数据解析与优化教育部重点实验室（东北大学）、中咨公司、中国石化、清华大学的专家学者参加了本次会议。会议根据"超级工程研究"先后次序问题，进行了认真的讨论，最终形成一致意见。研究的目标以中国超级工程建造为重点，涵盖古今、覆盖国内外的超级工程建造，总架构为"1+4"（总研究课题 + 四个专题研究课题），即一个总研究课题为"超级工程研究"课题，四个专题研究课题为"中国古代超级工程研究""中国近现代超级工程研究""世界古代超级工程研究"和"世界近现代超级工程研究"课题。除2019年已经立项的"中国近现代超级工程研究"外，同步开展中国古代超级工程研究、世界古代超级工程研究和世界近现代超级工程研究，立项工作分别于2020年、2021年、2022年按程序启动。

天有不测风云，人有旦夕祸福。在"超级工程研究"紧张有序进行之时，2020年初突如其来的一场新冠疫情，给超级工程后续研究带来了极大的冲击。课题组马上调整了工作方式，通过线上线下结合的方式，增加沟通次数，召开视频研讨会，保证研究工作持续进行。同时，不失时机地召开线下研讨会议，千方百计地推进"超级工程研究"深入进行。

2020年8月30日，"中国近现代超级工程研究及排行榜汇报研讨会"在中国工程院316会议室成功举行。会议由胡文瑞院士主持，唐立新院士受项目组委托作了专题报告，王基铭院士对研讨会进行了系统总结。中国工程院殷瑞钰、傅志寰、王礼恒、孙永福、陆佑楣、袁晴棠、黄其励、苏义脑、周建平、黄维和、柴洪峰、刘合、卢春房、孙丽丽等20位院士参加了会议，来自中国石油、智能工业数据解析与优化教育部重点实验室（东北大学）、中国交通建设集团有限公司（以下简称中国交建）、中国空间技术研究院、北京理工大学、北京航空航天大学、清华大学、中国海油、中国铁道科学研究院集团有限公司、中国水利水电科学研究院等企业与研究机构的30余名专家学者出席了研讨会。研讨会的主要成果是对中国近现代超级工程研究项目做出较高的评价，走出了"超级工程研究"第一步，并通过中国工程院工程管理学部的评审，顺利结题。

"中国近现代超级工程研究"结题后，除了分板块研究外，工作量最大的是超级工程案例研究、案例筛选工作，采取的方式分为行业，按照超级工程的定义、分类、标准进行筛选，同行对比，归类梳理，最后形成一致意见。

比较突出的示例，黄其励院士带领的电力系统超级工程案例研究团队，从2020年9月到2021年2月，历经6个月，组织国家能源集团、中国华能集团有限公司（以下简称华能）、中国大唐集团有限公司（以下简称大唐）、中国华电集团有限公司（以下简称华电）、国家电力投资集团有限公司（以下简称国电投）等电力行业中的知名企业专家学者，组成超级工程案例研究课题组，共同针对电力行业的超级工程案例进行系统遴选，并召开多次专题超级工程案例线上线下会议，审定电力系统超级工程经典案例，起到了非常好的带头作用。

值得特别记述的是钢铁超级工程案例审定会。2021年8月27日，钢铁冶金行业超级工程案例审查会在北京举行，殷瑞钰院士主持会议。中国工程院胡文瑞院士、刘合院士、唐立新院士，中国石油王俊仁教授，河钢集团有限公司（以下简称河钢）王新东副总经理，以及来自河钢、首钢集团（以下简称首钢）、东北大学30多位专家学者参加审定会。著名冶金学家殷瑞钰院士的一席话，给参会专家留下了非常深刻印象。他说："在中国钢铁行业够得上超级工程案例的就是鞍钢、宝钢、武钢（一米七轧机）和首钢，它们最具代表性，代表了一个时代建设成就，代表了一个时代民族不屈的精神，将超级工程经典案例记述下来是非常有意义的。"

2021年4月24日，在湖南长沙召开了"超级工程研究"专题研讨会。胡文瑞院士主持会议，唐立新院士作专题报告。刘合院士、黄维和院士、陈晓红院士、范国滨院士和智能工业数据解析与优化教育部重点实验室（东北大学）、湖南工商大学等20余名专家学者出席了研讨会。在热烈讨论的基础上，最后形成一致意见，一是加快超级工程整体研究报告的撰写；二是完善和确定"古今中外"超级工程名录名称；三是积极开展对部分超级工程案例进行调研；四是积极策划"超级工程丛书出版物"事宜。

2021年8月29日，石油煤炭行业超级工程案例审查讨论会在中国石油勘探开发研究院举行，胡文瑞院士主持，刘合院士、金智新院士、赵文智院士、唐立新院士等参加。来自中国石油、中咨公司、智能工业数据解析与优化教育部重点实验室（东北大学）、大庆油田、长庆油田、胜利油田、新疆油田、玉门油田勘探开发研究院、中煤平朔集团有限公司（以下简称中煤平朔）、国能神东煤炭集团、中原油田分公司、普光分公司等40多位院士、专家学者出席了本次研讨会，系统梳理了该领域超级工程案例，特别是对大庆油田、玉门油田、平朔露天煤矿的历史地位给予了高度的评价。

2021年10月18日，在中国工程院218会议室召开了超级工程案例撰写讨论会，胡文瑞院士主持会议，重点讨论了超级工程案例撰写的原则要求和组织形式，在坚持超级工程定义、分类、标准的基础上，必须坚持案例撰写的统一模式，先期撰写超级工程案例示范篇，委托中国交建试写"港珠澳大桥工程"，东北大学试写"万里长城"工程，中国长江三峡集团有限公司试写"三峡水利枢纽工程"，北京理工大学试写"两弹一星"工程，作为超级工程案例撰写示范篇，为全面开展案例撰写提供经验和参考。黄维和院士、刘合院士、唐立新院士、孙丽丽院士、林鸣院士、王自力院士，以及王俊仁教授、方东平教授、宋洁教授、许特博士、鲍敬伟博士等参加了会议。

2021年10月28日，在中国石油研究总院小范围召开《超级工程概论》第五版审稿会议，对目录进行了较大幅度的修改，增加了理论部分和补充了工程哲学启示方面的内

总 后 记

容。参加会议的有胡文瑞院士、王俊仁教授、许特教授、鲍敬伟博士等,最后建议王俊仁教授抽时间到智能工业数据解析与优化教育部重点实验室(东北大学)与唐立新院士团队协商落实,尽快使《超级工程概论》进入审稿和修改阶段,总体要求不断打磨,使《超级工程概论》成为精品学术著作。

2021年12月16日,在北京西藏大厦召开《超级工程概论》研讨会,胡文瑞院士主持会议,专题讨论《超级工程概论》目录,一致确定"古今中外"四个板块研究著作,为了"四个板块"著作与《超级工程概论》有所区别,统统由"概论"改为"概览",即《中国古代超级工程概览》《中国近现代超级工程概览》《世界古代超级工程概览》《世界近现代超级工程概览》,并且委托王俊仁教授牵头,与许特、郎劲、赵任、赵国栋老师继续修改完善"四个概览"目录。

2022年2月17日,在六铺炕石油大楼8楼第一会议室,召开了有关排行榜学术"名称"会议,即关于超级工程"排行榜"名称问题,依据清华大学方东平教授建议,并征求各方意见,有四个可供选择名称,①超级工程排行榜;②超级工程榜;③超级工程名录;④超级工程年表。多数专家认为"超级工程排行榜"比较提气,具有较强的吸引力,其他"名称"显得比较平淡。最终建议:所有超级工程以公认的开始建设时间为起点,按历史年代时间顺序排行,统统称之为"超级工程排行榜",避免了超级工程地位、重要程度、大小的争议。会议由胡文瑞院士主持,唐立新院士、王俊仁教授、吕建中教授、方东平教授、宋洁教授、杨虹首席专家等25人参加了会议。

2022年4月19日,在北京召开"超级工程研究调整实施方案和案例撰写"视频会议,唐立新院士在沈阳主持会议,胡文瑞院士在北京作"超级工程研究"课题调整实施方案和案例撰写报告,特别强调:这是超级工程研究四年来规模最大、内容非常重要的一次视频会议,希望各研究、撰写团队给予高度关注。视频会议在全国设23个分会场。参加视频会议的院士有:胡文瑞、王基铭、唐立新、黄其励、杨善林、丁烈云、邵安林、金智新、卢春房、向巧、陈晓红、范国滨、王坚、李贤玉、孙丽丽、王自力、孙友宏、张来斌、林鸣、杨宏、杨长风等。刘合院士、黄维和院士、谢玉洪院士请假委托团队代表参加了会议。中国工程院工程管理学部办公室聂淑琴主任参加了会议。中国石油天然气集团、中国石化集团、中国国际工程咨询有限公司、中国铁路集团公司、中国航天科技集团公司、中国交建集团公司、国家能源投资公司、中国鞍钢集团公司、河钢集团公司、中国工程物理研究院、中国海洋集团公司、中国航发集团公司、阿里巴巴公司、华为公司、中国中车股份有限公司(以下简称中国中车)、能新科国际有限公司、中国石油国家高端智库研究中心、中国石油长庆油田公司、解放军301医院、陕西盛世唐人文化产业集团有限公司(以下简称唐人文化公司)、中国卫星通信有限责任公司、火箭军研究院、国家安全部科

世界近现代
超级工程排行榜（下）

技委、冶金工业规划研究院、东旭集团有限公司、东北大学工业智能与系统优化国家级前沿科学中心/智能工业数据解析与优化教育部重点实验室、清华大学、北京大学、华中科技大学、河海大学、北京航空航天大学、合肥工业大学、北京理工大学、太原理工大学、中国石油大学（北京）、北京建筑大学、中南大学、湖南工商大学、中国地质大学（北京）、西安交通大学、成都理工大学等24家国内知名企业、16所知名大学、40多个超级工程案例撰写团队的250多位专家学者出席了视频会议。

2022年7月1日，在北京六铺炕8楼第一会议室召开"超级工程研究"视频会议，唐立新院士（沈阳）主持，胡文瑞院士作"超级工程研究"报告与出版物编辑编审方案报告，王基铭院士（上海）做总结讲话，刘合院士（北京）做了发言。聂建国院士、王自力院士参加了会议，研究团队主要成员王俊仁、方东平、宋洁、王新东、许特、郎劲、赵国栋、赵任、吕建中、杨虹、魏一鸣、付金华、钟晟、杨虹、鲍敬伟、祝磊、张磊、何欣、徐立坤、王京峰、贾枝桦、罗平平等70多人参加了会议。会议主题是"超级工程研究出版物编辑编审"。

2022年8月31日，在北京召开"超级工程排行榜及名录"案例最终版本审定会议，胡文瑞院士主持，唐立新院士、刘合院士参加，主要研究成员王俊仁、方东平、宋洁、杨虹、许特、郎劲、赵国栋、赵任、鲍敬伟、祝磊、何欣、徐立坤等参加。"超级工程排行榜及名录"是超级工程研究课题重点工作之一，超级工程案例选取工作，以超级工程定义、分类、标准为依据，在组织多场行业领域超级工程案例的遴选与研讨会议的基础上，采取专家论证、同行对比、专家打分等方法，结合不同历史年代、不同国家地区、不同民族文化特征、不同行业领域的超级工程在工程规模、工程科技、工程价值方面自身的特点，最终确定了"超级工程排行榜及名录"。

2022年9月5日到9月15日，超级工程研究团队连续11天通过视频形式讨论"超级工程排行榜名录"问题。视频会议分别由胡文瑞院士和唐立新院士主持，郎劲、许特、赵国栋、赵任老师对古今中外入选"超级工程排行榜及名录"的各案例名称、建设时间和入选理由作了报告。参加视频会议的有王俊仁（中国石油）、方东平（清华大学）、宋洁（北京大学）、许特（东北大学工业智能与系统优化国家级前沿科学中心/智能工业数据解析与优化教育部重点实验室，后同）、郎劲、赵国栋、赵任、王新东（河钢）、钟晟（西安交通大学）、祝磊（北京建筑大学）、张磊［中国石油大学（北京）］、贾枝桦（唐人文化公司）、杨虹（中国石油，后同）、鲍敬伟、何欣、徐立坤等46人，在北京、沈阳、唐山、西安设6个分会场，由于沈阳疫情严重，大部分研究人员都在各自的家里参加视频会议，由于5G网络发达，视频效果非常好。

视频会议对入选超级工程的古今中外600多个案例，逐一进行了审查和讨论，对每

总 后 记

项超级工程逐一做出评定性用语，特别是对每个入选的超级工程地位的评价文字进行了认真严格的审查，有权威机构评价的选择权威机构评语，没有权威机构评语的，根据专家讨论给出评语。如中国的"村村通工程"，是中国近现代299个超级工程中唯一用"伟大"一词形容的超级工程，其评语为"人类历史上最伟大的惠民工程"。由于对超级工程案例逐个审查，这次视频会议持续了11天。

为了保证入选超级工程排行榜案例的权威性与可靠性，会议对如下问题达成了共识：①对大运河工程、万里长城工程的起始时间，确定为以隋唐大运河建设时间为起始时间，万里长城以秦朝建设时间为起始时间；②对苏联建设的超级工程分别归属于独立后的国家，如苏联的超级工程分别标注为苏联（俄罗斯）、苏联（乌克兰）、苏联（土库曼斯坦）等；③凡是超级工程名称使用"工厂"或"公司"字样，统统改为"工程"，保证超级工程的研究对象是工程本体，而非公司或企业；④不同时期的同一类型且相互之间有联系的超级工程，考虑将两个案例进行合并，避免重复，同时，也反映其不断升级与更新趋势；⑤所有超级工程都应该具备"地标性""标志性"的地位，"第一、最大、最早"是超级工程最重要评价用语，"唯一性""誉谤性"是影响极大的超级工程的基本特征；⑥课题组在视频会议期间邀请了三一重工股份有限公司（以下简称三一重工）、中联重科股份有限公司（以下简称中联重科）、中国铁建重工集团股份有限公司（以下简称铁建重工）、山河智能装备股份有限公司等企业参加视频讨论，对准备入选超级工程的24项现代装备制造工程案例进行了讨论，如中国第一台盾构机、1号盾构机、859号掘进机、DZ101号掘进机、隧道钻爆法施工智能成套装备、极寒盾构机、"京华号"盾构机、"深江1号"盾构机、HBT9050CH超高压混凝土输送泵等；⑦入选的古代超级工程案例，在历史中确实存在过，已经没有实体保存，依据史料证明和考古验证，则依然可以入选古代超级工程排行榜。

2023年5月23日至24日，在沈阳东北大学工业智能与系统优化国家级前沿科学中心S23会议室，胡文瑞院士主持召开了超级工程研究阶段检查与讨论会。会议对《超级工程概论》、"古今中外超级工程概览""超级工程排行榜""超级工程图册""系列丛书出版""编辑编审"等问题进行了讨论，对分工和完成时间均做出具体的安排，可以说是一次重要的会议，确定的问题如何落实，关系超级工程研究的成败。会议请王俊仁教授任总执笔人，负责本次会议确定事项逐一落实。

2023年5月27日上午，在西安华邑酒店咖啡厅，胡文瑞院士主持召开了"超级工程研究"图册审定讨论会。罗平平副总经理汇报了"超级工程研究"图册设计进展情况。经过讨论，会议形成了以下共识：①图册中地图部分与文字占比最好符合0.618的黄金比例，以求和谐美观。要以淡蓝色的中国地图和世界地图为背景底图。②排行榜中每个案例最关键的要素是时间，时间要突出排在首位。古代超级工程地理分布图要出两套线图，标明其地理位置。③图册要注明设计单位，审核人、制图人、研究单位等关键信息，同时增加中国工程院标志以及"中国工程院重大战略咨询研究项目"文字内容。④重大的历史转折点要清晰注明，如1840年（晚清时期）、1912年（民国时期）、1949年（新中国成立）以及1978年（改革开放）。⑤图册要设计两套，一套在书中作为插页，另一套图集合成册出版。单独出版的图册，考虑更大规格，可以上墙挂示。

2023年6月1日，按照胡文瑞院士的总体部署要求，在中国石油勘探开发研究院廊坊科技园区会议中心第二会议室，编辑编审小组召开了《超级工程概论》编辑编审研讨会，会议结合《超级工程概论》初稿基本情况及科学出版社对书稿的要求，针对编辑编审需要完善的工作进行了讨论，落实责任人和参与人员、途径、时间节点、工作要求、工作标准，并安排部署下一步工作任务。

2023年6月3日下午，在西安未央区唐人文化公司会议室召开图册修改讨论会，罗平平副总经理详细解说了修改内容。会议形成了三项修改共识：①图册封面重新优化设计，封面语录要注明作者；②中国近现代案例较多，平分为上下两册设计；③图册封面设计时考虑下面用万里长城，上面用中国空间站的背景照片，分别作为古代及近现代超级工程的典型代表。何欣博士、闫丽娜、李晓飞等参加了会议。

2023年6月5日，为落实胡文瑞院士近期对《超级工程概论》编辑编审工作的批示和要求，在中国石油勘探开发研究院廊坊科技园区会议中心518会议室，编辑编审团队、东北大学工业智能与系统优化国家级前沿科学中心/智能工业数据解析与优化教育部重点实验室、科学出版社及唐人文化公司的相关人员召开了《超级工程概论》编辑编审工作交流协调会。会议针对《超级工程概论》编辑编审工作所遇到的一些困难和问题进行了交流和协调。

2023年6月12日，胡文瑞院士组织编辑编审团队、东北大学工业智能与系统优化国家级前沿科学中心/智能工业数据解析与优化教育部重点实验室、科学出版社及唐人文化公司相关人员，在中国石油勘探开发研究院廊坊科技园区会议中心第二会议室召开《超级工程概论》编辑编审工作研讨会。参会人员包括胡文瑞、王俊仁、闫建文、于鸿春、王焕弟、何军、何欣、徐立坤、张杰、韩墨言、张剑峰、朱德明、耿建业、吴凡洁、赵国栋、苏丽杰、沈芬、罗平平。会议针对《超级工程概论》编辑编审工作进展进行了审查，并针对工作中所遇到的一些困难和问题进行了沟通协调，本次会议有效地推动了《超级工程概论》编辑编审工作的顺利完成。

2023年6月21日，在中国石油勘探开发研究院主楼第九会议室，中国石油团队、东北大学工业智能与系统优化国家级前沿科学中心/智能工业数据解析与优化教育部重点实

总　后　记

验室团队、科学出版社团队及唐人文化公司相关人员召开超级工程研究有关工作沟通协调会。会议针对超级工程研究相关成果进入空间站以及《超级工程概论》交接备忘录中未尽事宜的完善情况进行了沟通和协调。

2023年6月25日，在中国工程院318会议室召开"超级工程研究与排行榜"项目深化研究讨论会，会议采用线上线下结合方式，刘合院士主持会议，胡文瑞院士在会议开始时做了重要发言，充分肯定了超级工程四年的研究成果，并对后续工作开展做出了详细的部署和安排。中国工程院参加视频会议的院士有：胡文瑞（现场）、王基铭（线上）、刘合（现场）、唐立新（线上）。中国石油团队、东北大学工业智能与系统优化国家级前沿科学中心/智能工业数据解析与优化教育部重点实验室团队、清华大学（含北京建筑大学）团队、北京大学团队、合肥工业大学团队、河钢集团团队、成都理工大学团队、北京航空航天大学团队、长庆油田团队、东北石油大学团队、西安交通大学团队、中国石油化工集团公司、中国石油大学（北京）、中国石油企业杂志社、中国科学院科创发展办公室、中石化勘探开发研究、北京博奥问道企业管理咨询有限公司等17个研究团队或单位（学校）的70多位专家学者出席了本次会议。会议针对项目研究及编辑编审工作提出了具体的建议及安排。

2023年7月6日，为了推动"超级工程研究与排行榜"项目稳步实施，胡文瑞院士组织相关人员，在北京中国石油勘探开发研究院科技会议中心第一会议室召开专题研讨会。王俊仁、付金华、鲍敬伟、何欣、徐立坤线下参会，许特、郎劲、赵国栋线上参会。会议针对"超级工程研究与排行榜"项目实施中的一些具体问题进行了讨论并达成共识。

2023年7月23日，胡文瑞院士组织相关人员，在北京大学博雅国际酒店大学堂2号厅召开"超级工程研究与排行榜"推进会，针对"中国古代超级工程排行榜"进行研讨。会议采用线上和线下相结合的方式召开。参加会议的院士有胡文瑞、王基铭、刘合、杨善林和唐立新等。中国石油团队、东北大学工业智能与系统优化国家级前沿科学中心/智能工业数据解析与优化教育部重点实验室团队、清华大学（北京建筑大学）团队、北京大学团队、合肥工业大学团队、河钢集团团队、成都理工大学团队、唐人文化公司、科学出版社9个团队或单位的共75位院士、专家参加会议。通过本次会议：①完成了"中国古代超级工程排行榜"编审交接工作；②明确了"超级工程概览"的撰写与编辑编审工作；③明确了各研究团队关于"超级工程排行榜"编辑编审的下一步工作任务；④提出了编辑编审工作的具体要求。

2023年7月26日，胡文瑞院士在西安组织相关人员召开"超级工程地理分布图和历史年代时间轴图研究"出版讨论会。会议完成了"超级工程地理分布图和历史年代时间轴图研究"的设计委托，并针对图册设计的相关期望和要求进行了讨论，达成一致意见。设计需要从受众的角度出发，以扩大影响为目标。由唐人文化团队，发挥自己专业的设计思路，进一步提升单册出版的地理分布图和历史年代时间轴图的设计水平和设计质量，兼顾封面和内容，按照合同完成12张基础图的设计内容，每张图给出两套方案，与科学出版社进一步商讨图册的组合出版方式，提出整体的设计方案。

2023年8月6日，针对"超级工程研究与排行榜"研究项目，胡文瑞院士组织相关人员在北京邯钢宾馆二楼会议室召开"世界近现代超级工程排行榜"编辑编审讨论会，中国石油团队王俊仁、付金华、张磊、鲍敬伟、何欣、徐立坤，河钢集团王新东、钟金红、王凡、张倩、杨楠、郝良元、刘金哲、侯长江，东北大学许特、张颜颜，科学出版社吴凡洁，北京大学何冠楠、王宗宪，北京建筑大学祝磊，合肥工业大学李霄剑，成都理工大学王丹，唐人文化罗平平共24人参加了会议。会议完成了"世界近现代超级工程排行榜"编辑编审交接工作，胡院士作了总结讲话，对编辑编审工作提出了具体要求，细化明确了"超级工程研究与排行榜"各研究团队在编辑编审过程中的注意事项。

2023年8月8日，为了进一步推动"超级工程研究与排行榜"稳步实施，胡文瑞院士在清华大学新土木馆429会议室组织并召开"中国近现代超级工程排行榜"（案例1～150）编辑编审讨论会。会议完成了"中国与世界古代、近现代超级工程名录"与"中国近现代超级工程排行榜"（案例1～150）编辑编审交接工作。胡文瑞院士对编辑编审工作提出了具体要求，并进一步细化明确了"超级工程研究与排行榜"各研究团队在编辑编审过程中的注意事项。中国石油团队胡文瑞、王俊仁、付金华、张磊、何欣、徐立坤，清华大学方东平、冯鹏、施刚、马吉明、胡羿霖、沈宇斌、刘年凯、刘磊、黄玥诚、王尧、张桎淮、李泊宁，东北大学工业智能与系统优化国家级前沿科学中心/智能工业数据解析与优化教育部重点实验室郎劲、赵国栋，科学出版社耿建业，北京大学陆胤、王剑晓、黄静思，河钢集团王新东，北京建筑大学祝磊、易伟同、蒋永慧、刘兴奇、路鸣宇，合肥工业大学李霄剑，成都理工大学王丹，唐人文化贾枝桦、罗平平共34人参加了本次会议。

2023年8月15日，课题组针对"超级工程研究与排行榜"研究项目，在成都理工大学行政楼三楼第三会议室，组织召开"世界古代超级工程排行榜"编辑编审讨论会，会议由王俊仁教授主持，胡文瑞院士在会议中作了重要讲话，王基铭院士作了总结讲话，通过本次会议完成了"世界古代超级工程排行榜"编辑编审交接工作。中国工程院胡文瑞院士、王基铭院士，中国石油团队王俊仁、付金华、张磊、鲍敬伟、任利明、陆浩、李莉、何欣、徐立坤，成都理工大学刘清友、许强、范宣梅、李智武、罗永红、赵伟华、吉锋、马春驰、崔圣华、张岩、罗璟、林汐璐、王丹，东北大学工业智能与系统优化国家级前沿科学中心/智能工业数据解析与优化教育部重点实验室许特、赵国栋，科学出版社吴凡

总 后 记

洁，北京大学宋洁、吴林瀚、黄晶、袁业浩，河钢集团王新东、郝良元，北京建筑大学祝磊，合肥工业大学李霄剑，唐人文化贾枝桦、罗平平共37人参加了本次讨论会。

2023年8月17日，胡文瑞院士组织相关人员在合肥工业大学工程管理与智能制造研究中心第三报告厅，针对"超级工程研究与排行榜"研究项目召开"中国近现代超级工程排行榜"（案例151～299）编辑编审讨论会，会上胡文瑞院士作了重要讲话，丁烈云院士作了院士发言，杨善林院士作了会议总结。本次会议顺利完成了"中国近现代超级工程排行榜"（案例151～299）编辑编审交接工作，并结合历次排行榜编辑编审讨论会的要求，针对编辑编审工作提出了综合的具体要求。中国工程院胡文瑞院士、丁烈云院士、杨善林院士，中国石油团队王俊仁、付金华、张磊、何欣、徐立坤，合肥工业大学刘心报、梁昌勇、刘业政、胡笑旋、张强、付超、姜元春、焦建玲、裴军、李霄剑、丁帅、周开乐、顾东晓、罗贺、莫杭杰、彭张林、王国强、王浩、李玲、郅伦海、汪亦显、张爱勇、袁海平、项乃亮、李贝贝、高鹏、刘佩贵、韩丁、刘武、刘广、刘用、丁卓越，东北大学工业智能与系统优化国家级前沿科学中心/智能工业数据解析与优化教育部重点实验室许特、苏丽杰，科学出版社吴凡洁，北京大学何冠楠、王剑晓，北京建筑大学祝磊，河钢集团郝良元，成都理工大学赵伟华，唐人文化贾枝桦、罗平平共50人参加了本次研讨会。

2023年8月26日至27日，受胡文瑞院士委托，为进一步推进"超级工程概览"撰写工作，课题组在沈阳东北大学工业智能与系统优化国家级前沿科学中心/智能工业数据解析与优化教育部重点实验室易购大厦S23会议室，组织召开了"中国古代超级工程概览"研讨会。会议明确"概览"在系列丛书中的定位和作用，并针对《中国古代超级工程概览》书稿中八个章节，针对性地从逻辑架构、案例分析、研究方法、规律总结、价值提炼、经验启示等多个方面，提出了几十条具体的补充、删减、调整及修改的建议；会议同时要求中国近现代、世界古代以及世界近现代"超级工程概览"参照进行修改。中国石油团队王俊仁、付金华、张磊、徐立坤、陈潇，东北大学工业智能与系统优化国家级前沿科学中心/智能工业数据解析与优化教育部重点实验室许特、郎劲、赵任、赵国栋、高振、陈宏志、杨阳、刘文博、郭振飞、董志明、齐曦、王显鹏、汪恭书、王佳惠、张颜颜、苏丽杰、杜金铭、张家宁、王坤、车平、宋光、秦诗悦、常爽爽、纪东、杨钟毓，科学出版社吴凡洁，北京大学高锋，北京建筑大学祝磊共33人参加了本次讨论会。

"超级工程研究"本身就是一项"超级工程"，先后组织43个研究团队，其中3个为骨干研究团队；参与研究的人员共计751人，其中院士49位、专家学者200余人；105家各类企业、研究院所，其中世界500强企业15家；19所大学，其中著名大学9所。4年来召开大中型研讨会议126场次，其中大型研讨会议54场次，时间最长的连续11天，小规模内部研讨会几百场次，查阅了大量的资料，走访了许多企业、研究机构、档案馆所和专业人士，试图将超级工程的各个层面完整地展现出来，但人类历史发展的漫长岁月里，有太多的伟大工程值得被记录和研究。

在"超级工程研究"进入了关键时期，中国石油集团公司为了支持"超级工程研究"，专项设立"超级工程研究与排行榜"深化研究课题，包括8个子课题，进一步提升超级工程研究的质量和水平。中国石油编辑编审团队集中于廊坊研究院密闭进行研究，争取2023年底出版《超级工程概论》，向伟大的中华人民共和国成立73周年献礼。同时，在中国石油集团公司支持下，使超级工程研究成果、系列丛书和系列图册，尽快与广大读者见面。

最后，代表中国工程院"超级工程研究"课题组，衷心感谢"超级工程研究"的顾问团队、骨干团队和参与研究的企业、院校、研究机构全体人员。

特别感谢中国石油天然气集团公司在关键时刻的大力支持。

特别感谢许特副教授和鲍敬伟主任、何欣博士、徐立坤博士。

附1　中国工程院"超级工程研究"领导小组名单
附2　中国工程院"超级工程研究"顾问团队名单
附3　中国工程院"超级工程研究"主要成员名单
附4　中国工程院"超级工程研究"全体参与人员名单

胡文瑞

2023年6月17日于辛店路1号林楠院初稿

2023年8月27日（农历七月十二）于东坡居二稿

2023年11月29日于中国石油勘探开发研究院终稿

总 后 记

附1 中国工程院"超级工程研究"领导小组名单

胡文瑞：中国石油天然气集团有限公司，中国工程院院士、教授级高级工程师、博士生导师、中国工程院工程管理学部第六届副主任和第七届主任、全国企业管理现代化创新成果评审委员会主任，丛书主编（课题组组长）、总策划人、总审稿人

王基铭：中国石化集团公司，中国工程院院士、教授级高级工程师、博士生导师、中国工程院工程管理学部第五届主任，丛书副主编（课题组副组长）、总审稿人

刘　合：中国石油勘探开发研究院，中国工程院院士、教授级高级工程师、博士生导师、国际石油工程师协会专家咨询委员会委员、SPE东南亚区域执行主席，丛书副主编（课题组副组长）、总审稿人

唐立新：东北大学工业智能与系统优化国家级前沿科学中心，中国工程院院士、副校长、教授、博士生导师、第十四届全国人大代表、中心主任、首席科学家，智能工业数据解析与优化教育部重点实验室主任，丛书副主编（课题组副组长）兼秘书长、总审稿人

王俊仁：中国石油天然气集团有限公司，曾任中亚地区公司副总经理、西非地区公司总经理、中国石油国家高端智库特聘专家、教授级高级经济师，丛书副秘书长（执行）[课题组（执行）副秘书长]、总执笔人

聂淑琴：中国工程院，工程管理学部办公室主任，丛书副秘书长（课题组副秘书长）

鲍敬伟：中国石油勘探开发研究院，科技中心副主任、高级工程师，丛书副秘书长（课题组副秘书长）

许　特：东北大学工业智能与系统优化国家级前沿科学中心，副主任、副教授，丛书副秘书长（课题组副秘书长）、主要撰稿人

特别说明：领导小组主要负责丛书总的策划、设计和组织工作；负责《超级工程概论》《中国古代超级工程概览》《中国近现代超级工程概览》《世界古代超级工程概览》《世界近现代超级工程概览》设计、撰写、编辑审编工作；负责"超级工程排行榜""超级工程排行榜名录""超级工程地理分布图""超级工程历史年代时间轴图"设计、编辑审编工作。

附2　中国工程院"超级工程研究"顾问团队名单

徐匡迪：第十届全国政协副主席、中国工程院原院长、中国工程院院士
朱高峰：原国家邮电部副部长、中国工程院原副院长、中国工程院院士
何华武：中国工程院原副院长、中国工程院院士
殷瑞钰：原国家冶金部副部长，原总工程师，中国工程院工程管理学部第一、第二、第三届主任，中国工程院院士
翟光明：中国石油勘探开发研究院原院长、中国工程院院士
何继善：中南大学原校长、教授、中国工程院院士、能源与矿业工程学部原主任
袁晴棠：中国石化集团总公司原总工程师、中国工程院院士
傅志寰：原国家铁道部部长、中国工程院院士
王玉普：应急管理部原部长、中国工程院原副院长、党组副书记、中国工程院院士
汪应洛：西安交通大学教授、中国工程院院士
陆佑楣：水利部原副部长、三峡水利枢纽建设原总指挥、中国工程院院士
王礼恒：中国航天科技集团原总经理、中国工程院工程管理学部第四届主任、中国工程院院士
孙永福：原国家铁道部正部长级副部长、中国工程院工程管理学部第六届主任、中国工程院院士
许庆瑞：浙江大学教授，中国工程院院士

特别说明：顾问团队排序遵循中国工程院工程管理学部传统习惯。顾问团队职责为负责课题设计、定向、咨询、研究和研讨工作，多数顾问参与了超级工程研讨和排行榜案例撰写工作。

总 后 记

附3 中国工程院"超级工程研究"主要成员名单

胡文瑞：中国石油天然气集团有限公司，中国工程院院士、教授级高级工程师、博士生导师、中国工程院工程管理学部第六届副主任和第七届主任、全国企业管理现代化创新成果评审委员会主任，丛书主编（课题组组长）、总策划人、总审稿人

王基铭：中国石化集团公司，中国工程院院士、教授级高级工程师、博士生导师、中国工程院工程管理学部第五届主任，丛书副主编（课题组副组长）、总审稿人

刘　合：中国石油勘探开发研究院，中国工程院院士、教授级高级工程师、博士生导师、国际石油工程师协会专家咨询委员会委员、SPE东南亚区域执行主席，丛书副主编（课题组副组长）、总审稿人

唐立新：东北大学工业智能与系统优化国家级前沿科学中心，中国工程院院士、副校长、教授、博士生导师、第十四届全国人大代表、中心主任、首席科学家，智能工业数据解析与优化教育部重点实验室主任，丛书副主编（课题组副组长）兼秘书长、总审稿人

卢春房：国家铁道部原副部长、中国国家铁路集团有限公司原常务副总经理、中国铁道学会第七届会长、正高级工程师、博导、中国工程院工程管理学部第八届主任、中国工程院院士，铁路工程案例撰稿人

黄其励：国家电网公司一级顾问、国家能源集团电力首席科学家、教授级高级工程师、博士生导师、能源与矿业工程学部第八届主任、中国工程院院士，能源工程案例撰稿人

黄维和：中国石油原副总裁、中国石油企业协会学术委员会主任、国家管网公司技术委员会主任、教授级高级工程师、博士生导师、中国工程院院士，管道工程案例撰稿人

丁烈云：华中科技大学原校长、教授、博士生导师、中国工程院院士，建筑工程案例撰稿人

戴厚良：中国石油天然气集团公司董事长、党组书记、教授级高级工程师、博士生导师、中国工程院院士，重点支持超级工程研究

孙丽丽：中国石化炼化工程集团和中国石化工程建设有限公司董事长、全国工程勘察设计大师、正高级工程师、博士、博士生导师、北京市科协副主席、中国工程院院士，石化工程案例撰稿人

曹建国：中国航空发动机研究院集团董事长、教授级高级工程师、博士生导师、中国工程院院士，参与研究

杨善林：合肥工业大学教授、博士生导师、中国工程院院士，综合工程案例撰稿人

谢玉洪：中国海油集团首席科学家、科学技术委员会主席、教授级高级工程师、博士生导师、中国工程院院士，海洋工程案例撰稿人

陈晓红：湖南工商大学校长、教授、博士生导师、中国工程院院士，制造工程案例撰稿人

范国滨：中国工程物理研究院、教授、博士生导师、中国工程院院士，军工工程案例撰稿人

特别说明：该名单不包括顾问团队名单。"超级工程研究"主要成员按参与超级工程研究先后时间、承担任务权重排序。均参与了超级工程概论、古今中外超级工程概览部分的研究，有些还是超级工程排行榜的撰稿人或超级工程图册的设计者。

世界近现代超级工程排行榜（下）

金智新：太原理工大学学术委员会主任、教授级高级工程师、博士生导师、中国工程院院士，煤炭工程案例撰稿人

凌　文：山东省人民政府副省长、教授级高级工程师、博士生导师、中国工程院院士，参与超级工程研究

向　巧：中国航发副总经理、教授、博士生导师、中国工程院院士，航空工程案例撰稿人

林　鸣：中国交建总工程师、首席科学家、教授、博士生导师、中国工程院院士，交通工程案例撰稿人

王自力：北京航空航天大学教授、博士生导师、中国工程院院士，军工工程案例撰稿人

李贤玉：解放军火箭军研究院某所所长、研究员、解放军少将、军队卓越青年、中国工程院院士，导弹工程案例撰稿人

王俊仁：中国石油天然气集团有限公司教授级高级经济师，曾任中亚地区公司副总经理、西非地区公司总经理，中国石油国家高端智库特聘专家，丛书副秘书长（执行）[课题组（执行）副秘书长]、总执笔人

许　特：东北大学工业智能与系统优化国家级前沿科学中心副主任、副教授，丛书副秘书长（课题组副秘书长）、"超级工程丛书"主要撰稿人

方东平：清华大学土木水利学院院长、教授、博士生导师，土木工程案例撰稿人

宋　洁：北京大学工学院党委书记、长江学者、北京大学博雅特聘教授、博士生导师，信息工程案例撰稿人

郎　劲：东北大学工业智能与系统优化国家级前沿科学中心副教授、博士，"超级工程丛书"主要撰稿人

赵国栋：东北大学工业智能与系统优化国家级前沿科学中心主任助理、博士，"超级工程丛书"主要撰稿人

赵　任：东北大学工业智能与系统优化国家级前沿科学中心副教授，"超级工程丛书"主要撰稿人

聂淑琴：中国工程院工程管理学部办公室主任，丛书副秘书长（课题组副秘书长）

鲍敬伟：中国石油勘探开发研究院科技中心副主任、高级工程师，丛书副秘书长（课题组副秘书长）

王新东：河钢集团专家委员会副主任和首席技术官、河北金属学会理事长、正高级工程师，钢铁等工程案例撰稿人

钟　晟：国家发改委与西安交通大学共建改革试点探索与评估协同创新中心研究员、陕西省决咨委委员，工程案例撰稿人

刘清友：成都理工大学书记、长江学者、博士、教授、博士生导师，地质工程案例撰稿人

梁　樑：合肥工业大学原校长、杰青、长江学者、教授、博士生导师，综合工程案例撰稿人

祝　磊：北京建筑大学土木与交通学院、教授、博士生导师，土木工程案例撰稿人

罗平平：唐人文化公司副总经理，超级工程地理分布图等主要设计人

邵安林：鞍钢集团副总经理、教授级高级工程师、中国工程院院士，工程案例撰稿人

李家彪：自然资源部第二海洋研究所原所长、浙江省海洋科学院院长、浙江省科协副主席、中国海洋学会副理事长、联合国海洋十年大科学计划首席科学家、博士、研究员、中国工程院环境与轻纺工程学部副主任、中国工程院院士，海洋工程案例撰稿人

黄殿中：中国信息安全测评中心教授、中国工程院院士，信息工程案例撰稿人

孙友宏：中国地质大学（北京）校长、博士、教授、中国工程院院士，钻井工程案例撰稿人

总 后 记

　　张来斌：中国石油大学（北京）原校长、全国政协常委、国家应急部油气生产安全及技术重点实验室主任、教授、博士生导师、中国工程院院士，石油工程案例撰稿人

　　赵文智：中国石油勘探开发研究院原院长、工学博士、石油地质勘探专家、教授级高级工程师、博士生导师、国家能源局油气战略研究中心专家委员会主任、中国工程院院士，油田工程审稿人

　　聂建国：清华大学学术委员会主任、杰青、长江学者、教授、博士生导师、中国土木工程学会副理事长、中国工程院土水建工程学部主任、中国工程院院士，土木工程审稿人

　　杨　宏：中国航天集团空间技术研究院（五院）研究员、中国载人航天工程空间站系统总设计师、工学博士、中国工程院院士，空间站工程案例撰稿人

　　王　坚：阿里巴巴集团公司技术委员会主席、教授级高级工程师、中国工程院院士，信息工程案例撰稿人

　　王金南：生态环境部环境规划院原院长、研究员、中国环境科学学会理事长、全国政协常委、人资环委副主任、中国工程院院士，环境工程案例撰稿人

　　杨长风：中国卫星导航系统工程管理办公室原主任、北斗卫星导航系统工程总设计师、正高级工程师、中国工程院院士，卫星工程案例撰稿人

　　郭庆新：东北大学工业智能与系统优化国家级前沿科学中心教授，超级工程撰稿人

　　孟　盈：东北大学工业智能与系统优化国家级前沿科学中心教授，超级工程撰稿人

　　王显鹏：东北大学工业智能与系统优化国家级前沿科学中心教授，超级工程撰稿人

　　汪恭书：东北大学工业智能与系统优化国家级前沿科学中心教授，超级工程撰稿人

　　苏丽杰：东北大学工业智能与系统优化国家级前沿科学中心副教授，超级工程撰稿人

　　吴　剑：东北大学工业智能与系统优化国家级前沿科学中心讲师，超级工程撰稿人

　　宋　光：东北大学工业智能与系统优化国家级前沿科学中心讲师，超级工程撰稿人

　　刘　畅：东北大学工业智能与系统优化国家级前沿科学中心讲师，超级工程撰稿人

　　杜金铭：东北大学工业智能与系统优化国家级前沿科学中心副教授，超级工程撰稿人

　　高　振：东北大学工业智能与系统优化国家级前沿科学中心副教授，超级工程撰稿人

　　许美玲：东北大学工业智能与系统优化国家级前沿科学中心讲师，超级工程撰稿人

　　陈宏志：东北大学工业智能与系统优化国家级前沿科学中心副教授，超级工程撰稿人

　　李开孟：中国国际工程咨询有限公司总经济师、研究员，参与研究

　　张秀东：中国石化集团工程公司副总经理、教授级高级工程师，石化工程案例撰稿人

　　张颜颜：东北大学工业智能与系统优化国家级前沿科学中心教授，超级工程案例撰稿人

　　杨　阳：东北大学工业智能与系统优化国家级前沿科学中心教授，超级工程案例撰稿人

　　宋相满：东北大学工业智能与系统优化国家级前沿科学中心主任助理，超级工程案例撰稿人

　　魏一鸣：北京理工大学副校长、教授、博士生导师，参与研究

　　贾枝桦：唐人文化董事长、中国工业设计协会常务理事、中国油画学会理事、经济学博士、独立艺术家、教授级高级工程师，超级工程地理分布图设计人

　　李新创：冶金工业规划研究院院长、教授、中国钢铁论坛创始人，钢铁工程案例撰稿人

　　王慧敏：河海大学教授、博士生导师、长江学者，水利工程案例撰稿人、参与超级工程研究

　　张家宁：智能工业数据解析与优化教育部重点实验室（东北大学）副教授，超级工程撰稿人

　　郭振飞：智能工业数据解析与优化教育部重点实验室（东北大学）讲师，超级工程撰稿人

世界近现代
超级工程排行榜（下）

董志明：智能工业数据解析与优化教育部重点实验室（东北大学）讲师，超级工程撰稿人
白　敏：智能工业数据解析与优化教育部重点实验室（东北大学）讲师，超级工程撰稿人
王佳惠：智能工业数据解析与优化教育部重点实验室（东北大学）副主任，超级工程撰稿人
王　尧：清华大学博士生，超级工程审稿人
马琳瑶：清华大学博士生，超级工程审稿人
曹思涵：清华大学博士生，工程案例撰稿人
王丽颖：清华大学博士生，工程案例撰稿人
何冠楠：北京大学助理教授、博士生、国家级青年人才，工程案例撰稿人
赵伟华：成都理工大学副教授，工程案例撰稿人
王剑晓：北京大学助理研究员、科技部国家重点研发计划青年科学家，工程案例撰稿人
张　磊：中国石油大学（北京）副教授，石油工程案例撰稿人
杨钟毓：智能工业数据解析与优化教育部重点实验室（东北大学）科研与教学科科长，超级工程撰稿人
常军乾：中国工程院正处级巡视员、工程管理学部办公室副主任，参与超级工程研究
吕建中：中国石油国家高端智库专职副主任、学术委员会秘书长、教授级高级经济师，参与超级工程研究
杨　虹：中国石油经济技术研究院首席专家、教授级高级工程师，古建筑工程案例撰稿人
徐文伟：华为技术有限公司科学家咨询委员会主任、教授级高级工程师，信息工程案例撰稿人
张建勇：能新科能源技术股份有限公司创始人，能源工程案例撰稿人
林　枫：中国船舶集团第七〇三所所长、研究员，船舶工程案例撰稿人
曲天威：中国中车副总经理兼总工程师、教授级高级工程师，制造工程案例撰稿人
王　军：中国中车集团有限公司副总裁、教授级高级工程师，制造工程案例撰稿人
李　青：东旭光电科技集团总工程师、博士生导师、教授级高级工程师，工程案例撰稿人
王京峰：中国石油长庆油田公司巡察办处长、高级经济师，石油工程案例撰稿人
何江川：中国石油天然气股份有限公司副总裁、教授级高级工程师，石油工程案例审稿人
王建华：中国水利水电科学研究院副院长、正高级工程师，水利工程案例撰稿人
王安建：中国地质科学研究院矿产资源战略研究所首席科学家、教授、博士生导师，矿产工程案例撰稿人
王荣阳：中国航空工业集团公司政研室主任、研究员，航空工程案例审稿人
李　达：中国海油研究总院结构总师、教授级高级工程师，海洋工程案例撰稿人
徐宿东：东南大学东港航工程系主任、教授级高级工程师、博士生导师，工程案例撰稿人
刘泽洪：国家电网原副总经理、教授级高级工程师，能源工程案例审稿人
张来勇：中国寰球工程有限公司首席技术专家、技术委员会主任、正高级工程师，石化工程案例撰稿人
傅　强：中集（烟台）来福士海洋工程公司设计研究院副院长、高级工程师，海洋工程案例撰稿人
王道军：火箭军研究院室副主任、研究员、博士，导弹工程案例撰稿人
李晓雪：解放军总医院医学创新研究部灾害医学研究中心主任、上校、副主任医师，医院建造工程案例审稿人
陈晓明：上海建工集团股份有限公司总工程师、教授级高级工程师，建筑工程案例撰稿人
袁红良：沪东中华造船（集团）有限公司研究所副所长、教授级高级工程师，船舶工程案例撰稿人

总 后 记

邵　茂：北京城建集团有限责任公司工程总承包部项目总工程师、高级工程师，建筑工程案例撰稿人

王定洪：冶金工业规划研究院总设计师、正高级工程师，冶金工程案例撰稿人

关中原：国家管网研究总院《油气储运》杂志社社长、教授级高级工程师，管道工程案例撰稿人

何　欣：中国石油勘探开发研究院高级工程师，编辑编审人

徐立坤：中国石油勘探开发研究院高级工程师，编辑编审人

范体军：华东理工大学教授，工程案例撰稿人

李妍峰：西南交通大学教授，工程案例撰稿人

罗　彪：合肥工业大学教授，工程案例撰稿人

翁修震：合肥工业大学硕士生，工程案例撰稿人

陈佳仪：合肥工业大学硕士生，工程案例撰稿人

张　勇：国家能源投资集团科技与信息化部经理、教授级高级工程师，能源矿业工程案例撰稿人

李　治：北京大学博士生，工程案例撰稿人

王宗宪：北京大学博士后，工程案例撰稿人

钟金红：河钢集团有限公司科技创新部副总经理、正高级工程师，钢铁工程案例撰稿人

王　凡：河钢集团有限公司科技创新部高级经理、高级工程师，钢铁工程案例撰稿人

任　羿：北京航空航天大学可靠性工程研究所副所长、研究员，军工案例撰稿人

冯　强：北京航空航天大学可靠性工程研究所工程技术中心主任、副研究员，军工案例撰稿人

田京芬：中国铁道出版社原社长和总编辑、中国铁道学会副秘书长、铁路科技图书出版基金委员会秘书长、高级工程师，铁道工程案例撰稿人

贾光智：中国铁道科学研究院信息所副所长、研究员，铁道工程案例撰稿人

附4　中国工程院"超级工程研究"全体参与人员名单

1. 东北大学工业智能与系统优化国家级前沿科学中心 / 智能工业数据解析与优化教育部重点实验室团队（骨干团队，负责理论研究、案例撰写、编辑编审）

唐立新：东北大学工业智能与系统优化国家级前沿科学中心，中国工程院院士，副校长
许　特：东北大学工业智能与系统优化国家级前沿科学中心，副主任
郎　劲：东北大学工业智能与系统优化国家级前沿科学中心，副教授
赵国栋：东北大学工业智能与系统优化国家级前沿科学中心，主任助理
赵　任：东北大学工业智能与系统优化国家级前沿科学中心，副教授
郭庆新：东北大学工业智能与系统优化国家级前沿科学中心，常务副主任、教授
孟　盈：东北大学工业智能与系统优化国家级前沿科学中心，副主任、教授
王显鹏：东北大学工业智能与系统优化国家级前沿科学中心，教授
汪恭书：东北大学工业智能与系统优化国家级前沿科学中心，教授
苏丽杰：东北大学工业智能与系统优化国家级前沿科学中心，副教授
张颜颜：东北大学工业智能与系统优化国家级前沿科学中心，教授
杨　阳：东北大学工业智能与系统优化国家级前沿科学中心，教授
宋　光：东北大学工业智能与系统优化国家级前沿科学中心，博士
吴　剑：东北大学工业智能与系统优化国家级前沿科学中心，博士
刘　畅：东北大学工业智能与系统优化国家级前沿科学中心，博士
杜金铭：东北大学工业智能与系统优化国家级前沿科学中心，副教授
高　振：东北大学工业智能与系统优化国家级前沿科学中心，副教授
陈宏志：东北大学工业智能与系统优化国家级前沿科学中心，副教授
宋相满：东北大学工业智能与系统优化国家级前沿科学中心，主任助理
张家宁：东北大学工业智能与系统优化国家级前沿科学中心，副教授
许美玲：东北大学工业智能与系统优化国家级前沿科学中心，副教授
赵胜楠：智能工业数据解析与优化教育部重点实验室（东北大学），博士
白　敏：智能工业数据解析与优化教育部重点实验室（东北大学），博士
王　坤：智能工业数据解析与优化教育部重点实验室（东北大学），副教授
秦诗悦：智能工业数据解析与优化教育部重点实验室（东北大学），博士
常爽爽：智能工业数据解析与优化教育部重点实验室（东北大学），博士
郭振飞：智能工业数据解析与优化教育部重点实验室（东北大学），博士
纪　东：智能工业数据解析与优化教育部重点实验室（东北大学），博士

特别说明：该名单包括"超级工程研究"领导小组成员、顾问团队成员、主要研究成员、案例撰写成员、编辑编审成员，称之为"'超级工程研究'全体参与人员名单"。按照承担任务权重、参与研究先后排序。

总 后 记

董志明：智能工业数据解析与优化教育部重点实验室（东北大学），博士
王佳惠：智能工业数据解析与优化教育部重点实验室（东北大学），副主任
杨钟毓：智能工业数据解析与优化教育部重点实验室（东北大学），科长
齐　曦：智能工业数据解析与优化教育部重点实验室（东北大学），科研助理

2. 中国石油团队（骨干团队、负责策划设计、理论研究、案例撰写、编辑编审）
胡文瑞：中国石油天然气集团公司，中国工程院院士
翟光明：中国石油天然气集团公司，中国工程院院士
赵文智：中国石油勘探开发研究院，中国工程院院士
刘　合：中国石油勘探开发研究院，中国工程院院士
戴厚良：中国石油天然气集团公司，中国工程院院士
黄维和：中国石油规划总院，中国工程院院士
孙焕泉：中国石化集团公司，中国工程院院士
王俊仁：中国石油国家高端智库特聘专家，教授级高级经济师
马新华：中国石油勘探开发研究院，教授级高级工程师
何江川：中国石油天然气股份有限公司，教授级高级工程师
李国欣：中国石油天然气集团公司，教授级高级工程师
付金华：中国石油长庆油田，教授级高级工程师
刘新社：中国石油长庆油田勘探开发研究院，副院长，教授级高级工程师
孙新革：中国石油新疆油田，首席技术专家，教授级高级工程师
王玉华：中国石油玉门油田党委宣传部，副部长，教授级高级工程师
王　鹏：中国石油大庆油田勘探开发研究院，常务副院长，高级工程师
闫建文：中国石油勘探开发研究院，文献档案馆书记、副馆长，石油精神（石油科学家精神）研究中心首席专家，正高级政工师
鲍敬伟：中国石油勘探开发研究院，科技中心副主任，高级工程师
何　欣：中国石油勘探开发研究院，高级工程师
徐立坤：中国石油勘探开发研究院，高级工程师
于鸿春：中国石油辽河油田，教授级高级工程师
何　军：中国石油规划总院，教授级高级工程师
张　杰：中国石油勘探开发研究院，美术编辑
王焕弟：石油工业出版社，编审
戴　娜：中国石油长庆油田，教授级高级工程师
陈　潇：中国石油规划总院，中级编辑

3. 清华大学团队（骨干团队、负责理论研究、综合案例撰写、编辑编审）
聂建国：清华大学，中国工程院院士
方东平：清华大学，教授
祝　磊：北京建筑大学，教授
曹思涵：清华大学，博士生
王　尧：清华大学，博士生
马琳瑶：清华大学，博士生

世界近现代超级工程排行榜（下）

黄玥诚：清华大学，助理研究员
王丽颖：清华大学，博士生
徐意然：清华大学，博士生
傅远植：清华大学，硕士生
徐健朝：清华大学，本科生
张思嘉：清华大学，本科生
尹　飞：北京建筑大学，博士后
易伟同：北京建筑大学，博士生
蒋永慧：北京建筑大学，博士生
刘兴奇：北京建筑大学，博士生
路鸣宇：北京建筑大学，博士生
郭天裕：北京建筑大学，硕士生
白　杨：北京建筑大学，硕士生
申民宇：北京建筑大学，硕士生
左凌霄：北京建筑大学，硕士生
张福瑶：北京建筑大学，硕士生
吕冬霖：北京建筑大学，硕士生
李　湛：北京建筑大学，硕士生
张建勋：北京建筑大学，硕士生
吴　尧：北京建筑大学，硕士生
杨立晨：北京建筑大学，硕士生
陈　宇：北京建筑大学，硕士生
潘天童：北京建筑大学，硕士生
黄春程：北京建筑大学，硕士生
李隆郅：北京建筑大学，硕士生
姚　宇：北京建筑大学，硕士生
吴宇航：北京建筑大学，硕士生
孙博文：北京建筑大学，硕士生
刘　振：北京建筑大学，博士生
戚正浩：北京建筑大学，硕士生
谭信睿：北京建筑大学，硕士生
徐新瑞：北京建筑大学，硕士生
刘靖宇：北京建筑大学，硕士生

4. 中国石油国家高端智库团队（参与理论研究、案例撰写）
吕建中：中国石油国家高端智库研究中心，专职副主任，教授级高级工程师
杨　虹：中国石油集团经济技术研究院，首席专家，教授级高级工程师
吴　潇：中国石油集团经济技术研究院，高级工程师
孙乃达：中国石油集团经济技术研究院，高级工程师

总 后 记

5. 现代电力团队（电力工程案例撰写）

黄其励：国家电网公司，一级顾问，中国工程院院士
刘泽洪：国家电网公司，全球能源互联网合作组织驻会副主席，教授级高级工程师
张　勇：国家能源投资集团公司科技与信息化部，经理，教授级工程师
田汇冬：国家电网公司设备监造中心，高级主管，高级工程师
张　进：国家电网公司特高压部技术处，处长，高级工程师
刘　杰：国家电网公司特高压部技术处，副处长，高级工程师
韩先才：国家电网公司交流建设部，副主任，教授级高级工程师
李燕雷：国家电网公司特高压部线路处，处长，高级工程师
吕　铎：国家电网公司，高级主管，高级工程师
程述一：国家电网公司经济技术研究院，高级工程师
杜晓磊：国家电网公司经济技术研究院，高级工程师
卢亚军：国家电网经济技术研究院青豫工程成套设计项目，经理，高级工程师
臧　鹏：国家电网公司国外工程公司，经理，高级工程师
刘前卫：国家电网公司科技创新部，副主任，高级工程师
付　颖：国家电网公司，副处长，高级工程师
崔军立：国家电网青海省电力公司，董事长，党委书记，教授级高级工程师
周　杨：国家电网公司直流建设部，高级工程师
魏　争：国家电网经济技术研究院，高级工程师
张亚迪：国家电网公司西南分部，高级工程师
王彦兵：国家电网经研院设计咨询中心水电技术处，副处长，高级工程师
田云峰：国家电网新源张家口风光储示范电站公司，总经理，高级工程师
刘宇石：中国电力科学研究院，高级工程师
陈海波：国家电网智能电网研究院，副院长，教授级高级工程师
郝　峰：国家电网内蒙古东部电力有限公司，高级工程师
黄　坤：国家电网运检部高级主管，高级工程师
刘永奇：国家电网抽水蓄能和新能源部，主任，教授级高级工程师
朱法华：国家能源集团科学技术研究院有限公司，副总经理，教授级高级工程师
许月阳：国家能源集团科学技术研究院有限公司，三级主管，高级工程师
管一明：国家能源集团科学技术研究院有限公司，高级工程师
陆　烨：国家能源集团浙江北仑电厂，高级工程师
许科云：国家能源集团浙江北仑电厂，高级工程师
陈　笔：国家能源集团浙江北仑电厂，高级工程师
闫国春：中国神华煤制油化工有限公司，党委书记、董事长，教授级高级工程师
王　海：国家能源集团浙江公司安全生产部，主任
杨萌萌：国家能源集团大港发电厂，总工程师，高级工程师
周保精：国家能源集团，高级主管，高级工程师
尧　顺：陕西榆林能源集团有限公司，副总经理，教授级高级工程师
杨　文：国家能源集团神东煤炭公司，高级工程师

世界近现代
超级工程排行榜（下）

许联航：国家能源集团神东煤炭公司，高级工程师
郭洋楠：神东煤炭技术研究院，高级工程师
王学深：四川白马循环流化床示范电站公司，董事长，教授级高级工程师
甘　政：四川白马循环流化床示范电站公司，高级工程师
谢　雄：四川白马循环流化床示范电站公司，高级工程师
许世森：华能集团科技部，主任，教授级高级工程师
刘入维：华能集团科技部，副处长，高级工程师
陈　锋：华能国际电力股份有限公司玉环电厂，董事长、党委书记，教授级高级工程师
张　欢：华能集团清洁能源技术研究院有限公司，高级工程师
曹学兴：华能集团华能澜沧江水电公司，高级主管，高级工程师
余记远：华能集团华能澜沧江水电公司，高级主管，高级工程师
任永强：华能集团华能清洁能源研究院，绿色煤电部主任，高级工程师
王瑞超：华能（天津）煤气化发电有限公司，高级工程师
王　超：华能澜沧江水电公司，高级主管，高级工程师
王鹤鸣：大唐集团科技创新部，主任，教授级高级工程师
赵兴安：大唐集团，高级工程师
唐宏芬：大唐集团新能源科学技术研究院太阳能研究所，副所长，高级工程师
李国华：大唐集团科学技术研究总院，院长，教授级高级工程师
李兴旺：内蒙古大唐国际托克托发电有限责任公司，副总经理，教授级高级工程师
董树青：大唐集团，高级主管，高级工程师
赵计平：内蒙古大唐国际托克托发电有限责任公司，高级工程师
龙　泉：大唐集团，主任工程师，高级工程师
夏怀祥：大唐集团新能源科学技术研究院，副院长，教授级高级工程师
陈晓彬：华电集团华电山西公司，党委书记、董事长，教授级高级工程师
杨宝银：华电集团华电乌江公司，副总经理，教授级高级工程师
湛伟杰：华电集团华电乌江公司工程管理部，主任，教授级高级工程师

6. 唐人文化团队（图册设计、综合案例撰写）

贾枝桦：唐人文化，董事长，教授级高级工程师
罗平平：唐人文化，副总经理
沈　芬：唐人文化，副总经理
苏　威：唐人文化，常务副总经理
李晓飞：唐人文化，设计总监
闫丽娜：唐人文化，经理
王浩平：唐人文化，经理
蔺苗苗：唐人文化，设计师
牛玲玲：唐人文化，经理
雷　蕾：唐人文化，设计师

7. 北京航空航天大学团队（军工系统案例撰写）

王礼恒：中国航天科技集团有限公司，中国工程院院士

总 后 记

王自力：北京航空航天大学，中国工程院院士
任　羿：北京航空航天大学可靠性工程研究所，副所长，研究员
冯　强：北京航空航天大学可靠性工程研究所，工程技术中心主任，副研究员
张　悦：北京航空航天大学，博士生
郭　星：北京航空航天大学，博士生
王荣阳：中国航空工业集团有限公司，政研室主任，研究员（审核人员）
汪亚卫：中国航空工业集团有限公司，原集团总工程师，研究员
张聚恩：中国航空工业集团有限公司，原集团科技部部长，航空研究院副院长，研究员
李　志：中国航空工业集团有限公司沈阳飞机设计研究所，科技委专职委员，研究员

8. 中国交建团队（交通行业案例撰写）

林　鸣：中国交建集团，中国工程院院士
刘　攀：东南大学，校党委副书记，教授级高级工程师
陈　峻：东南大学交通学院院长，教授级高级工程师
董　政：中国交建集团港珠澳项目部，副总工程师，高级工程师
徐宿东：东南大学东港航工程系，系主任，教授级高级工程师
冒刘燕：东南大学，博士生
郝建新：东南大学，博士生
刘春雨：东南大学，博士生
谢　雯：东南大学，博士生
刘考凡：东南大学，博士生
陈香橦：东南大学，博士生
韩鹏举：东南大学，博士生
刘佰文：东南大学，博士生
王奕然：东南大学，博士生
何俐烨：东南大学，博士生
吴世双：东南大学，博士生

9. 中国海油团队（海洋工程案例撰写）

谢玉洪：中国海洋石油集团有限公司，中国工程院院士
李　达：中海油研究总院工程研究设计院，结构总师，教授级高级工程师
陈国龙：中海油研究总院工程研究设计院，浮体结构高级工程师
易　丛：中海油研究总院工程研究设计院，浮体结构资深高级工程师
谢文会：中海油研究总院工程研究设计院，深水浮体首席工程师
蒋梅荣：中海油研究总院工程研究设计院，浮体高级工程师
时光志：中海油能源发展股份有限公司LNG船务分公司，副经理，高级工程师
傅　强：中集（烟台）来福士海洋工程有限公司设计研究院，副院长，高级工程师
仝　刚：中海油研究总院钻采研究院，工程师
王杏娜：中海石油（中国）有限公司勘探部，主管，工程师
沈怀磊：中海石油（中国）有限公司勘探部，高级主管，高级工程师
王　晨：中海油研究总院勘探开发研究院，部门秘书，经济师

世界近现代
超级工程排行榜（下）

张春宇：中海油研究总院勘探开发研究院，沉积储层工程师
冯晨阳：中海油研究总院勘探开发研究院，实习生

10. 河钢集团团队（钢铁行业案例撰写、参与编辑编审）

殷瑞钰：钢铁研究总院，中国工程院院士
王新东：河钢集团，副总经理，首席技术官，教授级高级工程师
钟金红：河钢集团科技创新部，副总经理，正高级工程师
王　凡：河钢集团科技创新部，高级经理，高级工程师
张　倩：河钢集团《河北冶金》杂志社，社长，高级工程师
杨　楠：河钢集团科技创新部，经理，高级工程师
刘金哲：河钢集团低碳发展研究中心，研究员，高级工程师
侯长江：河钢集团低碳发展研究中心，研究员，高级工程师
郝良元：河钢集团低碳发展研究中心，研究员，高级工程师
李国涛：河钢集团低碳发展研究中心，研究员，高级工程师
刘宏强：河钢集团科技创新部，总经理，教授级高级工程师
田京雷：河钢集团低碳发展研究中心，主任，首席研究员，高级工程师
马　成：河钢材料技术研究院，博士
曹宏玮：河钢材料技术研究院，博士
刘帅峰：河钢材料技术研究院，博士
侯环宇：河钢材料技术研究院低碳发展研究中心，研究员，高级工程师
王雪琦：河钢材料技术研究院，工程师
王耀祖：北京科技大学，副教授

11. 河海大学团队（水利工程案例撰写）

王慧敏：河海大学，教授
薛刘宇：河海大学，副处长
仇　蕾：河海大学，教授
赖小莹：天津大学，副教授
薛　诗：河海大学，硕士生
吴星妍：河海大学，硕士生
庞甜甜：河海大学，硕士生
李天骄：河海大学，硕士生
马蓓文：河海大学，硕士生
王子勋：河海大学，硕士生
蔡思琴：河海大学，硕士生
贺子高：河海大学，硕士生
朱锦迪：河海大学，硕士生
刘　艺：河海大学，硕士生
余　潞：河海大学，硕士生
李佳静：河海大学，硕士生
张子千：河海大学，硕士生

总 后 记

陈　红：河海大学，硕士生

12. 阿里巴巴团队（云计算案例撰写）

王　坚：阿里巴巴集团技术委员会，主席，中国工程院院士

王中子：阿里巴巴集团科研项目支持办公室，高级专家，博士

13. 华为公司团队（信息行业案例撰写）

徐文伟：华为技术有限公司战略研究院，院长，正高级工程师

张宏喜：华为技术有限公司 ICT Marketing，部长

王敬源：华为技术有限公司，高级专家

金　铭：华为技术有限公司，营销专家

乔　卿：华为技术有限公司，营销专家

14. 北京大学团队（综合案例撰写、编辑编审、参与理论研究）

宋　洁：北京大学工学院，党委书记，教授

何冠楠：北京大学，助理教授

王剑晓：北京大学，助理研究员

李　治：北京大学，工程管理博士

黄　晶：北京大学，工程管理博士

王宗宪：北京大学，博士后

高　锋：北京大学，博士后

黄静思：北京大学，博士后

何　璇：北京大学，工程管理硕士

赵　岳：北京大学，工程管理硕士

佀　庚：北京大学，工程管理硕士

郑耀坤：北京大学，工程管理硕士

王先阳：北京大学，工程管理硕士

李胤臣：北京大学，工程管理硕士

王伟明：北京大学，工程管理硕士

方　隆：北京大学，工程管理硕士

冯　伟：北京大学，工程管理硕士

汪志星：北京大学，工程管理硕士

李颖溢：北京大学，工程管理硕士

赵　耀：北京大学，工程管理硕士

徐少龙：北京大学，工程管理硕士

张栩萌：北京大学，工程管理硕士

麦艺海：北京大学，工程管理硕士

肖亨波：北京大学，机械硕士

高晨宇：北京大学，中国史硕士

李逸飞：北京大学，中国史硕士

王娇培：北京大学，中国史硕士

陈榕欣：北京大学，中国史硕士

世界近现代超级工程排行榜（下）

15. 中国石化团队（石化案例撰写）

孙丽丽：中国石化炼化工程集团，中国工程院院士
王基铭：中国石化集团，中国工程院院士
袁晴棠：中国石化集团，中国工程院院士
张秀东：中国石化集团工程公司，副总经理，教授级高级工程师
门宽亮：中国石化集团工程公司，高级工程师
蔡晓红：中国石油抚顺石化公司，主办，政工师
陈国瑜：中国石油抚顺石化公司，科长，政工师
毛　军：中国石油抚顺石化公司，处长，正高级政工师
张志军：中国石油独山子石化公司乙烯厂，总工程师，教授级高级工程师
周湧涛：中国石化工程建设有限公司，专业副总监，高级工程师
吴佳晨：中国石化工程建设有限公司，主办，政工师
李　真：中国石化工程建设有限公司，主办，助理经济师
范传宏：中国石化工程建设有限公司，副总经理，正高级工程师
高云忠：中国石化工程建设有限公司，副总裁，正高级工程师
王卫军：中国石化工程建设有限公司，高级项目经理，高级工程师
崔一帆：中国石化工程建设有限公司，项目经理，高级工程师
霍宏伟：中国石化工程建设有限公司，首席专家，正高级工程师
苏胜利：中国石化工程建设有限公司，首席专家，高级工程师
李可梅：中国石化工程建设有限公司，项目设计经理，高级工程师
秦永强：中国石化工程建设有限公司，总经理助理，正高级工程师
魏志强：中国石化工程建设有限公司，主任助理，正高级工程师
简　铁：中国石化工程建设有限公司，控制部副经理，高级工程师
秦有福：中国石化工程建设有限公司，项目经理，高级工程师
张宝海：中国石化工程建设有限公司施工管理部，原经理，高级工程师
邵　壮：中国石化工程建设有限公司项目执行部，副经理，高级工程师
宁　波：中国石化工程建设有限公司，高级项目经理，正高级工程师
马洪波：中国石化工程建设有限公司施工管理部，经理，高级工程师
卫　刚：中国石化工程建设有限公司土建室，主任，高级工程师
费宏民：中国石油大庆石化公司，副处长，高级工程师
杜海平：中国石化燕山石化公司，部长，高级经济师
宋鸿礼：中国石化燕山石化公司，科长，高级政工师
赵书萱：中国石化燕山石化公司，高级业务主管，高级政工师
朱嬿萍：中国石化上海石化公司，调研主管，馆员
杨祖寿：中国石化上海石化公司党委办公室，调研保密科科长，高级政工师
胡燕芳：中国石化上海石化公司党委宣传部，宣教文化科科长，经济师
李　娟：中国石化上海石化公司党委宣传部，新闻舆情科科长，记者
严　峻：上海赛科石油化工有限责任公司党群工作部，政工师
付卫东：中海油惠州石化有限公司，项目副总经理，高级工程师

总 后 记

赵明昌：中海油惠州石化有限公司项目设计管理部，经理，高级工程师
王辅臣：华东理工大学，博士生导师，教授
范体军：华东理工大学人文社会科学处，处长，教授
张来勇：中国寰球工程有限公司，首席技术专家，技术委员会主任，正高级工程师
李胜山：中国石油华东设计院有限公司，原总经理，正高级工程师
何　勇：中国石油广西石化分公司，常务副总经理，正高级工程师
邢忠起：中沙（天津）石化有限公司，专业经理，高级工程师
曹　群：中石化炼化工程（集团）沙特有限责任公司，部门经理，工程师
刘克伟：中石化炼化工程（集团）沙特有限责任公司，副总经理，高级工程师
俞家生：中石化炼化工程（集团）沙特有限责任公司，副总经理，高级工程师
姜　明：中国石化天津分公司，党委副书记，纪委书记，高级工程师
刘旭军：国家能源集团宁夏煤业有限责任公司建设指挥部，总指挥，正高级工程师
丁永平：国家能源集团宁夏煤业有限责任公司，副科长，高级工程师
李　丽：中国天辰工程有限公司，业务主任助理，高级工程师
石小进：中国石化集团南京化学工业有限公司化机公司党群部，副部长，高级经济师
陈登茂：中国石化集团南京化学工业有限公司，政工师
叶晓东：中国石化集团南京化学工业有限公司，执行董事，党委书记，正高级工程师
叶迎春：中国石化集团南京化学工业有限公司，党群管理高级主管，高级政工师
谭　晶：中国石化集团南京化学工业有限公司，党群管理高级专家，高级政工师
王世华：中国石化集团南京化学工业有限公司，副总经理，高级政工师

16. 湖南工商大学团队（制造工程案例撰写）

陈晓红：湖南工商大学，中国工程院院士
何继善：中南大学，中国工程院院士
唐湘博：湖南工商大学环境管理与环境政策评估中心，主任，副教授
易国栋：湖南工商大学前沿交叉学院学科科研办公室，主任，副教授
张威威：湖南工商大学前沿交叉学院教师，讲师
苏翠侠：铁建重工科技发展部，高级工程师，副总经理
龙　斌：铁建重工科技发展部掘进机事业部，执行总经理兼总工程师，高级工程师
郝蔚祺：铁建重工科技发展部，高级工程师，副总经理
秦念稳：铁建重工电气与智能研究设计院，副院长，高级工程师
张海涛：铁建重工交通工程装备事业部，总工程师兼院长，高级工程师
肖正航：铁建重工基础与前沿技术研究设计院，副院长，高级工程师
孙雪峰：铁建重工掘进机总厂，副总经理，总工程师，高级工程师
李鹏华：铁建重工科技发展部科技成果所，负责人，工程师
张帅坤：铁建重工掘进机研究设计院，副院长，高级工程师
周方建：铁建重工掘进机研究设计院，工程师，技术员
姚　满：铁建重工掘进机研究设计院，院长，高级工程师
杨书勤：铁建重工掘进机研究设计院前沿与基础所，所长，高级工程师
黄运明：三一重工泵路事业部泵送公司研究院，院长

世界近现代
超级工程排行榜（下）

何志伟：三一重工泵路事业部泵送公司研究院隧装研究所，所长
曹思林：三一重起事业部 CEO 办公室，副主任
李利斌：浙江三一装备有限公司研究院臂架研究所，副所长
周　平：中联重工建筑起重机械分公司研究院，科管室主任，工程
张玉柱：中联重科工程起重机分公司研发中心，技术总监，高级工程师
罗贤智：中联重科工程起重机分公司研发中心，副主任，高级工程师
屈乐宏：山河智能装备股份有限公司基础装备研究院工法研究所，副所长，工程师
彭　诚：山河智能装备股份有限公司技术中心技术市场支持部，市场调研员
赵宏强：山河智能装备股份有限公司，研究员，资深专家
陈冬良：山河智能特种装备有限公司特种装备研究总院，院长，正高级工程师

17. 能新科团队（综合案例撰写）
张建勇：能新科国际有限公司，董事长兼 CEO
张　娟：能新科国际有限公司，北美区域执行合伙人
张　英：能新科国际有限公司专家委员会，资深委员，高级建筑师，国家一级注册建筑师，注册城乡规划师
王腾飞：能新科国际有限公司，中国区联席总裁，教授级高级工程师

18. 合肥工业大学团队（综合案例撰写、编辑编审）
杨善林：合肥工业大学管理学院，中国工程院院士
梁　樑：合肥工业大学，原校长，教授
王静峰：合肥工业大学土木与水利工程学院，院长，教授
刘心报：合肥工业大学管理学院，校长助理，教授
张　强：合肥工业大学管理学院，院长，教授
张振华：合肥工业大学土木与水利工程学院，副院长，教授
胡笑旋：合肥工业大学管理学院研究生院，常务副院长，教授
李　早：合肥工业大学建筑与艺术学院，原院长，教授
李霄剑：合肥工业大学管理学院，研究员
丁　帅：合肥工业大学管理学院，教授
顾东晓：合肥工业大学管理学院，教授
项乃亮：合肥工业大学土木与水利工程学院道桥地下系副主任，研究员
汪亦显：合肥工业大学土木与水利工程学院道桥地下副主任，教授
张爱勇：合肥工业大学土木与水利工程学院，教授
刘　武：合肥工业大学土木与水利工程学院，副教授
钟　剑：合肥工业大学土木与水利工程学院，副教授
王艳巧：合肥工业大学土木与水利工程学院水利系，支部书记，副教授
刘　广：合肥工业大学土木与水利工程学院水利系，副主任，副教授
刘佩贵：合肥工业大学土木与水利工程学院，副教授
韩　丁：合肥工业大学土木与水利工程学院，副教授
梁昌勇：合肥工业大学管理学院研究生院，副院长，教授
徐宝才：合肥工业大学食品与生物工程学院，院长，教授

总 后 记

陈从贵：合肥工业大学食品与生物工程学院，书记，教授
付　超：合肥工业大学管理学院，副院长，教授
姜元春：合肥工业大学管理学院，副院长，教授
高伟清：合肥工业大学物理学院，常务副院长，教授
李中军：合肥工业大学物理学院，副院长，教授
宣　蔚：合肥工业大学建筑与艺术学院，院长，教授
蒋翠清：合肥工业大学管理学院，教授
刘业政：合肥工业大学管理学院，教授
罗　贺：合肥工业大学管理学院，教授
焦建玲：合肥工业大学管理学院，教授
周开乐：合肥工业大学管理学院，教授
李贝贝：合肥工业大学土木与水利工程学院，研究员
郅伦海：合肥工业大学土木与水利工程学院建工系，主任，教授
赵春风：合肥工业大学土木与水利工程学院建工系，副主任，教授
袁海平：合肥工业大学土木与水利工程学院，教授
欧阳波：合肥工业大学管理学院，研究员
高　鹏：合肥工业大学土木与水利工程学院，研究员
蒋翠侠：合肥工业大学管理学院，教授
赵　菊：合肥工业大学管理学院，教授
周　谧：合肥工业大学管理学院，教授
柴一栋：合肥工业大学管理学院，教授
周　啸：合肥工业大学土木与水利工程学院，副研究员
胡中停：合肥工业大学土木与水利工程学院，副教授
莫杭杰：合肥工业大学管理学院，副教授
彭张林：合肥工业大学管理学院，副教授
蔡正阳：合肥工业大学管理学院，副研究员
马华伟：合肥工业大学管理学院，副教授
王国强：合肥工业大学管理学院，副教授
周志平：合肥工业大学管理学院，副教授
孙见山：合肥工业大学管理学院，副教授
丁　勇：合肥工业大学管理学院，副教授
孙春华：合肥工业大学管理学院，副教授
陆文星：合肥工业大学管理学院，副教授
赵树平：合肥工业大学管理学院，副教授
刘军航：合肥工业大学管理学院，副教授
付　红：合肥工业大学管理学院，副教授
王晓佳：合肥工业大学管理学院，副教授
李方一：合肥工业大学管理学院，副教授
杨冉冉：合肥工业大学管理学院，副教授

世界近现代
超级工程排行榜（下）

李兰兰：合肥工业大学管理学院，副研究员
罗　彪：合肥工业大学管理学院，教授
杨远俊：合肥工业大学物理学院，副研究员
黎启国：合肥工业大学建筑与艺术学院，副教授
唐晓凤：合肥工业大学食品与生物工程学院，副教授
苗　敏：合肥工业大学食品与生物工程学院，副教授
贺为才：合肥工业大学建筑与艺术学院，副教授
徐　震：合肥工业大学建筑与艺术学院，副教授
曹海婴：合肥工业大学建筑与艺术学院，副教授

19. 解放军火箭军研究院团队（导弹系统工程案例撰写）
李贤玉：解放军火箭军研究院，中国工程院院士，教授
王道军：解放军火箭军研究院，室副主任，研究员
张连伟：解放军火箭军研究院，室副主任，副研究员
安庆杰：解放军火箭军研究院，副研究员
王　昊：解放军火箭军研究院，副研究员
皮嘉立：解放军火箭军研究院，助理研究员
姜　伟：解放军火箭军研究院，副研究员

20. 中国铁路总公司团队（铁道工程案例撰写）
卢春房：中国铁道科学研究院，中国工程院院士
傅志寰：中国铁道科学研究院，中国工程院院士
孙永福：中国铁道科学研究院，中国工程院院士
何华武：中国工程院，中国工程院院士
田京芬：中国铁道学会，副秘书长，高级工程师
贾光智：中国铁道科学研究院信息所，副所长，研究员
史俊玲：中国铁道科学研究院，部门副主任，研究员
李子豪：中国铁道科学研究院，研究实习员
杜晓洁：中国铁道科学研究院，助理研究员
刘　坦：中国铁道科学研究院，研究实习员
方　奕：中国铁道科学研究院，副研究员
刘曲星：中国铁道科学研究院，研究实习员
郭　静：中国铁道学会，工程师
马成贤：中国铁道学会，高级工程师
王　德：中国铁道学会，正高级工程师
苏全利：国家铁路局，原副局长，正高级工程师
张　航：国家铁路局，工程师
才　凡：中国铁路文联，原秘书长，正高级政工师

21. 煤炭团队（煤炭行业案例撰写）
金智新：太原理工大学，中国工程院院士
凌　文：国家能源投资公司，中国工程院院士

总 后 记

韩　进：中煤平朔集团有限公司，总工程师，高级工程师
刘俊昌：中煤平朔集团有限公司，副总工程师兼生产技术部主管，高级工程师
张荣江：中煤平朔集团有限公司生产技术部，技术员，工程师
肖　平：抚顺矿业集团有限责任公司，总经理，教授级高级工程师
张千宇：抚顺矿业集团有限责任公司，科长，高级工程师
王世军：抚顺矿业集团有限责任公司，调研员，工程师
杨　真：国能神东煤炭集团布尔台煤矿，矿长，高级工程师
曹　军：国能神东煤炭集团布尔台煤矿，总工程师，工程师
杨永亮：国能神东煤炭集团布尔台煤矿，副总工程师，工程师
刘兆祥：国能神东煤炭集团补连塔煤矿，总工程师，工程师
李金刚：国能神东煤炭集团补连塔煤矿生产办，主任，工程师
范文胜：国能神东煤炭集团补连塔煤矿生产办，副主任，高级工程师
王　炜：国能准能集团有限责任公司，高级主管，高级工程师
李福平：国能准能集团有限责任公司，高级主管，高级工程师
李海滨：国能准能集团有限责任公司，副科长，工程师
何长文：黑龙江龙煤鸡西矿业集团有限责任公司宣传部，常务副部长，高级工程师
刘维久：黑龙江龙煤鸡西矿业集团有限责任公司，原《鸡西矿工报》编辑，主任记者
王　学：黑龙江龙煤鸡西矿业集团有限责任公司，原《鸡西矿工报》编辑，主任编辑
毛培柱：黑龙江龙煤鹤岗矿业有限责任公司兴安煤矿综合办公室，副主任，助理政工师
张茂秋：黑龙江龙煤鹤岗矿业有限责任公司兴安煤矿宣传部，原部长，教授级高级政工师
关立国：黑龙江龙煤鹤岗矿业有限责任公司兴安煤矿技术部，副部长，高级工程师
闫朝斌：开滦（集团）有限责任公司开滦档案馆，馆长，高级工程师
许　斌：开滦（集团）有限责任公司开滦档案馆，副馆长，高级政工师
赵　彤：开滦（集团）有限责任公司开滦档案馆，科长，英语副译审
刘树弟：开滦（集团）有限责任公司开滦技术中心，主任，正高级工程师
王福强：开滦（集团）有限责任公司开滦技术中心，科长，高级经济师
雷贵生：陕煤集团黄陵矿业集团有限责任公司，党委书记，董事长，教授级高级工程师
王鹏飞：陕煤集团黄陵矿业集团有限责任公司，党委副书记，总经理，教授级高级工程师
李团结：陕煤集团黄陵矿业集团有限责任公司，总工程师，高级工程师
闫敬旺：陕煤集团神木柠条塔矿业有限公司，党委书记，董事长，正高级政工师
王建文：陕煤集团神木柠条塔矿业有限公司，总工程师，正高级工程师
陈　菲：陕煤集团神木柠条塔矿业有限公司，副部长，工程师
杨　征：陕西小保当矿业有限公司，党委书记，董事长，总经理，高级工程师
梁　旭：陕西小保当矿业有限公司，副总经理，总工程师，高级工程师
张慧峰：陕西小保当矿业有限公司，主管，工程师
王向阳：徐州矿务集团有限公司资产开发管理部，部长，研究员，高级工程师
任　毅：徐州矿务集团有限公司资产开发管理部资产开发科，副科长，中级经济师
蔡光琪：中煤平朔集团有限公司，矿长，教授级高级工程师
李国君：抚顺矿业集团有限责任公司，总工程师，教授级高级工程师

世界近现代
超级工程排行榜（下）

贺安民：国能神东煤炭集团布尔台煤矿，院长，教授级高级工程师

22. 中国空间技术研究院团队（空间站案例撰写）

杨　宏：中国空间技术研究院，中国工程院院士
陈国宇：航天科技集团五院人力资源部，副部长，研究员
周昊澄：中国空间技术研究院，工程师
张　昊：中国空间技术研究院，空间站系统主任设计师，研究员

23. 船舰团队（舰船案例撰写）

刘　合：中国石油勘探开发研究院，中国工程院院士
张金麟：中国船舶集团有限公司，中国工程院院士
林　枫：中国船舶集团有限公司七〇三所，所长，研究员
李名家：中国船舶集团有限公司燃气轮机事业部，党总支书记，研究员
徐文燕：中国船舶集团有限公司院士办，主任，研究员
李雅军：中国船舶集团有限公司燃烧技术中心，主任，研究员
刘　勋：中国船舶集团有限公司，高级工程师
刘世铮：中国船舶集团有限公司，工程师
张智博：中国船舶集团有限公司，高级工程师
纪宏志：中国船舶集团有限公司，副总冶金师，高级工程师
左艳军：中国船舶集团有限公司，副主任，研究员
潘　俊：中国船舶集团有限公司，研究员
吴　炜：中国船舶集团有限公司，副主任，研究员
刘　薇：中国船舶集团有限公司，高级工程师
胡　震：中国船舶集团有限公司，船舶集团首席专家，研究员
王　帅：中国船舶集团有限公司，高级工程师
韩　龙：中国船舶集团有限公司，高级工程师
吴思伟：中国船舶集团有限公司，高级工程师
袁红良：沪东中华造船（集团）有限公司，副所长，教授级高级工程师
屠佳樱：沪东中华造船（集团）有限公司，工程师

24. 华中科技大学团队（建筑行业等案例撰写，参与理论研究）

丁烈云：华中科技大学，中国工程院院士
孙　峻：华中科技大学，副教授
陈晓明：上海建工集团股份有限公司，总工程师，教授级高级工程师
樊　剑：华中科技大学，副教授
陈　珂：华中科技大学，副教授
董贺轩：华中科技大学，教授
高　翔：华中科技大学，博士生
杨清章：华中科技大学，硕士生
郁政华：上海市机械施工集团有限公司，副主任，高级工程师
郑　俊：上海市机械施工集团有限公司，高级工程师
邵　泉：广州市建筑集团有限公司，副总工程师，教授级高级工程师

邵　茂：北京城建集团有限责任公司，工程总承包项目总工程师，高级工程师

25. 鞍钢集团团队（冶金工程案例撰写）

邵安林：鞍钢集团矿业有限公司，中国工程院院士
雷平喜：鞍钢集团矿业有限公司，总工程师，教授级高级工程师
尹升华：北京科技大学，院长，教授
柳小波：北京科技大学，主任，教授
寇　玉：北京科技大学，副主任，教授
韩　斌：北京科技大学，副教授
曲福明：北京科技大学，副主任，副教授
荆洪迪：北京科技大学，副研究员
张永存：鞍钢集团矿业有限公司，工会副主席，高级经济师
丛培勇：鞍钢集团矿业有限公司，调研主任，政工师

26. 中国中车团队（机车等案例撰写）

王　军：中国中车，副总裁，教授级高级工程师
曲天威：中国中车，副总兼总工师，教授级高级工程师
李　敏：中国中车，行政部长，教授级高级工程师
吴胜权：中国中车，副总兼总工师，教授级高级工程师
沙　淼：中国中车，总工程师，教授级高级工程师
梁建英：中国中车，主任，教授级高级工程师
于跃斌：中国中车，主任，教授级高级工程师
赵明元：中国中车，副院长，教授级高级工程师
张新宁：中国中车，总工程师，教授级高级工程师
侯　波：中国中车，副主任，教授级高级工程师
田　钢：中车工业研究院有限公司，技术总监，教授级高级工程师
刘　昱：中车工业研究院有限公司，行政部长，教授级高级工程师
汪琳娜：中车工业研究院有限公司，工程师
徐　磊：中车青岛四方机车车辆股份有限公司，总工师，教授级高级工程师
林　松：中车青岛四方机车车辆股份有限公司，主任设计师，教授级高级工程师
王　浩：中车青岛四方机车车辆股份有限公司，首席设计师，教授级高级工程师
林　鹏：中车青岛四方机车车辆股份有限公司，技术中心书记，教授级高级工程师
王树宾：中车长春轨道客车股份有限公司，总体部部长，教授级高级工程师
邓　海：中车长春轨道客车股份有限公司，中车科学家，教授级高级工程师
王　超：中车长春轨道客车股份有限公司，技术专家，教授级高级工程师
陈澍军：中车唐山机车车辆有限公司，总体部部长，教授级高级工程师
宋焕民：中车唐山机车车辆有限公司，总体部副部长，高级政工师
吴可超：中车唐山机车车辆有限公司，主管，高级政工师
张宗康：中车大连机车车辆有限公司，总体部副部长，高级工程师
苏屹峰：中车大连机车车辆有限公司，工程师
宁　娜：中车大连机车车辆有限公司，高级经济师

世界近现代
超级工程排行榜（下）

27. 核武器团队（核武案例撰写）
范国滨：中国工程物理研究院，中国工程院院士
李　静：中国工程科技创新战略研究院，助理研究员
毛朋成：中国工程科技创新战略研究院，研究生
彭现科：中国工程科技创新战略研究院，副秘书长
曹晓阳：中国工程科技创新战略研究院，副研究员

28. 中国信息安全测评中心团队（信息工程案例撰写）
黄殿中：中国信息安全测评中心国际关系学院，中国工程院院士
王　标：中国信息安全测评中心国际关系学院，教授
巩朋贤：中国信息安全测评中心国际关系学院，研究生
信　欣：中国信息安全测评中心国际关系学院，研究生
袁　艺：中国信息安全测评中心国际关系学院，研究生

29. 解放军总医院（301医院）团队（医院建设案例撰写）
李晓雪：解放军总医院（301医院），主任，副主任医师
王彬华：解放军总医院（301医院），工程师
郝昱文：解放军总医院（301医院），副主任，高级工程师
马延爱：解放军总医院（301医院），主管护师
南　杰：解放军总医院（301医院），助理工程师
吉巧丽：解放军总医院（301医院），助理研究员

30. 中国石油大学（北京）团队（能源案例撰写）
张来斌：中国石油大学（北京），中国工程院院士
张　磊：中国石油大学（北京），副教授
徐凌波：中国石油大学（北京），硕士生
赵潇楠：中国石油大学（北京），硕士生
杨　潇：中国石油大学（北京），硕士生
聂中华：中国石油大学（北京），硕士生

31. 中国地质大学（北京）团队（深井工程案例撰写）
孙友宏：中国地质大学（北京），中国工程院院士
李　冰：中国地质大学（北京），副教授
李亚洲：中国地质大学（北京），讲师
PavelTalalay：吉林大学极地科学与工程研究院，院长，教授
孙宝江：中国石油大学（华东），教授
刘洪涛：塔里木油田公司油气工程研究院，院长，高级工程师
周　波：塔里木油田公司油气工程研究院，副院长，高级工程师
赵　力：塔里木油田公司油气工程研究院，副所长，高级工程师
唐　斌：塔里木油田公司油气工程研究院，副主任，工程师
张绪亮：塔里木油田公司油气工程研究院，副主任，工程师

32. 卫星团队（卫星案例撰写）
杨长风：中国卫星导航系统管理办公室，中国工程院院士，正高级工程师

总 后 记

王慧林：中国卫星导航系统管理办公室，主管
蔡洪亮：中国卫星导航系统管理办公室，高级工程师
曹坤梅：中国卫星导航系统管理办公室，高级工程师

33. 东旭集团团队（综合案例撰写）

李　青：旭新光电科技有限公司，董事长
斯沿阳：旭新光电科技有限公司，技术总监，高级工程师
王世岚：东旭集团有限公司，高级经理，工程师
郝　艺：东旭集团有限公司，高级经理，工程师
王丽红：东旭集团有限公司，技术总监，高级工程师
李瑞佼：东旭集团有限公司，高级经理，工程师
郑　权：东旭集团有限公司，总经理，工程师
王耀君：东旭集团有限公司精密玻璃研究院，院长，高级工程师
张紫辉：河北工业大学，教授
张勇辉：河北工业大学，教授
王玉乾：石家庄旭新光电科技有限公司，项目部部长
史　俭：石家庄旭新光电科技有限公司，项目部职员
陈志强：石家庄旭新光电科技有限公司，工程师
任晟冲：石家庄旭新光电科技有限公司，技术部主管
刘广旺：石家庄旭新光电科技有限公司，工程师
何怀胜：芜湖东旭光电科技有限公司，副总经理，高级工程师

34. 冶金工业规划研究院团队（综合案例撰写）

殷瑞钰：钢铁研究总院，中国工程院院士
李新创：冶金工业规划研究院，原院长，正高级工程师
姜晓东：冶金工业规划研究院，副院长，正高级工程师
王定洪：冶金工业规划研究院，总设计师，正高级工程师
高　升：冶金工业规划研究院，总设计师，处长，高级工程师
李　闯：冶金工业规划研究院，总设计师，正高级工程师
李晋岩：冶金工业规划研究院，总设计师，高级工程师
安成钢：冶金工业规划研究院，总设计师，高级工程师
周园园：冶金工业规划研究院，高级工程师
樊　鹏：冶金工业规划研究院，副处长，高级工程师
高　金：冶金工业规划研究院，高级工程师
谢　迪：冶金工业规划研究院，高级工程师
刘彦虎：冶金工业规划研究院，高级工程师
张　明：冶金工业规划研究院，副主任，高级工程师
武建国：冶金工业规划研究院，高级工程师

35. 中国石油规划总院团队（管道系统工程案例撰写）

黄维和：中国石油规划总院，国家管网研究总院，中国工程院院士，教授级高级工程师
关中原：国家管网研究总院，《油气储运》杂志社社长，教授级高级工程师

世界近现代
超级工程排行榜（下）

（工作人员未计入名单）

36. 中国航发团队（航天飞行器案例撰写）
曹建国：中国航空发动机研究院，集团董事长，中国工程院院士
向　巧：中国航空发动机研究院，副总经理，中国工程院院士
李　明：中国航空发动机研究院，高级工程师
朱大明：中国航空发动机研究院，教授级高级工程师
付　玉：中国航空发动机研究院，工程师
谭　米：中国航空发动机研究院，工程师
刘翠玉：中国航空发动机研究院，工程师
廖忠权：中国航空发动机研究院，高级工程师
刘博维：中国航空发动机研究院，工程师
晏武英：中国航空发动机研究院，高级工程师

37. 环境规划院团队（环境工程案例撰写）
王金南：生态环境部环境规划院，中国工程院院士
雷　宇：生态环境部环境规划院，所长，研究员
王夏晖：生态环境部环境规划院，副总工，研究员
王　东：生态环境部环境规划院，副总工，研究员
徐　敏：生态环境部环境规划院，首席专家，研究员
张文静：生态环境部环境规划院，研究员
彭硕佳：生态环境部环境规划院，高级工程师
张　鹏：生态环境部环境规划院，工程师
王　波：生态环境部环境规划院，主任，副研究员
郑利杰：生态环境部环境规划院，工程师
车璐璐：生态环境部环境规划院，助理研究员
颜亦磊：浙江省能源集团有限公司，主管，工程师
吕佳慧：浙江天地环保科技股份有限公司，经济师
金　军：浙江浙能嘉华发电有限公司，主管，高级工程师

38. 中国水利科学研究院团队（水利工程案例撰写）
王建华：中国水利水电科学研究院，副院长，正高级工程师
张　诚：国际洪水管理大会常设秘书处，主任，正高级工程师
吕　娟：中国水利水电科学研究院减灾中心，主任，正高级工程师
李文洋：中国水利水电科学研究院国际合作处，翻译
陈　娟：中国水利水电科学研究院国际合作处，高级工程师
张洪斌：中国水利水电科学研究院减灾中心，高级工程师
毕吴瑕：中国水利水电科学研究院减灾中心，高级工程师
穆　杰：中国水利水电科学研究院减灾中心，高级工程师
王　刚：中国水利水电科学研究院减灾中心，正高级工程师
王　力：中国水利水电科学研究院减灾中心，高级工程师
李云鹏：中国水利水电科学研究院减灾中心，高级工程师

总 后 记

周　波：中国水利水电科学研究院减灾中心，正高级工程师

39. 成都理工大学团队（综合案例撰写、参与编辑编审）

刘清友：成都理工大学，书记，教授
许　强：成都理工大学，校长，教授
范宣梅：成都理工大学地质灾害防治与地质环境保护国家重点实验室，副主任，研究员
赵伟华：成都理工大学环境与土木工程学院地质工程系，系副主任，副教授
王运生：成都理工大学环境与土木工程学院地质工程系，教授
林汐潞：成都理工大学地质灾害防治与地质环境保护国家重点实验室，讲师
罗永红：成都理工大学环境与土木工程学院地质工程系，系主任，教授
吉　锋：成都理工大学环境与土木工程学院地质工程系，教授
马春驰：成都理工大学环境与土木工程学院地质工程系，教授
张　岩：成都理工大学环境与土木工程学院地质工程系，研究员
罗　璟：成都理工大学环境与土木工程学院地质工程系，研究员
崔圣华：成都理工大学环境与土木工程学院地质工程系，副教授
陈婉琳：成都理工大学环境与土木工程学院地质工程系，讲师
刘　明：成都理工大学环境与土木工程学院地质工程系，讲师
王　丹：成都理工大学环境与土木工程学院地质工程系，讲师
汤明高：成都理工大学环境与土木工程学院土木工程系，系主任，教授
赵　华：成都理工大学环境与土木工程学院土木工程系，系副主任，副教授
高涌涛：成都理工大学环境与土木工程学院土木工程系，副教授
朱思宇：成都理工大学环境与土木工程学院土木工程系，副教授
武东生：成都理工大学环境与土木工程学院土木工程系，研究员
李　延：成都理工大学环境与土木工程学院土木工程系，副教授
焦　彤：成都理工大学环境与土木工程学院土木工程系，副教授
李龙起：成都理工大学环境与土木工程学院土木工程系，教授
吕　龙：成都理工大学环境与土木工程学院土木工程系，副教授
陈　旭：成都理工大学环境与土木工程学院土木工程系，副教授
钟志彬：成都理工大学环境与土木工程学院土木工程系，副教授
袁维光：成都理工大学环境与土木工程学院土木工程系，讲师
魏振磊：成都理工大学环境与土木工程学院土木工程系，研究员
黄　健：成都理工大学环境与土木工程学院土木工程系，副主任，副教授
解明礼：成都理工大学环境与土木工程学院地质工程系，讲师
夏明垚：成都理工大学地质灾害防治与地质环境保护国家重点实验室，研究员
赖琪毅：成都理工大学地质灾害防治与地质环境保护国家重点实验室，助理研究员
闫帅星：成都理工大学地质灾害防治与地质环境保护国家重点实验室，研究员
陈　政：成都理工大学地质灾害防治与地质环境保护国家重点实验室，研究员
陈　明：成都理工大学地质灾害防治与地质环境保护国家重点实验室，研究员
王剑超：成都理工大学地质灾害防治与地质环境保护国家重点实验室，助理研究员
赵建军：成都理工大学地质灾害防治与地质环境保护国家重点实验室，副主任，教授

世界近现代
超级工程排行榜（下）

高继国：成都理工大学党委组织部，副部长，学校党校副校长，副教授
黄　寰：成都理工大学学术期刊中心、商学院应用经济系，教授

40. 中国地质科学院团队（有色金属矿产案例撰写）

王安建：中国地质科学院，首席科学家，教授
刘　云：中国地质科学院，教授级高级工程师

41. 中国石油长庆油田团队（综合案例撰写、参与编辑编审）

何江川：中国石油天然气股份有限公司，教授级高级工程师
王京锋：长庆油田，教授级高级工程师
刘　涛：长庆油田党委办公室，副主任，政工师
杨　卫：长庆油田企管法规部，副主任，高级政工师
王　浩：长庆油田政策研究二室，主管，工程师
范　敏：长庆油田机关党总支，书记，工会主席，高级政工师
杨彦春：长庆油田党委宣传部，干事，高级政工师
何昕睿：长庆油田党委办公室，副主任，工程师
李　林：长庆油田党委办公室，副主任，工程师
李云鹏：长庆油田，工程师，干事
王　琳：长庆油田党委宣传部，干事，助理政工师

42. 西安交通大学团队（综合案例撰写）

汪应洛：西安交通大学，中国工程院院士，教授，博士生导师
钟　晟：国家发改委与西安交通大学共建改革试点探索与评估协同创新中心，研究员
徐立国：国家发改委与西安交通大学共建改革试点探索与评估协同创新中心，研究员
郑维博：国家发改委与西安交通大学共建改革试点探索与评估协同创新中心，研究员
周　勇：西安交通大学汪应洛院士研究团队，高级工程师
魏　航：西安交通大学汪应洛院士研究团队，高级工程师

43. 上海外高桥团队（邮轮案例撰写）

王　琦：上海外高桥造船有限公司，党委书记（董事长），正高级工程师
陈　刚：上海外高桥造船有限公司，总经理，正高级工程师
周　琦：上海外高桥造船有限公司，副总经理，高级工程师
许艳霞：上海外高桥造船有限公司，成本总监/企划部部长，正高级经济师